# 文化創造としての和文化教育

——過去・現在・未来の絆を紡ぐ——

和文化教育学会会長

## 中村 哲 [編著]

風間書房

# まえがき

　東西，東西。いずれも様のご機嫌麗しきご尊顔を拝し，恐悦至極に存じ奉ります。この度，和文化教育研究会の初販本として，『「和文化の風」を学校に』が明治図書から上木される運びに相成りました。和文化教育は，和文化の和が日本を意味しますので，日本の伝統や地域の文化に基づく教育としてご理解いただきたく存じます。と申せば，愛国心や郷土愛の道徳教育と思召されるかもしれません。その思召しとは異にして，和文化の価値を心技体の場において継承し，発展させる文化創造としての和文化教育でございます。新世紀の文化国家としての教育のあり方を提言しています。今後もご贔屓お引き立てのほど，隅から隅まで，ずずずい〜っと乞い願い上げます。

　この口上は，平成 15（2003）年 10 月に和文化教育の提唱を意図して，明治図書から出版した編著『「和文化の風」を学校に―心技体の場づくり』のカバーそでに記載された内容である。この編著を露払いにして，「和文化教育学会」は，平成 17 年 4 月 30 日に兵庫教育大学にて「和文化教育研究交流協会」として創立。この大会案内では，和文化教育の性格と「和文化教育研究交流協会」創立の意義が述べられ，4 月 30 日と 5 月 1 日の大会内容が紹介されている。4 月 30 日では，NHK アナンサーの葛西聖司氏の司会で，記念行事としての池坊保子衆議院議員の来賓挨拶，国際日本文化研究センター所長の山折哲雄先生の講演，芸能・演劇評論家河内厚郎氏と狂言師善竹隆司氏の鼎談，上原まり氏の越前琵琶演奏，兵庫教育大学よさこい部の演舞，明治図書編集長樋口雅子氏の挨拶がなされている。5 月 1 日では，和文化教育実践発表，和文化教育シンポジウム，和文化楽座が実施されている。特に，和文化楽座としては，「和料理」「人形浄瑠璃」「江戸の玩具」「和楽器活用」「尺八」「剣道」の体験講座になっている。さらに，発起人の名簿には，大学と小中高の教師だけでなく，議

員，伝統芸能関係者，出版関係者など 127 名が記載されている。この大会のポスターには，「和文化教育フェスティバル」として企画内容が紹介され，琵琶演奏者の上原まり氏の写真が掲載されている。

このように創立当初は，文化創造を意図し，教育関係者だけでなく，幅広い職種を含む組織として出発した。しかしながら，協会の主な研究発表や研究論文等の活動が教育関係者に集中することになり，平成 25 年度から「和文化教育学会」として名称が変更されて，日本学術会議協力学術研究団体として教育研究を核にして活動を展開してきている。今年度で創立 20 周年を迎え，本書はこの記念事業として刊行されることになった。そして，『文化創造としての和文化教育—過去・現在・未来の絆を紡ぐ—』という本学会の基本的性格，これまでの活動と現在の活動を踏まえてこれからの活動を創造することを意図する書名になっている。さらに，副題の「絆を紡ぐ」の用語には，次の期待が込められている。文化は自然現象ではなく，人間が生み出す価値現象である。その価値を創造するには，個々の人間がその価値に共感し，複数の人間が共有化することによって社会的文化として創造されていくのである。例えば，その経緯は織物の織り方に似ている。織り方の基本は，垂直に張られている経糸の間を水平方向に繰り返して緯糸を入れることによって織物が織られる。

これまでに 20 本の和文化教育としての経糸を貼り，164 本の会員の緯糸によって学会組織として数センチ平方の布地見本は織ることはできたのである。しかし，今後この布地の見本がどのような織物になり，どのように活用されるかは不明である。この書籍をきっかけに和文化教育学会の活動が，国内外の多くの人々との共感理解と共同参加によって成人を迎える青年たちの晴れ着に役立つことを祈念したい。末筆ではあるが，本出版に際してご支援・ご協力をいただいた風間書房社長の風間敬子氏に心から感謝を申し上げる。


令和 6（2024）年 10 月 1 日

和文化教育学会会長

中村　哲

# 目　次

# 第 I 章
# 和文化教育の提唱と文化創造

# 第1節 和文化教育の提唱

## 1 和文化教育提唱の経緯

　「和文化教育学会」は，平成17年4月30日に兵庫教育大学にて「和文化教育研究交流協会」として創立された。その創立に際して初代会長の山折哲雄先生が，学会HPの会長挨拶において「和文化」に関する次の問題提起をされている[1]。「和文化を伝統文化として純化するのか」，「日本文化として普遍化するのか」という和文化自体の定義に関する問題。さらに，「西洋文化と対立するのか」，「アジア文化の一部なのか」という和文化と他文化との関係性に関する問題。すなわち，「和文化」自体の定義と他文化との関係性に関する問題提起である。

　2代目会長の梶田叡一先生は，「和文化研究交流協会」から「和文化教育学会」に学会名が変更された平成25年4月の学会HPに，「本格的に和文化教育の研究と実践展開」と題して，平成18年12月の新しい「教育基本法」の成立により日本の学校教育における「日本の伝統と文化」を重視する教育の重要性を指摘されている[2]。さらに，令和2年度第17回和文化教育全国大会（明石大会）の基調講演において，先の山折先生の「和文化」の問題指摘を，通時的と共時的の2視点から今後の和文化教育の方向性を「和魂人類才」として指摘。これは，日本の歴史において中国や欧米との文化交流によって日本の文化創造を担っていた「和魂漢才」や「和魂洋才」の考えを踏まえている。そして，日本に根差した精神を基盤に特定な国や地域に留まることなく全世界との文化交流による文化創造への方向性を指摘されている。

　このような両会長の和文化の定義と他文化との関係性の指摘を踏まえて，3

代目会長の私は，「グローバリズムとナショナリズムのジレンマを超克する和文化教育の構築」を学会 HP にて提唱。その背景と理由を次のように述べている [3]。「第 2 次世界大戦後の日本は，民主主義社会の建設と資本主義社会としての経済的成長によってグローバル世界において重要な役割を担う国家として発展してきました。今日では持続可能な国家と世界の発展を意図して，SDGsも含めてグローバル世界における諸課題に対する教育が求められています。このような社会的動向に対して，日本では『グローバル世界における日本人形成』が重要な教育目的とされています。その動向として戦後日本の教育方針を定めていた教育基本法が，平成 18 年 12 月に改正され，『我が国の伝統と文化を基盤として国際社会を生きる日本人の育成』の教育目標が明記されました。この教育基本法改正を踏まえ平成 23 年度から順次，学習指導要領に基づく教育が実施されてきている。これらの新学習指導要領に基づく教育課程においても『伝統や文化に関する教育の充実』が重視されています。このような教育動向において自国のアイデンティティー形成を意図する伝統文化教育の強化が図られます。しかし，自国の伝統文化教育に基づいてアイデンティティー形成が強化されると偏狭な自国中心主義の教育に陥ります。また，自国のアイデンティティー形成なしにグローバル世界への関与を図る教育は難しいです。このジレンマへの対応が，伝統文化教育とも関連する和文化教育の課題です。」すなわち，先の梶田叡一先生指摘の「和魂人類才」を推進する上での課題を述べている。

## 2　和文化教育提唱の内容

前述の課題に関する和文化教育の性格を「和文化教育研究交流協会（仮称）設立と大会のご案内」（平成 17 年 3 月）の書面では，次のように説明されている [4]。「私どもは，「『和文化の風』を学校に」という活動フレーズで，地域との連携を踏まえた学校教育における和文化教育を提唱しています。この教育は，和の文字が日本を意味しますので，日本の生活，地域，伝統の文化領域を基軸

にしています。これまでの伝統と文化を大切にする教育を包括し，和文化自体の価値を継承し，発展させる文化創造アプローチとしての教育を意図しています。さらに，和文化教育の和には調和と平和の和も含めています。調和は自然と人間，人間同士，自己の心と体が和する状況を意味し，文化創造の基盤になるからです。」

　この和文化教育の性格については，過去からの日本の生活，地域，伝統の領域を包括する日本文化として幅広い領域と理解できる。そのような領域において，「和文化自体の価値」と「文化創造アプローチ」が鍵概念になっている。前者の「和文化自体の価値」については，個々の日本文化の領域を共通する理念と捉えるならば，次の芭蕉の『笈の小文』の次の説明が的を射ている。「西行の和歌に於ける，宗祇の連歌に於ける，雪舟の絵に於ける，利休が茶における，其の貫道（かんどう）する物は一（いつ）なり。しかも風雅におけるもの，造化（ぞうか）に随（したが）ひて四時（しじ）を友とす」[5]。この記述では日本文化の本質を，芭蕉は「造化」として捉えている。「造化」とは，四季に応じて繰り広げられる森羅万象である自然の本質を意味する。

　このように個を超えた対象を造化とするか，神とするか，仏とするかは，宗教や文化等で異なる。しかし，音楽，美術，芸道，武道，舞踊などの文化活動を行っている時に，我を忘れてその活動に専念する瞬間がある。この瞬間は，日頃の我の意識に左右されない我を超えた大きな生命に融合する体感である。この体感は，先の和文化教育の性格として指摘している「調和」の和に通じ，「自然と人間，人間同士，自己の心と体が和する状況を意味し，文化創造の基盤になる」のである。

　このような「和文化自体の価値」と「文化創造アプローチ」の基盤になる体感について私が大学生時代から稽古をしている「居合道」を事例に述べる。居合道は，日本刀を抜刀することによって相手の不意の攻撃に対して，瞬時に応じて相手を制する刀法である。居合道の開祖は，天文年間（1540年ごろ）に羽州村山郡舘岡在林崎村（山形県村山市大字林崎）に生誕した林崎甚助重信であり，永禄年間（1560年ごろ）に林崎神社に祈願して抜刀の妙を悟り，神無想林崎流

を起こした。その後，彼の高弟である田宮流開祖の田宮平兵衛重正，関口流開祖の関口弥六右衛門氏心，伯耆流開祖の片山伯耆守久安などのよって全国へ居合が広められた。これらの流派において私は伯耆流を稽古している。開祖の久安は，天正三（1575）年に出生し，文禄五（1596）年正月に京都愛宕社に参籠し，剣術の精奥を得た。豊臣秀次と豊臣秀頼の剣術師範を務め，慶長 15 年（1610）に御陽成天皇に召されて，伯耆流の極意技「磯之波」を天覧に供した。その際に従五位下伯耆守を任ぜられ，全国に知られるようになった。豊臣家滅亡の後，厳和元年（1615）に周防岩国藩主吉川広家に客分として迎えられ，岩国藩を拠点に芸洲を始め九州においても片山流剣術を指導された。久安死後においても片山家は，幕末まで吉川家の師家として任を勤めた。そして，片山流剣術に関する伝書約 60 点は，片山家八代当主片山武助によって昭和 19 年に吉川報効会に寄贈され，現在では岩国徴古館に所蔵されている。この伯耆流の武道観が次のように指摘されている [6]。

① 「武」の字源について，一般的に「戈（ほこ）を止（と）める」と解されるが，「戈が止（や）む」と捉える。「戈を止（と）める」の捉え方は世の争乱を人為的武力の行使によって治めることを意味するのに対して，「戈が止（や）む」の捉え方は天理の道理に応じて世の争乱は治まることを意味する。その意味では，伯耆流には人間界の所作だけでなく人間界を超えた存在を重視する神武思想や天人合一の考え方が根底にある。

② 居合は争う敵を倒すことではなく，「不争ノ利」をなすことである。敵対する相手を刀によって殺傷するのではなく，「刃ヲ心ノ鞘ニ納テ」，刀を抜かない「未発の居合」を旨とする。そのような居合が「戈が止（や）む」状態（泰平）を生み出すことに通じる。このように伯耆流の理念は，「敵と和し，天地万物と相和する」ことにある。

現在では居合道修練の目的としては，「定められたところの武技を通じて，剛健なる身体を鍛錬し，己が精神の錬磨をなすにあり。換言すればその根本とするところは，いわゆる武徳修養の一点に帰す」と述べられているように居合道の修練によって健全な身体と精神の形成が目的とされている。この人間形成

を図る上で，居合道は他の武道や芸道とも共通する方法として，「心，気，力，剣，体一如の心技を修業する」ことが基本とされる。さらに，このような理の世界についての覚知は，業稽古の事（実践）と遊離して体系づけられるのではなく，事としての業稽古と表裏一体の関係性においてなされる。その覚知する機会が，稽古を通して相手と呼応する体捌きや業が決まる瞬間であり，業の動きに双方の動きが合致し，自他を忘れる体験である。

　このように居合道においては刀法の業の修練によって心と体の統一を図ることが人間形成の基盤になる。そして，居合道だけでなく他の武道も，芸道も含めて貫道する理は心技体の体得である。さらに，この心技体の体得の世界について伯耆流の「未発の居合」と「不浄ノ利」の理の考え方（理論）では人間界だけなく動植物界も包含する神，天，天地万物などの無限なる世界との合一や融合の調和的関わりが示唆されている。

　この居合道の体験が，『「和文化の風」を学校に―心技体の場づくり』（明治図書，2003 年 10 月）を出版し，「和文化教育学会」を創立した最も重要な要因になったと言える。

## 3　和文化教育提唱の歴史的知見

　私が，居合道の体験を踏まえて提唱することになった「和文化教育」に関係する知見を日本の歴史において国際的交流を意図して世界に発信した人物として，新渡戸稲造（1862.8-1933.10）と岡倉天心（1863.2-1913.9）が挙げられる。新渡戸稲造は『武士道』（1899），岡倉天心は『茶の本』（1906）を英文で出版している。これらの著書をてがかりに歴史的知見としての「和文化の文化価値」と「文化創造アプローチ」を検討したい。

　『武士道』が執筆されたのは，稲造が体調の悪化で札幌農学校を退職し，アメリカのカリフォルニアにて静養中の 1898 年から 1899 年ごろである。動機については，ボン大学に留学中にベルギーの法政学者ド・ラヴレー教授から「日本の学校では宗教教育がなされていないのに，道徳教育を授けることがなぜ

できるのか」の問いかけであった。その問いかけの答えが，「武士道」であり，『BUSHIDO, The Soul of Japan』の書名で出版された。そして，1894 年の日清戦争と 1904 年の日露戦争の狭間に刊行されたこともあり，極東の日本への関心が世界中から寄せられ，欧米だけでなく，ロシア，中国，アラビア地域など 20 ヵ国においても刊行されたのである。

　本著の目次は，次の 17 章構成になっている [7]。「序文　第一章　道徳体系としての武士道　第二章　武士道の根源　第三章　義　第四章　勇気　第五章　仁愛　第六章　礼儀　第七章　誠実　第八章　名誉　第九章　忠義　第十章　武士の教育　第十一章　克己　第十二章　切腹および敵討ち　第十三章　刀・武士の魂　第十四章　夫人の教育と地位　第十五章　武士道の感化　第十六章　武士道はなお生きられるか　第十七章　武士道の将来」。

　このような目次構成において，第一章と第二章は，武士道の理念が形成されてきた根源として，仏教，神道，儒教の影響を指摘している。第三章から第九章までは武士道としての 7 つの徳目が述べられている。第十章から第十四章までは，武士道の教育の方法と課題に関する内容となっている。第十五章から第十七章は，武士道の歴史的社会的意義が考察されている。これらの論述を通して，個の人間性としては，武士道としての徳目形成から生み出される品性の確立であると断言する。そして，歴史的社会的意義としては，「シティマン（市民）」の観点から「民主主義の進歩として，他の国民他の国家に対する知己の増進」と「わが地平線上に，戦雲が暗く覆うようなことがあっても，私は平和の天使の翼が，これを払い去るであろう」として国際交流と世界平和を指摘している。

　特に，「第十三章　刀・武士の魂」において，刀は武士道における象徴であるが，その刀の使用については武士道としての理が求められる。このあり方として 1868 年 3 月に西郷隆盛と会談して，「江戸無血開城」を決断した勝海舟の対応が紹介されている。海舟は，直心影流の免許皆伝の腕前であり，「水心子正秀」の愛刀を差していた。幕末の乱世において幕府の最後の陸軍総裁として闘いや暗殺の危機に直面したが，海舟は一度も刀を抜かなかった。さらに，抜

けないようにしていた。「血を流さずに勝つのが最上の勝利である」との信念に徹していたのである。海舟が，先述の「居合は争う敵を倒すことではなく，『不争ノ利』をなすこと」に通じる武士道の理を貫いたことが紹介されている。このように新渡戸稲造は，「和文化自体の価値」を「武士道」として説明して，「文化創造アプローチ」として「平和」を意図していたと言える。さらに，このことは，稲造が 1920 年に国際連盟が設立された際に，事務局次長に就任したことにも関連する。

　稲造と同世代の岡倉天心は，1890 年 10 月に東京美術学校の校長になり，日本美術の保護と発展に尽力した。1904 年にはボストン美術館中国・日本美術部に勤務し，1910 年にはボストン美術館中国・日本美術部長になり，日本美術の世界的評価を高める貢献をした。特に，1906 年 5 月に出版された『茶の本』は全米を始め，欧州でも刊行され，全世界に着目されたのである。

　本著の目次は，次の 7 章で構成されている [8]。「第一章　人情の碗　第二章　茶の流派　第三章　道教と禅道　第四章　茶室　第五章　芸術鑑賞　第六章　花　第七章　茶の宗匠たち」。このような目次構成において，第一章では，この本の執筆を通して西洋文化の国々に日本文化の本質について茶を視点にして紹介する意図が述べられている。第二章では，中国と日本の茶の歴史が，概観されている。中国では「固形茶，抹茶，煎茶」として進展し，八世紀の陸羽によって茶の木，茶摘みの道具，茶の精選，茶器，茶のたて方等を含めて茶が日常文化として確立された。さらに，宋代では抹茶が流行し，禅宗の影響もうけて清浄無垢の精神性が尊ばれた。日本では，遣唐使が持ち帰ったことや最澄が 801 年に茶の種を叡山に植えた先例がある。栄西が 1191 年に帰国し，茶を京都に植えたことがその後の茶の湯に発展した起源とされ，15 世紀ごろには茶の湯として成立した。16 世紀の中ごろに利休が茶の湯文化を確立したと言われている。第三章では，茶の湯文化が確立し，発展してきた基盤となる道教と禅道の考え方が述べられている。道教は，現世をあるがままに受け容れ，絶対のものに依存するのではなく，状況に応じて絶えず適応することを求める。例えば，他者との関係においても「おのれを空しくして他人を自由に立ち入らせ

ることができる者は，どんな事態をも自由にすることができる」のである。禅道も道教と同様に「相対性」と個人の精神性を重視する。さらに，「俗界を精神界と同じ重要さをもつもの」として，「人生のごく些少な出来事の中に偉大さを考えつく」という教えが茶道に影響を与えているとする。

　第四章では，茶室の構成とその文化的役割が述べられている。茶室は西洋の石と煉瓦づくりの建築とは異なる木と竹による建築であり，茶室自体と水屋，待合，露地によって構成されている。待合から露地の庭石を渡り，灯篭のかたわらを通ることにより心が純化され，茶室へ行くことになる。そして，客は躙り口から頭を下げて入室し，亭主のお茶をいただくことによって一期一会の交流をする。このように茶室は人間の本来の姿を覚知し，交流ができる聖域となる。第五章では，「芸術鑑賞」の題目で茶との関連性が理解しにくいのであるが，「琴馴らし」という逸話が紹介されている。竜門の峡谷の桐で作られた琴を多くの楽人が音を鳴らせなかった。しかし，琴弾きの伯牙が琴の本来の特性に応じて，琴が伯牙か伯牙が琴なのか区別できない心の交流を通して演奏したことが述べられている。このように芸術文化と鑑賞する主体の交流の在り方が指摘されている。このような交流は茶室での亭主と客との交流も同様である。その意味では，茶の湯での交流は，あらゆる芸術文化の鑑賞においても共通する。

　第六章では，人間生活において重要な役割を担う花物語となっている。西洋社会では，舞踏会や宴会の席で華やかに飾られる花が，翌朝には膨大なごみとして処理される。茶や花の宗匠は，草花の特性を考慮して花だけでなく，葉や枝も草花の生命を季節に応じて生かすように生ける。日本では，茶道と同じ時期に華道も誕生した。茶道では，茶室において花も含めて軸，茶器，茶釜などが季節に応じて相和するように活用される。第七章では，茶の宗匠たちが日本文化の創造への役割を果たしたことと「利休の最後の茶の湯」が紹介されている。茶の宗匠たちは，茶道の指導だけでなく，日本の古典建築や室内装飾を含めて宮殿，寺院，庭園，焼き物，絵画等の芸術文化に大きな影響を与えた。その意味では，茶の文化は，日常的生活から日本の芸術文化に至るまで日本人の

考え方や日本文化の特性を形成してきた。さらに，このような茶の文化を生み出した利休は，秀吉との不仲を理由に死を迎えざる得なくなった。その最後の茶会にて茶道の理念に基づいて崇高な茶会を催し，未知の国へ立ち去ったのである。

　このように岡倉天心は，「和文化自体の価値」を「茶道の文化力」と説明し，「文化創造アプローチ」としては，茶室での亭主と客の人間同志の交流と同様に芸術文化と主体との「共感による心の交流」の方法を重視している。

## 4　和文化教育提唱の未来的展望

　「和文化教育」としての「和文化自体の価値」と「文化創造アプローチ」の視点から考察してきた新渡戸稲造の『武士道』と岡倉天心の『茶の本』の知見は，次のように指摘される。「和文化自体の価値」については，稲造は「武士道」を，天心は「茶道」を基軸にしている。前者は，封建体制における武士階級の個人としての精神や社会的規範が重視される。後者は，個人と他者及び人間と自然との交流に基づく茶道文化が重視される。さらに，「文化創造アプローチ」としては，稲造は文化創造の価値内容になる「平和」を意図する。天心は文化創造の価値形成方法となる茶室での亭主と客の人間同志の交流と同様に芸術文化と主体との「共感による心の交流」を重視する。

　このような両者の知見を踏まえて本学会の和文化教育の考え方と未来的和文化教育の方向性が，次のように指摘できる。和文化教育学会としての和文化領域は，武道と茶道に限定されるものではないので，「日本の生活，地域，伝統の文化領域を基軸」としている。稲造が「武士道」，天心が「茶道」を選択したのであるが，多様な領域から問題関心によって学会員が多様な領域選択ができる捉え方になっている。さらに，マンガ・アニメ，デジタルゲームなどの現代文化も含む領域と捉えることが望ましいので，所謂伝統文化と称される文化に純化する捉え方ではないのである。しかし，「和文化自体の価値」を感得するには，私は居合道による心技体の稽古を通して実感できたように知識理解と

は異なる文化的体験が必要とされる。

　さらに，「和文化自体の価値」を継承し，発展を図る「文化創造アプロー
チ」に関しては，次のような知見になっている。稲造は，このアプローチの目
的から「平和」というグローバル文化価値を明示したのである。天心は，目的
とする価値を設定するのではなく，「共感による心の交流」とする価値形成の
方法を重視したのである。その意味では，和文化教育学会としては，目的とし
て「平和」というグローバル文化価値を明示し，その文化価値を形成する方法
として「共感による心の交流」を活用することは今後の和文化教育学会の未来
的展望を図る上で意義がある。なお，先に紹介した「和文化教育研究交流協会
（仮称）設立と大会のご案内」（平成 17 年 3 月）の書面では，次のように説明さ
れている。「和文化教育の和には調和と平和の和も含めています。調和は自然
と人間，人間同士，自己の心と体が和する状況を意味し，文化創造の基盤にな
るからです。」そして，天心の「共感による心の交流」には「自然と人間，人
間同士，自己の心と体が和する状況」を生み出す「調和」が前提になる。さら
に，この調和を生み出す基盤理念が，芭蕉が洞察した「造化」である。このよ
うな和文化教育としての知見が，過去・現在・未来を紡ぐ和文化教育の未来的
展望を創造することを祈念したい。

（中村　哲）

### 註

(1) https://www.rawace.org/kyoukai_01.html

(2) 同上

(3) 同上

(4) 「和文化教育研究交流協会（仮称）設立と大会のご案内」平成 17 年 3 月

(5) https://www2.yamanashi-ken.ac.jp/~itoyo/basho/oinokobumi/oino01.htm

(6) 片山久隆『幣帚自臨傳』正保四年（1647 年），pp.8-9.

(7) 須知徳平『新渡戸稲造と武士道』青磁社，1984 年 8 月，pp.85-228.

(8) 岡倉天心著　桶谷秀昭訳『茶の本』講談社，2024 年 4 月（第 50 刷発行），pp.3-104.

# 第2節　和文化の創生力

　はからずも会長に選ばれました。皆様と共に，この会を発展させていきたいと思います。どうぞよろしくお願いいたします。さて，日本の近代国家としての中心は東京でありますが，では日本の文化の中心はどこか。それは千年の都といわれた京都ではないでしょうか。しかし本日からは，今申し上げた日本の国家の中心と，日本文化の中心のほかに，その二つの中心を踏まえたもう一つの重要な中心ができたわけです。それが兵庫県の中央部に位置する兵庫教育大学のこのキャンパスで産声をあげました「和文化」という新しい文化の中心地であります。そのための運動が本日この地で始まったわけです。山間の，あまり何もないようなこの地で，新しい文化がスタートするわけですが，梶田学長先生の言葉によると，和文化の中心となったこの地域は，ちょうどアラビア半島のメッカに相当するということです。また中国でいえば，毛沢東が活動するきっかけとなった延安に当たるというわけであります。いずれも当時の歴史の活動舞台となった中心部からは外れており，その上，風土は厳しく，乾燥した砂漠地域でした。しかし私はそうした地域においてこそ，人類は千年二千年の永い時間をかけて，貴重な精神的遺産を作り出してきたと思います。イスラエルの地域においてもそうでした。仏教が発展したインドの北部の乾燥地帯もそうです。キリスト教も仏教も，そうした偉大な思想を生み出したのは，こうした地域であったわけであります。

　もう30年程前の事でありますが，私はたまたま調査のため，天竜川上流の新野という所にまいりました。あそこは日本の伝統芸能の宝庫といわれる地域で，かつて柳田國男さんや折口信夫さんが，訪ねて調査した所ですが，静岡県，愛知県，長野県の県境にあたる山奥の地域であります。そこで私は，めずらしいお盆の踊りを見る機会がありました。手ぬぐいを顔に巻き，浴衣を着た人々

が静かに輪になって踊っておりましたが，その輪のまん中に，一本の長い笹竹が立っており，その先端に火がちろちろと燃えていました。そのうち私は，その笹竹の先端の火が燃えているところに，死者の霊魂が下ってきて，踊っている人々と不思議な交流を始めているのを見ているような気分になったのであります。それで一時間たっても，二時間たっても見飽きないのです。不思議な感情に打たれて，その場に立っておりました。踊りの原点は，おそらくここにあるのではないかと思ったのです。盆踊りの原型は，新野地区のこの笹竹の先から，この真の闇の中から出できたのではないか。そう思ったのは，その踊りの中から霊魂の気配をひしひしと感じるような，そういう雰囲気が，そこから立ち昇り始めたからだろうと思います。盆の季節に，ご先祖様がこの地上にお戻りになるということは，現代のわれわれにとって，頭ではわかっていても，それを体で実感することはもはやできなくなってしまっているのではないでしょうか。新野の盆踊りは，われわれの先祖に対する千年二千年の歴史の，その流れをハッと思い出さしてくれるような，そういうまたとない遺産かもしれないと，そういうことを実感したのであります。これが 30 年前のことです。

　私は，お能の舞台をよく見に行くのですが，そうですね，10 分ともたないのです。つい居眠りをしてしまいます。何遍行ってもお能の舞台は 10 分以上もたない。みなさんは如何ですか。最後まで緊張して観ていますか。なぜ，お能はこんなに退屈なのか，ずっと考えてきました。もしかすると何か重要なものを，現代の能舞台では感じることができなくなってしまっているのではないか，そう思うことがあります。5，6 年前のことですが，私は京都の，ある芸術大学に勤めておりました。5 月に毎年，山の中腹に能舞台をしつらえて，薪能をやっておりました。その時は，能が始まってまもなく，天候が急変いたしまして，小雨が降り始めました。やがて風が吹き，観客席もざわざわし始めた。私も落ち着きがなくなって，このお能がいつ中断されるかと，ひやひやして見守っていました。そうすると，その風に誘われるように，能舞台の後ろに植えられていた大きな松の木がゆさゆさとゆれ始めたのです。その時です。突然，そのゆれる松の木の枝を通して，舞台に舞い降りてくるシテの亡霊が現れ

てくるように思ったのです。あ，ここに能の本質があるとその時思ったのですね。さいわい小雨がだんだん弱くなり，風もおさまり，舞台そのものはその後もしばらく続きました。

　ところが現代の能舞台では，なかなかこういう具合にはいきません。後ろの鏡板に大きな松の木が描かれているのはご承知かと思いますが，その時は，実際の松の木が風にゆれて，そこからシテの霊が現れてくるという雰囲気が舞台に立ちこめたのです。能というのは，今日のような舞台芸術になってから何かを失ってしまったのかもしれない，と思うわけです。野外の庭の舞台でやっている時は，能の本来の姿や形というのがまだ存在していたかもしれない，そんなことを感じたのです。能の舞台で，あのシテを演じる役者の背後に，当のシテの霊魂の気配を感じることができなくなってしまえば，能の魅力を感じることはできません。日本の芸能というものが，現代の都市文明の中で，どのような変貌をとげているのかということを私に示してくれた，そうした夜でした。

　そういう意味において，今日，伝統文化の本来の姿をどのように回復するかは一番の問題です。私は和文化というものを，これから現代にどのようにして生かすかということを考えていく上で，この問題はきわめて本質的なものではないかと，考えているのであります。お能に比べて，歌舞伎はどうかというと，そんなに多く観たわけではありませんが，10分で居眠りするというようなことはありません。それは一体なぜなのか，私のとぼしい経験ですが，今日は，そのことを少々申し上げてみようと思います。

　これも20年以上前になりますが，東京にいました頃，仮名手本忠臣蔵の四段目を観る機会がありました。役者さんの名前は忘れてしまいましたが，塩冶判官すなわち浅野内匠頭が切腹をする場面です。塩冶判官が，舞台上手すなわち正面から見て右手の方に，白装束の姿で坐っています。前に三宝が置かれ，その上に短刀をおいてある。そして城代家老の大星由良助が，今くるか今くるかとじっと待っているのですがなかなか来ない，そういう場面です。しばらくたって，下手に大星の姿がスーと舞台に現れる。じっと主君の判官の方を見ます。同じように判官も大星の方を見つめている。両者はこの時，無言です。

視線と視線が火花を散らす，そんな場面です。その時，「ちこう」と言ったか言わなかったか，記憶が定かではありませんが，由良助が舞台をツッーと横切って，塩冶判官の脇へやってくる。そして両者が目と目を見合わせる。その時，判官が「うむー」と唸る場面があります。その声を聞いて由良助が，下から見上げるようにして「ははー」と言って平伏する。しばらくして判官が「わが存念を」といい，間があって由良助が「ははー，委細──」。判官が「うむー」と言ったまま黙っている。これで終わりです。

　四段目の二人の会話はそれだけであります。それだけでありますが，二人の思い，そして「必ず仇を討て」，「必ず仇を討ちます」という両者の思いが，観ているわれわれの胸に響いてくるわけです。これはすごいコミュニケーションだと思いました。ほとんど言葉が機能していない。言葉を殺した会話です。それでこれを，デス・コミュニケーションといっているのです。言葉によるコミュニケーションを完全に否定している。それが一層深いコミュニケーションを生み出している。そういう信念が脈打っている演出が，そこで重視されているという気がしました。これはすごい，こういうコミュニケーションの世界があるということが面白い。われわれの学校教育の中で，このことをどのように次の世代に伝えていくか，ということになります。

　戦後の 60 年，人間関係ということがどこでも言われてきました。学校の中でも人間関係，家庭の中でも人間関係，会社においても人間関係。その人間関係を成り立たせているのは言葉だ，そういう近代的な感覚ですね。言葉至上主義といってもいい。そういう教育を半世紀以上続けてきて，しかしその結果どうなったのか。デス・コミュニケーションの世界なんていうのは，ほとんど理解されなくなった。言葉のもつ力と沈黙の力，そういうものを相対的に考えることを，どうも横へ押しやってきた。そのため人間関係そのものが，かえって不安定になっているということです。そういう点では，今，デス・コミュニケーション，沈黙のコミュニケーションの意義を再認識すべき時期に来ているのではないかと思います。

　もう一つ，この四段目の舞台でそれを裏側で支えているものがあります。塩

冶判官と大星由良助が，共に腰を折って坐っているという姿勢の問題でありま
す。彼らがもし立ってお芝居をしていたら，四段目はそもそも芝居になりませ
ん。これから死につこうとする一方の塩冶判官が，畳の上に端坐している。当
然，重心は低く，大地そのものに近づいております。そこへ大星由良助が入っ
てくる。彼は中腰で，膝を折ったままスーと近づいてくる。一種の達人芸です。
あの技術は一体なんなのだ，と思いましたね。足腰の力を別のエネルギーに変
えていく。垂直エネルギーを水平の推進力に変えていく。それで膝を折ったま
ま主君の方へ近づいていく。そういう演出で作られているドラマです。デス・
コミュニケーションがパーフェクト・コミュニケーションになる原因の一つが，
この坐っているということにあるのであって，それがドラマの中心軸になって
いる。下半身の筋力，これがこの歌舞伎の魅力を生み出す原動力になっている
のだと思いました。

　その四段目の芝居を見ながら，思い出したのですが，シェークスピアの四大
悲劇，つまりマクベス，リア王，オセロー，ハムレットのような芝居では，い
わば言葉が氾濫しているわけです。マクベスはダンカン王を殺して王位につき
ますが，その結果，心の葛藤と孤独に苦しみ，それが台詞となって口からほと
ばしる。リア王は娘たちに裏切られて，荒野を彷徨しますが，その時，次から
次へと絶望的な叫び声をあげます。またこのシェークスピアの四大悲劇といわ
れるお芝居は，主人公たちが立ったまま舞台の上を動き回り，走り回り，一瞬
の時もおかずに言葉を発し，絶叫し，身悶えする。が，その所作のすべてが言
葉と一緒になって表現されているわけです。痛み，悲しみ，絶望——，これら
はすべて言葉によって表現されている。言葉できちんと表現しようとすればす
るほど，次から次へと言葉が流れ出していく。シェークスピアの魅力は，言葉
の魅力ですね。その言葉の魅力を100％出し尽くすために，人物たちが全員立
ち上がって，舞台の上を動き回っているわけです。

　これは歌舞伎の場合とまったく逆です。もちろん戦後，シェークスピア悲劇
を演出する中で，歌舞伎や能のドラマトゥルギーを取り入れた，蜷川幸雄さん
のような演出家がいないわけではありません。またヨーロッパの伝統の中で，

沈黙の意義や，沈黙の力をぜんぜん考えていなかったというわけでもありません。東の文明と西の文明は，お互いに学びあってきたわけですが，にもかかわらず，仮名手本忠臣蔵のような芸術を観ると，坐の文化，沈黙のコミュニケーションといった，日本人が創造してきた独自のドラマトゥルギーを，強く感じるわけです。それは武道，芸道などあらゆる分野において，基本的な技法となってきたものではないか。とりわけ坐る，ということに特徴があるわけです。しかし今や，日本の小学校，中学校，高等学校で子どもたちに，坐れといっても，きちんと坐れる者はほとんどおりません。ここが問題なのです。そこで絶望してしまうのか。それとも新しい時代のグローバリゼーションを受け入れていくのか。これに対して第三の道を見つけようとするのか，ここをしっかり考えなければなりません。

　エジプトに旅をしていた時のことです。驚いたことがあります。カイロとアレクサンドリアを結ぶ幹線道路のちょうど中間辺りに，まわりが砂漠に囲まれた，マカリオス修道院という修道院があります。古代エジプトのキリスト教として知られるコプト教の修道院です。泊めてもらったその日の早朝，修道士たちが集まって瞑想やお祈りしているところを見させていただきました。その時，驚いたことに，一人一人の修道士さんの姿勢が，てんでばらばらなのです。あぐらをかいている人もいるし，膝を立てている人もいる。立っている人もいるし，坐っている人もいる。壁に背中をもたれさせている人もしるし，とにかく姿勢がばらばらなのです。修道士たちにとっては，瞑想やお祈りの内容が大切であって，姿勢なんか問題ではない，というわけです。ところがわが国のことを考えてみますと，曹洞宗，臨済宗などでは特にそうですが，坐る姿勢が一定しています。姿勢を整えるという考え方が，根底にあるのですね。それがキリスト教やイスラム教の伝統の中には，まったくないわけです。私は，これは良いか悪いかという問題ではなくて，伝統的な身体文化のパターンが違うからだと思います。身体の技法がそれだけ違えば，当然その身体をベースにした芸術や芸道のあり方も違ってくる。われわれのいう和文化がカバーするさまざまなジャングルにも，そうした問題が大きな意味をもってくると思います。

　私はキリスト教徒の方々に，その宗教生活において，姿勢という問題が意識されていますか，あるいは呼吸法について議論されることがありますか，というようなことをよく質問することがありますが，ほとんどの場合は「ノー」の答えが返ってきます。そうしますと，日本の僧堂などで伝承されてきている瞑想や坐禅の姿勢というものは，これはかなり日本列島固有の文化的特徴ではないかと思うわけです。中国，インド，またチベットの仏教寺院に行ったときも，たしかに彼らは坐って瞑想してはいますが，その姿勢がやはりてんでばらばらで，体を揺らしたりしている。それに対して姿勢にこれだけこだわり，これだけ鋭い神経をめぐらしているところは，日本以外にはないのではないかとさえ思います。そうしますと，能，狂言や，歌舞伎，浄瑠璃，そして武道，芸道，それに茶道，華道などすべての面において，坐るということが，どの分野でも重視され，何百年にもわたって教えられてきたということの意義が，わかる気がします。そのような伝統というものは，わずか 100 年や 150 年の間になくなることもまた，ありえないことだと思います。

　私は今年で，74 歳になりました。長年教師をし，中学校，高等学校，大学，大学院，そして最近では小学校でも授業をしています。小学校では出前授業ということで，45 分間の授業をしました。これは並大抵のことではありません。小学校の先生方のご苦労がよくわかりました。ここ 10 年ほどは，あちこちの大学で教えてまいりましたが，ご承知のように，学生たちの私語が，社会問題になっていきました。もっとも最近では，私語の段階からケイタイのメール問題になって，ずいぶん静かにはなりました。「私語」から「無語」へと変化してきたわけです。教師の側もそれに対してどうするか，苦心惨憺しております。私も 20 人〜 30 人ぐらいの学生相手に講義することは，それほど苦労することはないわけですが，150 人，200 人，300 人という大教室で教えなければならない機会が，だんだん多くなっていました。さてどうするか，です。いろいろ考えてたどり着いた方法と言うのが，次のようなものです。少し気恥ずかしいのですが，ご披露申し上げたいと思います。

　わたしがそれを行った大学の教室は 300 人程の学生を相手にする教室です

が，常時は 150 人ぐらいの出席です。まず私がやったことは，「机の上のものをカバンにしまえ」ということです。「筆記する必要はない。ぼくの顔をみることだけに専念せよ」ということを言いました。これを納得してもらうのに 5 分かかるわけです。次に「イスに浅く腰掛けて，姿勢を正せ」と言います。これは本来なら小学校でできていないといけないわけですが，これにまた 5 分かかるのです。150 人ぐらいを相手に，姿勢を正せ，姿勢を正せと言うわけです。そこで少し静かになった段階で，「次は深呼吸」と言います。息を深く吸って，ゆっくり吐く。一．二で吸って，三．四．五．六で吐く。これがなかなかできないのです。姿勢を正すこと，深呼吸を正しくすること，これで 10 分です。次にだいたい静かになったところで，「目をつぶれ」と言う。これがまた，つぶってくれない。薄目を開けていて，開けたり閉じたり，周りの様子をうかがっている。自然に目を閉じるということが，できないのですね。瞑目するということが，どれだけ彼ら彼女らにとって不安なのか，あるいはたくさんの人間がいる中で，自分一人が瞑想することがやはり不安なのでしょう。これで 5 分です。開始からすでに 20 分近くかかっているわけです。そして静かになったところで，「何でもいいから，考えよ」と言う。身体のことでもいい，ケンカのことでもいい，人間関係のことでもなんでもいいから考えよ，という。そして〈我考える，故に我あり〉というデカルトの言葉なんかも紹介します。それでまた 20 分ほどたちます。そして目を開けろ，といって私の講義が始まるわけですが，残された時間は 50 分程しかありません。しかしその後の講義が，非常にやりやすくなったことを憶えています。

　和文化の特徴の一つが，坐る，呼吸を正しくする，姿勢を整えるということであれば，日本の教育のスタートラインにそうした問題を据えたらどうなるのか，ということを時々思うわけです。よく教育委員会主催の会で話をすることがあります。また研修会で，校長先生，教頭先生，また先生方に申し上げるのですが，一度子どもたちを卒業するまでに，永平寺につれていったらどうですか，ということを提案することがあります。永平寺に子どもたちを寝泊りさせて，雲水たちがどのような坐禅，瞑想の生活をおくっているかを身体で覚えさ

せたらどうですか，というような提案をしているわけですが，そういうお願い
を聞いてくれる学校は一つもありません。公立学校では皆無です。一番苦しん
でいる大変な現場が，やるべきことをやっていないのではないか，そんな気が
します。

　最近，面白い本を読みました。石井宏さんの『反音楽史』という本です。こ
れまでの正統な音楽史に対して，反対するという意味の「反音楽史」です。こ
れはおもしろかったですね。従来の西洋音楽史の基本になるのはドイツ流の器
楽中心の音楽史，たとえばバッハ，ハイドン，ベートーヴェン，ブラームスあ
るいはモーツアルトと，いずれも器楽中心でした。しかし人間にとって最も楽
しい音楽というのは，歌を歌うことだというのです。ですからイタリアオペラ
というのは，実は重要な意味をもっていたわけです。これからの音楽史という
のはこのオペラ，つまり歌うという芸術活動を通して見直すべきだ，というの
が石井さんの主張なのです。日本もいつの間にかドイツ中心，器楽中心の音楽
史というのが一般的になって，明治以降の学校教育もそれに基づいて行われて
いるわけです。

　そんな石井さんの本の中で，私がたいへん面白いと思いましたのが，バッ
ハ，ブラームス，モーツアルトはみんなかつらをかぶっている。これはどうし
たことか，ということです。しかしベートーヴェンはかつらをかぶっていなく
て，髪を振り乱している。言われてみまして，ハッとしましたね。私の小学校
の頃の音楽教室を思い出しても，肖像画では彼らはみんなかつらをかぶってい
る。つまり音楽家は国家の召使だった，ということです。裁判官も同じですね。
あのかつらは国家の象徴であるわけです。それをぶち破ったのがベートーヴェ
ンだということになります。ベートーヴェンの肖像画には決してかつらはかぶ
せなかった，というような話が，次から次へと出てくる。これは日本人の西洋
崇拝に水をかける格好の材料，と思いながら読んでいたのです。しかしそのこ
とによって，日本文化第一の排外主義に陥ってしまっては，何にもなりません。
それは大いに気をつけねばならないところです。

　私は音楽のことは，ほとんど知りません。美空ひばりさんについては，わが

ままな興味から少し調べたことがありますが，音楽の理論については全然わかりません。その私がこの石井さんの本を読んでいてハッと思ったことがあります。楽符をみていますと，音符の上にフェルマーターという記号が書かれています。お椀をひっくり返したような曲線の中に黒丸が付いている，あの記号です。西洋ではその記号の所で，音がストップするというのです。ところが日本の音楽教育では，そのフェルマーター記号を，音をのばすと説明しているといいます。同じ記号を西洋ではストップするといい，日本ではのばすと説明されているわけです。これはヨーロッパ音楽と，日本音楽の基本的な違いからくるものだ，と石井さんはその本の中で書いています。先程のオペラ音楽のイタリアがそうです。イタリアでは停留所のことを，フェルマーターというそうです。つまりバスがストップする所，ということですね。ところが日本の伝統音楽では，浄瑠璃にしろ，歌舞伎にしろ，いわばフェルマーターにあたるところの音の扱い方が全然違うのです。たとえば鼓をポンと打つと音が消えますね。西洋音楽の考え方からすれば，音の中断です。しかし日本の音楽の世界ではこれは音が続いていると考えるわけです。間というものは，連続性のある一瞬をさすわけです。ですからフェルマーター記号を，音の延長としてとらえるということになります。

　また日本人の音に対する感覚というのは，もう一つ「語る」という言葉の中にも強く生きていると思います。一言で終わる音を延長させて，その中でも節をつけていろいろ変化させる。つまりここのところは，「小節」「節回し」等とも関連しているかもしれません。義太夫，浄瑠璃の語りの中に，日本的なフェルマーター解釈が忍び込んでいる。それは講談や落語，浪花節などすべてのジャングルに共通する問題ではないかと思うわけです。都はるみさんにしても，美空ひばりさんにしても，あの演歌の魅力というものは，あの音が中断するようなところで，唸り節が入っていることです。演歌の魅力は唸り節の魅力だとも思います。以前私が勤めた大学で，チベットの未登頂の山へ登山隊を派遣したことがあります。その時，後発の調査隊も派遣され，それに私は参加させていただいたのですが，登山隊員の方はテープをたくさん持っていきます。本来

は交信を記録するためですが，事前に自分の好きな音楽を録音していくわけです。交信記録が溜まってきますと，あまり好きでない曲から順に消していくわけですが，最後に残った曲が一番好きな曲ということになります。それは最後の登頂のときに聴くために残している曲なのですが，その曲はどんな曲だったと思うかと聞かれました。それが都はるみさんの演歌だったというのです。あの唸り節の演歌が，最後に登頂する隊員たちにとって応援歌になっていたというわけです。ベートーヴェンやワーグナーの音楽ではダメだったということになります。

　話は変わりますが，私自身の反省も含めて申し上げたいことがあります。最近の小中高の教育にかかわる先生方の中で，語りの精神が失われているのではないか，ということです。伝統芸能の中に脈々と受け継がれてきた語りのリズムがあまり顧みられていない。言葉と言葉の間の沈黙の時間は，単なる音の中断ではなく，重要な意味をもっているということについてもそうです。講談，浪花節もすべてそうですが，私はやはり語りの伝統を教室で生かすべきだと強く感じています。戦後は視聴覚教育が盛んになりました。映像を見せ，音楽を聞かせる。当初は新鮮でした。しかし教師はその時，単なる解説者になってしまったのではないでしょうか。映像の解説者，音楽の解説者，そして自分自身の語りを失ってしまっている。語りの力を取り戻せ，そういう思いをしております。それと同時に，姿勢の問題もまた重要な課題になってくるでしょう。これは生徒たちの問題でありますが，教師たちの問題でもあるわけです。どうやら和文化教育の最も重要な基本は，その辺にあるように思います。

　しばらく前になりますが，大阪で活躍されている浪曲師の春野百合子さんにお会いしました。春野さんは，戦後になって浪花節はいじめられました，というのです。特に知的な人々によって軽蔑の対象にされてしまった。しかし自分は，浪花節の世界と言うのは人情の世界であり，色々な苦しみとか悲しみに堪え，その中で自ら律しようとする人々の身悶えする話がある，そういう身悶えする人生を否定することは，大切なものを失うことになりはしないか，といわれるのです。戦後の我々は「浪花節的」という軽蔑的な言葉で，浪花節を否定

し，語りの世界を否定してきたのです。また春野さんは，自分たち浪花節の世界でいつも気をつけていることが三つある，とおっしゃっていました。一つは良い声であり，二つ目は良い節回し，三つ目が啖呵を切ることだと。声が生きていて，節回しがきいていて，そして最後にきわめつけの啖呵を切る。そういう時の言葉は，相手の胸にぐさりと突き刺さるわけです。そういう伝統をも，われわれは和文化を通して大事にしていかなければならないのではないでしょうか。

　そういう和文化の新しい教育を，今日から始めようというわけであります。そのために私も皆さんと一緒に努力していきたいと思います。

　私の話はこれで終わります。ご清聴ありがとうございました。

（山折　哲雄）

**註**

　本論は、平成17年4月30日に兵庫教育大学にて開催された「和文化教育研究交流協会設立大会」にて、初代会長山折哲雄先生が「和文化の創生力」の演題で記念講演をされた内容です。

# 第3節　和文化教育の人間形成的意義
## ―「和魂十則」の提案も含めて―

## 1　外的必要に迫られての「洋才」教育

　明治5年（1872年）の学制発布から150年，欧米モデルに立った近代的学校教育は，日本社会にすっかり定着している。この間の学校教育は，基本的には「洋才」の教育だったと言ってよい。幕末の黒船の相継ぐ来航によって，欧米と日本の軍事力の格差を思い知らされ，このままでは日本は欧米諸国に乗っ取られてしまうのではないか，との危機感が日本の社会全体を覆った中で，欧米の軍事力の背後にある「進んだ」知識や技術，思想や学問を早急に日本に取り入れ，富国強兵を実現すべく懸命に努め続けてきたわけである。ここの努力の積み重ねによって我が国の社会は急速に欧米化され，軍事力も欧米の水準に近付いくことができたのである。

　こうした我が国の近代的学校教育の歩みを顧みると，教育の具体的在り方は時期によって異なっても，どの時期においても「外的状況に対応するための教育」，「外的事情から国民誰もが身に付けざるを得ない必要不可欠な資質能力を育成するための教育」であったことに気付く。「我々の世界」からの諸要求に即した「人材」の育成ということだったのであり，その人の「我の世界」がどう育っていってほしいかが問われないままになっていたと言ってよい。我が国の良き伝統に根差した「人としての生き方・在り方」を育成する，という面が希薄だったのである。

　江戸時代であれば，幕末に黒船が来るまでは，新しい知識や技能や思想を学ぶことの必要性はほとんど感じなくて済んだであろう。したがって，伝統的な知識や技能や思想を，藩校など武士の子弟にとっての学校で学ぶ場合でも，また寺子屋から各種の私塾に進むという庶民の子どもたちにとっての学校で学ぶ

場合であっても，学んだことを有効適切に使いこなすための精神的バックボーンの必要性について改めて問い直されることは稀であった。しかしそれでも，学ぶことの基本が中国の古典である四書五経といった孔孟の学であったことから，日本の伝統に根差す「和魂」といった精神的バックボーンを同時に学ぶ「和魂漢才」を身に付けていくべき必要性があったはずである。

　特に昭和に入ってからは，周辺諸国への対外進出を支えるために八紘一宇（ハッコウイチウ）の精神を中心としたエスノセントリズム（自民族中心主義）の教育がなされた。外的必要に迫られての欧米型富国強兵への道は成功裏に進展し，欧米の驥尾に付した形で近隣諸国に進出して我が国の影響下に置こうと努めたわけである。この時期の教育も，表面的には日本の伝統文化が見直されながらも，基本的発想は，日本の「和」の伝統からかけ離れた欧米流の弱者強食的な思想を機軸としたものであった。そうした流れの延長上で太平洋戦争に突入し，結局は無惨な全面降伏に至って，日本の歴史上初めて独立を失い，外国軍隊による6年間の全面占領という事態となるわけである。

　この占領期には明治初年を上回るほどの「洋才」の教育が，占領当局の指導もあって強力に実施された。そしてこの時期，日本の指導的知識人の多くが日本の文化や伝統を蔑視し，戦勝国であるアメリカやイギリス，フランス，そして旧ソ連を賛美する言動を華々しく繰り広げた。この影響は現在の学校教育にもなお濃厚に残存していると言ってよい。

## 2　「和魂人類才」の教育を目指して

　学校教育においては，外的事情に対応した資質能力を子どもに育成していくことは，ある意味で不可欠な責務と言ってよいであろう。したがって現代の学校教育では，情報化社会の特質を知ると同時に，自分でも多様な情報機器を駆使して生活し，学習していく力を身に付けていかなくてはならないのは当然のことと言ってよい。しかしながら，それだけではどうにもならない。情報化社会だからこそ，周囲から押し寄せる情報の大波に飲み込まれることなく，自分

自身が真に満足できる主体的生活を自分なりに工夫していける精神性が要求されるはずである。今求められている「和魂」は，そうした基本性格を持つものではないだろうか。

　この意味においても「洋才」教育そのものが悪いわけではない。ただ「洋才」ということで欧米流の新しい知識や技術，学問や思想を身に付けるだけになって主体的にそれを生かして用いる精神的基盤が育っていなかったのでは，という反省は必要であろう。精神的な基盤が貧弱なままでは，最先端の学問や技術等を身に付けたとしても，単なる「有能な人」，「できる人」でしかない。そうした「洋才」教育では，優秀な社会的「道具」の育成と言った意味しかないものになり，その人自身の人生が教育によって豊かで充実したものとなるわけにはいかないことは，改めて言うまでもないであろう。

　社会的現役を終えて引退し，老後の時期を迎えた時に，社会的には「有能な人」，「できる人」であった人が，誰も聞いてくれない現役時代の自慢話を口にするだけの日々を送ることとなり，空虚感に浸されるといった例が少なからず見られるが，これもこのことと深く関係しているのではないだろうか。こうしたことから，「洋才」を主体的に自らの「生き方・在り方」のために使いこなすためには日本の文化・伝統に根差した着実な精神的基盤が育っていなくてはならない，という「和魂洋才」の必要性を指摘する発言が，明治初年から今日まで具眼の士によって続けられてきたわけである。

　これからの教育は，もちろん「洋才」だけでは不十分である。欧米以外の地域であっても，とりわけ ICT 技術に関連して，世界最先端の知識や技術が輩出している。文化ということから言えば，もはや欧米文化のみが世界の最先端のスタンダードを提供するものはなく，各民族それぞれの文化が多様な形で共存し，人類全体の文化を豊かにしていくという方向となっている。

　ユネスコ（国際連合教育科学文化機関）も 2023 年 11 月に加盟 194 か国全ての賛同を得て「教育勧告」を 50 年ぶりに改定し，新たな形での多文化共生の資質能力，その基盤となる他国他文化への配慮と尊敬を教育を通じて各国で実現していくべきことを宣言した [1]。

　この「教育勧告」で言われているところは，基本精神としては「和魂」の内容と共通する点が少なくない。特に，ルネッサンス以降の西欧文明で大前提とされた「真理も正義もわが方にあり，武力に訴えてでもアジア・アフリカ・ラテンアメリカの国々に西欧的な真理と正義を受容させるのが人類全体の進歩となる」と言った独善的な自己中心的姿勢を放棄し，相互譲歩による「和」の実現が目指されている点は重要である。

　こうした現代的事情から言えば，これからの日本の学校教育は，世界のどの国どの地域からも学んでいく「人類才」の学びでなくてはならない。そして，その基盤には新たな「和魂」が，「自分自身の生き方・在り方」に関する現代的で開かれた精神的原理原則が，身に付いていなくてはならないであろう。今日においては，こうした意味での「和魂人類才」の教育が必要不可欠となっているのである。

　世界各地域の知識や技術，思想や学問，文化を学び活用していく際の精神的バックボーンとなっていくべきその人なりの「我の世界」の在り方について，すなわち日本の伝統に根差しながらも新しい時代に即した「生き方・在り方」の原則となるべき「和魂」の具体的内実について，今こそ根本的に考えておかねばならないのである。

## 3　根幹となる「和魂」の基本的在り方を考えてみたい

　ここで述べてきた「和魂」の具体的内実としては，1 人 1 人が何よりもまず「自分自身の主人公でありたい」という気持ちを持つことが重要であろう。安易に多数意見に同調したりしないよう，右顧左眄してうろうろしないよう，常に気持ちをしっかり持つようになってほしいものである。いつも自分自身の「実感」，「納得」，「本音」の世界に足をつけ，自分自身に責任の持てる言動に努めるようになってほしいものであるし，その上で自分自身の思いや願いにも引きずられることなく，「自らの主」であることを心がけたいものである。

　一時期，したり顔をした文化人達が「子供達には自分のしたいことを，自分

のしたい時に自分のしたいようにやらせてやるのが一番」と言っていたのを思い出すが，こうした甘やかしと放任とを重ねていては自己統制の力が育たないままになり，「人格の完成」や「人間性の涵養」と無縁になるのは火を見るように明らかである。このことは，江戸時代の爛熟期であった元禄時代に既に貝原益軒らによって強く言われていたことを忘れてはならない[2]。いずれにせよ自分自身でそのことに気づき，自覚を持って生活しようとするようになることが不可欠であるし，そうした方向に向けての絶えざる示唆と温かい配慮ある指導が必要となることは，改めて言うまでもないことである。

　何がどのような意味で真実か，どういう行為はどのような意味で正しいのか，といったことについては，「人類才」を駆使し，各国各文化が伝統的に大事にしてきたところを十分に参考にしながら考えていくことが必要となるであろう。それによって現在の人類社会全体に通用させていくべき共通の真理や正義の求め方が明確になり，そこで大事にされるべき理性の在り方が明らかになってくるはずである。そうした広い目配りの中で，それらを深い地点で統合する立脚点として，一人ひとりの「実感・納得・本音」に支えられた真理や正義を大事にし理性に基づく言動に努める際にも，我々の文化的伝統に根差した精神的バックボーンとして必要不可欠となるものが，本当の「和魂」と言っていいのではないだろうか。

　こうした「和魂」の具体的な柱になるものとして，私の考える「和魂十則」を以下に掲げておくことにしたい。これからの教育の土台に，こうした柱を持つ「和魂」の涵養を必要不可欠なものとして考えていきたいものである。

## 4　和魂十則

### (1) 誠を尽したい。

　何時でも何事についても一生懸命に，誠心誠意で対応することに努めたいものである。孟子の「至誠天に通ず（真心を尽くして努力すれば天もそれを諾い必ず

うまくいく）」は我が国でも吉田松陰を初め古来多くの人に大事にされてきたところである。

## (2) 他の人の気持ちに配慮した言動でありたい。

何事についても相手の人，関係の人たちの身になって考えることに努めていきたいものである。聖徳太子が『十七条の憲法』の第十条で言うように，人それぞれが譲れないものを内面に持っているのである。そうした実情を洞察した上で付き合っていかないと無駄な衝突の繰り返しになるであろう。議論することも大切であるが，どちらが正しいかでなく「正」「反」「合」の弁証法的過程を大事にした話し合いにしたいものである。

## (3) 世のため人のためにささやかでも尽くしたい。

自分の今の状況で他の人のため皆さんのためになることを，何らかの形でやっていきたいものである。比叡山を開いた最澄が『山家学生式』で言うように，「一隅を照らす人（片隅でもいいから照らす人）」になることが大切ではないだろうか。

## (4) 自分を含め誰もが大きな可能性を秘めた存在であることを大前提としたい。

見かけ上の姿に捉われないで自他共に「大化け」する可能性を持つことを忘れないようにしたい。誰もが限界のない「青天井」を持つことを大前提にしたいものである。

## (5) 自<sub>オノズカ</sub>らしかしむる（自然＝じねん）を大事にしたい。

自然<sub>ジネン</sub>の姿を尊び，自分自身についても何かを自分の力で無理にでも実現しようの気持ちを抑えていきたいものである。「自然法爾<sub>ジネンホウニ</sub>＝人為を捨ててありのままに」「もよおされておこなう」といった法然や親鸞の思想に学んでいきたいものである。

### (6) 美しいもの感動的なものとの出会いを大事にしたい。

　四季折々の自然との触れ合いや，音楽・美術・古典芸能等々の鑑賞など我々の精神を揺さぶるような感動体験を積極的に追い求めていきたいものである。我が国の先人たちは自然や人の世の美しさを目に留め，物語や短歌，俳句など様々な形で表現している。これに加えて現代は，世界各地の文芸や音楽や美術・工芸も我が国に紹介されている。美しいもの感動的なものとの出会いを極めて多様な形で実現することが可能ではないだろうか。

### (7) 自分を創り生かしてくれている大きな力に気づき感謝の念を持ちたい。

　自分の力でこの世に生を受け，自分の力で今日を生きているのではない。そうした根本的な事実を忘れないように努め，創られたこと生かされていることへの感謝の思いを持って日々生きていきたいものである。

### (8) 時に無念無想の時間を持ちたい。

　時にはあらゆる思いやこだわりを放棄し，自分自身を空っぽな状態にしてみることが大事であろう。自分自身の原初の姿，根源の姿への立ち返りである。道元の「只管打座」の精神に学びたいものである。

### (9) ご縁を大事にしたい。

　家族，親族，仕事仲間，友人など深いご縁のある人との繋がりを大事にしていきたいものである。偶然の出会いが必然性を孕んでいたと時に認識することも大切である。古くから「袖すり合うも他生の縁」と言い交わしてきたことを大事にしたい。

### (10) 何事においても「和」の実現と維持を大事にしたい。

　和顔愛語を心がけ，意見や感情の相違に対しても最大限の謙虚さを持って相互の距離を埋めていくことに努めていきたいものである。聖徳太子の「和をも

って尊しとなす」の精神を，そのための謙虚さと粘り強さを，常に考えていくべきではないだろうか。

（梶田　叡一）

**註**

(1) 梶田叡一「多様な人々と生命体の『共生』を目指す教育を―ユネスコ『教育勧告』50 年ぶりの改訂の指し示すもの」(No.312) 市町村教委，2024 年 9 月，pp.5-7.

(2) 梶田叡一『和魂ルネッサンス』ERP あすとろ出版，2009 年.

**参考文献**

梶田叡一『人間教育の道―40 の提言』金子書房，2022 年.

文部科学省『学制 150 年史』ぎょうせい，2022 年.

### 和文化教育の雪間草　其の一

# 総合舞台芸術としての歌舞伎

　美術や音楽とことなり演劇や古典芸能は日本の公教育に採用されてこなかった。1985 年に兵庫県県立宝塚北高校が演劇科を開設し（生徒に人気のある授業は狂言），93 年には大阪府立東住吉高校に芸能文化科が出来て（筆者は特別講師を務めた），授業に古典芸能が採りいれられるようになったが，その頃，民間では歌舞伎を見直す動きが広がりつつあった。

　70 年代初頭までは東京歌舞伎座でも歌舞伎の興行は年に七ヶ月ほどで，8 月は歌手・三波春夫，師走は大川橋蔵の公演，新派の水谷八重子（初代），長谷川一夫や中村錦之助（のちの萬屋錦之介）の芝居もあった（橋蔵・錦之助・長谷川一夫は歌舞伎出身の映画スター）。60 年代後半，尾上菊之助（現・菊五郎）尾上辰之助（初代）市川新之助（のちの十二代目市川團十郎）の三之助ブームが起こったが，彼らが一般人の耳目を引いたのは TV の時代劇で主役を演じてからで，ブラウン管で馴染んだ顔を実際に見ようと劇場へ足を運ぶ客も少なくなかった。当時は国立劇場の開場もあり歌舞伎人気に火がついていたが，最初から舞台俳優として人気が出たのは孝玉コンビ，現・片岡仁左衛門（当時は片岡孝夫）と坂東玉三郎であった。

　80 年代に入ると歌舞伎座では毎月歌舞伎がかかるようになり，その勢いは 21 世紀に持ち越されたものの，今後も安泰かどうかは分からない。気になるのは，梨園における大阪という都会の存在感が弱まり，大阪言葉による歌舞伎，すなわち歌舞伎の中核を占めてきた丸本歌舞伎（義太夫節で語られる作品を歌舞伎化した演目，例『仮名手本忠臣蔵』）の割合が縮小し，江戸歌舞伎や新歌舞伎（明治後期から昭和にかけて作られた歌舞伎）の比重が大きくなっていることだ。洋楽も入れたりする近年のショー化された歌舞伎はタカラヅカに近接しつつあり，ゲームやアニメを基にした新作も多くなっている。令和 5 年 11 月の歌舞伎座顔見世では，古代インドの神話的叙事詩に材を取った『極付印度伝　マハーバーラタ戦記』を上演。翌 12 月新橋演舞場の『流白浪燦星（ルパン三世）』は，卑弥呼の金印をめぐってルパンたちと石川五右衛門がしのぎを削るという筋で，主演の片岡愛之助は「歌舞伎はあり得ないことが起きてしまう，ディズニーランドのような夢の世界」と語っていた。

　歌舞伎の歴史を学ぶには，発祥起源（出雲阿国）から始めるより，現代との関わりから逆にたどっていくのが，実感を伴ってよいのではなかろうか。歌舞伎の第一の特徴に女形の存在があるが，阿国は女優であって女形ではなかったし，17世紀の歌舞伎は現在とは相当異なるものであった。現行の歌舞伎作品はほとんど18世紀以降につくられている。

　私が歌舞伎を知ったのは，昭和30年代，母に連れられて行った宝塚映画（のちの宝塚映像）の撮影所で，歌舞伎俳優の中村扇雀（のちの坂田藤十郎）や大谷友右衛門（のちの中村雀右衛門）を見たのが縁である。当時兵庫県西宮市にあった撮影所の近くには嵐雛助（映画『田之助紅』に主演）や林又一郎（名優・初代中村鴈治郎の長男，林与一の祖父）といった歌舞伎俳優が住み，彼らの出演する商業演劇や映画になじむうち，大阪の中座や朝日座，新歌舞伎座などで本物の歌舞伎にもふれるようになって，歌舞伎と題材が共通する文楽（人形浄瑠璃）の存在も知った。歌舞伎作品の元ネタは講談に多いことや，上方落語は歌舞伎を知ってこそ楽しめることもわかってきた。

　いまや空前の観光大国となり移民がふえつつある日本において，古典芸能の（日本的な）商品価値は増大すると同時に，日本人ならではの「通」の居場所は小さくなって，日本語もより簡素になっていかざるを得ない。歌舞伎も新しい段階に入りつつあるが，古典の「根」が枯れれば「幹」もやせ細っていく。関西の歌舞伎はいまや風前の灯で（それでもまだ滅びてはいない）役者もあらかた首都圏に移住してしまったが，大阪の上町台地とりわけ中寺町の寺々には古今の名優の墓所が並び，歌舞伎の土壌を実感できる。最近も片岡秀太郎（人間国宝，片岡愛之助の養父）が薬王寺に葬られた。

　古典楽劇（能・歌舞伎・文楽）の基礎知識を身につけるには，『ものがたり街道』Ⅰ・Ⅱ（発行・関西広域連合「文化の道」実行委員会事務局 https://www.the-kansai-guide.com/ja/bunkanomichi/）という冊子の活用を勧めたい。

（河内　厚郎）

# 第Ⅱ章
# 和文化教育の研究的展開とその意義

# 第1節　研究大会の研究内容とその意義

## 1　全研究大会の研究内容とその意義

### (1) 学会創成期　平成17 (2005) 年度〜 平成19 (2007) 年度

　和文化教育学会は，和文化教育研究交流協会として平成17 (2005) 年4月
30日に設立され，兵庫教育大学を会場に協会設立記念行事「和文化教育フェ
スティバル」が開催される。

　NHKアナウンサーの葛西聖司氏を司会者として迎え，衆議院議員池坊保子
氏が来賓挨拶をされた後，和文化教育研究交流会の会長に就任された宗教学
者である国際日本文化研究センター所長の山折哲雄氏が，演題「和文化の創成
力」として記念講演をされる。講演に引き続き，上原まり氏による曲目「平家
物語」(祇園精舎，入道死去，壇ノ浦) の筑前琵琶演奏と兵庫教育大学よさこい部
による学生演舞が華やかに披露される。その後，兵庫教育大学会館食堂で懇親
会が催され，和文化教育研究交流会が動き始める。

　この和文化教育学会の前身である和文化教育研究交流会は，現在，第3代和
文化教育学会会長である中村哲氏が，それまで提唱していた和文化教育の風が，
全国に認知され始めた瞬間である。本協会を基軸にして，和文化教育の風が全
国各地に吹き渡ることになる。

　第1回研究大会2日目の午前中には，大原啓司氏 (播磨町立蓮池小学校)，黒
田紀子氏 (南あわじ市立三原中学校)，前原敏雄氏 (東広島市立向陽中学校) の3名
による和文化教育実践発表が行われた後，「文化創造としての和文化教育」を
テーマにシンポジウムが開催される。梶田叡一氏 (兵庫教育大学学長)，茅原芳
男氏 (NPO法人邦楽教育振興会理事長)，中村哲氏 (兵庫教育大学教授) の3名が登

## 研究大会概要①（学会創成期）

| 回 | 研究大会テーマ | 企画内容 | 開催場所 | 会長 |
|---|---|---|---|---|
| 協会設立<br>記念行事<br>平成17年度<br>和文化教育<br>第1回大会 | 和文化教育研究交流協会<br>和文化教育フェスティバル | ○設立総会<br>　和太鼓演奏　播州加西あばれ太鼓<br>　来賓挨拶　池坊保子衆議院議員<br>　講演　演題「和文化の創成力」<br>　山折哲雄（国際日本文化研究センター所長）<br>○伝統芸能及び公演者の紹介<br>　芸能・演劇評論家　河内厚郎<br>　狂言師　善竹隆司<br>　公演　筑前琵琶演奏　上原まり<br>　　　　曲目「平家物語」<br>　　　　（祇園精舎、入道死去、壇ノ浦）<br>　学生演奏　兵庫教育大学よさこい部<br>　主催者代表挨拶<br>　明治図書編集長　樋口雅子<br>○和文化教育実践発表会　3本<br>　大原啓司・黒田紀子・前原敏雄<br>○和文化教育シンポジウム<br>　「文化創造としての和文化教育」<br>　梶田叡一・茅原芳男・中村哲<br>○和文化楽座　8楽座開講<br>　・楽座1　バーバラ流料理紹介<br>　・楽座2　人形浄瑠璃　解説と公演<br>　・楽座3　江戸の玩具紹介と玩具づくり<br>　・楽座4　お手玉遊び<br>　・楽座5　誰もができるけん玉遊び<br>　・楽座6　和楽器活用と指導法<br>　・楽座7　司空和尚の尺八指導<br>　・楽座8　剣道の普遍的技術とその指導 | 兵庫教育大学<br>（加東キャンパス）<br>平成17年4月30日（土）<br>平成17年5月1日（日）<br><br>参加者数　約450名 | 初代会長<br>山折哲雄 |
| 平成18年度<br>和文化教育<br>第2回大会 | 和文化教育研究交流協会<br>和文化教育饗宴 | ○和楽器演奏<br>　「四季の日本古謡」東広島市立向陽中学校<br>　三線・うた・ギター演奏<br>　人・自然・思いを奏でる　丸山茂樹<br>　和太鼓演奏　水龍会（加東市下滝野）<br>○落語教室　林家染丸（落語家）<br>　大阪府立東住吉高校芸能文化科生徒協力出演<br>○学生演舞　兵庫教育大学よさこい部<br>○和文化教育の授業実践自由発表<br>　2分科会（13本）<br>○楽座　10楽座開講<br>　・楽座1　誰でもできるけん玉遊び<br>　・楽座2　昔なつかしい大道芸<br>　　　　　（南京玉すだれ、皿まわし）<br>　・楽座3　江戸玩具づくり<br>　・楽座4　竹とんぼづくり<br>　・楽座5　折紙<br>　・楽座6　和紙人形<br>　・楽座7　華道—自然をいける—<br>　・楽座8　誰でも吹ける尺八<br>　・楽座9　えっ！こんなんありっ？<br>　　　　　世界に通じる琴<br>　・楽座10　茶道 | 兵庫教育大学<br>（加東キャンパス）<br>平成18年6月10日（土）<br>平成18年6月11日（日）<br><br>参加者数　約400名 | 山折哲雄 |
| 平成19年度<br>和文化教育<br>第3回大会 | 和文化教育研究交流協会<br>和文化教育饗宴 | ○歴史博物館セレモニー<br>・記念講演　地域文化が醸し出す日本人の心<br>　山折哲雄（宗教学者）<br>・公演<br>　日本の子守唄・わらべ唄<br>　—心の中に秘められた宝物—<br>　案内　西舘好子（日本子守唄協会代表）<br>　唄　川口京子（唄歌い）<br>○和文化教育の授業実践自由発表<br>　2分科会（10本）<br>○楽座　体験講座<br>　江戸玩具づくり<br>　皮革ものづくり<br>○パネルトーク<br>・シンポジスト<br>　梶田叡一・中元孝迪・河内厚郎<br>・コメンテーター　　中奥良則<br>・コーディネーター　中村哲 | 兵庫県立歴史博物館<br>平成19年4月29日（日）<br>平成19年4月30日（月）<br><br>参加者数580名 | 山折哲雄 |

壇され，文化創造としての和文化教育の在り方について議論が交わされる。午後には，和文化楽座が開かれる。この和文化楽座は，参加者が興味のある講座に自由に参加することができるもので，楽座のテーマは，①バーバラ流和料理紹介②人形浄瑠璃③江戸の玩具紹介と玩具作り④お手玉遊び⑤誰もができるけん玉遊び⑥和楽器活用と指導法⑦司空和尚の尺八指導⑧剣道の普遍的技術とその指導の 8 楽座である。和文化楽座は，翌年の第 2 回大会では，昔なつかし大道芸や竹とんぼづくり，折紙，和紙人形，華道，茶道などが加わり 10 楽座にまで増えて実施されることになる。和文化楽座は，学会創成期における中心的なイベントとなる。現在では，和文化講座として，居合道講座，鯉のぼり講座，詩吟講座，狂言講座，小笠原流茶道，双六講座，歌舞伎講座などの講座が，学会サイトを通して，動画やプレゼン等が一般公開されており，学会員に限らずいつでもアクセスできるようになっている[1]。

　和文化教育研究交流協会時代の研究大会（第 1 回〜第 3 回）は，和文化教育の風を起こし，学校教育における和文化教育の意義を全国に発信し始めた時代である。現会長の中村哲氏の和文化に対する強い思いと情熱が，和文化教育の風を起こしたことは間違いない。前頁に学会創成期に位置づけた研究大会の概要をまとめている[2]。

**(2) 学会発展期　平成 20（2008）年度〜令和元（2019）年度**

　和文化教育研究交流協会時代の平成 20（2008）年度から学会発展期と位置づけることができる。現会長である中村哲氏が，提唱されてきた和文化教育の風が全国の各地域に吹き渡るとともに，その風によって運ばれた和文化教育の種が各地域の土壌に根ざして，学校づくりや地域づくりとしての文化創造の原動力が生み出されることになる。第 4 回大会からは，オープニングアトラクションや基調講演，シンポジウムあるいはパネルディスカッション，和文化教育に関する会員の自由研究発表など，現行の研究大会の形態が確立されている。学会創成期では，和文化教育フェスティバルや和文化教育饗宴とされていた研究大会が，大会テーマが設定され，より現場実践を重視した和文化教育研究にシフトしていくことになる。研究大会の開催地も学会事務局のある兵庫県だけで

## 研究大会概要②（学会発展期）

| 回 | 研究大会テーマ | 企画内容 | 開催場所 | 会長 |
|---|---|---|---|---|
| 平成20年度<br>和文化教育<br>第4回<br>全国大会<br>東広島大会 | 和文化教育研究交流協会<br>わかちあおう，ぶんかと伝統。<br>かたりあおう，東広島で | ○オープニングアトラクション<br>　筑前琵琶演奏　上原まり<br>○アトラクション<br>　オペラ「白壁の街」<br>　〜郷土の文化をオペラで〜<br>　東広島市立西条小学校6年生児童<br>○公開授業<br>　東広島市伝統文化教育推進指定校<br>　東広島市立向陽中学校・志和中学校<br>　東広島市立原小学校・河内小学校<br>○特別講演<br>　新しい学習指導要領と伝統・文化の教育<br>　梶田叡一（兵庫教育大学学長）<br>○事例発表　4本<br>○ポスターセッション　4本<br>　生活文化・地域文化・伝統文化・現代文化<br>○楽市楽座　5楽市楽座<br>　1　伝統工芸士による筆づくりの実演・販売<br>　2　けん玉の実演・販売<br>　3　折り紙の実演・販売<br>　4　茶道の実演・お抹茶・八中饅頭の販売<br>　5　西条の仕込み水を使ったコーヒー販売<br>○アトラクション<br>　組曲「西條」〜伝統文化の継承と発信〜<br>　東広島市立西条中学校3年生生徒<br>○パネルディスカッション<br>　「和文化関連教育の動向と意義」<br>・コーディネーター　中村　哲<br>・パネラー<br>　常磐　豊・川上　智・石川憲之<br>○記念講演<br>　日々ごゆだんなきよう<br>　茶道　上田宗箇流　家元　上田宗冏 | 東広島運動公園体育館<br>平成20年10月24日（金）<br>平成20年10月25日（土） | 山折哲雄 |
| 平成21年度<br>第5回<br>和文化教育<br>全国大会<br>島田大会 | 和文化教育研究交流協会<br>見つめようふるさと，広げよう和のこころ | ○オープニングアトラクション<br>　創作太鼓　島田市立相賀小学校<br>○基調講演<br>　「心の戦後史」<br>　山折哲雄（和文化教育研究交流会会長）<br>○シンポジウム<br>　和文化教育の広がりと深まり<br>　〜各地域の和文化教育の動向と特色〜<br>・コーディネーター　中村　哲<br>・提案者<br>　前原敏雄・山中史章・儘田文雄<br>・コメンテーター　市村幸彦・樋口雅子<br>○指定校実践発表<br>　島田第二中学校<br>　島田第三小学校・島田第四小学校<br>○アトラクション<br>　テーマ「ふるさと島田・水と緑の物語」<br>　島田市立川根中学校「笹間神楽」<br>　島田市立伊久學美小学校<br>　オペレッタ「夢・志　藤吉物語」<br>　島田市立第三小学校「島田鹿島踊」<br>○特別記念講演<br>　食害，薬害から身を守る和食文化の秘密<br>　バーバラ寺岡（活力料理菓子研究家）<br>○アトラクション　フィナーレ<br>　島田市立島田第二中学校3年生合唱<br>○和文化教育研究交流協会実践事例発表会<br>　北村昌江・向井隆盛・橋本忠和<br>　番匠谷淳司・小島弘之 | 静岡県<br>島田市総合施設プラザおおるり<br>平成21年10月30日（金）<br>平成21年10月31日（土） | 山折哲雄 |
| 平成22年度<br>第6回<br>和文化教育<br>全国大会<br>東京大会 | 和文化教育研究交流協会<br>日本の心の良さを受け継ぎ，世界に発展させよう | ○アトラクション<br>　阪本小学校児童邦楽演奏放映<br>　東京都立杉並総合高校舞踊<br>○シンポジウム<br>　現代を潤す江戸文化の彩り<br>・司会　渡邉規矩郎<br>・シンポジスト | 江戸東京博物館<br>平成22年10月30日（土）<br>平成22年10月31日（日） | 山折哲雄 |

| | | | | |
|---|---|---|---|---|
| | | 滝山正哉・市川寛明・田中隆文<br>・コーディネーター　中村　哲<br>・コメンテーター　山折哲雄<br>○特別企画　天空からの和文化の発信<br>　―宇宙箏に込められた夢の調べ―<br>○ワークショップ<br>　音楽を使った歴史物語・ふるさと学習<br>○研究発表会　2分科会（12本）<br>○総括講演<br>　日本の精神的伝統―日本人はどのような心の在り<br>　方を目指してきたか―<br>　梶田叡一（環太平洋大学学長） | | |
| 平成23年度<br>第7回<br>和文化教育<br>全国大会<br>東広島大会 | 和文化教育研究交流協会<br>東広島から発信！<br>和文化教育のさらなる前進<br>をめざして<br>～被災地に伝えよう「がんばろう！日本」～ | ○授業公開<br>　東広島市立志和中学校　4授業公開<br>○生徒発表　全校合唱<br>　ほたるこい，ふるさと<br>　限りあるたったひとつの生命だから<br>○展示発表<br>　一校一和文化学習の取り組み（東広島市の幼稚園，<br>　小・中学校のパネル展示）<br>○シンポジウム<br>　これからの和文化教育の可能性をさぐる<br>・司会　澤田直哉<br>・シンポジスト<br>　中村　哲・浅川潔司・高井基子<br>　東広島市立志和中学校　金川茜里<br>○特別講話<br>　山折哲雄（宗教学者）<br>○特別講演　新しい教育基本法と新学習指導要領を<br>　踏まえた和文化教育の創造<br>　梶田叡一（環太平洋大学学長）<br>○児童発表<br>　創作表現「大地の響」<br>　東広島市立寺西小学校第6学年児童<br>○被災地へのメッセージ<br>　東広島市立寺西小学校第6学年児童<br>○実践事例研究会　3分科会（9本）<br>○神楽上演　土居神楽団 | 東広島市市立志和中学校・東広島市中央生涯学習センター<br>平成23年11月2日（水）<br>平成23年11月3日（木） | 山折哲雄 |
| 平成23年度<br>第8回<br>和文化教育<br>全国大会<br>兵庫大会 | 和文化教育研究交流協会<br>地域社会の復興と創造をめ<br>ざす和文化教育 | ○オープニングアトラクション<br>　「迦陵頻」女人舞楽原笙会<br>　「寿式三番叟」<br>　尼崎市立下坂部小学校浄瑠璃クラブ<br>○基調講演<br>　世界の中の日本―災害を通して見る―<br>　山折哲雄（和文化教育研究交流会会長）<br>○シンポジウム<br>　地域社会の復興と創造をめざす和文化の再発見～<br>　地域的視野と国際的視野から～<br>・司会・コーディネーター　中村　哲<br>・提案者<br>　望月善次・河内厚郎・服部祐子<br>・コメンテーター<br>　ルース・M・グルーベル<br>　梶田叡一・山中伸一<br>○研究発表会　6分科会（26本）<br>○ワークショップ<br>　能・日舞・絵本よみきかせ<br>○フィナーレアトラクション<br>　関西学院大学グリークラブ<br>　被災地へのメッセージ<br>　西宮市立学文中学校太鼓部 | 関西学院大学<br>（西宮聖和キャンパス）<br>平成24年1月7日（土）<br>平成24年1月8日（日） | 山折哲雄 |
| 平成24年度<br>第9回<br>和文化教育<br>全国大会<br>東播磨大会 | 和文化教育研究交流協会<br>歴史に出会う地域文化財の<br>教育的発掘 | ○研究発表会　2分科会（8本）<br>○シンポジウム<br>　歴史に出会う地域文化財の教育的活用と授業実践<br>・基調提案<br>　文化財の教育的活用<br>　―兵庫県教育委員会の取り組み―<br>　村上裕道（兵庫県教育委員会文化財課）<br>・実践発表<br>　水野洋子・東内　淳・三原慎吾<br>・指導助言　梶田叡一・村上裕道<br>・司会　村上泰樹 | 兵庫県立考古博物館<br>平成24年11月25日（日） | 第2代会長<br>梶田叡一 |

| | | | | |
|---|---|---|---|---|
| | | ○ツアーガイダンス・ツアー活動<br>　特別展「卑弥呼がいた時代」ツアー<br>　博物館バックヤードツアー<br>　史跡大中遺跡ツアー | | |
| 平成25年度<br>和文化教育<br>学会<br>第10回<br>和文化教育<br>全国大会<br>淡路大会 | 和文化教育学会<br>「国生みの島」で花開く<br>郷土文化の教育力 | ○オープニングアトラクション<br>　淡路人形浄瑠璃「傾城阿波鳴門巡礼歌の段」<br>　兵庫県立淡路三原高等学校郷土部<br>○シンポジウム<br>　「国生みの島」で花開く郷土文化の教育力<br>・司会　越田佳孝<br>・提案者<br>　西口　恵・加藤佳子・大畑健実<br>・指導助言　梶田叡一・安野　功<br>・コーディネーター　中村　哲<br>○ウェルカムアトラクション<br>　兵庫県立洲本高等学校　邦楽部（箏曲）<br>○研究発表会　3分科会（15本）<br>○ウェルカムアトラクション<br>　兵庫県立洲本高等学校書道部<br>○記念講演<br>　『古事記』の伝承と民族の課題<br>　伊弉諾神宮宮司　本名孝至<br>○エンディングアトラクション<br>　淡路だんじり唄<br>　女性だんじり唄グループ「五色之姫」<br>○巡検<br>　伊弉諾神宮・高田屋嘉兵衛記念館の見学 | 洲本市立市民交流セ<br>ンター VIVA HALL<br>平成25年1月18日（土）<br>平成25年1月19日（日） | 梶田叡一 |
| 平成26年度<br>和文化教育<br>学会<br>第11回<br>和文化教育<br>全国大会<br>武蔵村山<br>大会 | 和文化教育学会<br>我が国や郷土に根ざす伝<br>統・文化を学ぶ教育実践<br>夢と希望は自信と誇りから | ○オープニングアトラクション<br>　村山学園箏クラブ<br>　第十小学校吹奏楽クラブ<br>○基調講演<br>　伝統・文化の教育とは何か<br>　梶田叡一（和文化教育学会会長）<br>○シンポジウム<br>　我が国と郷土に根ざす伝統・文化を学ぶ教育実践<br>・司会　榎並隆博<br>・シンポジスト<br>　儘田文雄・小川　寛・中村　哲<br>○授業実践<br>　小学校（10本）・中学校（5本）<br>○体験教室　5講座<br>　和装講座・絵手紙講座<br>　手づくりの尺八講座・百人一首かるた講座<br>　英語で日本紹介講座<br>○意見発表<br>　我が国の先人から学ぶ<br>　〜未来を担う　ぼくたち　わたしたち〜<br>○学習発表<br>　第八小学校・第九小学校・第五中学校<br>○研究発表　5分科会（17本）<br>○特別講演<br>　人生に悩んだら「日本史」に聞こう<br>　白駒妃登美（日本の歴史・文化研究家） | 多摩地区初施設<br>一体型小中一貫校<br>武蔵村山市立小中一<br>貫校村山学園<br>平成26年11月21日（金）<br>平成26年11月22日（土） | 梶田叡一 |
| 平成27年度<br>和文化教育<br>学会<br>第12回<br>和文化教育<br>全国大会<br>秋田県本荘<br>由利大会 | 和文化教育学会<br>和文化教育の魁「ふるさと<br>教育」の充実と発信<br>〜あすを拓く　きょうどの<br>文化と　たしかな学力〜 | ○ブレイクタイム<br>　呈茶　尾崎小学校茶道クラブ<br>　三味線演奏　浅野梅若会<br>○オープニングアトラクション<br>　全校武道　由利本荘市立矢島中学校<br>　ハタハタ音頭　由利本荘市立東由利中学校<br>　天神あやとり<br>　由利本荘市立鳥海小学校・中学校<br>　金浦神楽　金浦神楽保存会<br>○特別講演<br>　演題「災害・ふるさと・文化」<br>　山折哲雄（宗教学者）<br>○シンポジウム<br>　和文化教育の魁<br>　「ふるさと教育」の充実と発信<br>・司会　吉田　孝・金　利総<br>・シンポジスト<br>　澤井陽介・中村　哲・佐々田亨三<br>・コメンテーター　山折哲雄・梶田叡一<br>○ウェルカムアトラクション | 秋田県由利本荘市<br>文化交流館<br>「カダーレ」<br>平成27年9月18日（金）<br>平成27年9月19日（土）<br>平成27年9月20日（日） | 梶田叡一 |

|  |  |  |  |  |
|---|---|---|---|---|
|  |  | 秋田県立由利高等学校民謡部<br>○ブレイクタイム<br>　呈茶　煎茶道方円流秋田支部<br>　雅楽　ゆり雅楽会<br>○公開授業　4本（道徳・英語・国語・音楽）<br>○自由研究発表　4分科会（16本）<br>○ブレイクタイム<br>　呈茶　子ども休日クラブ表千家コース<br>　ハーモニカ演奏　本荘ハーモニカの会<br>○基調講演<br>　和文化教育の一層の深化発展のために<br>　梶田叡一（奈良学園大学学長）<br>○エンディングアトラクション<br>　本海獅子舞番楽　解説　松田　訓<br>○巡見　奥の細道巡見 |  |  |
| 平成28年度<br>和文化教育<br>学会<br>第13回<br>和文化教育<br>全国大会<br>奈良大会 | 和文化教育学会<br>奈良〈まほろば〉からの伝統文化教育の発信 | ○呈茶<br>○研究発表　3分科会（12本）<br>○雅楽公演・和太鼓演奏<br>○記念講演<br>　毘沙門天信仰と信貴山　野澤密孝<br>○シンポジウム<br>　郷土の伝統・文化等に関する学習の推進<br>・提案者<br>　大橋　淳・北浦義弘・原田　裕・大西浩明<br>・コメンテーター　梶田叡一<br>・コーディネーター　渡邉規矩郎<br>・巡検<br>　達磨寺・龍田神社・信貴山朝護孫子寺 | 奈良学園大学<br>（三郷キャンパス）<br>平成28年11月19日（土）<br>平成28年11月20日（日） | 梶田叡一 |
| 平成29年度<br>和文化教育<br>学会<br>第14回<br>和文化教育<br>全国大会<br>兵庫県<br>篠山大会 | 和文化教育学会<br>日本遺産のまち丹波篠山　伝統・文化を受け継ぎ、未来へつなぐ子どもたち | ○ウェルカムアトラクション<br>　和太鼓演奏　丹波篠山太鼓「鼓篠組」<br>　デカンショ踊り<br>　兵庫県立篠山鳳鳴高等学校<br>　「デカンショバンド」<br>　篠山市立篠山中学校<br>○対談<br>　日本遺産の篠山市<br>　〜和文化を育み伝える「場」〜<br>　中西　薫（丹波古陶館館・篠山能楽資料館館長）・<br>　河内厚郎（文化プロデューサー）<br>○研究発表会　3分科会（12本）<br>○シンポジウム<br>　文化遺産の教材化の意義と授業実践<br>・司会　中村　哲・岡崎　均<br>・パネラー<br>　大西由喜・秋田大輔・安野　功<br>・コメンテーター　梶田叡一 | 篠山市立<br>篠山市民センター<br>平成29年10月29日（日） | 梶田叡一 |
| 平成30年度<br>和文化教育<br>学会<br>第15回<br>和文化教育<br>全国大会 | 和文化教育学会<br>生きる力の育成を意図する和文化教育の役割 | ○研究発表分科会　3分科会（12本）<br>○基調講演<br>　日本の精神的伝統とは<br>　梶田叡一（桃山学院教育大学学長）<br>○シンポジウム<br>　「伝統や文化」に関する教育が育てる資質・能力<br>・司会　峯岸由治<br>・コーディネーター　中村　哲<br>・シンポジスト<br>　林　保・兼島久美・佐々田亨三<br>・コメンテーター　關　浩和・永添祥多 | 兵庫教育大学<br>（神戸ハーバーランド<br>キャンパス）<br>平成30年12月24日（月） | 梶田叡一 |
| 令和元年度<br>和文化教育<br>学会<br>第16回<br>和文化教育<br>全国大会<br>鳴門大会 | 和文化教育学会<br>「主体的・対話的で深い学び」を実現する<br>和文化教育の役割 | ○ウエルカムイベント<br>　阿波人形浄瑠璃<br>　「傾城阿波の鳴門　巡礼歌の段」<br>　徳島県立城北高等学校民芸部<br>○研究発表　4分科会（17本）<br>○基調提案<br>　「主体的・対話的で深い学び」を実現する和文化<br>　教育の役割<br>　赤堀博行（帝京大学）<br>○シンポジウム<br>　主体的・対話的で深い学びを実現する「伝統文化」<br>・司会　西村公孝<br>・シンポジスト<br>　元木里美・武岡美智・安本生美<br>・コメンテーター　梶田叡一 | 鳴門教育大学<br>令和元年10月19日（土）<br>令和元年10月20日（日） | 梶田叡一 |

なく，広島県や静岡県，東京都，秋田県，奈良県，徳島県と和文化教育に特に熱心に取り組んでいる地域や和文化教育に関心の高い地域を中心に全国に輪を広げていくことになる。特に，研究大会の参加人数も多く，盛況であった広島県や静岡県，東京都，秋田県は，研究大会の詳細な内容とその意義を本書でも紹介しているので参照されたい。

　第4回研究大会は，広島県東広島市で開催されたが，研究大会の今後の方向性を示した顕著な大会の一つである。東広島市全面協力の下で，東広島市立中学校や小学校での公開授業を始め，児童・生徒によるアトラクションの披露は参加者の感動を生むことになる。この東広島市での和文化教育推進の原動力は，前原敏雄氏の尽力によるところが大きい。当時，東広島市立向陽中学校の校長の前原氏は，ご自身が勤務されていた中学校だけでなく，東広島市全域に和文化教育の輪を広めた功績は多大である。研究大会参加者は，延べ約4,000名を超えている。平成17（2005）年4月30日に創設された和文化教育研究交流協会は，平成24（2012）年11月25日に開催された第9回和文化教育全国大会の理事会及び総会を経て，「和文化教育学会」の名称に変更することが決議され，平成25（2013）年4月から「和文化教育学会」として発足し，活動も充実していく。その象徴的な大会の一つが，第12回研究大会の秋田県本荘由利大会である。オープニングアトラクションやウェルカムアトラクションでの全校武道やハタハタ音頭，金浦雅楽，民謡，雅楽などの披露など由利本荘市の強力な支援によって盛り上げてくれる。秋田県由利本荘大会の盛り上がりは，和文化教育学会研究大会が設立当初から目指していた研究大会の姿を体現した意義ある研究大会であると位置づけられる。その後，研究大会は，兵庫県洲本市や篠山市（名称変更で現在の丹波篠山市），東京都武蔵村山市など全国各地で研究大会が開催され，和文化教育学会が発展を遂げていくことになる。

### (3) 学会転換期　令和2（2020）年度以降

　順調に会員数も増え，和文化教育の風が全国に吹き渡る感覚であったが，令和元（2019）年10月19日・20日に鳴門教育大学を会場として，第16回研究大会を実施したのを最後に，研究大会は，転換期を迎えることになる。

## 研究大会概要③（学会転換期）

| 回 | 研究大会テーマ | 企画内容 | 開催場所 | 会長 |
|---|---|---|---|---|
| 令和2年度<br>和文化教育学会<br>第17回<br>和文化教育<br>全国大会<br>明石大会 | 和文化教育学会<br>時のまち　海峡のまち　食のまち　歴史のまち<br>明石からの発信<br>～伝統・文化を受け継ぎ<br>たくましく未来を拓き<br>夢を持って生きていく子どもたちの育成～ | ○研究発表会　4分科会（19本）<br>○ウェルカムアトラクション（録画紹介）<br>　和太鼓　明石市立谷八木小学校<br>　大蔵獅子舞の演技　明石市立大蔵中学校<br>　兵庫県立明石高等箏曲部演奏<br>○基調講演<br>　グローバル化が進む中での「伝統と文化」の教育の方向性を考える<br>　梶田叡一（桃山学院教育大学学長）<br>○シンポジウム<br>　伝統・文化を受け継ぎ　たくましく未来を拓き　夢を持って生きていく子どもたちの育成はどうあるべきか<br>　～教育現場実践から未来の子どもを考える～<br>・司会　福本　悟・今宮信吾<br>・シンポジスト<br>　境　正道・早瀬光幹・西　茂樹<br>・コメンテーター　清重隆信・中村　哲 | オンライン開催<br>令和3年2月23日（火） | 第3代会長<br>中村　哲 |
| 令和3年度<br>和文化教育学会<br>第18回<br>和文化教育<br>全国大会<br>八王子大会 | 和文化教育学会<br>国際社会の担い手としての資質を育む和文化教育～新学習指導要領の全面実施と和文化教育のあり方～ | ○開会行事　デジタルアトラクション<br>　八王子市　日本遺産紹介<br>　教育デジタルコンテンツ<br>○研究発表会　4分科会（16本）<br>○基調講演<br>　これからの学校教育と伝統文化教育<br>　能見駿一郎（文部科学省初等中等教育局伝統文化教育調査官）<br>○シンポジウム<br>　国際社会の担い手としての資質を育む<br>　和文化教育<br>・司会　杉山正広・關　浩和<br>・シンポジスト<br>　清水弘美・前島正明・塩田朋美・松井克行<br>・コメンテーター<br>　鴨狩淳一・中村　哲 | オンライン開催<br>令和3年9月25日（土） | 中村　哲 |
| 令和4年度<br>和文化教育学会<br>第19回<br>和文化教育<br>全国大会<br>京都大会 | 和文化教育学会<br>文化価値創造を意図する文化資産と教育の融合 | ○開会アトラクション<br>　京都光華中学校・高等学校（映像出演）<br>○研究・実践発表　5分科会（26本）<br>○基調講演<br>　文化価値創造を意図する文化資産と教育の融合<br>　八木　透（佛教大学・京都民俗学会会長）<br>○シンポジウム<br>・司会　關　浩和・小林　隆<br>・シンポジスト<br>　芳野　明・中西　仁・今井大介・田中直子<br>・コメンテーター　八木　透・中村　哲<br>○特別企画<br>　同志社大学「清風会」<br>　（小笠原流煎茶道による接待）<br>　紙漉き体験<br>　「鯉のぼり」プロジェクトコーナー<br>○巡検　嵯峨大念佛狂言保存会による実演・解説・体験等 | 同志社大学<br>（新町キャンパス）<br>令和4年11月5日（土）<br>令和4年11月6日（日） | 中村　哲 |
| 令和5年度<br>和文化教育学会<br>第20回<br>和文化教育<br>全国大会<br>オンライン九州大会 | 和文化教育学会<br>地域文化の創造を重視する和文化教育 | ○開会アトラクション<br>　熊本県指定文化財「宮本武蔵像」<br>　修復過程紹介（島田美術館）<br>○研究・実践発表　4分科会（20本）<br>○基調講演<br>　伝統文化教育の現状とこれからの方向性<br>　高橋由紀<br>　（文化庁参事官（芸術文化担当）付学校芸術教育室長）<br>○シンポジウム<br>　九州の各地に根差した和文化教育の実践<br>・司会　永添祥多<br>・シンポジスト<br>　山田真太郎・小島摩文・前川博・飯田周恵<br>・コメンテーター　高橋由紀・中村　哲 | オンライン開催<br>令和6年2月24日（土） | 中村　哲 |
| 令和6年度<br>和文化教育学会<br>第21回<br>和文化教育<br>全国大会<br>神戸大会 | 和文化教育学会<br>文化創造としての和文化教育<br>―過去・現在・未来を紡ぐ― | ○講演<br>　和文化教育の提唱<br>　中村　哲（和文化教育学会会長）<br>○シンポジウム<br>　文化創造としての和文化教育<br>　―過去・現在・未来を紡ぐ―<br>・司会　吉水裕也・馬野範雄<br>・シンポジスト<br>　関根秀治・松井克行・岡崎　均<br>・コメンテーター　梶田叡一・關　浩和<br>○研究発表　4分科会（21本）<br>　記念企画 1，2，3 | 兵庫教育大学<br>（神戸キャンパス）<br>令和6年11月30日（土）<br>令和6年12月1日（日） | 中村　哲 |

　令和元（2019）年 12 月に中国で初めて新型コロナウイルス感染症（COVID-19）が報告され，世界的パンデミックを引き起こし，新型コロナウイルス感染拡大に伴う行動制限と義務が課され，日常生活と新型コロナウイルス感染症の感染拡大防止対策を両立していくために新しい生活様式が提唱される。このことは，オンラインによる会議や大学の講義などがスタンダードになるなどプラス面にも多大な影響を及ぼすが，和文化教育学会に限らず各種学会の研究大会は，対面での開催が困難になり，オンライン開催となることで，研究大会参加者数も激減することになる。人と会って話す機会が減り，会員の相互交流の激減や人間関係の疎遠化などの問題を生むことになる。研究大会は，オンライン（Zoom）同期型の研究発表会と基調講演，シンポジウムで，オープニングやウェルカムアトラクション等は，録画で紹介する形態になる。第 19 回研究大会では，コロナの収束の兆しが見え，令和 4（2022）年 11 月 5 日・6 日に同志社大学新町キャンパスを会場に対面で実施することができるが，翌年の第 20 回研究大会は，再びオンライン開催となる。令和 5（2023）年 5 月 8 日から新型コロナウイルス感染症は，5 類感染症に移行し，やっと元通りの生活様式に戻ったところである。令和 6（2024）年 11 月 30 日と 12 月 1 日に開催予定の第 21 回研究大会は，学会設立 20 周年記念大会として，再び会員の絆を確認する場として和文化教育学会の前身である和文化教育研究交流会の設立総会を開催した兵庫教育大学を会場に「文化創造としての和文化教育─過去・現在・未来を紡ぐ─」を大会テーマとして対面で開催の予定である。

（關　浩和）

**註**

（1）和文化教育学会が公開している和文化講座は，次のサイトを参照されたい。
　　https://www.rawace.org/kouza.html
（2）和文化教育研究交流会及び和文化教育学会の研究大会の概要については，主に学会誌『和文化教育研究』及び学会のサイトを参照して概要をまとめている。次のサイトを参照されたい。
　　学会誌案内サイト　https://www.rawace.org/kenkyu.html
　　研究大会案内サイト　https://www.rawace.org/taikai.html

## 2　第4回東広島大会の研究内容とその意義

　平成20年に開催された和文化教育第4回全国大会東広島大会は，大会主題を「わかちあおう，ぶんかと伝統，かたりあおう，東広島で　～見つけよう伝統文化のすばらしさを　受け継ごう　伝統と文化の大切さを　創ろう　私たちの新しい文化を～」とし，これまでは会場が兵庫県内，兵庫教育大学（第1回大会・第2回大会），兵庫県立歴史博物館（第3回大会）であったが，兵庫県以外で開催された最初の大会である。

　本大会は，平成20年10月24日（金）・25日（土）の2日間，東広島運動公園体育館を会場として，東広島市内2校の小中学校児童生徒によるアトラクション，市内3校の小中学校による和文化学習の授業公開，市内外からの事例発表などに全国から延べ人数5,000人を超えた人が参加する大会となった。

●第1日目【10月24日（金）】

| 9:30 | 10:10 | 10:30 | 11:00 | 12:00 | 13:00 | 15:00 | 16:30 |
|---|---|---|---|---|---|---|---|
| 受付 | オープニングアトラクション | 開会行事 | アトラクション　オペラ「白壁の街」　東広島市立西条小学校　6年生児童 | 昼食 | 公開授業（別表） | 特別講演　講師　梶田叡一　（兵庫教育大学学長，和文化教育研究交流協会副会長） | 交流協会総会 |
| | | | | | 楽市楽座 | | |
| 和文化教育実践展示コーナー | | | | | | | |

●第2日目【10月25日（土）】

| 8:30 | 9:00 | 10:45 | 12:30 | 13:15 | 14:15 | 15:15 |
|---|---|---|---|---|---|---|
| 受付 | 事例発表（別表） | パネルディスカッション（別表） | 昼食 | アトラクション　組曲「西條」　東広島市立西条中学校　3年生生徒 | 記念講演　講師　上田宗冏　（茶道　上田宗箇流家元） | 閉会行事 |
| | ポスターセッション（別表） | 楽市楽座 | | | | |
| 和文化教育実践展示コーナー | | | | | | |

**図Ⅱ-1-2-1　和文化教育第4回全国大会東広島大会　日程**

　ここでは，最初に，「大会当時の東広島市の状況」。次に，「大会の様子や大会当時の各学校の取組」について，平成20年和文化教育第4回全国大会東広島大会要項及び平成20年度和文化教育研究紀要第3号から関連する事項を抜粋し，説明していく。最後に，「東広島市における和文化教育の経緯と意義」として，関西学院大学中村哲教授の研究論文「東広島市における和文化教育の経緯と意義」から抜粋していくものである。

## （1）　東広島大会開催時の東広島市における和文化教育の状況について

## ①　東広島市の「和文化学習」について

　東広島市では，平成18年に改正された教育基本法を受け，平成19年度，市内小学校3校，中学校2校を市の伝統文化教育推進校として指定し，地域や児童生徒の実態を踏まえ，和文化学習の取組を行った。

　推進校の取組を踏まえ，平成20年度から和文化学習を通じて，園児や児童生徒に長い歴史の中で培われた地域の伝統や文化のもつすばらしさに触れさせ，これから創り出される新たな文化の価値に気付かせ，次代の文化を継承していく自覚と郷土の伝統に誇りをもたせることを大きなねらいとして，市内すべての幼稚園，小・中学校で，一校一和文化学習の取組を進めた。

　なお，東広島市の「和文化学習」については，第3章「東広島市における和文化教育の経緯と意義」において詳しく述べていく。

## ②　東広島市における「一校一和文化学習」の取組

　地域に受け継がれてきた伝統や文化を教材化した和文化学習の取組は，平成20年度から「一校一和文化学習」として，市内すべての幼稚園や小・中学校で，「表現」の領域や各教科・総合的な学習の時間等を中心に積極的に行われた。

　東広島市では，和文化学習の領域を①生活文化（年中行事や伝統遊び），②地域文化（地域の工芸，芸能，歌舞伎など），③伝統文化（芸道，俳句・短歌），④現代文化（新に創造する文化や現代日本の文化）の4領域と設定し，各学校において取組を進めた。

## ア　「生活文化」の学習

　地域の方々からの支援を受けながら，昔遊び（竹トンボ，折り紙，お手玉，けん玉など），生け花，茶道，絵手紙，箱庭づくり，わらぞうり・たこづくり，水墨画など様々な日本文化に触れさせる学習や，地域に伝わっている太鼓や和楽器を児童生徒に体験させる学習である。子供たちは，この学習を通して様々な「日本の心」を感じ取っている。

## イ　「地域文化」の学習

　地域の伝統や文献を基に創作した表現活動に取り組む学習である。具体的に

は，地域の伝統を基に踊りや太鼓で表現する学習，地域の焼き物の由来を学び，実際に児童生徒が木を運ぶ作業の手伝いを通して，焼き物を創り上げる職人の方の苦労を肌で感じ取らせる学習などが挙げられる。

### ウ　「伝統文化」の学習

　各教科や総合的な学習の時間を使って，書道，短歌，俳句や百人一首などに取り組む学習である。児童生徒は，短歌や俳句と出会い，親しむ中で，日本の文化，四季折々の自然などに触れ，日本の言葉の美しさを感じ取るとともに，自分の言葉で俳句や短歌を表現することができるようになっている。

### エ　「現代文化」の学習や異文化交流で育てる和の心

　地域に受け継がれてきた伝統を踏まえた学習を行うとともに，児童生徒に自分たちの文化を創造させ，継承させていく学習である。こうした学校全体で一つのものを創作していく取組は，児童生徒に個人では味わうことのできない大きな達成感を体感させることができ，自分たちでよりよいものを創っていこうとする実践力や意欲的な態度の育成にもつながっている。

　東広島市には JICA（独立行政法人国際協力機構中国国際センター）やひろしま国際センターなどの国際交流機関があり，世界から多くの研修生を受け入れている。また，広島大学の留学生や企業の研修生など，その数は年々増加傾向にある。こうした中，市内の小・中学校では，広島大学の留学生や国際交流施設の研修生を講師として招き，留学生からそれぞれの国の文化や習慣，遊びの紹介を受けるとともに，児童生徒が自ら日本の遊びや歌，伝統行事などを紹介している。グローバル化に対応できる児童生徒の英語によるコミュニケーション力の育成だけでなく，異文化との交流により改めて日本の伝統と文化のすばらしさに気付かせる学習となっている。このような異文化交流を通して，児童生徒の日本人としての自己認識やアイデンティティの形成が確実に図られている。

### ③　東広島市の取組の意義について

　東広島市の「一校一和文化学習」は，各学校の特色になっているとともに，保護者や地域の方の協力を得て，学校・保護者・地域が一体となった教育活動として展開されるようになった。児童生徒は，日本や地域の伝統や文化を単に

知識として学ぶだけでなく，それらに携わる人の思いや姿勢を学ぶことで，礼儀，他人への思いやり，物事に取り組む際の集中力などを身に付けてきている。さらに，各学校の取組を地域の行事などで発信することにより，児童生徒が自校の一校一和文化学習に誇りをもつとともに，地域の方々に披露することを通して地域貢献活動にもつながった。

## （2）東広島大会の概要について

### ① アトラクションについて

東広島大会初日に，東広島市立西条小学校6年生児童による「オペラ『白壁の街』」が，2日目には，東広島市立西条中学校3年生生徒による「組曲『西條』」が行われた。

ここで述べる市内2校によるアトラクションの概要については，平成20年和文化教育第4回全国大会東広島大会要項から抜粋したものである。

### ア　オペラ「白壁の街」　〜郷土の文化をオペラで〜

#### 東広島市立西条小学校　第6学年児童

オペラ「白壁の街」は，酒都として長い歴史をもつ郷土西条の伝統的産業である酒造りを題材にして，昭和56年に東広島市立西条小学校の教職員により創作され，今年度（平成20年度）で28代目となる。「寒さ厳しい冬のさなか，酒造りのために働く職人たちの苦労や努力，そして新酒のでき上がる喜び」を表現するために，歌や合奏，地域に伝わる盆踊りなどの多様な表現活動を取り入れ，「蔵入りの場」，「蒸し米造りの場」，「麹室の場」，「仕込みの場」，「祭りの準備の場」，「祭りの場」の6つの場面で構成されている。

本校の第6学年の児童は，第5学年の総合的な学習の時間から「酒造り」を学び，それをオペラとして表現している。約1年間の学びの中で，児童は大きな成長をとげ，オペラ「白壁の街」を大切な思い出として，本校を巣立っていく。

### イ　組曲「西條」　〜伝統文化の継承と発信〜

#### 東広島市立西条中学校　第3学年生徒

組曲「西條」は，平成14年に東広島市立西条中学校が創作した総合芸術で

あり，現在（平成20年度）7代目に継承されている。古くから蔵人たちに歌い継がれてきた3種類の酒造り唄と地域に伝わる寺西踊り・樽踊りを基に作られた，和太鼓・笛・合唱・吹奏楽・踊りのための作品で，「露の命」，「粋」，「西條酒造り歌」，「フェスタ」の4曲で構成されている。

　入学時から生徒たちは，西条の歴史と伝統文化について学習し，第1学年の後半から全パートを経験する。第2学年で自分のパートを決定し，組曲「西條」に取り組んでいく。そして，3年間の集大成として，10月の文化祭や酒祭りで発表する。

## ②　公開授業について

　東広島大会初日には，東広島市の伝統文化教育推進校として指定を受け，先進的な取組を進めている東広島市立向陽中学校，東広島市立原小学校，東広島市立河内小学校の3校による公開授業が行われた。

　ここで述べる市内3校による公開授業の概要については，平成20年和文化教育第4回全国大会東広島大会要項から抜粋したものである。

### ア　和文化の風を向陽に

#### 東広島市立向陽中学校による公開授業（総合的な学習の時間）

　向陽中学校は，和文化学習を通して学校教育目標である人間尊重の精神に徹し，知・徳・体の調和のとれた創造性豊かで実践力のある人間を育てている。本校では，和文化学習として（絵手紙，箏・尺八，水墨画，竹細工，茶道，杖道）の6コースを行っており，3年間を系統立てて実践を進めている。第1学年では，各コースの調べ学習を行い，調べたコースについて発表を行う。第2学年では，生徒が学びたいコースを選択し，地域の講師の先生の協力を得て体験学習を行う。第3学年では，3年間の学習のまとめとして，第2学年での体験を基に，技を磨き，よりよい演武や演奏，作品作りを行う。

　本大会では，茶道を中心とした各コースのコラボレーションを行った。

### イ　わたしも平安ベストセラー作家　―枕草子―

#### 東広島市立原小学校による公開授業（国語）

　貴族が華やかな文化を創った平安時代。その代表作の一つが清少納言「枕草

子」である。特に枕草子第1段は，日本の四季をとらえた清少納言の思いが切れのよい瑞々しい言葉で描かれており，小学生にも親しみやすい。言葉のリズムや切れのある表現，美しい情景描写は，言語感覚を養うのに適している。口語訳を読みながら内容の大体を知り，表現されている情景や心情を読み取るとともに，季節を表す表現を収集して，児童一人一人が「枕草子〜原の四季〜」を創作することをねらいとした授業構想を立てている。

　本大会では，清少納言の自然を描く視点（上下・遠近・色彩・時間経過・音・温度など）から「枕草子第1段」を読み深めていく学習を行った。

## ウ　歌え！　日本の心　—童謡キッズ　歌っていいとも！—

### 東広島市立河内小学校による公開授業（総合的な学習の時間）

　河内小学校の児童は，昨年度（平成19年度）から生活科や総合的な学習の時間で「日本の歌を歌い継ごう〜ソロで歌う童謡〜」に取り組み，「ソロで歌う自慢の一曲」に向け，全校で学習に励んできました。地域や保護者の方から歌って教えていただく活動を通して，昔の日本の美しさや温かさに触れ，ほのぼのとした雰囲気や関係を築くことができたり，発言も少なく自信がなさそうだった児童が堂々と歌う姿を見せてくれたりと大きな成長が見られているところである。今年度（平成20年度）も第2学年以上は，「ソロで歌う自慢の一曲」の2曲目に取り組んでいる。今年度は，「みつけよう，受け継ごう，創ろう」という全国大会の3つの柱を踏まえ，作詞者，作曲者について調べ，歌詞の意味を考え歌い方を工夫する学習に加えて，「作詞者になって歌詞を創ってみよう」という新たな挑戦をしている。

## エ　全校生徒の尺八演奏「春の海」・全校合唱「ふるさと向陽」

### 東広島市立向陽中学校による公開授業②（総合的な学習の時間）

　向陽中学校が，音楽の教科の中に尺八演奏を取り入れて3年目になる。尺八は，しっかりした音が出るまで何年もかかると言われている。最初は，新し物好きの生徒たちが，意欲的に取り組んでくれるだろうかと不安であった。しかし，その心配は見事に打ち砕かれた。生徒たちは，「音を出す」ただその一点に夢中になっている。やがて工夫が始まり，お互いに教え合い，音が出た時

の歓声が次々と音楽室に広がっていった。湧き上がる意欲とはこれだと実感する瞬間であった。生徒は，音が出るにつれ，姿勢，心構え，表情が変わっていった。背筋が伸び，心と体の準備が整わないと音は出ず，周りの人と心を合わせること，その場の空気を感じ取ることを身をもって実感していった。今日は，全校生徒による「春の海」の合奏と国語科とタイアップして全校生徒で作詞作曲をした合唱「ふるさと向陽」を心を込めて演奏した。

### (3)　東広島市における和文化教育の経緯と意義

　ここまで，和文化教育第 4 回全国大会東広島大会当時の東広島市における和文化教育の状況，東広島大会の様子について述べてきた。この章では，「東広島市における和文化教育の経緯と意義」について，関西学院大学中村哲教授の研究論文「東広島市における和文化教育の経緯と意義」から抜粋し，まとめていく。

### ①　東広島市における和文化教育の開始

　東広島市における和文化教育は，平成 16 年度から東広島市立向陽中学校で実施された「和文化学習」が始まりである。

　向陽中学校では，平成 16 年度には和文化学習の 5 コース「能（国語），箏・尺八（音楽），水墨画（美術），杖道（保健体育），茶道（家庭）」を主に選択教科として実施した。平成 17 年度には，「絵手紙（国語），箏・尺八（音楽），水墨画（美術），杖道（保健体育），茶道（家庭），竹細工（技術）」の 6 つのコース別和文化学習として継続した。このような和文化学習を教育課程に編成するために，当時は，選択教科と総合的な学習の時間を活用した。

　第 1 学年では，総合的な学習の時間において「和文化調べ学習」。例えば，日本の自然や文化，郷土の文化や産業などについての調査活動が，社会の身近な地域調査，理科の身のまわりの生物観察，国語の古典などの教科の学習指導との関連で実施された。

　第 2 学年では選択教科の時間において「和文化体験学習」。例えば，国語では「絵手紙」，家庭科では「茶道」等の活動が，各教科の内容である「毛筆文

化」「日本食」「武術武道」「伝統音楽」「日本画」の関連で実施された。なお，和文化学習の指導においては，地域講師の方々の協力を得ている。

　第3学年では，総合的な学習の時間において「和文化表現学習」。第1学年と第2学年の学習内容を基盤に各活動の作法や技を磨き，作品を制作する。その学習成果を他学年の生徒や地域の方に紹介する発表活動を行う。したがって，第3学年の和文化学習は学校の活動と地域との交流を推進する活動となっていた。

## ②　東広島市における和文化教育の拡大

　東広島市立向陽中学校だけでなく，東広島市内の他学校園も含めて和文化学習が普及することとなったのは，和文化教育第4回全国大会東広島大会開催が決定されたことにある。そのため，平成19年度には和文化教育第4回全国大会東広島大会開催実行委員会が設立され，市内全ての幼稚園と小・中学校の52校種が「一校一和文化学習」に取り組むことになった。特に，平成19・20年度には，東広島市立原小学校，東広島市立高屋東小学校，東広島市立河内小学校，東広島市立向陽中学校，東広島市立志和中学校が「東広島市伝統文化教育推進指定校」として中核的取組を担うことになった。

　平成20年に開催された東広島大会前には，「学力向上の方が必要」の声もあったが，当時の木村清教育長が「この学習は，学力の支えになる生きる力を形成する」と意義づけた。その意味では，和文化教育が東広島市の全校に展開されるきっかけを生み出したところにこの大会の重要な意義があった。

　このような経緯において東広島市での和文化教育は，点としての東広島市立向陽中学校での取組が，面として地域全体の取組に発展している。具体的には，市としての教育目標である「東広島市の地域・文化を知り，誇りをもち，語れる子ども」の育成を担う教育活動の中心柱として和文化学習を位置づけ，各幼小中の和文化学習を，生活文化，地域文化，伝統文化，現代文化の四領域に基づいて編成し，地域全体としての和文化学習の推進がなされている。さらに，地域内だけでなく他地域への文化交流と文化発信を図る和文化教育へと進展していく広がりを呈している。

### ③　東広島市における和文化教育の新たな広がり

　東広島市における「一校一和文化学習」の活動が面として拡大する状況にお
いて，東広島市立西条中学校の生徒数が増加する対応として，平成23年度に
市内14校目として「東広島市立中央中学校」が新設された。この学校の校訓
として，東広島市のこれまでの和文化教育の取組に基づいて「和心・礼節・進
取」が定められた。これらの校訓を踏まえて中央中学校では，「和心，礼節を
大切にし，自ら進んでふるさと・日本・世界に貢献できる生徒の育成」が学校
教育目標とされている。このような校訓と学校教育目標が掲げられた理由は，
東広島市において取り組まれてきた和文化教育が，教育関係者だけでなく市民
全体としても理解され，地域の教育活動として根ざしてきたからである。その
ため，学校教育の指針が次の3点とされている。

　ア　和心を学校教育の柱とする。

　イ　日常の教育活動を和心の視点で捉え直し，実践していく。

　ウ　他校から学ぶ姿勢を大切にし，市内や県内外で教育効果が上がっている
　　　　取組を積極的に取り入れ，本校の特色ある教育活動に進化させながら，
　　　　本校独自の伝統へと発展させる。

　このように中央中学校では「和心」を観点に特色ある学校づくりがなされて
いる。この観点で新設1年目からの活動内容等については，次の表Ⅱ-1-2-1「中
央中学校における活動内容と和心の視点」のとおりである。

表Ⅱ-1-2-1　中央中学校における活動内容と和心の視点

| 活動内容 | 和心の視点 |
| --- | --- |
| 立腰・黙想 | 礼に始まり礼に終わる |
| 黙動流汗清掃 | 心を磨く |
| 部活前集会 | 礼儀，礼節の体得 |
| 全校合唱「日本の歌『四季』」 | 日本の心 |
| 茶道 | おもてなしの心 |

## ④ 東広島市における和文化教育の意義

関西学院大学 中村哲教授は，研究論文「東広島市における和文化教育の経緯と意義」において，東広島市における和文化教育の意義について，

全国の教育動向に対して，東広島市では和文化教育として，「伝統と文化」に関する取組を全国に先駆けて実施している。そして，平成 26 年度に策定された「夢・挑戦プラン〜第四次学校教育レベルアッププラン〜」に基づいて，「『夢と志』をもち，グローバル社会を生きる子ども〜かしこく　しなやかで　たくましく〜」の子どもの育成が目標とされている。そのための教育基盤として「生きる力の基盤の構築」としての「東広島スタンダードの定着」，「一校一和文化学習の充実と発信」としての「和文化学習の充実」，「『地域に支えられる学校』から『地域を支える学校』への転換」としての「地域への貢献」が柱とされている。その意味では，東広島市の和文化教育は，地域の面としての和文化教育を基盤にグローバル社会への関与を視野に，今後の日本の教育の方向性を開示する役割を担う教育であると意義づけられる。

と，結ばれている。

（石川　憲之）

**引用・参考文献**

『和文化教育第 4 回全国大会東広島大会要項』和文化教育研究交流協会，2008 年.

『和文化教育研究紀要』第 3 号，和文化教育研究交流協会，2009 年.

中村哲「東広島市における和文化教育の経緯と意義」和文化教育学会『和文化教育研究紀要』第 9 号，2015 年.

石川憲之『和文化を取り入れた中学校カリキュラム開発研究—総合的な学習の時間を中心として—』広島大学大学院教育学研究科修士論文，2009 年.

石川憲之『和文化学習を取り入れた総合的な学習の時間の在り方—創設期の東広島市立中央中学校の実践から見えてきたもの—』エキスパート研修論文，2012 年.

## 3 第5回島田大会の研究内容とその意義

### (1) 研究目的及び研究方法

　島田市は，平成20年度の教育施策「島田の教育」の第一重点に「豊かな心の育成」を掲げている。その児童生徒像として「当たり前のことが当たり前にできるマナーを身につけ，自分を取り巻く人や物へのおもいやりを持った子どもの育成をめざす」と示した。そこで，平成21年10月30日，31日に開催される和文化教育第5回全国大会島田大会を機に，豊かな心の育成を進める手段として和文化教育の実践に取り組むこととした。

　島田市には，地域に脈々と受け継がれてきた文化価値の高い学習材が多く存在する。それらは，市内各校において既に多くが教材化され，実践が積み上げられている。その実践成果を基盤に，精神文化も含めた地域や日本に伝わる伝統文化の文化的価値を理解し，文化の中にある礼儀作法や所作振る舞いの習得を目指した教育の実現を目標として市内25全小中学校で和文化教育に取り組むこととした。市内全小中学校が共通の目標の下に教育活動を展開するという取組は，その方法や内容，実施時間等で多くの実践上の課題が考えられた。そこで，市教育委員会を中心として組織的な展開を可能にするために，校長・教頭・教諭の代表者による10名程度の「和文化教育推進プロジェクト委員会」を組織することとした。中核となる活動やカリキュラムの構成方法は各校の独自性を尊重し，各校には和文化教育推進委員を校内分掌内に位置づけ，研究推進の役割を担う体制も整えた。

　まず，研究を進めるに当たって，以下のような基本的な考え方を和文化教育推進委員会で確認した。

・市内全小中学校が一校一和文化実践に取り組む。その中で研究・実践的な中核的役割を果たす学校（三小，四小，二中）を研究指定校とする。

・各校においては和文化教育推進委員を位置づけ，校内実践の充実の中心的役割を果たす。また，推進委員による研修会を開催し，実践交流，人材情報及

び先進的実践の情報収集も図りながら自校の実践の充実を図る。

・各校における特色ある取組を基本とする。既に積み上げられてきた実践の充実を図るとともに，新たな教材やカリキュラムの開発に取り組む。

・総合的な学習の時間や特別活動及び道徳の教材開発，授業実践の充実を図る。また，教科指導としての教材の開発・実践も積みあげる。

・単発的な実践に陥らないで教科・領域を関連づけながら全教育活動における和文化教育のカリキュラムを構想し，継続的な授業実践に取り組む。

・中学校区を中心に小中学校が連携して取り組める学習活動を開発して実践に取り組む。また，所作振る舞いや行動規範など小中連携を図った組織的な指導も進める。

## (2) 研究内容及び実践事例

　市内全小中学校が次のような目標と方法を共有することが本研究において最も重要な出発点であることを確認した上で実践に取り組むこととした。

### 〈共有目標〉

・型によって心が形成されることを念頭に置いて「心を育てる教育の充実」を目標とし，「心が型に表れる指導」を教育方法とし，各校が独自な教育活動を展開することとする。

・和文化教育は，文化を創造する学習領域として従来から各校で取り組まれていた教育実践を「文化自体の存在を知らせる」「文化自体の持つ価値を理解する」「継承してきた人々の営みの重さを感じ取る」「現代の自分達との生活に生かす」「文化の中にある礼儀作法や所作振る舞いを習得する」「伝承されてきた技術を習得する」などの視点から学習活動を構成し，地域と学校とのつながりを深めながら推進する。

### 〈共有方法〉

・小中学校とも，総合的な学習の時間・各教科・道徳・特別活動などの領域において和文化教育の目的にあった教材（生活文化・地域文化・伝統文化・現代文化など）の開発を進める。

・イベント的な取組に偏ることなく，各学校の教育課程に位置づけた計画的な

　学習活動が展開できるようにする。また，学校外の人材を積極的に活用し，子どもたちに多様な活動を提供するとともに，地域とのつながりを大切にする。

　上記の目標及び方法を市内全小中学校が共有しながら和文化教育実践を推進するために，各校において独自のカリキュラムを構成することとした。

　表Ⅱ-1-3-1は，今までに積み上げた実践や平成21年度から試みようとする活動を組み入れて作成した概要の一覧である [1]。共有目標・共有方法を確認した上で市内7中学校区を単位としてカリキュラムの構成に取り組むこととした。中学校を単位としてカリキュラムを構成することにより，実践を積み上げる過程において地域内で共有可能な学習活動が開発されたり，共通人材の活用が図られたりすることが考えられた。また，教科指導においても古典文学や邦楽などは小中学校が連携可能となることも考えられた。

**表Ⅱ-1-3-1　島田市内全校におけるカリキュラム構成概要一覧（指定校をのぞいた22校）**

| 校名 | 実践の方向性とカリキュラムへの位置づけ |
| --- | --- |
| 島田第五小学校 | 和文化教育＝「自分との対峙」ととらえ，すべての教育活動において，「自分はどう考え，何をしたいのか。」自分と向き合い，じっくりと考え，自らを見つめ高めようとする資質の向上に努めている。言葉を大切にし，言葉の美しさに気づく場の設定，地域の芸能文化に触れ合う場をカリキュラムに組み入れる。 |
| 大津小学校 | 日常生活に根ざした身近な和文化を最も重視したいと考えている。和文化における所作などの「型」を知り，実践することを通し，「心」の育成に繋げたいと考えている。「ていねいに　もったいない」を合い言葉に，心をこめた丁寧な礼や会釈の仕方，ものを大切にする心を，学校行事や各教科などの全教育活動で育てる。 |
| 島田第一中学校 | 総合的な学習の時間の中で，生徒が伝統ある文化に触れ，地域に生きる人たちの生き方を学ぶために，地域とのかかわりを持つ活動を実施している。また，選択教科の学習の中では，生徒が伝統的な文化に親しみ体験できるように，日本の文化にかかわる様々な内容の学習コースを設定する。 |

| 島田第一小学校 | 心づくりの基盤として和文化教育を位置づけ，心と心をつなぐ挨拶を大切にしている。低学年では，伝承遊びや伝統的な行事に親しみ，高学年では，俳句作りを日常の活動に取り入れている。また，学区には，川越し遺跡など国指定遺跡もあり，地域と結びつけた伝統や文化に関する調べ学習や表現活動を継続的に取り組むようにカリキュラムを構成する。 |
| --- | --- |
| 島田第二小学校 | 『和文化』を特別なものとしてとりあげるのではなく，何事も相手の身になって行動し人と人が心を繋ぐことからだと考え，挨拶や掃除，サンダルの整頓等々，身近なところから全職員が同一歩調で指導する。クラブ等では，和太鼓，茶道，俳句，水墨画，和風ダンスなどを設ける。 |
| 六合中学校 | 日本人の資質を「感性」，「規律」，「作法」の3点に絞り，春はあけぼの（感性），応援指導（規律），國學院大學応援団（規律と伝統），落語鑑賞（話術と作法），茶道教室（作法）等の実践において，本校ならではの和文化の高揚を図り，「豊かな心の育成」の土台を各教科指導のカリキュラムに組み入れる。 |
| 六合小学校 | 「心を育てる」視点から，生活科・総合的な学習の時間を中心に教科・領域と関連付けたカリキュラムを構想した。子どもの視野が身近なものから徐々に広がるようにしている。体験的活動を大切にし，和文化のよさや人々の思いに気づかせたり，礼儀作法や正しい所作振る舞いを身に付けたりできるように取り組む。 |
| 六合東小学校 | 言葉（音楽や国語）を通して，和文化のよさを理解できる感性を育てたいと考えた。国語科や音楽科では，詩や俳句，わらべうたや童謡の学習を通して，言葉の美しさやリズムのよさ，言葉の背景にある情景を感じ味わっている。また，講師の方を招き，尺八や草笛の演奏を聴いたり，言葉遊びを楽しんだりする活動を組み入れる。 |
| 北中学校 | 20年以上伝統行事として続いている「門松作り」を行っている。本校のグラウンドに接する山は，竹林となっており，竹が豊富に手に入り，門松の材料となるもののほとんどを学区の中で揃えることができる。これを教科等（国語科）の中に発展させられるように関連性をもったカリキュラムを構成する |
| 伊太小学校 | 表現の活動を通して，創り出す喜びを味わうようにするとともに造形的な創造活動の基礎的な能力を身に付けさせ，豊かな情操を育て |

| | |
|---|---|
| | るように陶芸活動を行っている。また，季節の移り変わりや生活の中での感動を表現する力を育てるとともに，表現の楽しさを実感できるようにするために俳句活動を行う。 |
| 相賀小学校 | 『感性の豊かな子を育てる』ことをねらいとし，和太鼓活動を中心に和文化教育に取り組んでいる。伝承太鼓では，縦割班活動を基本に，「八木節」「豊年太鼓」等に取り組んでいる。創作太鼓においては，学年毎，テーマを決め，作調を行い，発表の機会を設定する。 |
| 神座小学校 | 「和文化に親しむ中で，先人の知恵・日本のよさを再確認しよう」の研究テーマを掲げ，総合的な学習の時間，クラブ活動の時間を活用して和文化教育に取り組んでいる。特に囲碁・大正琴・茶道などから成るクラブ活動では，地域の方々を講師に迎え，日本の伝統文化を学ぶ試みを積み重ねる。 |
| 伊久美小学校 | 伊久美小学校では，小規模校の課題である多くの人の前で自信をもって表現できる力をつける場として，「全校オペレッタ」に取り組んできている。子どもたちは，オペレッタ創りを通じ，地域の歴史や文化に触れることで，ふるさと伊久美を誇りに思う気持ちをもつことができている。教科との関連の中でオペレッタ活動を推進する。 |
| 初倉中学校 | 本年度は，授業では3年生国語「俳句」の学習において，名句の鑑賞から句作，句会という流れで実施した。2年生選択音楽「邦楽」の学習において「箏」「篠笛」の奏法を身に付け，合奏も行った。修学旅行では，和文化に触れる機会として「和文化タイム」を設定し，「宮大工」の学習，「清水焼絵付け」の体験を実施する。 |
| 初倉小学校 | 和文化教育を通して，児童に，進んで気付き互いに高め合う心や，郷土「初倉」を愛し，未来につなげていく心を育てることをねらっている。実践を通して，児童一人一人が日本文化について再認識し，他を思いやる心，感動する心などの「豊かな心」をはぐくむための活動を推進する。 |
| 湯日小学校 | 茶畑に囲まれ，保護者の半数近くがお茶にかかわる仕事をしている本校にとって，「お茶」は切っても切り離せないものである。校庭には学校茶園があり，全学年で「お茶」にかかわる体験や学習が組まれている。「お茶」への様々な取り組みを通して，地域を愛する心を培いたいと考えている。 |

| 初倉南小学校 | 保護者や地域が学校の教育活動に大変協力的である。そこで和文化教育のテーマを「地域の和・輪・ワッ！」とし，「俳句づくり」「手もみ茶体験」「秋祭り」「しめ縄づくり」等，「地域の和」との出会いを通して，「ワッ！」と驚き，地域の方とのかかわりから「地域との輪」が生まれることを目指して実践する。 |
|---|---|
| 金谷中学校 | 「語先後礼」や「茶道教室」などの「マナーを身に付けた立ち居振る舞い」を教育活動に取り入れることで，型を学び，型を身に付けることを通して心を育てようとしている。同時に，今まで行ってきた多くの教育活動を，「和文化教育としての視点」からとらえ直すことで，新しい目的や手段の発見を試みる。 |
| 金谷小学校 | 3年生の「日本のキラリを見つけよう」は，本校の和文化教育の中心的活動である。相撲・盆石・華道・琴・和太鼓など8つの和文化の中から選択して行う。地域の歴史的素材を生かした活動には，3年生の「お茶博士になろう」，修学旅行でパンフレットを配る6年生の「金谷を紹介しよう」がある。 |
| 五和小学校 | 和文化体験によって，先人の思いを伝え，郷土愛や誇りを育み，心の豊かさを培うことをねらいとし，生活の中に在る和文化を取り上げ，学ばせ，それを生活の中に広げることに取り組んできた。その結果，日本文化の素晴らしさを味わわせ，継承している誇りをもたせることができた。今後，普段の生活に広げることが課題である。 |
| 川根中学校 | 学区内には，江戸時代より伝わる笹間神楽がある。教育課程の中にその伝承活動を位置づけ，今年で33年目に入る。また，全国に誇れる川根茶の茶文化に関する体験活動に力を入れていることも特色の一つである。和文化の体験を通し，人や地域を思いやれる生徒の育成を目指している。 |
| 川根小学校 | 川根のよさを継承することが和文化につながると考えた。そこで第一に，「あいさつ」。第二に，お茶やそば，自然薯といった地場産業。さらには，学校行事「あっちこっちハイキング」を通し，地域の方と触れ合う中で，川根ならではの和文化に触れる実践を試みた。可能な範囲で小中が連携した教育活動をカリキュラムの中に組み入れたいと考えている。 |

　ここでは，表Ⅱ-1-3-1 に記述されていない研究指定校の島田第三小学校，島田第四小学校，島田第二中学校の実践事例の概要を示すこととする[2]。

　島田第三小学校では，道徳，生活科，総合的な学習の時間，国語科，社会科，クラブ活動や委員会活動など教育活動全般においての様々な和文化教育の実践が報告されている。道徳の「江戸しぐさ」では，体験を通して自分たちの生活に役立てようとする意識の高まりへと結びつけている。これらの礼儀や所作は，朝礼の場での全校指導，更には，委員会活動による子どもたち自身の活動へと結びついている。3年総合的な学習の時間においては，学区の児童が参加する「島田大祭」を取り上げ，その中で舞われる「鹿島踊り」の体験へと結びつけている。5年では，静岡の特産物である茶産業を取り上げている。手揉み，闘茶などの活動を通して「お茶が人と物を結びつけている」ことを学習している。教科指導においては，第三小が指導の重点としている「言葉」に関わる実践が多く見られる。国語科では，「落語」「語り」「俳句」「古典文学（枕草子）」の実践が紹介されている。また，6年社会科の「室町文化」，6年家庭科の「風呂敷」などの実践も報告されている。更に，すべてのクラブ活動を和文化に関連する活動内容とし，地域の人々の指導による「大正琴」「焼き物」「茶道」「華道」「剣道」「お囃子」「昔の遊び・工作」「和菓子」「野外活動」「栞」「グラウンドゴルフ」「手芸」「将棋」の活動を展開している。

　島田第四小学校は，平成20年度の実践から「和文化」は子どもの心に自然に落ちていくこと，「和文化」を通して地域・家庭・学校を結びつけること，「和文化」にある人の知恵と日本人が生み出してきた心のよさに触れることができることなどの研究成果が見られた。そこで，平成21年度は，更に「体験したことを自分の心や生活に生かすこと」や「感じたことや感動したことを自分の言葉や行動で表現すること」を目指して取り組むこととした。校内の研究組織を「学びつくり」「心つくり」「仲間つくり」の三部編成とし，各部が実践の推進をしている。学びつくり部からは，生活科，総合的な学習の時間，道徳，学級活動，国語科，音楽科，社会科，図画工作科の授業実践が報告されている。第四小の児童も島田大祭に参加しているため，「なるほど・ざ・大祭」の学習

を 3 年総合的な学習の時間で取り組んでいる。島田大祭についての現地調査や
インタビューなどによって学習を深め，お囃子の体験にも取り組んでいる。こ
こでは，大祭と自分たちの生活のつながりや地域の人々とのふれあいが深まり，
祭りへの愛着が深まったという学習成果が報告されている。その他の学年にお
いても図画工作科における和紙の染め物（4 年），国語科の俳句（6 年），社会科
における「食文化から歴史を見つめる」という奈良・平安時代の学習（6 年）
などの実践がある。心つくり部では，「思いやりと感謝の心」を育てる「3 美」
実践活動「美しいあいさつ・美しい言葉づかいと行い・美しい清掃活動」が計
画的に取り組まれている。仲間つくり部では，「四小っ子文化ふれあいデー」
を実施し，「感動したことを自分の言葉や行動で表現する」を目指して活動を
展開した。各学年が，日々の学習活動で感じ取ったことや身に付けたことをス
テージ発表とワークショップの形式で保護者や地域の人に表現する活動を行っ
ている。生け花クラブ，大正琴クラブ，茶道クラブなどでは，地域の人を講師
に招いて活動している。

　島田第二中学校では，和文化の技術・所作・身のこなし（型）を学ぶことで，
単に和文化に親しむにとどまらず，和のこころ（和み，あたたかみ，調和，穏和
等）にふれ，「落ち着いた心」や「豊かな心」をもった生徒を育てたいと考え，
実践に取り組んでいる。指導時間としては，総合的な学習の時間で行っている
①「0 時間目（8:10 ～ 8:25）」と②「和文化学習」の時間③必修教科で扱える和
文化関係の単元領域を学習している。特に，教育課程に毎朝 15 分間，「0 時間
目」の授業を設定し，①「豊かな心」を培う②「和文化」に関わる知識を増や
し，理解を深める③「国語力」を向上させる④各教科で扱わない「学際的な内
容」を学ぶ⑤基礎学力を向上させ「学び方を学ぶ」といった 5 点についてをタ
イムリーに取り扱い，総合的な学習の時間として行っている。具体的な学習内
容としては，「礼三息」「江戸しぐさ」「百人一首の暗唱」などの実践が報告さ
れている。

　2，3 年の和文化学習では，2 年後期（11 月）から 3 年前期（10 月）までの 1
年間，木曜日の午後に「和文化学習」の時間を設けた。そこでは，自分で選

んだコースを履修し，一つの和文化を学べるようにした。設定したコースは「筝・三味線」,「陶芸」,「詩吟・尺八」,「技術」,「和布」,「筆」,「お茶」,「ソーラン節」の8つである。うち4コースには講師を招き，活動の専門性を高める学習が展開されている。「技術コース」では，竹を削って自分の箸を製作し，その箸でそばを食べ，箸のマナーを学んだり，行灯の設計や製作に取り組んだりしている。「和布コース」では，「和布」と「洋布」の違い，浴衣・小袋づくりに取り組んでいる。更に，必修教科においても和文化に関する様々な学習のカリキュラムが構成されている。

## (3) 研究の意義

　島田市が従来から積み上げてきた実践成果を和文化教育という視点から全市の小中学校の研究として取り組み始めてから多くの時間は経過していない状況にある。筆者は，和文化教育学会の会員であるとともに島田市和文化教育推進プロジェクト委員会の研究部会を担当して，本研究に携わってきた。その立場から本研究の意義を以下に考察することとする。

　まず，第一に島田市の教育施策を具現化するために和文化教育の視点から市内全小中学校が共有目標及び共有方法に基づいてカリキュラム構成や授業実践に取り組んだことにより市の教育実践に一体感を生んだ点に大きな意義がある。第二に，市内各校で実践・蓄積されてきた文化価値の高い学習材を取り上げた教育実践の成果や授業事例に基づいて，それらを和文化教育の視点から，その特性や課題を分析し，教室での日々の授業に生かせる取り組みをしたことである。つまり，実践者の立場から和文化教育の意義やカリキュラム構成及び授業方法を明らかにし，学校現場における実践の広がりを求めようとしている点である。第三に，市が設定した共有目標・共有方法に基づき，推進組織を機能させながら市全体の小中学校が連携を図りながら同一方向に向かって実践に取り組むことによって，従来は点として存在していた和文化教育実践を校内はもとより，中学校区の小中学校への線へ発展させ，更には市全体の面へと広げることを可能にした点にある。特に，一校一和文化の取組は，目標と方法の共有化によって，各学校が独自の和文化教育実践を推進するとともに，島田市として

の地域性を生かした授業実践を可能にした。また，島田市内 7 中学校区を単位
としたカリキュラムの構成に取り組むことにより中学校区を単位としたカリキ
ュラム構成を可能とし，学校間の連携を図りながら小中学校が共有可能な新た
な学習活動を開発することにも結びついた。更には，共通人材の活用を図った
授業開発に結びついていくという広がりも見せた。それらの学校間の連携によ
るカリキュラムの実践は，教科指導における古典文学や邦楽などの小中学校が
連携するカリキュラムへの発展にも結びついていった。

　第四に，教科指導に着目し，教科学習の目標を逸脱しない和文化教育のカリ
キュラム構成及び授業方法を提案している点である。伝統の継承として体験中
心の学習が展開されたり，徳育重視の学習に陥ったりする傾向が見られる教科
教育の問題点を見直し，和文化教育の授業方法を解明し，実践化を実現してい
る。以上の点において，和文化教育第 5 回全国大会島田大会における本研究は，
和文化教育の全国的な広がりを進めるための価値ある提案ができたことに意義
があると言えよう。

（大畑　健実）


**註**

(1) 表Ⅱ-1-3-1 は，和文化教育第 5 回全国大会島田大会実行委員会「大会要項」2010
　　年，pp.32-33 に掲載されているが，2023 年度末までに湯日小，伊久美小，神座小，
　　相賀小，伊太小，北中は学校の統廃合により，現在では小中学校 19 校となってい
　　る。
(2) 和文化教育第 5 回全国大会島田大会実行委員会「大会要項」2010 年，pp.42-57.

## 4　第11回武蔵村山大会の研究内容とその意義

### (1) 第11回武蔵村山大会へ向けて

武蔵村山市は水と緑あふれる自然豊かな街である。さらに，人情味あふれる人々が歴史と文化を大切に生き抜いてきた。そんな大人たちの姿から「大人になっても住みたい武蔵村山」

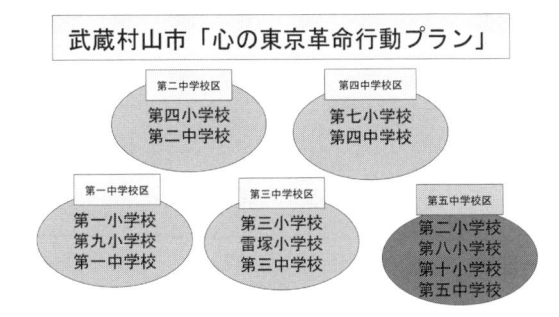

という感覚をもつ子どもたちも少なくない。

平成12年に東京都教育委員会では「心の東京革命」という政策が示された。次代を担う子どもたちに対し，親と大人が責任をもって正義感や倫理観，思いやりの心を育み，人が生きていく上で当然の心得を伝えていく取組みである。

武蔵村山市では上記にあるように，市内の小中学校を5つの中学校区に分け，心の教育の推進を図った。日本の子どもたちは「自尊感情が低い」と久しく大きな課題として掲げられてきている。「心の東京革命」は心豊かな児童・生徒の育成に大きな視点となった。

その中で第五中学校区は平成19年度より3年間，東京都教育委員会より「日本の伝統・文化理解教育推進モデル地域」に指定された。児童・生徒に誇りと自信をもたせる絶好の機会である。我が国と郷土の伝統や文化を学ぶことは，自尊感情を高め，国際社会で活躍できる日本人の育成へとつながる。武蔵村山市の目指す児童・生徒像を以下のように定めて，研究を始めた。

① 我が国と武蔵村山市の伝統や文化を理解するとともに，歴史や自然に愛着をもち，郷土を誇りに思える児童・生徒

② 我が国と武蔵村山市の伝統や文化の素晴らしさを世界に発信できる資質や能力をもった児童・生徒

③　他国の伝統・文化を理解し尊重するとともに，互いに文化交流ができる児童・生徒

　第二小学校は「郷土の特色」を教材化した。全校による菊作り，第3学年の「蚕を育てよう」「武蔵村山お茶クラブ」第4学年「村山大島紬」等の教育活動に励んだ。第八小学校では「日本の伝統遊び」「国際交流」に取り組んだ。全校による「百人一首」第2学年「昔遊び」第3学年以上「ラオス国パチュドン校との交流」「絵手紙」等である。第十小学校は「国技相撲」を学んだ。「体つくりの運動」として全校体育科年間指導計画に位置づけた。第五中学校は「教科指導を通して育てる」ことで教材化した。第1学年保健体育科「柔道」第2学年社会科「村山大島紬」第2学年家庭科「地域食材とその調理」等である。

　第五中学校区小中学校4校の研究が他の中学校区における日本の伝統・文化理解教育をリードすることとなった。それぞれの中学校区にある従前の伝統・文化に目を向け，各校が教材化に励んだ。このことが，第11回和文化教育全国大会武蔵村山大会への土壌づくりとなった。

## (2)　第11回武蔵村山大会回顧

　日本の伝統・文化は長い年月を経て，日々の営みの中で様々な形で伝わってきたものであり，新たな文化となって未来へと連綿と受け継がれて生き続けるものである。我が国の先人が作り上げ，育んできた伝統や文化に思いをめぐらせ，そこから自分の生き方や日本の将来を考えることは，子どもの成長にとって重要であり，自己肯定感や自己有用感を育むものである。学校教育においては，国や郷土を愛する態度を育むため，伝統・文化に根付いた縦に貫く時間軸と国際化の進展による横に広がる空間軸を考えることが必要である。子どもた

ちの日常生活や学習活動を通して，それらをいかにバランスよく創造していくかが問われている。未来への伝承者である子どもたちが我が国や郷土の伝統・文化の良さを知り，それを自己の生き方に反映させることは学校教育に

課せられた大きな命題と断言できる。武蔵村山市で和文化教育の全国大会が実施されることは，教育関係者のみならず，市民の大きな喜びでもあった。

### ① 武蔵村山市教育委員会の挑戦

「今から 2400 年以上前，大陸や朝鮮半島から九州北部に移り住んだ人々によって，水田を利用したコメ作りが日本に伝えられた。」と社会科の教科書に記載がある。本市野山北公園の約 1160 平方メートルの水田を所有し，市内全小学校 5 年生がもち米を栽培する体験学習を行っている。「田植え」「草取り」「稲刈り」「もちつき大会」の一連の体験学習のために，市の指導員を配置したり，日々の稲の発育をデジタルで発信したりしている。

小学 5 年生の水田学習

また，武蔵村山市教育委員会主催「武蔵村山市教育のつどい」では毎年小中学生の意見発表会を催している。平成 26 年 1 月には「我が国の先人から学ぶ」というテーマの発表会が開かれた。武蔵村山市が従前より和文化に着目し，児童・生徒の体験不足克服に尽力していることを示すものである。

### ② 和文化教育第 11 回全国大会への挑戦

平成 26 年 11 月 21 日・22 日の両日，多摩地区初の施設一体型小中一貫校武蔵村山市立小中一貫校村山学園を会場として和文化教育第 11 回全国大会武蔵村山大会が開催された。全ての中学校区の児童・生徒の代表，そして教員が一堂に会し，発表に携わった。

オープニングアトラクションは，児童・生徒による筝演奏及び口伝で伝わってきた「横中馬獅子舞で使われている岡田くずし」をアレンジしたジャズ吹奏楽演奏で大会がスタートした。本市における和文化教育の紹介や体験活動，第一中学校区から第五中学校区までの全ての公立小中学校の授業実践発表や研究発表等，これまで積み上げてきた研究の成果を披露する武蔵村山市あげての大行事となった。

一日目は基調講演等にて，和文化教育会長先生やシンポジストの方々によっ

て和文化教育推進を価値付けていただいた。

　二日目は武蔵村山市や武蔵村山市教育委員会を中心に，市内全ての小中学校の教職員及び児童・生徒，和文化体験によって学校教育を支援する武蔵村山市民，全国の和文化教育学会の会員や和文化に関心のある方々等，大勢の参加があった。

　まず，小中学生による 15 個の授業実践が行われた。「百人一首」「日本人のあいさつ」「伝統芸能の体験」「国技相撲体験」「村山大島紬調べ学習」等の授業である。授業の中で児童・生徒は我が国や郷土の良さを味わい，学ぶ喜びを感じていた。

　また，和文化の体験教室として「和装講座」「絵手紙講座」「手づくりの尺八講座」「百人一首かるた講座」「英語で日本紹介講座」が開催された。これらの内容も本市で日常の教育課程で行われている授業である。武蔵村山市長自ら尺八の講師となったのも話題となった。現代の児童・生徒は体験不足と言われているが，武蔵村山市がいかに地域の伝統を重視しているかを示すことができた。

　二日目の午後は全国の和文化教育学会員の実践を含め，武蔵村山市の公立小中学校での授業実践等について研究発表があった。

　本全国大会において，自分の住んでいる郷土，自分の生きている国の素晴らしさを児童・生徒が感じ取ることの重要な意義を共通理解する良い機会となったと言える。

### ③　第十小学校の挑戦

　和文化教育全国大会における本校の実践に触れる。

#### ア　先人に学ぶ（研究発表・第 2 分科会）

　第十小学校は幕末のヒーロー「二宮金次郎に学ぶ」教育活動を展開している。それに先立ち，開校 30 周年を記念し，地域住民の力をお借りして，二宮金次郎像を建立した。

○二宮金次郎を学ぶ目的

・先人や地域の方々の人を思う気持ちを知り，児童の愛校心を培う。

・児童自ら，生きる価値に気づく。

・自分を支えてくださっている方々への感謝の心を培う。

　二宮金次郎は小さい頃から自学に励み，『勤勉』『積小為大』『分度』『推譲』等の人生訓を残し，人々の幸福のために人生を捧げた素晴らしい人物である。その姿の意味を学ぼうと「二宮金次郎に学ぶ」道徳授業や「二宮金次郎の歌」の斉唱に全校で取り組んだ。「金次郎学」と命名した教育課程を編成し，実践に努めた。

　道徳授業公開講座には二宮金次郎7代目御子孫，中桐万里子先生をお招きし，高学年が出前授業を受けた。「金次郎像はどれも1歩前に進んでいる。いつも前向きに進むことを忘れないでください。」と励ましの言葉を受けた。

二宮金次郎像除幕式

　これらの活動を通して子どもたちには将来に必要な生きる精神を学んで欲しい。そして，震災被害や貧困に苦しむ人々等，弱い立場の人々に対して少しでも力になれる社会貢献力を身に付けて欲しいと願うばかりである。

金次郎学道徳授業

| 「二宮金次郎道徳指導計画」 |
| --- |
| 一年　『なおしてつかう』 |
| 　―節度・節制― |
| 二年　『ちいさな努力のつみかさね』 |
| 　―勤勉・努力― |
| 三年　『みんなのためにできること』 |
| 　―勤労・奉仕― |
| 四年　『小さいことから，おこたらず』 |
| 　―勤勉・努力―　（積小為大） |
| 五年　『わきまえてくらす』 |
| 　―節度・節制―　（分度） |
| 六年　『ゆずる』 |
| 　―勤労・奉仕―　（推譲） |

尋常小学唱歌　二宮金次郎

1. 柴刈り縄ない草鞋（わらじ）をつくり
　親の手を助（す）け弟を世話し
　兄弟仲よく孝行つくす
　　　　　　　手本は二宮金次郎
2. 骨身を惜おしまず仕事をはげみ
　夜なべ済まして手習い読書
　せわしい中にもたゆまず学ぶ
　　　　　　　手本は二宮金次郎
3. 家業大事に費（ついえ）をはぶき
　少しの物をも粗末にせず
　遂には身を立て人をも救う
　　　　　　　手本は二宮金次郎

　イ　国技に学ぶ（体育の相撲授業・於村山学園武道場）

　毎日の教育活動の中で次のような児童の実態が把握できた。

【健全育成面】

■ものや人とうまくかかわれない。

・裸足になって遊び，肌で自然を感じて遊ぶ経験が少ない。

■友達とうまくかかわれず，体の力や感情の加減ができない。

・個の遊びが増え，友達と体をぶつけ合うことが少ない。

■あいさつやマナー，相手を尊重する意識が薄い。

・礼儀を重んじる場が少なくなった。

【体力向上の面】

■体を動かすことへの興味関心があまり高くない。

■遊びの中に，相手と組合い全身で力を出し切る経験が少ない。

・遊びの中に体力を高める運動が少なくなった。

力強く四股の練習

校庭に土俵づくり

　このような課題を克服するために，伝統・文化理解教育研究を機会に本校は『国技・相撲』に全校をあげて取り組むこととした。まずは，土の土俵，「さくら土俵」を児童組織『どすこい隊』や地域の方々の協力で校庭に完成させた。そして，各学年年間指導計画に３時間ずつ，体育の授業として位置づけた。その内の１時間は立川錬成館相撲指導者や日本体育大学相撲部の学生に指導を仰いだ。児童は相撲パンツを身に着け，力いっぱい取り組んでいた。

　四股等，相撲の基本的な鍛錬は勿論のこと，「礼に始まり，礼に終わる」という相手を尊重する相撲道精神の大切さを児童は体感していた。

　1校の研究で始まった相撲は第五中学校区へ，そして市全体への広がり，ついには青年会議所等の力を借りて，都大会につながる「第1回村山っ子相撲大会わんぱく場所」の開催となった。この大会は武蔵村山市恒例の大会となった。

**第1回村山っ子相撲大会
わんぱく場所決勝戦**

　和文化教育学会武蔵村山大会では5年生による相撲授業を公開した。日本の良さの一つである相撲に真剣に取り組む児童の姿から伝統・文化の素晴らしさを参観者の方々に伝えることができたのではないか。

　相撲を通して礼儀を養い，自分も人も大切にする精神を学んで欲しい。

**大会発表時の相撲授業**

### ウ　外国に学ぶ（第八小学習発表：ラオスに広がる日本文化）

　第八小学校に習い，第十小学校でも NPO 法人アジア教育友好協会の支援を受けながら，「ラオスに学校を建てよう」というワンコインスクールプロジェクトに取り組むようになった。ラオス親善大使（ボランティア委員会）を中心に自分の頑張りや我慢，親切等の活動でカードを利用し，児童は各自，お金を貯める。高学年は 500 円，中学年は 400 円，低学年は 300 円を目安にした活動で子どもたちは「お金の価値（お金を貯める大変さの実感）」「学校の価値（通う学校があるのは当たり前ではない）」「自分の価値（自分も頑張れば人のためにこんなにできるんだという自信）」を学んだ。これまでにポンタン小学校，チャンヌア小学校等の建設に全国の学校と共に努力した。

　2011 年，千年に一度と言われた東日本大震災。日本文化の紹介のために持っていった『鯉のぼり』にラオス，ベトナムの子どもたちが，日本の子どもたちへ励ましのメッセージを書いてくれた。「いつも助けてもらっている私たちが今度は日本のためにつくしたい。」という気持ちをもらった。飯館村で学校

**「励まし」の寄せ書き鯉のぼり**

ごと避難していた所に，この鯉のぼりを届け，日本の子どもたちを元気づけた。

　ワンコインスクールプロジェクトは他の中学校区にも広がり，一小，二小，七小，八小，十小，四中に市民の会が加わり，『メコンの会』を結成した。この会の活動で，チャンヌア小学校武蔵村山分校の開校に至り，児童と喜びを分かち合った。「為せば成る」精神が児童の自信へとつながった。

　エ　横中馬獅子舞に学ぶ（オープニングアトラクション：小学校吹奏楽）

　武蔵村山市には，指定無形文化財が数々ある。児童にとって，お祭りや盆踊りに出かけたとき耳にするこういった音楽は聞き覚えがあるものである。ただ，実際にはこのような音楽も保存会に依存し，後継者が不足する場合も少なくない。指定無形文化財の音楽はこれまでの学校教育で成されてきた西洋音階にはない，独特な音程やリズムが際立っている。「この魅力はなぜ生まれるのか」それは楽譜には示せない，曖昧さがもたせる口伝による歴史が生むものである。反面，デジタル文明の現代において口伝だけで親から子へ子からの孫への方式に固執すると，普及も浸透せず，次世代に関心をもたせることも難しいことは明らかである。

　武蔵村山市には太鼓の胴の中に宝暦2年6月申日の墨書があったことから260年以上口伝で伝わってきた「横中馬獅子舞」という文化財がある。

　保存会の方に教育的な意義をお伝えし，学校教育で取り組ませてほしいという希望を伝えた。内部でも賛否両論あったとのことだが，次のような条件で武蔵村山市立第十小学校吹奏楽部で扱ってよいこととなった。

**市無形文化財「横中馬獅子舞」**

○市無形文化財「横中馬獅子舞」について正しい歴史認識をもつこと。

○原曲をむやみにいじらず，できる限り口伝のものを忠実に生かすこと。

　子どもたちや保護者等の現代の人々に伝わりやすいように，ハードルは高かったが，ジャズに編曲することを目標とした。音楽大学の専門家の助言を得ながら「岡田くずし」という曲をジャズアレンジした。前半では「棒ささら」という獅子舞で使われる楽器も披露しながら，忠実に原曲を再現。後半は現代の聴衆にも興味を引くブルース調の吹奏楽演奏に各種大会で試みた。

　和文化を子どもたちに体験させることが，日本の良さを伝えようとする伝承力を身につけさせることにつながると確信した。

### (3) 第 11 回和文化教育武蔵村山大会の成果と課題及び和文化教育の意義

### ① 成果

○和文化教育にかかわる学びが全教育活動について推進され，それが武蔵村山市公立学校すべての特色となった。

○地域人材を大いに活用し，先人の知恵や心に触れる，体験を重視した授業を構築することができた。

○児童・生徒は自分とは異なる文化や歴史に触れることで，グローバルな感覚を磨くことができた。

○大会を開くことで本市の「伝統・文化理解教育」が「伝統・文化教育」となり，「理解」が外れる研究の深まりを見せた。

○平成 27・28 年度「我が国の伝統・文化教育の充実に係る調査研究」に第五中学校区が文部科学省から指定され，和文化教育の教材化に更なる進展を見せることとなった。

### ② 課題

●和文化教育を教育課程に位置づけても，教職員の異動等，人が変わることで実施されなくなる和文化教育活動がある。

●学校教育で取り立てて和文化教育に触れる機会が減ることで，児童・生徒は地域の伝統文化の良さを大切にしようとする精神が薄らぐ。

●異文化に触れるべく，国際交流を推進するには継続して NPO 法人の団体等,

仲立ちする手助けがないと難しい。

### ③　和文化教育の意義

　人は誰しも幸せな人生を歩みたいと願っている。児童・生徒が自己の身近に
ある伝統・文化を知り，体験することで，「自分は何と素晴らしい郷土に生ま

れてきたのだろう」と生きる喜びと誇りを感じること
ができる。自分が生活する国及び郷土を愛することは
人生の重要な要素の一つである。今後，益々増加が予
想される外国籍の児童・生徒にも日本の伝統・文化の
素晴らしさを感じてもらい，日本での生活に充実感を
味わえることを期待したい。

　和文化教育第11回全国大会武蔵村山大会を経て，
和文化教育は武蔵村山市民の幸福な人生のため，高齢
者から子どもまでが手を取り合い持続していかなければならないものと私たち
は確信している。

（榊　尚信）

**参考文献**

武蔵村山市教委編『我が国と郷土を愛する態度を育てる授業づくり』ぎょうせい，
　2010年1月.

『和文化教育第11回全国大会武蔵村山大会紀要』和文化教育学会，2014年11月.

『平成26年度和文化教育紀要』第9号，和文化教育学会，2015年6月.

平成27・28年度「我が国の伝統・文化教育の充実に係る調査研究」『文部科学省中間
　報告書』武蔵村山市教育委員会，2016年3月，p.40.

平成27・28年度「我が国の伝統・文化教育の充実に係る調査研究」『文部科学省報告
　書』武蔵村山市教育委員会，2017年3月，p.2.

# 5 第12回本荘由利大会の研究内容とその意義

## (1) はじめに

　和文化教育第 12 回全国大会秋田県本荘由利大会が 2015 年（平成 27）9 月 18,
19 日の両日，和文化教育学会と由利本荘市，にかほ市及び両市教育委員会が
共催し，東北北海道地方では初めて由利本荘市の文化会館「カダーレ」を主会
場に開催した。大会前日の 17 日には，共催プレ事業として，「昔語り，交流会,
夜語り」の方法で『秋田弁の昔っこ』やカダーレの茶室において，『お茶会』
を開催した。

　参加者は両日を中心に，全国からの学会員，教育関係者，「ふるさと教育」
やコミュニテイ・スクール関係者約 1300 人に及び活況を呈した。大会の研究
内容とその意義につて記述するに当たり，「和文化の風」，「和心」を想定した
公開授業や実践的活動の発表等関連事業にも触れ，和文化教育と本県教育の
「ふるさと教育」の実践的活動との関わりを考え，報告したい。

## (2) 大会テーマとその経緯について

　大会テーマは「和文化教育の魁『ふるさと教育』の充実と発信」〜㋰すを拓
く　㋖ょうどの文化と　㋟しかな学力〜　この大会テーマについては，和文
化教育学会の「我が国の生活文化，地域文化，伝統文化などを含む和文化の振興
を図り，文化創造としての和文化教育の普及と発展に寄与することを目的とす
る」ことを受け，学会の歩みや成果と課題等に学び，本県の学校教育課題との
関連，共通性を考慮して，次の経緯と理由から設定した。

　秋田県は，児童生徒に学習意欲を高め，生きる自信や誇りを持たせる「心の
教育」を基底とした「ふるさと教育」を小，中，高等学校の学校共通実践課題
として 1993 年（平成 5）から取り組んできている。本学会の和文化教育の目的
と，本県に於ける「ふるさと教育」とは重なり合う，共通した教育活動の側面
をもつものと考え，まず，「ふるさと教育」推進の経緯と施策・取り組みを何

点か示したい。

①秋田県は，人間としてのより良い生き方を学ぶ教育を，1986年（昭和61）から「心の教育」として推進

②「心の教育」の充実を願い「ふるさと教育」を掲げ，児童生徒に，郷土の自然や先人の生き方，文化財・伝統芸能，産業等と触れさせ，獲得する感動体験を持たせることによって，「心の教育」が充実し，ふるさとのよさの発見，ふるさとに生きる自信と誇りに結実すると，構想。

③上記のことは更に，日本人としてのアイデンティティーの確立となり，世界のどこにいても力強く生きていくことができる，と考えられる。

④「ふるさと教育」の指導資料として，1994年（平成6）『ふるさとの歌』（学校教育に係る秋田県出身者による作詞，作曲した歌集），平成7年度には，『ふるさと秋田の学び』，『指導の手引』を発刊し，各学校のカリキュラム編成や指導実践に活用している。

⑤「ふるさと子どもドリーム支援事業」，同ドリームアップ支援事業を1999年（平成11）から小，中，高等学校，特別支援学校を対象として実施。

⑥平成12年度からの「総合的な学習の時間」，平成14年度からの完全学校週五日制下において，「ふるさと教育」の実践的活動は，学校と地域が連携した開かれた学校づくりの布石になった。

⑦2015年（平成17），本市は全小，中学校をコミュニテイ・スクールに指定し，「地域に開かれた学校づくり」を学校，地域が双方向で組織的に展開。例えば，カリキュラム編成時に，音楽の時間に横笛を，また，クラブ活動に獅子舞番楽を位置付ける際などに，地域の方の支援を計画的に受けることが可能。このことから，「ふるさと教育」は和文化教育の和の心，伝統文化が培ってきている日本人としてのアイデンティティーの確立への教育活動との共通性を踏まえて，大会テーマを設定した次第である。

**(3) 共催プレ事業と「和心」の提案・発表　17日（木），午後1時〜**

岩城町「天鷺村」で，あきた民話の会主催による，「わらべうたと昔話」を

開き，岩城小学校の子供達が，わらべ歌『うちのコンベトさん』を歌う。昔の子供達が男女仲良く元気に遊ぶ姿を彷彿させる歌声と，子供同士向かい合い，両手を打ち鳴らす姿を再現，また，昔話では，あきた民話の会の会員による「イタジ和尚」,「葬頭河の婆さま」等を披露，その後，交流会が催され，更に午後7時45分から9時まで，夜語りが行われた。昔話は人の世の善悪を，温かい心で包み込み，さりげなく教訓化し，「和心」をくすぐる。

　18日（金）には主会場カダーレ和室で行われた。遠州流茶道秋田東支部主催の「お茶会」は18日（金）午前10時から12時まで，30分ごと4回行われた。躙り口から入席し，小間において正式な茶会を催した。

### (4) ブレイクタイムにおける「和心・和文化活動」の発表

　9月18日（金）12：00～12：50　本市は民謡日本一を数々輩出。民謡と三味線を演奏。尾崎小学校茶道クラブによる呈茶の提供。19日（土），本市の宮司や住職で構成されている「ゆり雅楽会」が午前8時40分から9時20分までの時間帯に，楽太鼓，笙，篳篥，龍笛，楽箏を用いて雅楽「五常楽急」など数曲を演奏した。笙や龍笛などで奏でられる雅楽は，日本古来の儀式音楽，舞などが想起され，まさに「和文化の風」が漂っているようで，感動の極みであった。この雅楽会は学校に依頼されて演奏会を開催し，楽器の説明等で子供達との交流を深めている。また，同日の19日は「本荘ハーモニカの会」12名によるハーモニカ演奏「由利小唄」など数曲が披露された。この小唄は由利本荘地区の自然，風土，人間模様を生き生きと歌った曲で，また，子ども休日クラブ表千家コースによる呈茶も行われた。

### (5) 大会第1日目9月18日（金）会場カダーレ

### ① オープニングアトラクション

　①全校武道（矢島中学校）矢島中学校では毎月一回朝の時間を活用し，全校が一堂に会し，黙想，木刀素振等の実践で，礼儀作法，心の修練を図る。　②ハタハタ音頭（東由利中学校），　③天神あやとり（鳥海小，鳥海中学校）　④金浦

神楽（金浦小学校）鱈の大漁を祝って金浦神社に奉納する鱈祭りの際に，太鼓を背中越しに打つ珍しい姿を披露。

**(6) 開会式**（山折哲雄和文化教育学会初代会長，新野直吉実行委員会名誉顧問，澤井陽介文部科学省初中局教育課程課教科調査官が臨席）
・大会実行委員長挨拶　佐々田亨三由利本荘市教育長
・学会会長挨拶　梶田叡一和文化教育学会会長
・来賓祝辞　池田博和秋田県教育庁中央教育事務所由利出張所所長　長谷部誠　由利本荘市長　祝辞で大会を盛り上げて頂いた。

**(7) 特別講演**（14:10 ～ 15:10）　講師　宗教学者　山折哲雄氏（和文化教育学会初代会長）　演題『災害・ふるさと・文化』　講演要旨：先生は，青森市出身の棟方志功の「二菩薩釈迦十大弟子」について触れられた。「なぜ弟子を描いて，釈迦を描かなかったのか」。また，臨済録「仏に逢うては仏を殺せ。師に逢うては師を殺せ」に言及され，静かに問いかけられながら，棟方志功こそ，災害に苦しむ東北のこの地において時代を生きる子供を育てる上で，最も見直される人物，と語られた。同時に，酒田市出身の土門拳の言葉「ものを，レンズを通してのみ見るな，自分の肉眼で見ること」に触れられ，今は写真によって保存し，伝承しようとしているが，もっと大切なものがある。伝統文化の本質を失ってはならない，ことを強調された。そして，東北のふるさとの力，ふるさとが生み出した人間の力は，関東関西にはない力がある。「東北は一つだ」東北の持っている力は県単位ではない，と心を込めて激励され，「災害は町を壊し人の繋がりを断つが，文化は人を繋げ，町を豊かにする。東北も立ち上がれると結ばれ，東北人にとっては力が漲る最高の言葉で自信を頂いた特別講演でした。

**(8) シンポジウム** 15:20 ～ 16:40　テーマ　和文化教育の魁「ふるさと教育」の充実と発信　シンポジストは文部科学省の澤井陽介・教科調査官で「伝統や文

化に関する教育活動の現状と改善策」の観点から，理事長で関西学院大学の中村哲教授は「和文化教育の経緯と性格」から，由利本荘市教育委員会の佐々田亨三教育長は「秋田県で取り組んできたふるさと教育」からそれぞれ提言し山折哲雄氏と奈良学園大学の梶田叡一学長両氏がコメントした。佐々田教育長は「ふるさと教育」について，地域に自身と誇りを持つことが出来る地域素材と地域人材を活用しながら学校教育に生かすことによって，学習意欲や知的活動を高め学力向上にも繋がっており，より地域に開かれた教育を目指すコミュニテイ・スクールにも発展していることを報告した。中村哲教授は，「和文化教育はカリキュラム上の取り組みであるが，ふるさと教育は学校運営の関わりも含めて，地域と連携していこうとする違いが見られるであろう。」と述べられ，「和文化教育の考え方は地域の伝統文化を継承するという考え方もあるが，学校文化を創造していくことにある。ふるさと教育は立体的な発展をしていく必要がある，他地域と連携するなど発展的に拡げることを期待したい。」と提言された。追加発言として，佐々田教育長は昔遊びをさせながら，お手玉は『現代の宇宙研究者の，はやぶさ軟着陸時の原理の参考』になったことを説いた授業例を挙げ，工夫・創意に結び・発展するような気がする，と話し，地域や伝統文化等の学習活動には，使用する学習素材に学ぶ意味付け・価値付けを明確にして，授業をより和文化の本質に導きたいものだと強調した。またふるさと教育について，「ふるさと」というと，地理的にも，人間関係の結び付きにも，ややもすれば狭い範囲のまとまり，考え方に陥ってしまいがちであるが，ふるさとの自然，先人の生き方，伝統芸能等文化等を学ぶことによって培われる豊かな心，心根，和心，日本人としてのアイデンティティーが育ち，このことが地域に生きる，たとい，世界のどこにいても，生きる自信と誇りをもって生活出来ると考えている。しかし，狭い範囲に陥っているのではないかとの懸念に対しては，例えば，教育行政として，地域の人々が集う，学ぶ場づくりを構想する際には，立体的な発展，他地域と連携した観点を取入れなければならないことに気付かされた，と結んだ。コメンテーターの本会会長の梶田叡一学長は，和文化教育を何故やるのか，自分にとって一番しっくりとくるものは何か，そ

れを感じることを忘れているのではないか。自己認識，自己理解いわゆる自分が寄って立つところの確認が必要である，と強調された。また，山折哲雄初代会長は，心と体にとって何が基本で何が一番大切か，姿勢を正しくすること，呼吸を深くすること，この二つが出発点であると考える。しかし，今の生徒さん方を見るとほとんど姿勢がなっていない。私はこれからの和文化教育で大切にしていくことは，まずここから始めなければいけないのではないかと思う。秋田県が，ふるさと教育のいろいろな取り組みをしていることに感銘を受けている。これが大きな成果を挙げているとすれば，言わず語らずのうちに姿勢を正すことと呼吸を深くすることが浸透していたのではないかと推察する，と結ばれた。

　このシンポジウムにおいて，心の教育を発展させているふるさと教育，ふるさと教育と和文化教育の共通性と相違生が議論される中，ふるさと教育では立体的な発展を目指すということ，和文化教育で大切なことは，学校文化を創造していくということ，また，自己認識，自己理解等自分が寄って立つところの確認が必要であること，さらに，心と体にとって基本で大切な姿勢を正しくすること，呼吸を深くすることからの取り組みも力説されました。

**(9) ウエルカムアトラクション 16:45 ～ 17:10**　秋田県立由利高等学校民謡部が三曲を披露　①秋田大黒舞（大黒天の服装をした芸人が家々の入り口や土間で舞って米や銭をもらい歩いていた唄で，縁起の良い歌）　②本荘追分（北前船で賑わった港町，秋田民謡の代表曲で東北に残される追分節，本荘地区のお座敷唄で明るくリズミカルな曲調）　③秋田音頭（江戸初期，藩主に，柔道の型を取り入れたテンポの良い踊りと言葉を多用した唄が始まり）

**(10) レセプション 18:00 ～ 20:00**　挨拶後，和文化教育学会の発展を祈念して，酒樽のふた（鏡・鏡板）を木槌で開ける『鏡開き』，その後，余興では，浅野梅若会による民謡（民謡歌手の浅野江里子は数々の民謡全国一保持者）を披露された。このレセプションには全国からの会員，県内外からの参加者，それにふるさと

教育やコミュニテイ・スクールの関係者で 200 名を超え，地域の伝統文化の実情や和心を話題にするなど懇親・交流を深め，思い出深い有意義な会となった。

### (11) 大会 2 日目 9 月 19 日（土）会場，カダーレ

① **公開授業**　午前中に，由利本荘市の 4 小学校が，それぞれ国語，音楽，英語，道徳の授業を公開した。各指導案には，和文化教育との関連について明記し，教材の持つ「和文化の風・和心等の本質」を深める配慮をしている。西目小学校 6 年生の国語では，「狂言　柿山伏」が取り上げられ，言葉のリズム「ござる調」やしぐさに挑戦しながら，人間の習性や本質を鋭く突きながらも，「大らかな笑い」や「おかしみ」の中に教訓化される日本の伝統芸能のよさを実感していた。岩城小学校 6 年生の音楽では，「どしゃ囃子」，「松ヶ崎八幡神社神楽」等を取り上げ実際に演奏しながら伝統音楽の音色，運指，しぐさに浸っていた。由利小学校 5 年生の英語では，外国の方に地域の，伝統芸能も含めて楽しく紹介し合う学習。鶴舞小学校 1 年生は「家族愛」（「お母さんの心，資料『ぎんのしずく』活用」で，母の愛情の限りない姿が表出された。

② **秋田と学会関係者による自由研究発表会**　第 1 部会から第 4 部会まで構成され，各学校からの実践や，研究者から研究報告があり，和文化教育の在り方，実践活動につて意見交換された。特に，和心（わごころ）プロジェクト，和心教育，豊かな心を育てる和文化教育，地域に根ざした和文化教育の他に，和文化教育とアクティブ・ラーニングの実践研究や「絵本の知と読み聞かせの心」の研究発表，ふるさと再発見として，秋田民話を題材にした「創作劇」，有田焼の教材化等の単元開発は継続研究の視点から注目された。ふるさと吉川を創ろうとする子供の育成，鶴形の光になろう「鶴の恩返し隊」出動！と主体的な実践活動に連動させる視点，さらに，和文化教育におけるコーディネーターの必要性〜伝統芸能・能楽編〜は加配による配置等も含めて重要な提案で，課題とされた。

③ **同日，午後から児童生徒による（ふるさと学習）実践発表**　①由利本荘市立石沢小学校は，ホタルの里づくりを報告，また，クラブの時間は太鼓（石沢・末

広の各太鼓の実演），郷土芸能（鳥田目神楽の実演），ふるさと（自然探検観察，伝説・民話等調査）の三クラブを報告　②にかほ市立象潟中学校は音楽の学習で，和楽器の学習として秋田三味線の曲「秋田荷方節」，「仙北荷方節」，「本荘追分」を演奏し，繊細華麗な美しい曲調の素晴らしさを報告　③秋田県立矢島高等学校は「矢島子ども茶会」について，矢島学校茶道連盟協議会を中心に，矢島保育園，小，中，高校での茶会は流派を超えて交流を深めていることを報告した。

## (12) 基調講演（14:20 ～ 15:20）

　和文化教育学会会長，奈良学園大学学長　梶田叡一氏　演題『和文化教育の一層の深化発展のために』

　和文化教育について，その基本，土台を提案されました。（要点の一部を記載）「和文化というのは，日本の人々の心に，しっくりとくるものを和文化と捉えて，素材を探してみてはどうか。それをやらないと，子どもたちの中にしっくりとくる感覚が育っていかない。しっくりとくる感覚を原点にして，物事を考える。自分に原点がないと判断基準が育たないことになる。学校が中核となって，和文化（日本人がしっくりとくる感覚を持たせる取り組み）をすすめていくことが大切である。和文化教育は精神性の取り組みである。精神的な原点を培っていく。我々は思い出づくりをしているのではない。もっと根本的な精神の取り組みをしているのである。それは『内的自然』と言い，一人一人がしっくりとくる土台を育てていくことである。さらに次のように激励された。「志のある子どもを育てるのだ，地域で抱え込むような，チマチマとした考え方で教育をしていてはならない。子どもの精神的な原点を培い，世界中どこでも通用できる子どもを育ててやることです。」と期待を込められました。

## (13) エンディングアトラクション（15：30 ～ 16:00）　本海獅子舞番楽　解説，本海獅子舞番

　楽伝承者協議会会長　松田　訓氏　「本海獅子舞番楽は，寛永年間に京都醍

醍寺三宝院の修験者本海行人が鳥海山麓の村々に伝授したといわれる修験の要素の濃い本海流番楽のひとつ」で，演舞は動作が激しく上下の歯を打ち合わせる歯打ちがある。この獅子舞の威力は火難除け，疫病鎮撫，代表して梶田叡一会長が獅子頭に噛んでもらい，参会者の疫病鎮撫を祈った。

**(14) 閉会式**　(1) 挨拶　和文化教育学会理事長　中村哲　関西学院大学教授　開催地への感謝と，研究・実践発表等について，「和文化の風」が各地域に徐々に吹き渡り，学校づくりと地域づくり等に成果をある程度発揮している印象を受け止めさせて頂きました。今後，なお一層「和文化の交流・創造としての教育」を図って参りたいものです。(要旨)　(2) 次期開催地挨拶　渡邉　規矩郎　奈良学園大学教授　来年度の第13回和文化教育全国大会は，奈良県の奈良学園大学で平成28年11月19日に開催されること，開催に当たり，和文化教育の言わば源流地での様々な研究，実践発表にご期待頂き，是非歓迎したい旨が述べられました。(3) 閉会の言葉　実行副委員長　にかほ市教育長　齋藤　光正　研究・実践発表や，公開授業，各学校・各種団体等による発表，展示等に厚く御礼申し上げます。「ふるさと教育」，和文化の風を本荘由利地区に，との願いで開催させて貰いましたが，今後一層，ふるさと教育に，立体的な発展の視点を明確にして，志のある子どもを育て，世界中どこで生活しても通用できるように願い，皆様に心から感謝し閉会と致します。有難うございました。

**(15) 第3日目，9月20日（日）**　奥の細道巡検（希望参加）；「おくのほそ道の風景地」（国名勝に指定）　午前9時〜昼食も含め午後1時　コース；（にかほ市）象潟郷土資料館（芭蕉筆「腰長や鶴脛ぬれて海涼し」等の発句短冊，芭蕉が見た象潟「象潟図屏風・右隻」を所蔵）〜三崎山，有邪無邪の関（芭蕉が吹浦，女鹿の番所，難所の三崎山，有邪無邪の関を通り，象潟のある塩越に着く；三崎山の一帯は国名勝に指定）〜象潟・蚶満寺（慈覚大師が853・仁寿3年創建，13世紀に北条時頼が訪れて再建したとされる。芭蕉の「象潟懐紙」，小林一茶の筆跡集も所蔵）〜象潟道の駅　会食後，解散。

## （16）成果と課題

①　各小・中学校で，「ふるさと教育」と，和文化，和心を想定した展示をし，和文化の風に応えてくれたこと。共通性の確認が出来たこと。

②　心の教育を基底とした「ふるさと教育」と和文化教育の共通性や「ふるさと教育」で，和文化教育に学び配慮しなければならない観点が明確になったこと。和文化教育のねらい，児童生徒が国内外の文化交流と文化創造に関与できる資質形成を図ることに学び，発信するフィールドを，ふるさと・郷土に置き過ぎず，多角的，立体的な発展を期待し，今後，国内外の他地域との連携や交流，他を意識した観点を従来以上に取入れると教育の展開が必要性である。

③　プレ事業，各アトラクション，実践発表，レセプション等に，各学校，関係諸団体が賛同・参加をし，日常あるいは，季節的に極めて自然に行っている活動を披露してくれた熱意に，和文化教育への期待の大きさを感じた。そのためには，由利本荘市では今後，教育協定を結んでいる大阪府箕面市やタイ王立学校の四校との交流については，「文化交流と文化創造」に関する観点を，授業参加交流，英語・読書等弁論交流，生徒会課題交換等の中で，一層深化させていきたいものである。

④　由利本荘市，にかほ市両教育委員会を通じて各地域への和文化教育学会や実践活動についての広報活動が徹底し，鯉のぼり掲揚活動など成果を得てきている。

⑤　自由研究発表会で，「和文化教育におけるコーディネーターの必要性」が提案・議論された。地域の主な学校に定数加配がなされ，地域特色あるカリキュラム編成と伝統芸能・能楽が実現されていくことを希望したい。

⑥　地方開催をして頂き，「和文化の風」が中央・地方双方向に吹いていることを学ぶことができ，今後の「文化創造」への飛躍を確信した。

（佐々田　亨三）

# 第2節　学会誌の研究内容とその意義

## 1　全学会誌の研究内容とその意義

### (1)　学会誌の概要

・学会誌は平成 18 年度に第 1 号が発刊され，令和 5 年度には第 17 号が刊行された。

・内容的には，論稿の部，全国大会の概要，資料の部と 3 つの部分より構成。論稿は，号によって違いはあるが，和文化教育の授業実践，研究論文，実践論文，教育実践活動報告，研究ノート，特別寄稿，図書紹介などから構成されている。

全国大会の概要は，開催要項，研究発表，基調講演，シンポジウム，会場写真より構成されている。

資料の部は，会則，役員名簿，学会活動報告，投稿規定などから構成されている。

・第 10 号（平成 27 年度）より学会誌名を「和文化教育研究紀要」から「和文化教育研究」に改めた。

・第 12 号（平成 29 年度）より ISSN（国際標準逐次刊行物番号）が付与された。

・第 17 号（令和 5 年度）より J-stage（文部科学省所管の電子ジャーナル）に内容が公開されており，過去の号についても，順次公開の予定。

・学会誌は国立国会図書館に寄贈されている。

### (2)　学会誌の研究内容

### ①論稿（研究論文，実践論文，研究ノート，特別寄稿）の内容

全論稿 97 本の内容を分野別に分類すると以下の通りとなる。

**表Ⅱ-2-1-1    論稿内容の分野別集計**

| 分野 | 国語 | 社会 | 芸術 | 体育 | 技・家 | 総合 | 教育 | その他 | 総計 |
|---|---|---|---|---|---|---|---|---|---|
| 論文数 | 6 | 23 | 28 | 6 | 7 | 19 | 3 | 5 | 97 |
| 割合% | 6.2 | 23.7 | 28.8 | 6.2 | 7.2 | 19.6 | 3.1 | 5.2 | 100.0 |

芸術分野が約3割で一番多い。次に社会，総合分野が各2割と続く。

・芸術では能・狂言，太鼓，和楽器，童謡，伝統芸能，民謡，獅子舞など

・社会では博物館，文化財，地域教材，故郷，近世史，宗教，和の精神など

・総合では和文化学習でのカリキュラム開発およびその実践が中心

・技術・家庭では藍染，伝統工芸，からくり人形，紙漉き，和食など

・国語では言語文化，連歌，絵本，音読，落語など

・体育では武道，杖道，弓道，伝統遊びなど

・教育では学習指導要領，教員の意識，アクティブ・ラーニングなど

・その他では理科，英語，道徳，特別支援など

全論稿の執筆者を所属別に分類すると以下の通りとなる。

**表Ⅱ-2-1-2    執筆者の所属別集計**

| 所属 | 幼稚園 | 小学校 | 中学校 | 高校 | 大学 | 大学院 | 博物館 | その他 | 総計 |
|---|---|---|---|---|---|---|---|---|---|
| 人数 | 1 | 26 | 12 | 25 | 23 | 5 | 3 | 2 | 97 |
| 割合% | 1.0 | 26.8 | 12.4 | 25.8 | 23.7 | 5.1 | 3.1 | 2.1 | 100.0 |

小学校，高校，大学がそれぞれ 1/4 ずつで，全体の 76% を占める

## ②論稿一覧

### 第1号（平成18年度）

○和文化教育の授業実践

・民俗芸能京都中堂寺六斎念仏「四つ太鼓」に学ぶ子ども　　　　藤田加代

・地域と共にふれあい学びあい高めあう「藍の学習」　　　　　　齋藤俊美

・和文化に親しむ―和楽器，和装を通して―　　　　　　　　　　島本恭子

・演劇科生徒が小学校で狂言を教える　　　　　　　　　　　　　長山正二

・歴史教育と博物館―兵庫県立歴史博物館の事業実践を事例として―

　　　　　　　　　　　　　　　　　　　　　　　　　　　陶山　　浩

・文化財の楽しみ方　　　　　　　　　　　　　　　　　　　平良哲夫

・〈甲冑の変遷〉歴史にふれよう　　　　　　　　　　　　　三枝　　修

・地域の食文化を見つめ直すふるさと絵屏風づくり―地域・大学との連携授
　業―　　　　　　　　　　　　　　　　　　　　　　　　　橋本忠和

・進んで学び考え行う力（学習意欲）を育てるための豊かな学びの創造―和
　文化学習を通して―　　　　　　　　　　　　　　　　　　石川憲之

・歩いて学ぶ日本の宗教―「日本文化」授業の一実践―　　　谷林正紹

・出石高校の和文化教育―城下町の文化を生かした取り組み―　澁谷義人

・江戸の職人とつくる授業　　　　　　　　　　　　　　　　朝川千鏡


## 第2号（平成19年度）

○論稿

・地域材の活用と人づくり　　　　　　　　　　　　　　　　陶山　　浩

・東京都における日本の伝統・文化理解教育―日本の伝統・文化理解教育推
　薦事業を中心として―　　　　　　　　　　　　　　　　　永添祥多

○和文化教育の授業実践

・民俗仮面を教材とした社会科学習―小学校第6学年国際理解学習―

　　　　　　　　　　　　　　　　　　　　　　　　　　　石川律子

・全校生徒で取り組む尺八演奏をめざして　　　　　　　　　寄原洋子

・華道を通じた和文化学習　　　　　　　　　　　　　　　　三原慎吾

・日本のテクノロジー―からくり人形からロボットへ―　　　森本雄一

・「日本のマンガ・アニメ」―科目「日本の文化」の取り組み―　前田容子

・地域の人材を生かした伝統・文化理解教育の実践　　　　　秋山睦子

・獅子舞で，地域プライドを高める　　　　　　　　　　　　橋本忠和

・能楽鑑賞と楽器体験―吹田東の和文化―　　　　　　　　　鷲尾菊子

・和太鼓部の活動で成長する生徒たち　　　　　　　　　　　山下　　勉

・もの作りのこころを伝える―和紙作りを通して―　　　　　田村　　正

・「和のこころ」にふれ，自分の生活に生かそうとする生徒の育成

山本訓之

### 第 5 号（平成 22 年度）

○論稿

・伝統・文化教育におけるカリキュラム編成とモデルカリキュラム　大畑健実

・我が国の伝統や文化に関する教育の充実という観点から見た『高等学校学
　習指導要領』の問題点　　　　　　　　　　　　　　　　　　永添祥多

・大学における伝統・文化教育―皇學館大学の取り組みを中心として―

得能弘一

○和文化教育の授業実践

・地域の博物館と大学の連携から生まれる小学校の伝統文化教育　佐藤　誠

・地域文化教育研究―山陰のたたら製鉄―　　　　　　　　　　加藤幸平

・我が国の伝統や文化の教育に対する教員の意識実態　　　　　永添祥多

・中学校新入生の学校適応過程に和文化教育プログラムが及ぼす効果の短期
　縦断的研究　　浅川潔司, 大畑和典, 前原敏雄, 南雅則, 高井基子, 鈴木真波

・「和のこころ」にふれ，自分の生活に生かそうとする生徒　　山本訓之

・伝統文化を組み込んだキャリア教育の実践　　　　　　　　　梶原宣俊

### 第 6 号（平成 23 年度）

○論稿

・NIE としての中学校社会科地理的分野における地域教材の開発―世界農
　業遺産のキリコ祭りを手がかりにして―　　　　　　　　　　社谷内健太

○和文化教育の授業実践

・特色ある学校づくり―和文化学習の推進―　　　　浅川潔司, 大畑和典

・中央中における「和心教育」　　　　　　　　　　　　　　　奥村和幸

・創作表現「大地の響」と和文化教育　　　　　　　　　　　　東田宏昭

・「御影だんじり」を継承していくために　　　　　　　　　　大濱雅子

・地域に息づく近松門左衛門　　　　　　　　　　　　　　　　酒井隆文
・邦楽部の活動　　　　　　　　　　　　　　　　　　　　　　藤原廣宣

## 第 7 号（平成 24 年度）

○論稿

・中学校社会科歴史的分野における思考力形成を意図する文化史学習の授業
　―歴史的価値判断型の授業モデルに基づいて―　　　　　　吉田翔大
・高等学校日本史における伝統と文化に関する授業開発―『洛中洛外図屏風
　上杉本』より近世初期の社会を捉える―　　　　　　　　　安田博貴

○和文化教育の授業実践

・「川根茶」を教材とした総合単元学習の開発とその実践　　　井澤泰子
・地域の伝統芸能伝承の取組～小中連携を通して～　　　　　　寄原洋子
・日本文化の特性を理解させるためのカリキュラムづくり―学校設定科目
　「日本の文化」導入に向けて―　　　　　　　　　　　　　齋藤尚文

## 第 8 号（平成 25 年度）

○論稿

・日本文化発信力の育成を目指す小学校の授業実践　　　　　　永添祥多
・和文化・和の心を伝える小学校外国語活動における Skype プロジェクト
　　　　　　　　　　　　　　　　　　　　　　　　　　　　東野裕子
・昔から伝わる行事―獅子舞い神楽を新しい住宅団地の子供たちに伝える試
　み―　　　　　　　　　　　　　　　　　　　　　　　　　西村康幸
・東広島市立志和中学校の和文化教育の実践―杖道学習の効果を中心に―
　　　　　　　　　　　　　　　　　　　　　　　　　　　　大畑和典
・「座の文化」理解のための連歌指導―学校設定科目「日本の文化」を通じ
　て―　　　　　　　　　　　　　　　　　　　　　　　　　齋藤尚文
・文化財の新たな捉え方　　　　　　　　　　　　　　　　　陶山　浩

## 第9号（平成26年度）

○研究論文

・東広島市における和文化教育の経緯と意義　　　　　　　　中村　哲

・大凧合戦を教材とした学習指導の構成と関連─新潟市立白根小学校の総合
活動・道徳授業実践を手がかりに─　　　　　　　　　　峯岸由冶

・唱歌による伝統的太鼓音楽の学習　　　　　　　　　　　山本宏子

・教科書の記述における「日本人の宗教観」の特性と課題─高等学校「倫
理」の教科書（7冊）を対象として─　　　　　　　　　森　一郎

○実践論文

・ふるさと明石のたからもの─「総合的な学習の時間」を通してふるさと明
石を愛する心を育てる─　　　　　　　　　　　　　　八木眞由美

・学校武道における伝統文化教育の課題とその克服の方策について─弓道実
習を導入した授業実践を事例として─　　　　　　　　齋藤尚文

○研究ノート

・民俗文化財の世界　　　　　　　　　　　　　　　　　陶山　浩

## 第10号（平成27年度）

○特別寄稿

・「自然」ということ─和文化の根底にあるもの─　　　　梶田叡一

○研究論文

・生活科・総合的な学習における和文化カリキュラムの構想

馬野範雄，中條佐和子，渡辺美紀

・伝統的言語文化としての絵本の読み聞かせ─江戸期の画主従文「絵本」を
中心に─　　　　　　　　　　　　　　　　　　　　　余郷裕次

・和食を嫌う大学生の意識把握の試み　　　　　　　　　上中　修

○研究ノート

・「和食；日本人の伝統的な食文化」と社会科　　　　　　安野　功

・高校日本史教科書にみる異文化の受容─仏教の伝来と受容に関する記述の

検討を通して―　　　　　　　　　　　　　　　　　　　　　中村直人
・次期学習指導要領の改訂と和文化教育―アクティブ・ラーニングの充実と
和文化教育―　　　　　　　　　　　　　　　　　　　　　　越田佳孝


### 第 11 号（平成 28 年度）

○研究論文
・地域コミュニティを形成する伝統文化教育の方法―浜松市立西部中学校
「夢をはぐくむ凧づくり」を手がかりとして―　　　　　　峯岸由治
○研究ノート
・循環型学校生活と共生―京都教育大学付属特別支援学校の教育実践から
―　　　　　　　　　　　　　　　　　　　　　　　　　　野村宗嗣


### 第 12 号（平成 29 年度）

○実践論文
・地域で「親子自然教室」に取り組んで―自然の不思議にふれる楽しさを求
めて―　　　　　　　　　　　　　　　　　　　　　　　　中野照雄
○研究ノート
・言語文化継承のための「読み」に果たす音読の重要性　　　黒田麻衣子


### 第 13 号（令和元年度）

○研究論文
・多世代交流活動による児童の社会性の形成とその課題―Ａ小学校における
地域連携活動としての伝統文化伝承活動の事例調査をてがかりに―
　　　　　　　　　　　　　　　　　　　　　　　　　　　八木利律子
・伝統や文化を取り入れた絵描き歌創作授業の開発と検証―小学校第 1 学年
を対象として―　　　　　　　　　　　　　　　　　　　　桐山由香
○実践論文
・全校生で取り組む地域の歴史劇『有馬温泉物語』の活動と成果　西村康幸

○研究ノート

・昔の遊びと子どもの育ち　　　　　　　　　　　　　　　　　野村宗嗣

### 第 14 号（令和 2 年度）

○実践論文

・博学連携による伝統や文化に関する研究—埼玉県における「博物館・美術館等を活用した子供パワーアップ事業」を事例として—　　　　向井隆盛

・道徳科における「伝統と文化」に関する授業開発—日本人の伝統的宗教心を教材として—　　　　　　　　　　　　　　　　　　　　　森　一郎

○研究ノート

・伝承遊びの教材化における「ごまめ」ルールの特徴に関する考察—「ごまめ」ルール経験者のインタビュー分析結果より—　　　　　　　栫井大輔

### 第 15 号（令和 3 年度）

○実践論文

・価値創造者育成を意図する和文化教育の実践的研究—小学校第 3 学年社会科単元「長田神社の追儺式」の場合—　　　　　　　　　　小林千賀美

・文化を基軸にした持続可能な社会形成を意図する小学校社会科授業開発—レガシー・キューブの 3 つの軸を活用して—　　　　　　　　末永琢也

### 第 16 号（令和 4 年度）

○研究論文

・民謡の伝承の在り方に関する研究—小学校音楽科授業における民謡伝承の様相の分析を通じて—　　　　　　　　　　　　　　　　　　早川倫子

○研究ノート

・笑いのある授業に資する落語の活用に関する一考察—桂枝雀氏の「緊緩の法則」「さげの四分類」と有田和正のユーモアの分析を通して—　栫井大輔

・外国人教育における詩吟伝承の導入と活用性—外国籍の中学生の自尊感情

の育成を試みて―　　　　　　　　　　　　　　　　八木利律子，井上寿美

○研究実践報告

・大山能を次代に残すための取組についての研究レポート―親と子で体験す
る大山能狂言親子教室―　　　　　　　　　　　　　　　　　　杉山正宏

第 17 号（令和 5 年度）

○研究論文

・能の鑑賞体験学習の学習効果―わざの再現性における体験授業と鑑賞授業
の学習効果の比較分析から―　　　　　　　　　　　　　　　安本末味

## (3) 学会誌の意義

　学会誌の意義については，次の 4 点に集約できる。

　1 点目は，和文化教育の研究成果の共有と普及である。学会誌は教育現場の
教員，教育研究者，あるいは和文化の実践者にとっては，最新の研究成果や知
見を共有し普及するための重要な手段となっている。具体的には教育現場での
和文化教育に関する最新の動向や効果的な教育方法，また学習理論を共有する
ことで，和文化教育全体の普及に資することになる。

　2 点目は，研究の品質向上と検証である。学会誌は査読制度を通じて研究の
品質を確保し，信頼性の高い研究及び実践内容を提供している。査読によって
論文の信頼性や学術的な価値が検証され研究の質が向上する。

　3 点目は，キャリアの発展である。学会誌での論文発表や寄稿はキャリア発
展に不可欠である。特に本学会誌は査読制度や ISSN 取得，J-stage 公開によ
って全国的な学術学会誌として高い評価を得ており，論文の公表は研究者及び
教育実践者の評価に影響し，キャリアの進展に貢献するものである。

　4 点目は，教育政策への寄与である。会員には文部科学省関係の方もおられ，
最新の和文化教育に関する内容が，学習指導要領の作成にも影響を与えている。

　以上 4 点が，本学会誌の意義である。

（森　一郎）

## 2　大会講演内容とその意義

　山折哲雄先生，梶田叡一先生を指導者として，これまでの学会活動は積み上げられてきた。折に触れのお話は，温故知新，脚下照顧，後ろ向きに伝統文化を研究するのではなく，研究の成果からどんな新しい動きを作り出すのか，将来の日本を担って世界と交流する子供たちにどんな学びを提供していくのかということであった。自然観，宗教観を通じて日本人の精神構造を解明してきた山折先生，洋の東西の宗教や文化の深層から人の心の真相を解明してきた梶田先生，ともに豊富な実例から多くの話題を提供して，先達として我々の前を歩いてこられた。総会でのご講演を以下にまとめ，改めて学会の使命を確認したい。編集の関係上，お話をより深く味わいのあるものにしているご自身の経験や数々の引用を大幅に省略せざるを得なかったこと，また，一部のお話は全て割愛せざるを得なかったことが残念である。

### (1)　第3回 (平成19年)　記念講演「地域文化が醸し出す日本人の心」 山折哲雄

　若い母親から日本の伝統的な子守唄を自分の子が嫌がり泣き出してしまうと投書があり，同様な投書が殺到した。ある作家によるとテレビから流される曲を集めて分析すると，ほとんどが陽気で活発な音階の音楽だったようだ。音楽教材を調べてみると伝統的な子守唄は一つも含まれていない。日本人が受け継いできた悲哀の感情，哀調のメロディーを抹消してしまったのだ。

　山田洋次監督は『男はつらいよ』シリーズの50本近くには必ず夕陽の美しい光景を入れていると話してくれた。韓国の仏教学者から『夕焼け小焼け』には日本人の仏教に関する感覚が染み込んでいると言われ，夕陽信仰をベースにした童謡であることが分かった。夕陽体験は西方浄土信仰に結びついたもので，無意識の世界にはずっと流れ続けている。私はそれを心のDNAと呼んできた。子供たちに深い哀調の旋律を教えてくれ体に染み込ませてくれた重要な歌を，戦後の我々の教育は必ずしも大事にしてこなかった。

　兵庫県には和辻哲郎と辻善之助と柳田國男という3人の重要な人物がいる。

寺田寅彦は日本の自然の特徴として地震をあげ，不安定であることが天然の無常観として日本人の心の中に仏教以前からあるとした。それに対して和辻は台風をあげ，その苦闘の中から日本人の倫理・道徳が生み出されたという。辻は神仏分離を目の当たりにして，神仏習合つまり神仏共存の伝統的な宗教の復元の必要性を説いた。ここに研究対象の一つが岩手県遠野地方の山林社会である柳田國男の民俗学が加わってくる。四国の八十八札所の周辺には柳田の考えた民族遺産がまだまだ埋蔵されている。地域からなる横断的な文化圏構想を立てられないだろうか。文化戦略としての「フォッサマグナ」の考えだ。日本の近代の詩歌を代表する石川啄木，宮沢賢治，斎藤茂吉の3人が生まれ育った所は，美しい自然に恵まれかつ閉鎖的社会である盆地。対して，西国の3詩人である室生犀星，佐藤春夫，北原白秋はみな海辺の出身だ。海辺は外の世界を受け入れる社会。関西は東北と手を結んで横断的な新しいイデオロギーの地域戦略を立てていく。そう考えると兵庫県の3人の仕事には大きな意味が隠されていると思う。

**(2) 第6回（平成22年）総括講演「日本の精神的伝統—日本人はどのような心の在り方を目指してきたか—」 梶田叡一**

　伝統文化の教育については，これを教育の本道に位置付けるようになったのは，保守から革新まで多様な方々で議論をした教育改革国民会議からだが，「ゆとり」をやめ子供たちにきちんとした力をつける教育に復帰すること，戦後疎かにされてきた日本の伝統や文化の問題あるいは日本人としてのアイデンティティの問題をもう一度教育全体のモチーフすること，これが大きなテーマだった。「教育を変える17の提案」が基となって教育基本法の改正が公に提起された。教育改革国民会議の報告がほぼそのままで中央教育審議会の答申となり，新しい教育基本法が制定された。戦後の日本の教育は伝統や文化を極端に排除する面があり，委員長を拝命した教職員団体の「21世紀カリキュラム委員会」の90年代終わり頃になってもそんな方々がおられた。日本の伝統や文化についての理解を深める事は本質的な教育の課題であり，それを土台にして国際的な目が開けていけるように指導していかねばならない。

　伝統・文化の教育を行う意義は次の 4 つ。一つは身近な素晴らしいものに注目させ学ばせることが若い人にとって大切であること。二つは日本人が遺伝子的あるいは歴史的蓄積の中で持っている感性・感覚を大切にしていくこと。三つめはアイデンティティに関して日本人が大切にしてきた「芯」や「核」を共通認識として自覚していくこと。本居宣長『初山踏』や貝原益軒『和俗童子訓』などは教育者の必読の書ではないか。熊沢蕃山や中江藤樹などは「独」という，私が常々言っている自分の「実感・納得・本音」に基づいた認識の重要性を言っている。吉田松陰も自分の本音で行動することの大切さを説いている。こういうものを共通財産として日本人としてのアイデンティティを形作っていく。四つめは，グローバル社会になっていく中でお互いの良さを取り入れてより豊かな国際社会を築いていくことだ。

　何に価値を置いて伝統文化の教育を進めていくか。一つは「和」。聖徳太子の「和を以て貴しと為す」は，不和雷同ではなく孔子の「君子は和して同ぜず」，自分をきちんと持った上での「和」だ。共生社会の時代にあっては日本の「和」の精神が大切になってくる。二つめは「慎み」。「秘すれば美」とあるように，抑制をかけて自分をコントロールしていくこと。三つめは「清さ」あるいは「清明」。すがすがしい心の状態を表す日本古来の価値観だ。最後は「花」。日本人のもう一つの側面だ。庭いっぱいにあった朝顔を全て捨てて一輪だけとって来客のためにお茶室に生けたという話がある。これでお道具や掛け軸などお茶室全体が生きてくる。『葉隠』の山本常朝は「忍恋」，慎みの花の美意識を説いている。伝統・文化に関する教育は，ノスタルジアや趣味ではなく，教育そのものの本道に関わる課題である。

### (3) 第 8 回（平成 24 年 1 月）基調講演「世界の中の日本─災害を通して見る」 山折哲雄

　東北の大震災のニュースに接して最初に頭に浮かんだのは，阪神淡路大震災からそして関東大震災から日本人は何を学んだのかということだ。地震学研究の先駆けとなった寺田寅彦は，日本列島は様々な災害の集中砲火を受ける風土であり，最大が地震，台風，津波，火山の爆発である。それに対して何千年

となく知恵を絞り工夫を重ねてきた結果として人々の心の内に育ててきた感覚が「天然の無常」だとしている。無常感は仏教以前の太古の昔から五臓六腑に染み込んだ考え方だと言う。和辻哲郎は日本人の倫理的な骨格を作り上げたのは台風であると言っている。日本列島のモンスーン風土により形成された日本人の性格を表すものとして「しめやかな激情」を挙げ，控えめで謙虚で自己を強く主張しないというしめやかな姿勢の内には熱い激情がたぎっているという。また「戦闘的恬淡」すなわち勝ち負けには拘らない，成功・失敗に執心しないということも言っているが，それが台風によって育まれているというわけだ。また，台風の季節性方向性に対して予め対策を講じられることから，人と人との倫理的な繋がりや家族と地域の連携などの多層的なネットワークを作り上げたのであり，ここに日本人の道徳的な特徴があるという。関東大震災を契機に，二人は災害の持つ本質的に倫理的で宗教的な側面を学んでいたのだ。谷崎潤一郎は「湿気の国，日本」という言葉をしばしば使うのだが，この観点から『源氏物語』以降の日本人の恋愛感情の淡い恬淡とした道筋を歴史的に解明し，『陰翳礼讃』では湿気という風土的特性と戦うことを通して負けじ魂の民族になったという。この論点の底に流れている考え方は寺田や和辻に共通する。3 人は関東大震災からきちんと学ぶべきものを学んでいた。

　ヤスパースは，ソクラテス，プラトン，イエス，ブッダ，孔子，老子などの思想史的巨人が出現した時代を「軸の時代」と言った。人間の問題や神の問題の全ての根源的で重大なテーマはこの思想的巨人達によって考え抜かれ，その後の哲学や思想は全てこの時代への解釈や脚注に過ぎないと言っている。日本列島の歴史の軸の時代はいつかというと，法然，親鸞，道元，日蓮の出現した 13 世紀以外にはない。千利休や世阿弥や雪舟もその影響の根源は 13 世紀に遡る。現代人の心の根源も同じ。では 13 世紀の巨人達の母体は何かというと 4 人全てが修行している比叡山だ。古くからそこで言われてきた課題は「論・湿・寒・貧」だ。万巻の書を読んで日夜議論に明け暮れ，湿気や寒さや貧しさと戦い乗り越えてきた。「軸の時代」思想は乾燥地帯で育ち，この世に永遠なものは何もないという哲学的にドライな考えを表してきた。「大文明と乾燥」

がキーワードである。対して日本列島は「辺境文明と湿潤」である。いま南半球の世界に発生している様々な困難に有効な処方箋を描けるのは，モンスーン日本列島において形成された思想ではないかと思う。阪神淡路大震災以降，我々は何を学んできたのか。関東大震災から3人が加えた深い考察から考えるべきことは多い。

### (4) 第11回（平成26年）基調講演「伝統・文化の教育とは何か」　梶田叡一

　占領下に私が入学した頃は，小学校唱歌や柔道や剣道は禁じられていた。中央教育審議会副会長と教育課程部会長としてまとめ役をした指導要領の改訂では，中学校の保健体育で男女とも「武道」と「ダンス」を必修とした。武道はもともと戦いの技術だったものを精神的に高めたもので，人格形成にも繋げていくものだ。その意味で中学校では必修化した。前回の改訂で中学校に古典を入れ，今回は小学校で，次回は英語が焦点だ。グローバル化の流れでは英語だけの話ではない。脚下照顧，自分の国や自分の地域を理解した上で世界のことが分かる世界市民の一人として育てていかねばならない。

　我が家でお世話をした留学生の一人，コートジボワールからハイテク技術を学びに来た研究生は，『源氏物語』を読んで日本の文化に興味を持ち鈴木大拙や歌舞伎，茶道，浮世絵などにも関心を持ってやって来たと言った。ところが日本に来てそんな話をすると誰も理解してくれなくて，日本に来たことを後悔したと口にした。文化を知ると世界が広がる。物の見え方がより確実になり豊かになり，年を取るともっと見えてくる。「わび茶」の利休は舶来の高価な磁器の天目茶碗ではなく陶器の茶碗を使った。古田織部は利休の使った茶碗は形が整い過ぎているとして「ゆがみ」の中に美意識を見出していく。大切なことは，みんなが「これがよい」という「我々の世界」だけでなく，自分はこれがよいという「我の世界」を持つこと。共通の話題・価値観だけではなく，自分に響く「我の世界」を尊重する精神も必要だ。

　30年くらい前にイギリスの多くの大学を回った時，世話役のBBCの担当ディレクターが突然流暢な日本語で話を始めた。柔道をやっていて東京オリンピックの柔道チームの主将で，留学もして日本文学を学んだと言う。私が大学の

時にシェイクスピアを学んだと言うと，いろいろなフレーズを口にして次々に質問してくる。私は全く思い出せない。そこで今度は私がと『源氏物語』や『平家物語』の冒頭をあげて質問すると，彼は別の箇所もどんどんあげてくる。教養とはそう言うものなのだ。恥ずかしくなってそれから一生懸命に本居宣長や聖徳太子の勉強をした。これから「伝統と文化」を重視する方向で古典も歴史も入ってくる。我々はまだまだ日本文化について教養を深めねばならないし，一人ひとりの子どもの精神的な深みを実現していかねばならない。他国の文化との比較も大切になってくる。小学校唱歌は西洋音楽の形を借りて日本的なメロディーを載せているが，雅楽など典型的な和の音楽を聴くと慣れていないので不協和音のように聞こえる。それを乗り越えて日本の音楽の独特の美しさを理解させたい。伝統や文化を勉強することは，文化の違いを見ながら多様な美を認め合っていくことであり，自分の土台を分った上でコスモポリタンになるということだ。

### (5) 第 12 回（平成 27 年）特別講演「災害・ふるさと・文化」　山折哲雄

　東北には，東北の魂というか縄文の叫びというか，私はそのような言霊を聞いて引き寄せられる。石川啄木，宮沢賢治，棟方志功，斎藤茂吉，土門拳といった人たちのあり方は関東や西国では見出すことはできない。

　棟方志功は極貧の中で苦労して板画という新しい芸術様式を生み出した。「釈迦十大弟子」には 10 人の弟子はいるが釈迦がいない。よく見ると，弟子たちの表情は悟りに向かっているようなものではなく，苦しみ，悩み，怒りの表情，そしてそこから噴出するエネルギーそのものを表現しようとすることが伝わってくる。「耶蘇十二使徒」では，弟子たちの表情があまりにも奇怪でグロテスクでアブノーマルなので，師匠の柳宗悦に批判される。「釈迦十大弟子」では典型的な人間のリアリティーを求め，それが「耶蘇十二使徒」にも流れ込んでいる。東北が生んだ縄文的な魂とでも言うべき芸術家である。「臨済録」の「仏に逢うては仏を殺し，祖に逢うては祖を殺し」を思い出す。禅の世界では師弟関係は非常に重要なのだが微妙である。弟子は何としてでも師（祖）を越えなければならない。しかし師は弟子に越えさせてはいけない。その緊張感

が失われた時に師弟という言葉は平板なものになる。その生き方を貫いた棟方志功は東北だからこそその人間のリアリティーだ。

　土門拳は関西や東京では出て来ようがない写真家だ。晩年は仏教，仏像の世界にのめり込んでいく。室生寺では長い石段が全面に写る上に小さく金堂があり，ピラミッドの壁面と同じ重量感，存在感がある。投入堂は断崖絶壁の中程にあり，絶壁そのものの存在感を写真に撮っている。薬師寺ではほとんど日が落ちかかってから，ありったけのフラッシュをたいて1時間シャッターを開きっぱなしにした。真っ黒で何も写っていないのだが，フラッシュをたいたその一瞬に目の前で肉眼に映った像を頭の中に刻む，それが本来の写真を撮るということだと書いている。自分の肉眼で見る。見るとはいったい何かということを問うている。人間の手や目が最終的に問題なのだという，棟方志功にも重なる一点である。

　京都には10mおきくらいに小さな祠があり，例外なくきれいに掃き清められ花が添えられている。千年の都を支えている心である。東北の災害以降，コミュニティーの再興には伝統文化の力が大事だと言われてきた。再興を継続するのはそこにいる人間の力であり，これまで生み出された生き方をモデルとして，東北が持っているふるさとの力を捉えることが大切だと思う。

### (6)　第12回（平成27年）基調講演「和文化教育の一層の深化発展のために」 梶田叡一

　かつて伝統文化は日常的に生活の中に位置づいていた。明治になって全く筋の違う欧米由来の文化が大量に流入してきた。欧米式のものを取り入れないと日本が植民地化されてしまう，早く文明開化しようということが庶民にまで受け入れられた。福沢諭吉の『福翁自伝』にしっかり書かれている。明治には家では和で外では洋のある意味で和洋の二重生活になったのが，和の方がだんだんと衰えてくる。だが，根強くある種の本音として昔からの文化が裏に保存されてきた。ところが戦後の占領下で裏の文化が潰れていく。剣道や柔道や薙刀は長く学校でできなかった。カトリックは戦争中は憲兵の監視下にあったのが，戦後は途端に信者が増えた。戦争に負けたことで日本人は自信を失い，日本の

伝統に対して嫌気が差し欧米に対する憧れが生じていた。その中で茶道などの伝統的なものをやろうとする人はいなくなる。

　しかしながら細々とではあるが何とか伝統文化が保たれて来たのは学校の存在が大きい。その最初の自覚的な動きは30年ほど前に生活科を作ったこと。自分の身の回りを見つめ直してそこから問題を発見して追究，探究して，そこで自分なりの気付きを持っていくような生活科を考えた。戦後は学校では神社にもお寺にも足を踏み入れてはならないとされていたが，地域の文化的な大事な施設として学習しましょうという通知を，信教の自由に気を遣いながら文部省から出してもらった。まだまだうまく浸透しないまま今日に至っているのだが，日本人はどういう気持ちで神仏を大事にして来たのかということをどこかで学ぶ必要がある。

　日本人が自分にしっくりとくるような形に作り直してずっと大事にしてきているものはみんな和文化だ。仏教にはインドにも中国にもない日本独特のものもあってまさに和文化である。昔話でも東南アジアなどのものが日本的に変わっていて，それが日本人にしっくりくる形で伝統文化となっている。だからこそ子供たちを伝統文化に触れさせねばならない。頭の先で論理的に理解するだけで自分にしっくりくるものがないままでは小賢しくなるだけだ。和文化の活動を学習に入れて，子供一人ひとりに精神的なコアになるものを培っていくのだ。それを基に次の世代その次の世代と創造的発展をさせていくことができる大事な活動である。古来の日本人が大事にしてきた文学や神話をもう一度読み返して，日本人の感性の根底を考えてみることが必要だ。和文化教育は，子供たちの単なる思い出づくりをしているのではなく，日本の社会全体の一番の土台になるものを世代を超えて養って発展させていくという大事な仕事を学校がやっているということなのだ。

### (7) 第15回（平成30年）基調講演「日本の精神的伝統とは」 梶田叡一

　日本は古代から中国や西欧との関係が国のあり方の方向性を決めてきた。それでも，本居宣長などが「和魂漢才」，明治からは「和魂洋才」として日本の伝統的精神の土台を見据えてきたが，戦後はこの脚下照顧を忘れて欧米への憧

れと迎合一辺倒になってしまった。優れたものは取り入れたらよいのだが，それを生かす主体そのものを育成しないといけない。主体そのものの側の育ちを重視する教育ということで「人間教育」という言葉を使ってきた。これからは「和魂人類才」さらに「自魂人類才」である。「和魂」を通じて真の「自魂」を育てないといけない。

　アクティブラーニングが話題になっているが，「主体的」とは何よりも「自我関与（エゴ・インボルブメント）」であり，自分にとってこれは大事だと自分ごととして学ぶ姿勢を養うのだ。「対話的」とは自分との違いに気付くと同時に同じ所も見つけてお互いに高め合うことである。「深い学び」は，自分の実感に基づいて考え，理解し，納得して，それが本音になるところまで持っていくことだ。グローバル化が進み知識爆発が進む中で，必要な資質・能力を身に付けて主体性を持った人間を育てる教育をするのである。

　学習指導要領の改訂で「才」が大きく変わり，それを支える「魂」について，日本の伝統的な精神，主体形成の過程で基本的な柱になるものとして「慎み」と「和」をあげたい。「慎み」は自我肥大の抑制であり，自我も対象との関わりも凝縮されて濃密で高度なものにして，それによって新しい調和を実現することを目指すのである。盆栽や枯山水は慎んで濃縮された非常に質の高い調和を実現しようとしている。俳句も長歌や短歌の伝統を凝縮している。自由律の俳句の尾崎放哉や種田山頭火は濃縮された言葉の世界で内面世界の意識の在り方をしみじみと思わせている。「和」の伝統は凝縮して意識世界の深いところを表現している。韓国の李御寧は『「縮み」志向の日本人』で，韓国とは対照的に日本人は何でも圧縮して凝縮すると言った。彼はそのことにネガティブに私はポジティブに，かつて一晩語り合った。

　主体である和魂をそして自魂をどのように形成していくのか。慎みとそれを通じて実現する凝縮したハーモニーを考えてみてはどうだろうか。自分と意見の違う人にはそれを言わせないといけない，自分も正しく分かっているわけではない，聖徳太子は「共にこれ凡夫であるのみ」と言った。これが日本の伝統となってきた「和」の深い意味だ。慎んで凝縮された形で形成されていく和を

聖徳太子の精神から学ばなければならない。先人が大事にしてきた和魂の形成を通じて，本当の自分自身の精神的な拠り所となる自魂が形成され，最終的には自魂人類才が形成される教育を目指していきたい。

### (8)　第 17 回（令和 2 年）基調講演「グローバル化が進む中での「伝統と文化」の教育の方向性を考える」　梶田叡一

　コロナの対応状況を見ていると，まさに世界は一つという実感を持たざるを得ない。グローバルに交流していかざるを得なくなると同時に対応が国や地域で違っているのも事実だ。共時的なグローバル化と同時に通時的歴史的な意味での固有の伝統や文化の問題も再認識させられた。広く学び意識的に努力できる共時的水平的な面に対して，通時的垂直的な面では学ぶ主体の脚下照顧の自覚が問題になってくる。日本は歴史的に自分自身の依って立つべき足元の伝統や文化を忘却したままで中国や欧米を取り入れてきた。日本人としてのアイデンティティーはどうなるのかと疑問を抱いた人たちもいるのだが，現実には和魂がどんどん薄れていって今日に至っているのが実情だ。

　音楽では日本的な楽曲が入り和楽器も入り日本的な音階も今では学ぶようになった。精神的な面に根幹を置く武道も。だが，学校の先生自身が日本の伝統や文化について理解していないという問題が残っている。神社や仏閣は地域の文化財であり，祭礼などの年中行事は日本の伝統や文化として大きな意味を持っている。まず，子供たちの身近にある日本の伝統や文化を先生方の力で気づかせてやること。次に，その中で特に興味を持つものを継続的に練習させること。身体でもって日本に伝来し形成されてきた伝統的な美意識なり価値観なりを体得すること。3 番目は，いろんな教科の学習の場で伝統的な日本の文化を参照させること。和算や伝統的な料理など，教科書にも学習指導要領にもないけれど，先生が自分で調べて子供たちにぶつけていくことが大事だ。以上の土台の上に日本の古典を学ぶ。こうした和文化教育の取り組みの中で，子供たちは和魂人類才・自魂人類才の方向に向かって成長していく。和文化教育学会に集う私たちは一番貪欲な追求者にならねばならない。

（湯峯　裕）

# 3 大会シンポジウムの内容とその意義

平成17（2005）年4月の「和文化教育研究交流協会」の設立以来，18回のシンポジウムが実施されている。その内容と意義について検討する。

## （1）シンポジウムの概要

### 表Ⅱ-2-3-1　シンポジウムのテーマ・内容

| 日時 | テーマ | 内容 |
|---|---|---|
| 第1回　2005.11.23〔兵庫県立美術館〕 | 歌舞伎の魅力と教育力 | 「歌舞伎の魅力」の講演、「播州子ども歌舞伎活動」「小松市における子供歌舞伎活動」「松尾塾子供歌舞伎の活動」など、子ども歌舞伎活動の実践の紹介 |
| 第2回　2006.6.10・11〔兵庫教育大学〕 | 文化創造としての和文化教育 | シンポジウムはなし |
| 第3回　2007.4.30〔兵庫県立歴史博物館〕 | 地域と人づくり（パネルトーク） | ①地域の再生や創造に向けた活動の継続と発展 ②地域外の人々との連携　③地域の価値の共有 |
| 第4回　2008.10.25〔東広島運動公園〕 | 和文化関連教育の動向と意義 | 伝統・文化の教育の必要性、内容、方法、教育課程編成と指導方法の基本的視点、向陽小学校における和文化学習のカリキュラム、生徒の変容、今後の課題 |
| 第5回　2009.10.30〔島田市総合施設プラザおおるり〕 | 和文化教育の広がりと深まり | 東広島市、島田市、東京都の取り組みをもとに、和文化教育の学校単位から地域単位への広がりが確認され、私たちが生活している現実を起点に、過去から現代そして未来に向けて文化を創造していく深まりの視点が求められている。 |
| 第6回　2010.10.30〔江戸東京博物館〕 | 現代を潤す江戸文化の彩り | 「歌舞伎の魅力」の講演、「播州子ども歌舞伎活動」「小松市における子供歌舞伎活動」「松尾塾子供歌舞伎の活動」など、子ども歌舞伎活動の実践の紹介 |
| 第7回　2011.11.2〔東広島市立志和中学校〕 | これからの和文化教育の可能性を探る | 1年「神楽や醤油の生産」の教材化、2年武道「杖道」　3年「俳句」の実践における成果としての生徒の育ち 教科間の関連、全体カリキュラム、若い先生方の養育と循環という課題 |
| 第8回　2012.1.7〔関西学院大学西和キャンパス〕 | 地域社会の復興と創造をめざす和文化の再発見 | 東北地方における復興状況と和文化の再発見 阪神地域における和文化の復興と和文化の再発見 フランスにおける文化交流と和文化の再発見 |
| 第9回　2012.11.25〔兵庫県立考古博物館〕 | 歴史に出会う地域文化財の教育的活用と授業実践 | 《基調提案》文化財を生かす－まちづくり・教育的活用－ 《実践発表》古代人の心にせまる！ 高等学校における考古資料の活用方法 |
| 第10回　2014.1.18〔洲本市民交流センターVIVA HALL〕 | "国生みの島"で花咲く郷土文化の動力 | "淡路に学ぶ"「淡路ふるさと学習副読本」作成に向けて 郷土部の淡路人形浄瑠璃活動 和文化教育の全国的な活動 |
| 第11回　2014.11.21〔武蔵村山市立小中一貫校村山学園〕 | 我が国と郷土に根ざす伝統・文化を学ぶ教育実践 | 言葉と体験を重視した学校づくり－多摩地区の伝統・文化を生かして－ 東広島市における和文化教育－一校一和文化学習の充実を目指して－ 空間的地域単位からシンボル的地域単位としての和文化教育 |
| 第12回　2015.9.18〔由利本荘市文化分流館「カダーレ」〕 | 和文化教育の魅「ふるさと教育」の充実と発信 | 伝統や文化に関する教育活動の現状と改善策 和文化教育の経緯と特性 秋田県で取り組んできたふるさと教育 |
| 第13回　2016.11.19〔奈良学園大学〕 | 郷土の文化等に関する学習の推進 | 「奈良TIME」－郷土の伝統、文化、自然等に関する学習について－ 県内小・中学校における郷土学習の充実、『義経千本桜』の上演をめぐって 奈良を撮り続けた人－入江泰吉の学習から－ |
| 第14回　2017.10.29〔篠山市民センター〕 | 文化遺産の教材化の意義と授業実践 | 篠山歴史文化「お城こどもガイド」 兵庫県における伝統文化に関する学習の充実 社会科における文化遺産の教材活用の意義と実践上の課題 |
| 第15回　2018.12.24〔兵庫教育大学ハーバーランド〕 | 「伝統や文化」に関する教育が育てる資質・能力 | 夢とロマンを求めて－熊野町の特色を活かした取り組み－ 東広島市の一校一和文化学習－地域と育む和の心－ 伝統文化教育は「主体的、対話的で深い学び」を太め高める |
| 第16回　2019.10.19〔鳴門教育大学〕 | 主体的・対話的で深い学びを実現する「伝統文化」 | 藍をほこりに 絵本の読み聞かせで育む「和」の心 高校生による獅子合わせを通した和文化教育 |
| 第17回　2021.2.23〔明石市民会館アワーズホール〕 | 伝統・文化を受け継ぎ　たくましく　未来を拓き　夢を持って生きていく子どもの育成 | 地域での体験を軸に伝え合い思考を深め、未来を生きる力を－主体的に表現し心響かせ合う大縄っ子－ 兵庫県における地域に伝わる伝統文化に関する学習の充実 伝統・文化を尊重する教育 |
| 第18回　2021.9.25〔帝京大学〕（オンライン開催） | 国際社会の担い手として資質を育む和文化教育 | 地域の文化を学び故郷に誇りをもつ子供の育成 地域学校協働活動を連携した和文化教育の推進 国際社会の担い手としての資質を育む和文化教育 |
| 第19回　2022.11.5〔同志社大学〕 | 文化価値創造を意図する文化資産と教育の融合 | 文化資産継承者の立場から　文化資産研究者の立場から 和文化教育実践者の立場から　和文化教育研究者の立場から |

### ①　シンポジウムのテーマ・内容

　本学会の研究紀要にあたる「和文化教育研究」（全17巻）に掲載されている
シンポジウムのテーマ・内容は，表Ⅱ-2-3-1 のとおりで，その内訳は表Ⅱ-2-3-2
のように，「和文化のとらえ」「和文化教育」「和文化教育の実践」に整理する
ことができる。

表Ⅱ-2-3-2　シンポジウムのテーマ

|  | 和文化のとらえ | 和文化教育 | 和文化教育の実践 | 計 |
|---|---|---|---|---|
| 主な内容（回数） | 2 | 6 | 10 | 18 |

ⅰ　和文化のとらえ

　和文化の定義や魅力を主な内容とし，第1回と第6回，歌舞伎の魅力を取り
上げ，「子ども歌舞伎」の紹介を通して和文化の魅力を解説している。

ⅱ　和文化教育

　和文化教育の重要性や魅力を主な内容とし，6回取り上げている。そこでは，
学校教育における位置づけ，意義，全国への広がり，地域との連携，現状や課
題などについて話し合っている。

ⅲ　和文化教育の実践

　子どもたちの取り組みの様子や指導の工夫，成果や課題などを内容として，
地域の和文化を学校教育として10回取り上げ，紹介している。

### ②　シンポジウムの登壇者

　18回のシンポジウムの登壇者は66名を数え，次のように整理した。

ⅰ　和文化の専門家（博物館等職員，ジャーナリストなど）

　このグループは，歌舞伎などの和文化に直接関わり，研究・講演・執筆活動
に携わっている方々である。それぞれの分野・領域において専門的な知識を背
景に和文化教育への様々な知見を紹介されている。

ⅱ　和文化教育の研究・推進者（大学，文部科学省，教育委員会等）

　このグループは研究面・行政面・教育面から，和文化教育の推進に関わって
いる方々である。和文化教育の重要性や意義，具体的な実践の推進に深く関わ
っており，それぞれの立場から具体的な提言を行っている。

ⅲ　和文化教育の実践者（小学校・中学校・高校等の授業実践者）

　このグループは，学校現場で実際に和文化教育の実践に取り組み，その経験をもとに成果や課題，さらには今後のあり方を提案している。

## (2) シンポジウムの内容

### ① 「和文化のとらえ」をテーマとしたシンポジウム

　過去18回のシンポジウムの中で，「和文化のとらえ」を取り上げていたのは，第1回と第6回である。その概要を紹介する。

ⅰ　第1回テーマ「歌舞伎の魅力と教育力」(2005年11月23日，兵庫県立美術館)

　「和文化教育研究紀要　創刊号」によると[1]，登壇者と主な提案内容は，表Ⅱ-2-3-3の通りである。

表Ⅱ-2-3-3　第1回シンポジウムの概要

| シンポジスト | 主な内容 |
|---|---|
| 河内厚郎（芸能・演劇評論家） | 「歌舞伎の魅力」についての講演 |
| 井上文夫（兵庫県中町北小学校教諭） | 播州子ども歌舞伎活動の紹介 |
| 北野勝彦（小松市立芦城公民館・芦城センター館長） | 小松市における子供歌舞伎活動の紹介 |
| 松尾日出子（松尾芸能振興財団理事長・松尾子供歌舞伎塾長） | 松尾塾子供歌舞伎の活動を紹介 |

　内容については，平成17年度学内科学研究費補助金研究成果報告書に掲載されている」とあったが，確認できなかった。

ⅱ　第6回「江戸を潤す江戸文化の彩り」(2010年，江戸東京博物館)

　「和文化教育研究紀要　第5号」によると[2]，登壇者と主な提案内容は，表Ⅱ-2-3-4の通りである。

表Ⅱ-2-3-4　第6回シンポジウムの概要

○コーディネーター　　中村　哲（兵庫教育大学）
○司会　　　　　　　　渡邉規矩郎（兵庫教育大学・日本教育新聞）

| シンポジスト | 主な内容 |
|---|---|
| 滝口正哉<br>（千代田区立四番町歴史民俗資料館） | 「江戸庶民の生活と風俗」をテーマに，次の3点から解説している。「年中行事」については，比較的早い段階から都市としての年中行事が成立していること，江戸庶民の間では四季折々の独特な習俗が生み出されていたことを指摘している。「願掛けとまじない」については，寺社の境内小祠 |

| | を対象とし，願いが叶うと何らかのものを供えるというスタイルになっている。「子供と老人をめぐる社会」については，行き倒れ・捨て子などを地域ぐるみで対処する仕組みが出来ていたことを指摘している。最後に，子どもが関与できる伝統行事を学校でも取り上げること，博物館や史跡の訪問など，体感学習が必要であることを提言していた。 |
|---|---|
| 市川寛明<br>(江戸東京博物館) | 「失われた江戸時代の学びと文化」をテーマに，江戸時代の寺子屋では子供たちの自由な活動が見られ，学びに対するおおらかさの雰囲気があり，一斉教授ではなく個人の学習進度に応じた個別指導がなされていたが，明治以降の学校教育によって衰退したことを指摘した。江戸時代の教育が現代における教育問題を改善するための手がかりになること，社会における伝統文化の役割の再検討の必要性を提言している。 |
| 田中隆文<br>(邦楽ジャーナル社) | 「世界に誇る日本の音楽文化」をテーマに，邦楽は「音色」を重視していること，特に尺八は国際的に評価され，国際大会が開かれていること紹介していた。最後に，邦洋両者の耳をもつ「バイミュージカル」は，世界に向けた新しい文化を創造する担い手になることを示唆している。 |
| コメンテーター<br>山折哲雄（和文化教育研究交流会会長） | 「大相撲の賭博問題」を例に挙げ，善悪の対立観点を超えた観点が，日本文化，伝統文化，教育問題を捉える観点として必要であるとして，二元関係の重要性を指摘している。例として，家としての仏教と村共同体の宗教としての神道が共存していること，朝廷と幕府の共存をあげ，さらに富士山を筆頭とする山岳宗教の存在を指摘し，江戸時代の文化の豊かさ，奥深さ，力強さを生み出した根底であるとしている。 |

## ②　「和文化教育」を内容としたシンポジウム

　「和文化教育」に取り上げていたシンポジウムは，表Ⅱ-2-3-5 に示した通りである。この中から，第3回「地域と人づくり」と，第15回「『伝統文化』に関する教育が育てる資質・能力」を紹介する。

### 表Ⅱ-2-3-5　「和文化教育」を内容としたシンポジウム

| 日時 | テーマ | 会場 |
|---|---|---|
| 2007.4.30<br>（第3回） | 地域と人づくり（パネルトーク） | 兵庫県立歴史博物館 |
| 2012.1.7<br>（第8回） | 地域社会の復興と創造をめざす和文化の再発見～地域的視野と国際的視野から～ | 関西学院大学西宮西和キャンパス山川記念館 |
| 2014.11.21<br>第11回 | 我が国と郷土に根ざす伝統・文化を学ぶ教育実践 | 東京都武蔵村山市立小中一貫校村山学園 |

| 2015.9.18<br>第 12 回 | 和文化教育の魁「ふるさと教育」の充実と発信 | 秋田県由利本荘市　文化<br>交流館「カダーレ」 |
| 2017.10.29<br>第 14 回 | 文化遺産の教材化の意義と授業実践 | 兵庫県篠山市立篠山市民<br>センター |
| 2018.12.24<br>第 15 回 | 「伝統や文化」に関する教育が育てる資質・能力 | 兵庫教育大学ハーバーラ<br>ンドキャンパス |

ⅰ　第 3 回「地域と人づくり」(2007 年 4 月，兵庫県立歴史博物館)

　「和文化教育研究紀要　第 2 号によると [3]，登壇者と主な提案内容は，表Ⅱ-2-3-6 の通りである。

### 表Ⅱ-2-3-6　第3回シンポジウムの概要

○コーディネーター中村　哲（兵庫教育大学大学院）

| シンポジスト | 主な内容 |
| --- | --- |
| 梶田叡一<br>(兵庫教育大学学長) | 地域の多様性と背景を視野に，人づくり（人間形成）の観点を次のようにあげた。①地域の自然環境・雰囲気・たたずまいなどを前提とする　②地域の人々の習慣・行動様式を活用する　③地域の行事に学校の教職員が参加し，それらの活動を活用する　④学校教育との関連で新たな地域習慣づくり　⑤市町村教育委員会・地域の自治会・地域役職者（民生委員等）と学校・PTA との連携協力関係の深化発展 |
| 中元孝迪<br>(姫路獨協大学副学長) | 播磨学の設立動機，地域学と地域再生を図る人づくりの連携について述べられた。最近の地域学においては，「そこに住む人々が，歴史や文化，産業・経済力などを再認識し，地域に生きる価値を見いだし，地域に新しい活力—地域の力—を生み出そうとする学問であり運動である」とし，地域学と地域づくりの関連を図る仕組みが必要である。 |
| 河内厚郎<br>(芸能・演劇評論家) | 地域を捉える視点について話された。地域の魅力を発信する必要性，住民に主役意識を持たせ，各自の依って立つ場から地域の文脈を築き上げることが地域づくりに求められている。 |
| コメンテーター<br>中奥良則<br>(総務省地域再生マネージャー) | 地域の物語の創作と地域再生の教育との関連で実施している山形県金山地域の取り組みと，町の商店街と生涯学習との関連で地域づくりをしている新居浜市の事例を紹介し，地域再発見ができる人間形成がなされていることを示された。 |

　以上の 4 名の提案を踏まえ，コーディネーターの中村哲は，「地域と人づくり」の基本的視点として，次の 3 点を挙げていた。

　ア　地域の再生や創造に向けて活動を継続し，発展させること。

　イ　地域外の人々との連携が求められること。

　ウ　地域における人々の連携を図るには，地域の価値を見いだしその価値を
　　共有していくこと。

ⅱ　第15回「『伝統や文化』に関する教育が育てる資質・能力」

（2018年，兵庫教育大学ハーバーランドキャンパス）

　「和文化教育研究紀要第13号によると<sup>(4)</sup>，登壇者と主な提案内容は，表Ⅱ-2-3-7 の通りである。

表Ⅱ-2-3-7　第15回シンポジウムの概要

○コーディネーター　峯岸由治（関西学院大学教育学部）
　　　　　　　　　　中村　哲（兵庫教育大学大学院）

| シンポジスト | 主な内容 |
|---|---|
| 林　保<br>（広島県熊野町教育委員会） | 地域の筆作りの特色を活かし，「夢とロマンを求めて〜熊野町の特色を活かした取組み」をテーマに，次のような取組を紹介された。①小学校1・2年生の書道科導入　②小中で生徒指導規定の一本化　③ユネスコスクールへの加盟　④「くまどく」の充実（家庭読書）　その結果，学力の向上，子どもたちの問題行動・不登校児童・生徒等の減少などの成果が見られている。 |
| 兼島久美<br>（広島県東広島市教育委員会） | 地域の酒造り等の地場産業を活かし，「東広島一校一和文化学習〜地域と育む和の心〜」をテーマに，次のような東広島市の取組を紹介された。①東広島の教育（夢・挑戦プラン）　②東広島市の和文化教育　③「一校一和文化学習」の取組と成果　最後に今後の方向性として，①各園，各小中学校の取り組みのさらなる継続・充実　②一校一和文化の取り組みを地域全体の文化として発信することを提言している。 |
| 佐々田亨三<br>（秋田県由利本荘市教育委員会） | 伝統文化教育は，「『主体的，対話的で深い学び』を太め高める」として，小・中高の全校種，県全体で学校共通実践課題として，次のような柱を立てて取り組んでいる。①ふるさと教育，②和文化教育　③コミュニティ・スクール |
| コメンテーター<br>關　浩和<br>（兵庫教育大学大学院） | 本シンポジウムの三つの提案は，地域との信頼関係や社会的ネットワークの構築に関わる多様な事例が示されている。文化価値の創造者を育成するこれからの教育は，社会資本を活用し，文化価値を基盤とした教科横断的で探究的な協働的な学びが求められるとしている。 |

| コメンテーテーター<br>永添祥多<br>（近畿大学産業理工学部） | 本シンポジウムの三つの取り組みは，方策は異なっているものの，和文化教育をとおした発信力の形成等新しい可能性を広げるものになっているとした上で，次の様な課題を指摘している。①義務教育において，継続的な和文化教育の展開に取り組むこと　②外国人留学生との交流等をとおして，日本文化の発信にと取り組むこと |
| --- | --- |

　シンポジウムのテーマが「『伝統や文化』に関する教育が育てる資質・能力」なので，シンポジウムの内容を踏まえ，現行の学習指導要領に示されている三つの観点で資質・能力を整理してみる。

【知識・技能】

◇地域で受け継がれている伝統文化についての理解を深める。

◇地域の伝統に関わる技能を身につけたり，伝統文化の内容や良さを調べたり発信したりすることができる。

【思考力・判断力・表現力等】

◇地域の伝統文化について，背景や伝承に携わっている人々の気持ちを考えたり，文化的価値を意識したりして，多くの人に発信することができる。

【学びに向かう力，人間性】

◇学習者として，地域の伝統文化に関心をもち，主体的に調べたりまとめたり発信したりしている。

◇生活者として，地域の伝統文化に対する親しみや誇りを感じ，さらに充実・発展させようとする。

### ③　「和文化教育の実践」を内容としたシンポジウム

　「和文化教育の実践」を取り上げたシンポジウムは，表Ⅱ-2-3-8 に示した通りである。

表Ⅱ-2-3-8　「和文化教育の実践」を内容としたシンポジウム

| 日時 | テーマ | 会場 |
| --- | --- | --- |
| 2008.10.25<br>（第 4 回） | 和文化関連教育の動向と意義 | 広島県<br>東広島運動公園体育館 |

| 2009.10.30<br>（第5回） | 和文化教育の広がりと深まり | 静岡県島田市<br>総合施設プラザおおるり |
|---|---|---|
| 2011.11.2<br>（第7回） | これからの和文化教育の可能性を探る | 広島県東広島市立志和中学校 |
| 2012.11.25<br>第9回 | 歴史に出会う地域文化財の教育的活用と授業実践 | 兵庫県立考古博物館 |
| 2014.1.18<br>第10回 | 「国生みの島」で花咲く郷土文化の教育力 | 洲本市民交流センター<br>VIVA HALL |
| 2016.11.19<br>第13回 | 郷土の伝統文化等に関する学習の推進 | 奈良県奈良学園大学三郷キャンパス |
| 2019.10.19<br>第16回 | 主体的・対話的で深い学びを実現する「伝統文化」 | 徳島県<br>鳴門教育大学 |
| 2021.2.23<br>第17回 | 伝統・文化を受け継ぎ　たくましく未来を拓き夢を持って生きていく子どもたちの育成 | 兵庫県明石市民会館<br>アワーズホール |
| 2021.9.25<br>第18回 | 国際社会の担い手として資質を育む和文化教育 | 東京都帝京大学<br>八王子キャンパス |
| 2022.11.5<br>第19回 | 文化価値創造を意図する文化資産と教育の融合 | 京都府同志社大学<br>新町キャンパス |

　この中から，徳島県鳴門教育大学で行われた第16回のシンポジウムの概要を紹介する[5]。本シンポジウムのテーマは，主体的・対話的で深い学びを実現する『伝統文化』」である。

　栽培から作品完成まで藍に向き合った子供，小学生に昔の絵本を読み聞かせ自尊心を高めた中学生，鋭い感性を活かして読み合った高校生の作品から，和文化を学ぶ良さが児童・生徒の学びの質の変化を生み出し，改めて教師が教材と真摯に向き合うことの大切を確認できた。

### 表Ⅱ-2-3-9　「和文化教育の実践」を内容としたシンポジウム例

○コーディネーター・司会　西村公孝（鳴門教育大学）

| シンポジスト | 主な内容 |
|---|---|
| 元木里美<br>（藍住町藍住南小学校） | 「藍をほこりに」というテーマで，「学年での藍の栽培」「藍建て（藍の液を作る作業）」「藍染めのバンダナやハンカチの製作」「藍染めによる卒業文集の表紙の製作」などの取り組みを紹介している。また，人との関わりという観点から，ゲストティーチャー，フランスの小学生との交流，卒業生とのつながりを挙げていた。 |

| 武岡美智<br>(美馬市立美馬<br>中学校) | 「絵本の読み聞かせで育む『和』の心」というテーマで,昔話などの絵本を活用して,「継続的な朝読書」「教師による読み聞かせ」「生徒同士の読み聞かせ」「小学生に向けた中学生の読み聞かせ」などが紹介された。成果として, 中学生の自尊感情の高まり, 読解力の高まり, 小学生の中学生に対する敬意などを挙げていた。 |
|---|---|
| 安本生美<br>(徳島県立小松<br>島高等学校) | 「高校生による歌合わせを通した和文化教育」の実践報告であった。具体的には,自分で創作した短歌作品を自分の言葉で人前で説明し, 質疑応答の後, 会場の人が紅白のうちわでジャッジしていくという参加型の歌合わせである。短歌に対する関心や創作根の意欲の高まりが報告されていた。 |
| コメンテーター<br>梶田叡一（桃山<br>学院教育大学) | 和文化の関わる素材を教材化した藍, 絵本, 歌合わせの取り組みは, 児童・生徒の心をゆさぶり, 心を解き放つ教育になっていた。同時に,「主体的・対話的で深い学び」を実現しており, 伝統文化の活用の有効性を立証していた。 |

## (3) シンポジウムの意義

　「和文化教育」の誕生にあたって, 中村 (2003) は「和文化教育は, 和文化の和が『日本』を意味しますので, 日本の伝統文化や地域文化などに基づく教育と理解していただければと思います」とし [6], さらに和文化は,「わが国の伝統文化や地域文化に含まれる価値を把握し, それらを教育関与における交流によって新たな文化として創造させていく性格を有するものです」としている [7]。

　つまり, 和文化教育は日本の伝統文化や地域文化を教材としてその内容を深めていくと共に, その価値を踏まえて新たな文化的な価値を創造していくことを重視し, 共有していくことに意義がある。

## ① 和文化の意味や内容の共有

　全国大会においてシンポジウムを実施することによって, 次のような事柄について, 理解を深めることができたと考えられる。

i 　和文化及び和文化教育に対する理解

ii 　和文化教育の多様な実践による子どもたちの和文化及び地域文化に対する
　　親しみや誇り, 充実・発展させようとする意欲や熱意の醸成

iii 　和文化及び地域文化を教材とした探究的な活動による「主体性」「協働
　　性」「創造性」といった資質・能力の育成

## ②　和文化の文化的価値の創造

　子どもたちの活動の場においては，和文化に関わる専門家の指導を受け，動きの型や技能，文化の起こりや謂われ，具体的な動きやこつを身に付けている。しかしそれは，大人社会において脈々と受け継がれてきた和文化そのものではなく，子どもたちの興味・関心や発達段階に応じて，教師などの指導者によるアレンジが加わったり，子どもたち自身による工夫が加わったりしたことで，その地域，その学校，その子どもたちなりの文化の発信につながっている。つまり，和文化をベースにした「子ども文化」が創造されているのである。そこでは，対象となる和文化についての文化的価値を教師や子どもたちが理解し，工夫し，学習の成果として発信しているのである。

（馬野　範雄）

**引用・参考文献**
(1)　和文化教育研究交流会『和文化教育研究紀要』創刊号，2007 年，p.56.
(2)　和文化教育研究交流会『和文化教育研究紀要』第 5 号，2011 年，pp.45-49.
(3)　和文化教育研究交流会『和文化教育研究紀要』第 2 号，2008 年，pp.67-68.
(4)　和文化教育学会『和文化教育研究』第 13 号，2019 年，pp.42-48.
(5)　和文化教育学会『和文化教育研究』第 14 号，2020 年，pp.38-41.
(6)　中村哲編『「和文化の風」を学校に―心技体の場づくり』明治図書，2003 年，p.24.
(7)　同上，p.30.

### 和文化教育の雪間草　其の二
# 歴史文化遺産の活用でまちに活力とにぎわいを

　近年，人口減少，少子高齢化等の荒波が地方に押し寄せ，郡部では，その影響を受け，空き家や耕作放棄地が美しい田園風景に影を落としている。

　今後も，人口減少が続くと予想され，人々の歴史文化遺産への関心の希薄化と担い手不足が相まって，その保存と継承はより困難となるだろう。

　そのような中，コロナ禍から脱却を図り，多様で豊かな歴史文化遺産を活用し，活力とにぎわいのあるまちづくりに取り組んでいる地方都市がある。

　兵庫県加西市は県の中央部に位置し，人口４万余，面積150㎢，気候は温暖，100余町からなる緑豊かな田園都市である。この地は，1300年前に編纂された『播磨国風土記』に記述があり，古くより四方八方から人・モノ・文化が行き交う要衝地として栄えた。市内には，美しく壮大な玉丘古墳，日本最古の石仏「古法華石仏」，五百羅漢石仏，名刹法華山一乗寺，北条節句祭り，宿場町の景観を残す市街地，鶉野飛行場跡地周辺は，人々の知的好奇心を高め，懐かしさや安らぎを与え，加西市の魅力となっている。

　北条節句祭りは，900年以上の歴史を持ち，五穀豊穣を祈願する春の例大祭として２日間開催される。２基の神輿と15台の化粧屋台が各地区を巡行し，住吉神社境内では，着物姿の担ぎ手が勇壮な練りをみせる。祭礼には，龍王の舞，鶏合せが古式床しく行われ人々を魅了する。

　最近の加西市の取り組みは，国から払い下げを受けた鶉野飛行場滑走路跡地に地域活性化施設「soraかさい」を2022年にオープンさせた。周辺に残っている戦争遺産群とともに，戦争体験者が高齢化する中，戦争の史実を後世に正しく伝える平和学習の場として活用され，全国各地から小中学生や高校生等が平和学習に訪れている。「soraかさい」の中の戦闘機実物大模型「紫電改」，周辺の防空壕跡や爆弾庫跡を，観光ガイドや地元高校生が案内し，戦争を追体験しながら平和の尊さを発信している。

　近年，観光客は新しいものを好む傾向があり，歴史文化遺産の活用においても，新しい魅力を創ることが求められる。市外にはあまり知られていないが，山伏峠石棺仏，青野原俘虜収容所跡地などの遺産がある。これらの遺産に光を当て，文化価値を高めることで新たな魅力となる。この取り組みを支

援するのが「ふるさと創造会議」である。同会議は全校区に設置され，自治会や各種団体で構成，地域課題の解決と地域資源の保存と活用，魅力の発信に取り組んでいる。ある校区では山城跡に着目し，地元住民が登山道や城跡の整備を行い，今では，多くの山城ファン等が訪れている。また市では，市内の伝統文化の維持を目的とし，新たな補助金制度を創設し支援している。

　現在，観光振興は地域をあげて取り組む時代を迎え，全国の市町村は観光に力を注ぎ，地域間競争は激しさを増している。市が効果的で独創性に富んだ取り組みを行わないと，現状維持がやっとであろう。観光マーケットの動向は，アクティブシニアや女性が観光客の主流となり，全国的にはインバウンド客が増加している。また，観光客の志向は，物見遊山的な観光から体験観光，オンリーワン観光，まち歩き観光などを求める傾向がある。

　市内には，地域特有の歴史文化遺産のみならず，希少な動植物が生息する網引湿原，鮮やかな四季の変化，北条鉄道，県立フラワーセンター，食と特産品，伝統が生きづくものづくりなど，この地にしかない多様な地域資源が数多くあり，市観光ガイドの丁寧な説明で地域遺産は価値を新たにする。

　市観光の更なる活性化には，観光客のニーズを的確に捉え，市観光の強みと弱みを念頭に置き，市全体の観光イメージ像を創り，戦略を立ててオール加西で推進する必要がある。また，推進組織の強化を図り，住民や行政，企業，市内在住の外国人，観光関係者，和文化研究者等の多様な経験や知識，ノウハウ，アイデアなどを呼び込み，加西独特の魅力ある観光宝石箱を創りあげ，市内外に力強く発信することで，全国に誇れるまち加西市となる。

　さらに，先人が生み育ててきた自然，歴史，文化等の保存や継承を通じて培われてきた郷土への誇りや愛着心は，活力あるまちづくりの源となる。

　今後，まちの魅力，活力やにぎわいが，定住促進につながることを期待している。

（吉田　廣）

# 第Ⅲ章

# 和文化教育の教育実践とその特性

# 第1節　和文化教育のカリキュラム編成とその特性

## 1　教育政策と和文化教育の実践

　和文化教育の推進が本格化したのは、周知のように平成20年版（高等学校は平成21年版）学習指導要領においてである。平成18年12月に改正された教育基本法を踏まえて平成20年3月には『幼稚園教育要領』『小学校学習指導要領』『中学校学習指導要領』が、翌平成21年3月には『高等学校学習指導要領』が公示された。これら学習指導要領改訂の理念は、知識基盤社会化やグローバル化が進行する現代社会において求められる「確かな学力」「豊かな心」「健やかな体」の調和を重視する『生きる力』の育成にある。この『生きる力』の育成を図る上で、「伝統と文化」に関する教育は重要な役割を果たすとされたのである。

　このような流れの中で、全国各地の学校において「伝統と文化」に関するカリキュラム開発がなされ、授業が実践されるようになる。具体的には、国語科での古典、社会科や地理歴史科での地域学習や歴史学習、音楽科での唱歌や和楽器、美術科での美術文化、保健体育科での武道、技術・家庭科での伝統的な生活文化（食など）等の指導である。国立教育政策研究所の「伝統文化教育」に係る研究指定校も、平成24年度から令和2年にかけて小学校26件、中学校19件、高等学校17件、特別支援学校2件の記録がある。

　しかしながら、これら多くのカリキュラムや授業実践は整理・整頓されておらず、その特質が掴みづらい現状である。次項からは先行研究に学びつつ、その類型枠を再提案し、各事例の特質を指摘していくこととする。

# 2 「伝統と文化」実践における類型枠の先行研究とその課題

　文化を基軸とする実践の類型枠の構築は、中村哲が試みている。そして、それぞれの類型の説明に基づき幾つかの具体的実践を紹介している。

　中村は、文化の解釈を「最も広くとらえると、人間が自然とのかかわりや風土の中で生まれ育ち身に付けていく立ち居振る舞いや、衣食住をはじめとした暮らし、生活様式、価値観など、人間と人間の生活にかかわることの総体」と文化審議会答申（平成24年2月）の記述をもとに説明している。そして、文化は「人間が創り出すものである」「過去・現在・未来と関連する」と述べ、文化に関する実践を「文化価値理解」「文化価値形成」「文化価値創造」として分類している。

　「文化価値理解」は、過去から現在まで関連する文化の意味や意義を理解する。「文化価値形成」は、過去から現在まで関連する文化の意味や意義を体験等の活動を通して体得する。「文化価値創造」は、過去から現在まで関連する文化の意味や意義を未来の文化創造に関連づける。

　中村はこのように説明するが、例えば梅津正美は、「学習指導要領の改訂期にあって、各学校が『伝統と文化』の教育を本格的に展開していこうとする時、その教育の理念・原理、カリキュラム・マネジメント、授業の構成と実践、地域社会と連携した協働的な推進体制の構築等、主要な検討課題に対して理論的・実践的なモデルを豊かに提供している」とその意義を指摘するものの、「理論的枠組みになる3類型は『類型』と呼ぶには相互の境界は必ずしも明確ではないこと」「類型のもとで発表された単元や教育実践のいくつかには、その定義と必ずしも合致していないものも見受けられた」等と課題を指摘している。

　このような指摘は、「文化そのものを学習対象とするのか」「現代社会の認識に基づく文化の価値を学習対象とするのか」が曖昧なところに課題を見出すことができる。したがって、本節では今一度、文化を基軸とする実践の類型枠を

再検討する。そして、それらの実践を体系化し教育課程の編成に落とし込む、いわゆる「カリキュラム・マネジメント」の示唆を得ることとする。

# 3　「伝統と文化」実践における類型枠の再検討

　本項では、「文化そのものを学習対象とするのか」「現代社会の認識に基づく文化の価値を学習対象とするのか」を視点として、学習指導要領等の記述から文化的実践を大きく2つに類型化する。

## (1)　学習対象を視点とした文化的実践の大類型
## ①　文化そのものを学習対象とする実践
　「文化そのものを学習対象とする実践」は、社会系以外の教科・領域の場合が多い。例えば、『小学校学習指導要領』では国語科の「1目標」「2内容」に次のような記述がある。

---

「1目標」

　各学年共通

(1)　日常生活に必要な国語の知識や技能を身に付けるとともに，我が国の言語
　　文化に親しんだり理解したりすることができるようにする。

「2内容」

(2)　我が国の言語文化に関する次の事項を身に付けることができるよう指導す
　　る。

　第1学年及び第2学年

　ア　昔話や神話・伝承などの読み聞かせを聞くなどして、我が国の伝統的な
　　　言語文化に親しむこと。

---

> 第3学年及び第4学年
>
> ア　易しい文語調の短歌や俳句を音読したり暗唱したりするなどして，言葉の響きやリズムに親しむこと。
>
> 第5学年及び第6学年
>
> ア　親しみやすい古文や漢文、近代以降の文語調の文章を音読するなどして、言葉の響きやリズムに親しむこと。

　このような記述は、国語科以外にも図画工作科（美術文化・絵画）、体育科（武道）、音楽科（唱歌・和楽器）等にも見られる。これら教科の実践は、学習対象である文化を子どもの生活世界である社会と一旦切り離した形で学習し、文化それ自体を「理解」「形成」「創造」するところに特徴がある。「理解」「形成」「創造」の詳細については、後で述べる。

## ②　現代社会の認識の基づく文化の価値を学習対象とする実践

　一方、「現代社会の認識の基づく文化の価値を学習対象とする実践」は、社会系の教科・領域が位置づく。『小学校学習指導要領解説社会編』では、次のように文化財や年中行事を通して地域社会を認識する学習目標を示すとともに、その社会との関連で文化の価値を「理解」「形成」「創造」することを求めている。

> 　ここでは、民俗芸能などの文化財が地域の歴史を伝えるとともに、そこにはそれらの保存に取り組んでいる人々の努力が見られることや、地域の人々が楽しみにしている祭りなどの年中行事には地域の生産活動や街の発展、人々のまとまりなどへの願いが見られることなどを取り上げ、生活の安定と向上に対する地域の人々の願いや保存・継承するための工夫や努力を考えることができるようにすることが大切である。

> 　自分たちも地域の伝統や文化を受け継いでいく一人であるという意識を養い、
> （中略）地域社会の一員としての自覚につながるものである。

　以上を踏まえると、学習対象を視点とした文化的実践の大類型は下図のように説明できる。

---

　1. **文化そのものが学習対象**
　・文化理解　　　　　　　社会系教科以外の教科・領域の場合が多い。
　・文化形成　　　　　　例）国語科：古典、図工科：美術文化・絵画
　・文化創造　　　　　　　体育科：武道、音楽科：唱歌・和楽器
　2. **現代社会の認識に基づく文化の価値が学習対象**
　・文化価値理解　　　　主として社会系教科が位置づく。
　・文化価値形成　　　　例）社会科：郷土学習、伝統・文化学習
　・文化価値創造　　　　　総合的な学習：「〇〇学」学習　　　等

---

**図Ⅲ-1-1　文化的実践の大類型**

## （2）文化そのものを学習対象とする実践

　「文化そのものを学習対象とする実践」は、上図のように、さらに「文化理解」「文化形成」「文化創造」の3つの型に分類することができる。以下では、それぞれについて説明を加える。

## ① 文化理解

　「文化理解」型の実践は、国語科の朗読や音楽科の唱歌、図画工作科の鑑賞のように文化そのものに触れ、学習を通して文化の持つ性格・歴史・意味・意義等を理解している。

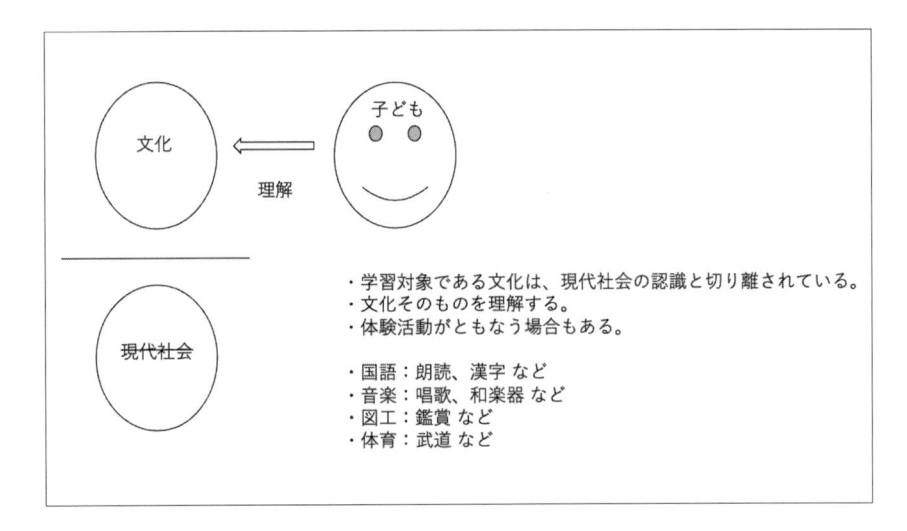

## ②　文化形成

　「文化形成」型の実践は、理解型と同じように国語科の朗読や音楽科の唱歌、図画工作科の鑑賞等が位置づくが、理解型から発展して文化を解釈・内化し、自身のものとして体得している。

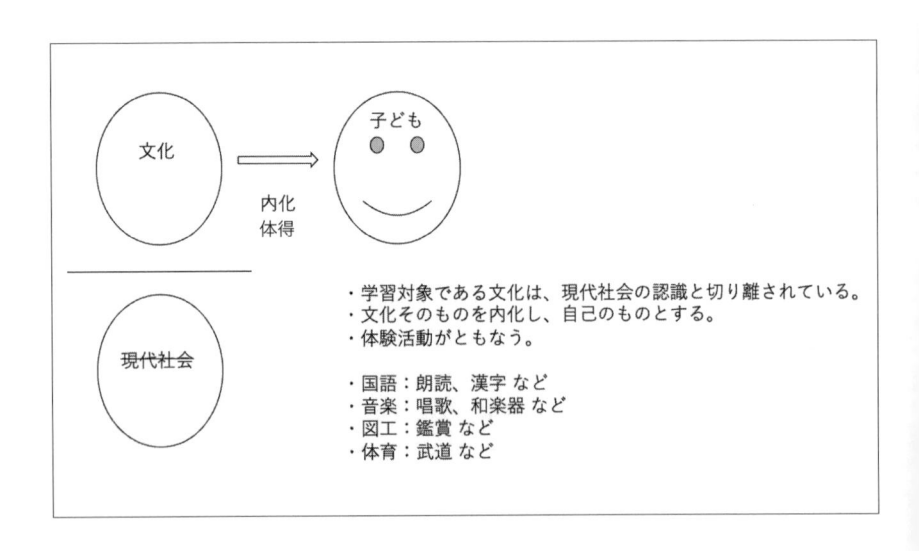

### ③　文化創造

　「文化創造」型の実践は、形成型において解釈・内化して体得した文化を、自身なりの表現において発出している。国語科の短歌・俳句や図画工作科の絵画・造形のように、表現活動を通して新たな文化を創造している。

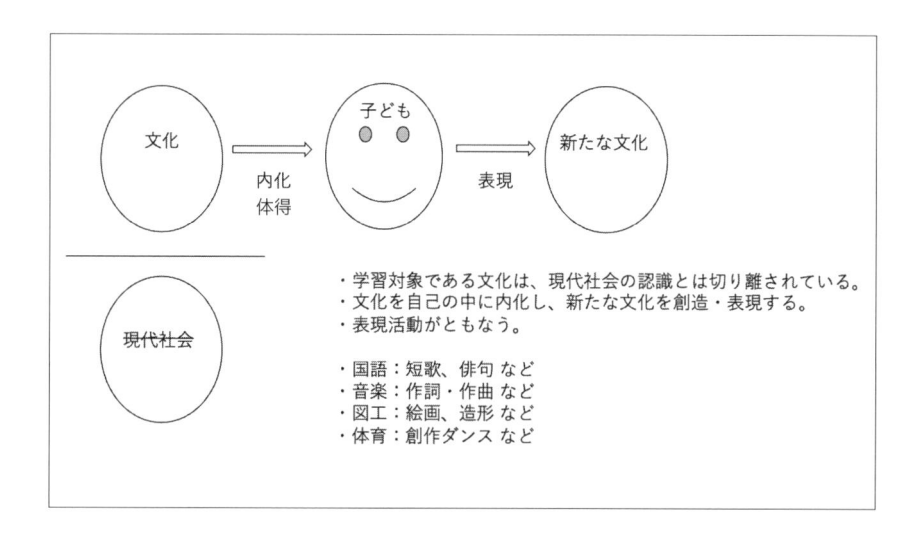

　学習は、通常「文化理解」「文化形成」「文化創造」の段階を経て発展していく。例えば小学校第4学年国語科「声に出して楽しもう」（教材名：一茶・蕪村など。菊池光史実践）では、五/七/五、あるいは五/七/五/七/七という言葉のリズムを感じさせるとともに、短い中に描かれた情景を、言葉を頼りに思い浮かべながら俳句・短歌の作品一つ一つを解釈させている。そして自身の感じた情景を伝え合うために、手掛かりとしての書く活動を取り入れ、新たな俳句・短歌の作品として表出させている。

### (3)　現代社会の認識の基づく文化の価値を学習対象とする実践

　「現代社会の認識の基づく文化の価値を学習対象とする実践」は、前出の図のように、さらに「文化価値理解」「文化価値形成」「文化価値創造」の3つの

型に分類することができる。以下では、それぞれについて説明を加える。

### ①　文化価値理解

　「文化価値理解」型の実践は、学習対象である文化を現代社会と関連づけ、当該文化の価値を理解している。關浩和実践では、子ども達が風呂敷の歴史を学習することを通してその使用方法が変化していることに気づき、現代社会における「包み文化」の価値を理解する構成となっている。

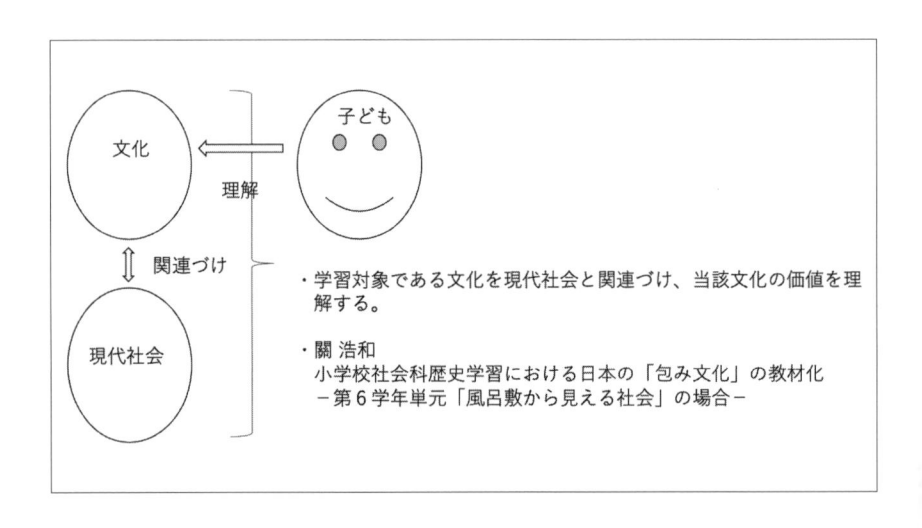

### ②　文化価値形成

　「文化価値形成」型の実践は、学習対象である文化を現代社会と関連づけ、当該文化の価値を自己の中に解釈・内化し、「自分事」として捉えている。峯岸由治実践では、400 年前から作られている「駿河凧」の特徴、歴史と現状・材料と製作方法・製作者の心情等を学習し、「駿河凧は無くなってしまうのか」と現代社会における切実な課題を考えることによって、その価値を見直すとともに子ども達の地域への愛着形成が図られている。

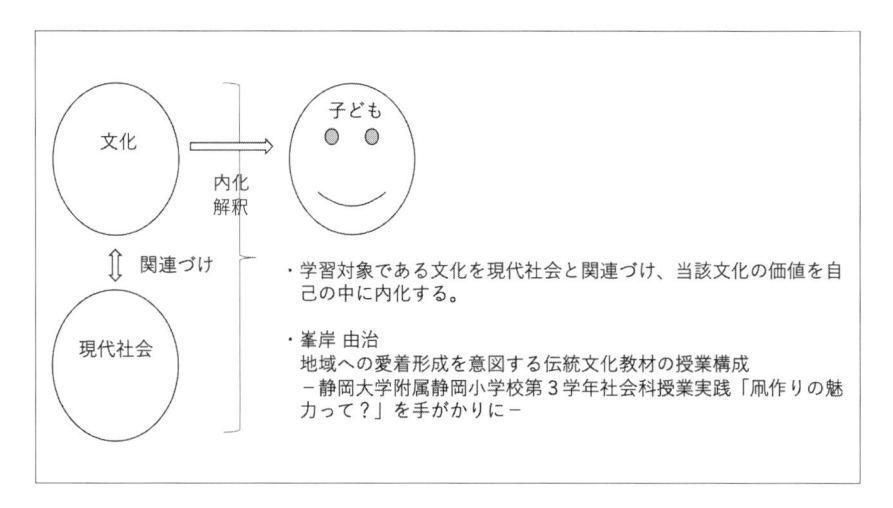

・学習対象である文化を現代社会と関連づけ、当該文化の価値を自己の中に内化する。

・峯岸 由治
地域への愛着形成を意図する伝統文化教材の授業構成
－静岡大学附属静岡小学校第3学年社会科授業実践「凧作りの魅力って？」を手がかりに－

### ③　文化価値創造

　「文化価値創造」型の実践は、現代社会との関連で自己の中に解釈・内化した文化を新たに価値づけしている。岡崎均実践は、子ども達が「文楽クラブ」等での活動を通し、地域に伝わる「文楽」を単に継承するのみでなく、「地域社会の活性化」に結びつく新たな価値を見出していく実践となっている。

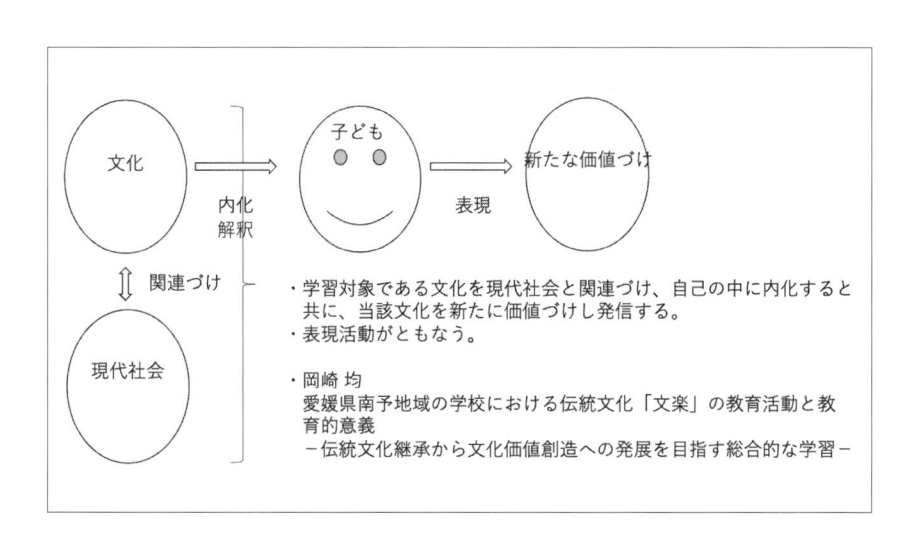

・学習対象である文化を現代社会と関連づけ、自己の中に内化すると共に、当該文化を新たに価値づけし発信する。
・表現活動がともなう。

・岡崎 均
愛媛県南予地域の学校における伝統文化「文楽」の教育活動と教育的意義
－伝統文化継承から文化価値創造への発展を目指す総合的な学習－

　学習は、通常「文化価値理解」「文化価値形成」「文化価値創造」の段階を経て発展していく。例えば社会教育実践「こどもたちといっしょに、こどもたちのいために『こいのぼり』を揚げよう」（中村哲『国際交流としての鯉のぼり活動とその意義』）では、鯉のぼりは元来、江戸時代に始まった日本の風習で「端午の節句に男児の健やかな成長を願うもの」と理解されるが、それを現代社会と関連づけた上で自己の中に解釈・内化し、「国際交流・平和シンボルとしての鯉のぼり」「東日本大震災復興シンボルとしての鯉のぼり」と新たな価値づけをして表出している。

## 4　「伝統と文化」実践の体系化とカリキュラム・マネジメント

　以上、本節では文化を基軸とする実践の類型枠を再検討し、「文化理解」「文化形成」「文化創造」、「文化価値理解」「文化価値形成」「文化価値創造」と分類した。このような実践を体系化して教育課程に落とし込むためには、全国で取り組まれている「○○学」が参考になる。京都府でも南丹市立美山小学校・美山中学校にて「美山学」が、宇治市教育委員会にて「宇治学」が取り組まれている。これらの取り組みは、「総合的な学習の時間」を核とし、各教科・領域で「伝統と文化」を中心とする地域教材を発掘することによって発展してきている。紙面の都合上、詳細をここに掲載することはできないが、本節で提案した類型枠を視点としてこれら「○○学」を分析し、実践の体系化とカリキュラム編成の手掛かりとなれば幸いである。

（小林　隆）

**引用・参考文献**

中村哲編『文化を基軸とする社会系教育の構築』風間書房，2017年.
社会系教科教育学会『社会系教科教育学研究』第30号，2018年.
『佛教大学総合研究所共同研究成果報告論文集』第10号，2023年.

# 第2節　保育者養成における教育実践とその特性
## ―和太鼓を取り入れた可能性―

## 1　和太鼓とは

### (1) 仕組み

　楽器には，長い歴史をかけて音が磨き上げられ，洗練されてきた文化が存在すると言われている（坂井，2016）。そのため，その文化を持った楽器を介した活動を，保育・教育現場における文化の伝達・継承を意識する一活動として考えることができる。太鼓は世界中に存在し，日本では古墳時代から存在していたと考えられている。また，太鼓の材料となる「木」は身近に豊富にあり，入手が簡単で加工しやすい。そして，木は振動しやすく音の立ち上がりや伸びも良く，木の種類や加工の手法により多彩な音色を生み出すことができる。そのため，科学技術の発達により新たな素材が開発されている現代においても，木は楽器の材料として大きな位置を占めている（小野，2005）。木の種類としては，日本にしかない「ケヤキ」が木目に品もあり，何百年も持つと考えられ人気が高く，他にも，その土地にしかない木を使うところもある（林，2017）。

　これらのくり抜いた木に張られている「革」は，動物の皮をなめしたものである。小野（2005）によると，太鼓の革のほとんどに牛の皮が使われている理由は，他の動物に比べて組織の繊維が太く，密でよく絡み合い，強烈な打撃に対して耐久性に優れているためである。一般の皮革製品と比較すると，太鼓の革は強烈な打撃を受けるために寿命は短くなる場合もあるが，扱い方次第では40年，50年程保っているという。林（2017）は，このように木や動物の命と共に存在している太鼓を，「革と木の命が宿り」，「記憶の彼方で聴いた母親の心音のような音」を持つ「命の鼓動」と表現している。

### (2) 太鼓の変遷

　日本での太鼓は，お祓いや鎮魂の儀式として活躍し，雅楽や能楽，長唄，民謡，祭囃子などの伝統音楽や郷土芸能の中でも使われてきた。そして，様々な芸能の発展と共に進化し，次第に庶民の生活にも浸透していった。特に江戸時代の庶民に親しまれた祭囃子は，今と違い娯楽の少なかった当時，若者たちが賭博などの不良行為に走ることを防ぐという面から，大人たちや幕府から奨励されていたという（小野，2005）。一方，各地固有の民俗芸能や古典邦楽の太鼓と，コンサート形式で行われる舞台演奏の太鼓は，それぞれに違う背景の中で変遷し独自の発達をしてきた。コンサート形式で行われる舞台演奏の太鼓打ちとして，伝統芸能とも郷土芸能とも違う新たな太鼓文化を切り拓いてきた林（2017）は，自分のように背景を持たない新興の芸能が生まれていることを，日本の文化の脆弱であると指摘する。しかし，「各地の固有の芸能はそれぞれが独自の発達」をしてきたからこそ，「地域の特徴を生かした『郷土芸能』であることが存在意義」であり，「『共通語』で喋ることに何の価値」もなく，「『訛っている』ことこそ，重要な美点（武器）」であると考え，そういった土地の香りのするものを，自覚と責任と自信を持って継承していって欲しいと説いている。そして，だからこそ「日本の太鼓全部に共通するメソッドに相当するもの」は無いと断言している。

　太鼓はそれぞれの分野で変遷してきたが，その響きや振動を共有することから，他者との一体感を感じる特性は一貫してコミュニティの維持に貢献してきたと考えられる。現在，こういった太鼓の特性が及ぼす効果に，音楽療法や精神的なサポートでの活用，また，コミュニティを築くきっかけになるとして注目が集まり，多くの研究が行われている。

## 2　和太鼓の教育的効果

　大浦（2023）は，和太鼓 [1] の教育的効果に関する先行研究を，「我が国の伝統的な楽器」，「音楽的側面と言語的側面」，「身体的側面」，「人間関係」といっ

た視点から分析した。

　まず，「我が国の伝統的な楽器」として，和太鼓は他の伝統的な楽器と比べるとすぐに音を出すことができ，大勢が一緒に演奏できることから，教育現場に取り入れやすいと考えられる。しかし浅田（2018）は，高等学校における和太鼓部活動の調査を通し，伝統芸能を伝承することの理解の上に，教育的視点からカリキュラム・マネジメントを重要視し，和太鼓の良さを生かしていく必要性を論じている。保育・教育現場に取り入れる有効な指導法の先行研究も少なく，土師ら（2019）は，子どもたちへの効果的な指導法に関する研究が必要であると指摘している。

　次に，「音楽的側面と言語的側面」から分析を行った。言葉には，特定の音を特定のイメージと結び付けて知覚する「音象徴」がある（村上，2016）。この音象徴を結び付けるものとして「オノマトペ」と呼ばれる言葉がある。日本におけるオノマトペは一般的に，擬態語，擬音語，擬情語を指す用語として認識されている（今井ら，2023）。オノマトペが呼び起こす音象徴は，感覚を超えて総合的に知覚されるため，様々な感覚が未分化である子どもたちとも共有し，伝え合うことができる。岡林ら（2021）は，4 歳児に対するオノマトペによる表現活動の実践を通し，子どもたちの「知覚・感受力」が豊かに育まれ，楽器や口唱歌を合わせることを通し「協同的な意識」が芽生えたことを示した。

　そして，「身体的側面」の視点からは，和太鼓の豊富な身体活動に注目した。和太鼓は大きく腕を動かし，全身で目にみえない音楽を表現するため，子どもたちは指導者の身体の動きから音楽を感じ取り，模倣することによりリズムや響きを共有する。鈴木（2009）は，身体表現の模倣により自らの身体を通して他者の存在を受け入れていく過程が，コミュニケーション力を育み，社会で生きる力を培うことに通じると説いている。

　最後に，「人間関係」の視点から和太鼓の教育的効果を分析した。吉積（2008）は，中学生の和太鼓体験から集団凝集性が高まる効果を示し，自己肯定感の向上やカタルシス等，個人の内的変化を示した。それは，和太鼓を介することで相手との密着関係に息苦しくならず，主体的に関係の質を選択できる

ためであり，そこに和太鼓を取り入れる意義があると論じている。平野（2020）は，小中高の学校教育における地域学習やクラブ活動に和太鼓を取り入れ，不登校や引きこもりの回復につながる教育的価値を見出した。その過程を，和太鼓のリズムの間で息を合わせ，他者と音を合わせるため自己をさらし，他者を受け入れていく体験が回復につながると分析している。

## 3　保育者養成に和太鼓を取り入れた実践

　和太鼓は，すぐに音を出すことのできる楽器である。また，目にみえない音楽を身体や言葉で表現するため模倣しやすく，成功体験が得やすいと考えられる。更に「打つ（たたく）」といった行為が受容される特徴から，内にある言葉にならない思いを発散し表現することにつながる。保育者養成校[2]の学生たちは，保育・教育現場に取り入れる活動として和太鼓を体験することで，様々な気づきを得て，保育者としての資質や能力の向上につながると考えられる。そこで，以下2点の実践研究を行った。

### (1)　和太鼓を取り入れた音楽表現活動が及ぼす教育的効果

　大浦（2024）では，以下の教育的効果がみられた。

　大方が和太鼓初心者である音楽表現ゼミナールⅡ受講生の，舞台発表演奏に至るまでの活動を通し，「①和太鼓の習得方法」，「②自己肯定感や自信」，「③他者とのつながり」，「④ピアノ習熟に及ぼす影響」，「⑤セルフイメージ」に関する項目について半構造化インタビューを行い，KJ法により分析した。まず，「リズムだけだと忘れてしまう，言葉があると復習しやすい」というように，言葉のあるリズムは覚えやすく再現しやすいために練習がはかどり，それが演奏力の向上につながった。次に，和太鼓を打つ動作からは「音楽が目でみえる」ために模倣しやすく，「途中でわからなくなっても周りに合わせてできる」，「初めてやることでも，自分ができることが嬉しくて楽しくなった」というように，初心者でも成果を出しやすいことが自己肯定感の高まりにつながっていた。

表Ⅲ-2-1　インタビュー調査の結果（大浦，2024）

| カテゴリー | サブカテゴリー | コード | インタビュー調査の回答 |
|---|---|---|---|
| 1.　習得方法に関する項目 | ①リズムに言葉をつける効果 | 演奏力の向上 | ・リズムだけだと忘れてしまう。言葉があると復習しやすい，覚えやすい。<br>・リズムだけだとわからなくなる。言葉があるとわかりやすい，たたきやすい。<br>・こどもにも言葉だとリズムが伝わりそう。 |
| | ②リズムに音楽をつける効果 | 表現力の向上 | ・リズムだけより観客が聴きやすい，のってもらえる。<br>・自分たちも覚えやすい。<br>・観客に対する迫力，音楽の完成度が高い。 |
| | ③身振りのある効果 | 音楽の可視化 | ・動きを目で見て真似しやすい，合わせやすい。<br>・数や右左，ではわからない，見た方がわかる。<br>・アイコンタクトや身振りでコミュニケーションをとれるようになる。<br>・途中でわからなくなっても周りに合わせてできる。<br>・間違えても隣の音が聞こえたり，視界に入るから途中からでも入れる。 |
| 2.　コミュニケーションに関する項目 | ①リズム創作の効果 | 主体的活動 | ・みんなで相談して決めるため，コミュニケーションが増える。<br>・みんなで決めるから，距離が縮まり仲良くなる。<br>・出来ること，出来ないことを自分たちで決められる。 |
| | ②同じリズムをたたく効果 | 人間関係力向上 | ・チームメンバーで教え合える，一体感がある，息を合わせるようになる。<br>・話しをしたことのない子とも共感して仲良くなった。<br>・周りがいるからがんばれた。手伝ってもらったからできた。<br>・ミスをしても自分だけではない安心感があった。 |
| 3.　セルフイメージ，自己肯定感に関する項目 | ①セルフイメージ・自己肯定感に関する効果 | セルフイメージ・自己肯定感の向上 | ・大きな音が心臓に響く，振りが大きくてカッコいい。<br>・珍しい感じ，和の雰囲気がカッコいい。<br>・一体感がある。息が合って音が揃うことがカッコいい。<br>・衣装を揃えるとテンションがあがる。<br>・初めてやることなのに，意外と自分，やるやん，と思えた。<br>・録画した動画を見てカッコいいと思った。 |
| | ②楽しいと感じた理由 | 達成感と効力感 | ・完成形に近づくにつれて楽しくなった。<br>・動画で自分たちを見て格好いいからワクワクしてきた。<br>・初めてやることでも，自分ができることが嬉しくて楽しくなった。 |
| 4.　ピアノに関する項目 | ①ピアノへの意識，意欲の転移効果 | 意欲の向上 | ・和太鼓を皆と協力して一緒にできた，努力が実った成功体験から，苦手なピアノもできるのではないかと練習量が増えた。<br>・ピアノは左が動かないことが苦手。太鼓で両手ができたから，ピアノでもできるのではないかと前向きになった。<br>・自主練をしないタイプでできないものは諦める。しかし，和太鼓の練習が簡単で楽しかったから，ピアノも自主練する力がついた。 |
| | ②ピアノとの違い | 理解しやすい | ・楽だった。楽譜もないし，音を間違うこともない。<br>・ピアノは楽譜がわからない。太鼓は音を聴いて皆をみたらできる。指を動かさなくていいから。<br>・ピアノは一人で弾いて間違えたら，不安で手が震えてできない。<br>・和太鼓をやったことのない家族でもできるから，動画を見て一緒にお箸で練習をした。 |
| 5.　保育者の視点の項目 | こどもたちの和太鼓活動の利点 | 経験を増やす | ・日本の文化にふれることができる。<br>・友だちとあわせることを経験する。<br>・関わりの無い子同士を隣にすると，新たな関係が生まれるからいい。<br>・言葉があるから伝わりやすい。目に見える動きだからわかりやすい。 |

　更に，リズムも口唱歌も自己決定していく活動は主体性と協調性を生み出し，「話をしたことがない子とも共感して仲良くなった」，「一体感がある，息を合わせるようになる」というように人間関係を構築する経験となり，コミュニケーション力の向上につながっていた。

　一方，「周りと比べてピアノが弾けない」という劣等感を持ち，音楽表現活動に苦手意識を持っていた学生が，「ミスをしても自分だけではない安心感があった」といった環境に安心し，「周りがいるからがんばれた。手伝ってもらったからできた」，「皆と協力して一緒にできた，努力が実った成功体験」といった，周りと支え合うことで努力が実った成功体験から，自己肯定感を高めていた。また，音楽の楽しさを感じ取ったことや自己肯定感の向上が，ピアノもできるかもしれないという意欲につながり，ピアノ練習の回数が増加したことも明らかになった。そして，場面の仕上り毎に録画した動画で，自分たちを客観視したことにより練習意欲が向上し，演奏力の向上につながった。そこから，「和の雰囲気がカッコイイ」，「息が合って音が揃うことがカッコイイ」というように，セルフイメージの向上につながっていた。

**(2)　和太鼓指導プログラムにおけるリレー奏指導法の教育的効果**

　大浦（2021）は，音楽表現活動の中で「受容されることが自己肯定感を高めていく」ことを示し，「心理的安全性」の重要性を明らかにした。筆者が音楽表現活動の中で重視している「心理的安全性」と「人間関係力」について，Porges（2018）が提唱したポリヴェーガル理論がある。Porges は「他者との絆を形成し，互いに共同調整しあうことが，人間にとって必要不可欠な生物学的必須要件」であり，幼児期からこういった体験の訓練が必要であると説いている。この理論に加えて，子どもたちが夢中になるような「楽しい遊び」の要素も取り入れたく，白石（2013）が提唱する楽しいと感じる魅力的な子どもの遊びの条件「①達成・成功への期待及び適度な拘束性からくる緊張感②逸脱・失敗・自由を許容する開放感③遊び仲間同士の共鳴・対立による発展性」を参考に，「リレー奏指導法」として活動内容を構成し実践した。内容は「和太鼓を打っている学生と次に打つ学生がお互いに息を合わせ，間を調整し合い交代し，お互いを受容し合う安全な環境で他者とつながる絆を感じ，ドキドキ，ワクワクしながら好戦的に社会交流する」といった構成である。

　この実践（大浦，2023）からは以下の教育的効果がみられた。

　大方が和太鼓初心者である保育内容の指導法「音楽表現Ⅰ」受講生が，リレ

一奏指導法を体験したことについて，「楽しいと感じたか」，「音楽表現活動に
対する苦手意識に変化があったか」，「こどもたちに教育的効果があると感じた
か」，それぞれ質問紙により4件法と自由記述で調査し，自由記述については
KH Code [3] により分析を行った。

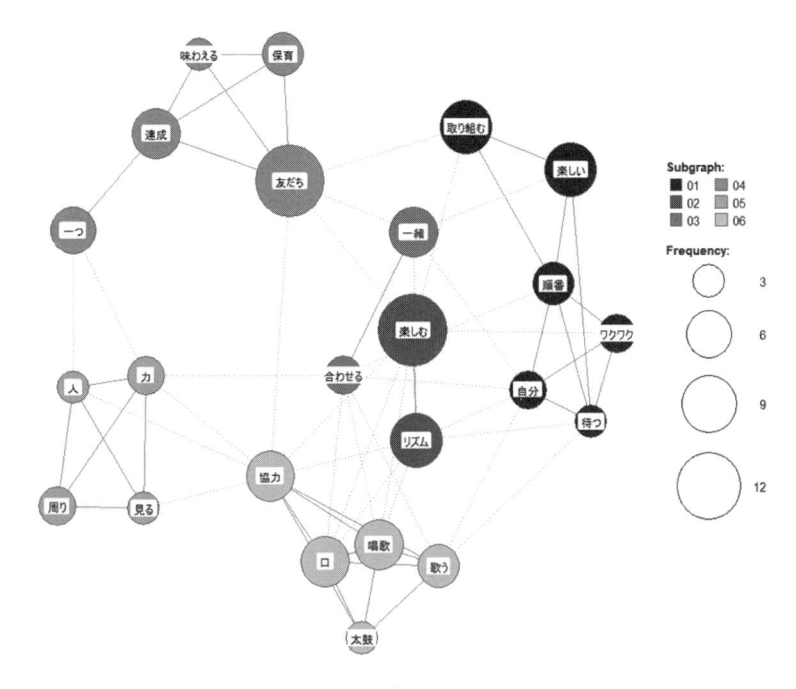

図Ⅲ-2-1

**リレー奏指導法について，こどもたちに教育的効果があると感じた理由**（大浦，2023）

　リレー奏指導法を体験した100％の学生たちが，「楽しい」と感じ，「こども
たちに教育的効果がある」と回答した。学生たちは，「ワクワク，ドキドキし
ながら自分の順番を待ち，できた時に達成感を感じた」，「楽しい雰囲気だった
から，自分から声をかけることができた」，「普段，関わらない子とも関わる機
会になった」といった体験から，以下のように子どもたちへの教育的効果を想
像していた。「友だちと一緒に一つのことを協力し合う成功体験を味わい『自
己肯定感を高める』ことができる」，「友だちが和太鼓をたたく時には一緒に口

唱歌のリズムを歌ったり，たたく真似をして，ワクワクしながら楽しんで『順番を待つことを覚える』，『周りをよくみたり人の音をよく聴くようになる』」，「自分の番になると『主体的に取り組む』ことを体験する」，「皆で一緒に口唱歌を歌いながらたたくため『協力し合う』ことにつながる」といった内容であった。

　そして，85%の学生が楽しく活動できる楽器があると感じたことから，「音楽表現活動の指導に対する苦手意識に良い変化」があった。「ピアノが苦手な自分でも楽しく指導できる楽器がある」という気づきと，その和太鼓を使った楽しい指導法を体験したことから，音楽表現活動を指導していく自信が芽生え，「指導に対する意欲」が向上することが明らかになった。一方，変化がないと回答した学生は，「まだピアノが不安だから」，「元々，ピアノが得意で苦手と思っていなかったから」という理由であった。

図Ⅲ-2-2　舞台発表　　　　　　　図Ⅲ-2-3　リレー奏指導法

## 4　和太鼓を通した和文化教育の可能性

　和太鼓の持つ特徴は，内にあるものを発散させることにもつながる「打つ（たたく）」という行為を通して音楽を生み出し，経験や年齢，言葉の壁を超え，同じ空間と時間，震動やリズム等の「目にみえないモノ」を共有し，他者との一体感が得られることである。

　林（2017）は，世界中の主要都市での公演を通し，「日本人の心」として高い評価をもたらせた。そして「和太鼓は問題行動を起こす少年たちの態度を一

変させる」という評判から，和太鼓指導を依頼されたオハイオ州では，学校に
いきなり銃を持ち込むといった養育・教育的環境に恵まれず問題行動を起こす
子どもたちの様々な素晴らしい変容を引き起した。

　現代は豊かで便利になった反面，共同体意識や心の喪失といった精神文化の
危機が感じられる。共同体や自他の心，命や可能性等の目にみえないモノは，
感じたり，想像したり，信じたり，慈しんだりすることで共有することができ
る。人間性や人格形成を支える学びは，直接的・具体的に他者と関わる様々な
体験が必要であろう。そして，真の国際人として他国を理解・尊重し共存して
いく姿勢には，自身を育てた環境，文化，歴史を理解し尊重する精神が重要と
なる。自然への畏敬の念や共生の精神が息づき，長い間継承されてきた文化や
歴史が存在する和太鼓を通した音楽を，保育・教育現場で共有していくことは，
人間が持つ「目にみえないモノを共有する力」を涵養し，継承していく可能性
があると考えられる。

（大浦　知加）

**註**

(1) 日本の太鼓の種類は幅広く，引用・参考文献では総称して「太鼓」とされている。
　本稿は，一般的にポピュラーであり，本学が所有している長胴太鼓と締太鼓を「和
　太鼓」とする。

(2) 本稿では，文部科学省指定の幼稚園教諭の教職課程を有する，厚生労働省の指定
　保育士養成施設のうちの短期大学・大学とする。

(3)「KH Coder」は樋口耕一氏によるテキストデータを統計的に分析するためのソ
　フトウェアである。

**引用・参考文献**

浅田裕「和太鼓の部活動，その現状と課題─東京都立高等学校等における和太鼓部の
　活動を中心に」『音楽教育実践ジャーナル』vol.16，2018年，pp.86-93.

土師範子・中典子「子どもと表現─和太鼓を使った指導における配慮─」『中国学園
　紀要』18，2019年，pp.123-128.

林英哲『あしたの太鼓打ちへ』羽島書店，2017年，pp.13-15，pp.71-74，p.107，
　pp.173-297.

樋口耕一・中村康則・周景龍『動かして学ぶ！はじめてのテキストマイニング』ナカニシヤ出版，2022年.

平野和弘「不登校・ひきこもりの『回復』に関する研究その1―和太鼓の教育的価値の考察―」『駿河台大学教職論集』第6号，2020年，pp.55-66.

今井むつみ・秋田喜美『言語の本質』中公新書，2023年，pp.3-19.

清原友香奈「和太鼓演奏における合わせる体験について」『臨床心理学研究報告』第4号，2011年，pp.43-56.

小西行郎・志村洋子・今川恭子・坂井康子・村上康子，他17名『乳幼児の音楽表現―赤ちゃんから始まる音環境の創造』中央法規，2016年，pp.36-37，p.68.

大浦知加「心理的安全性を生み出す絵本リトミックの可能性―保育者に対する実践と調査を基に―」『大阪千代田短期大学紀要』(52)，2022年，pp.1-13

大浦知加「和太鼓指導プログラムにおけるリレー奏指導法の提案―「人間関係」と「遊び」の視点からポリヴェーガル理論に着目して」『大阪千代田短期大学紀要』(53)，2023年，pp.23-34.

大浦知加「和太鼓を取り入れた音楽表現プログラムが及ぼす教育的効果の可能性―学生のインタビューを通して―」『大阪教育大学初等教育部門　実践学校教育研究』25・26号，2024年，pp.39-48.

岡林典子・佐野仁美・坂井康子「和楽器を用いた表現活動において育まれる力―幼稚園年中児のオノマトペ表現に注目して―」『関西楽理研究』(38)，2021年，pp.21-38.

小野美枝子『太鼓という楽器』浅野太鼓文化研究所，2005年，pp.11-63，pp.66-96，pp.144-148.

Stephen.W.Porges　花丘ちぐさ訳『ポリヴェーガル理論入門』春秋社，2018年，pp.12-19，pp.63-85，p.153.

白石崇人『保育者の専門性とは何か』社会評論社，2013年，pp.36-38.

鈴木裕子「幼児の身体的コミュニケーションにおける模倣の機能」『兵庫教育大学教育実践学論集』10，2008年，p.57.

吉積明代「中学生の集団凝集性と自己肯定感への音楽療法の効果―竹楽器と和太鼓を活用したリズム・アンサンブルを通して―」『九州大学心理学研究』9，2008年，pp.193-203.

# 第3節　小学校における教育実践とその特性
## —社会科教科書の伝統文化内容—

## 1 「小学校学習指導要領解説社会編」に見られる伝統文化内容

　現行の学習指導要領の基本方針の一つとして，伝統文化に関する教育の充実が挙げられる。平成18年に改正された教育基本法の第二条「教育の目標」で伝統と文化を尊重するとともに他国の文化を尊重することが示された。このことを踏まえて，平成20年告示の学習指導要領において「伝統や文化に関する教育の充実」が示され，現在に至っている。

　「小学校学習指導要領（平成29年告示）解説社会編」においても，社会科の目標の（1）として，「地域や我が国の国土の地理的環境，現代社会の仕組みや働き，地域や我が国の歴史や伝統と文化を通して社会生活について理解するとともに，様々な資料や調査活動を通して情報を適切に調べまとめる技能を身に付けるようにする。」と示されており，伝統文化が重視されていることがわかる。具体的な内容としては，第4学年では「県内の伝統や文化」などがあり，古くから伝わる文化財や年中行事を扱うことになっている。第6学年では歴史学習全体を通して，我が国が伝統や文化を長い歴史の中で育んできたことを学ぶことになっている。その他，伝統的な家屋やまち並み，地域の伝統，伝統的な産業，文化遺産等，いくつもの伝統文化に関わるキーワードを「小学校学習指導要領（平成29年告示）解説社会編」から見つけることができる。

　小学校社会科教科書は小学校学習指導要領に示された内容に応じて作成されているので，先に示されたような内容は一通り掲載されている。多くの小学校では，その内容をもとに伝統文化の教育実践を行っていると推測される。その点で，教科書に掲載されている事例を取り上げ，その傾向や特徴をみていくことで小学校社会科における伝統文化内容が明らかになり，その実践の可能性を

考察することができるであろう。

## 2　伝統文化内容の対象

　小学校社会科教科書に事例として示されている伝統文化内容は多岐にわたる。それらの傾向をみていくために，中村哲編「和文化—日本の伝統を体感するQA事典」(2004) による和文化領域の設定を参考とする。そこでは和文化領域の基本項目として以下の 17 項目を，その下位項目として 101 項目を設定している。

---

①儀式…年中行事，礼儀作法など　　②衣服…染織，和装，服装など

③食事…和食，伝統食など　　④建築…神社，城郭，住まいなど

⑤道具…農具，武具，工具など　　⑥算術…算法，そろばんなど

⑦遊戯…囲碁，将棋，花火など　　⑧文芸…和歌，俳句・川柳など

⑨話芸…落語，浪曲など　　⑩工芸…陶芸，木工，和紙など

⑪園芸…伝統野菜，盆栽など　　⑫絵画・版画…水墨画，浮世絵など

⑬芸能…能，狂言，歌舞伎など　　⑭邦楽…箏曲，民謡など

⑮邦舞…日本舞踊，素踊りなど　　⑯芸道…茶道，華道，書道など

⑰武道…相撲，弓道，柔道など

---

　これらはあくまでも和文化の分類であるが，実際に社会科の教科書に掲載されている内容を網羅すると判断し，本稿ではこれらを伝統文化内容の項目とする。

## 3　学年ごとの伝統文化内容の事例の傾向と特徴

　小学校社会科教科書で現在発刊されている A 社，B 社，C 社の第 3 学年から第 6 学年までの合計 14 冊（令和 5 年検定済）を調査対象として，先の 17 項目に関連する事例を学年別に抽出した。ただし，「日本にある世界遺産」のよう

に，まとめられていくつもの事例が示されているものは，一つ一つが簡易な提示ととらえ，「日本にある世界遺産の建築物」として1事例として数えた。また，本文中に短い単語で紹介されているものや資料に簡単なイラストで描かれているもののように学習内容として情報が少ないものは省いた。

　表Ⅲ-3-1は小学校社会科教科書における伝統や文化に関する事例の件数を教科書会社別に示したものである。

**表Ⅲ-3-1　教科書別の伝統や文化に関する内容の件数**

| | A社 | B社 | C社 | 合計 |
|---|---|---|---|---|
| 第3学年 | 3 | 10 | 6 | 19 |
| 第4学年 | 11 | 12 | 10 | 33 |
| 第5学年 | 8 | 7 | 4 | 19 |
| 第6学年 | 55 | 42 | 39 | 136 |
| 合計 | 77 | 71 | 59 | 207 |

　合計で207件の内容が記載されていた。各社とも第3学年から第5学年までは事例件数は多くても12件以下であるが，第6学年では各社とも件数は多くなっている。

　第3学年は自分たちが住む市町村の様子のうつりかわりの学習において身近な生活道具を扱う。B社の教科書にはその事例として，石臼やかまど，千歯こぎ等が示されている。ここでは，「かわる道具とくらし」という単元が構成され，子どもたちが生活道具を調べる過程で今と昔の生活の違いを追究する内容となっている。

　第4学年では「県内の伝統や文化，先人の働き」を扱う。「小学校学習指導要領（平成29年告示）総則編」には「現代的な諸課題に関する教科等横断的な教育内容」が示されており，その中の一つとして「伝統や文化に関する教育」の社会科の内容として示されている。各教科書においても1単元ないしは2単元の内容として構成されており，たとえば「伝統や文化」の学習では，それぞれの教科書で，「八ツ鹿おどり・新居浜太鼓祭り（愛媛県）」，「阿波踊り・阿波人形浄瑠璃（徳島県）」，「長崎くんち（長崎県）」を扱っている。そこには，伝統行事の内容，歴史，受け継ぐ人々の取り組みと広い内容が示されている。

　また，別単元である「県内の特色ある地域の様子」では各県の伝統産業について先と同様の内容がそれぞれの教科書で示されている。なお，第4学年では

自分たちが住む都道府県について学習をするので，社会科においては各都道府県版の副読本が使用されることが一般的である。ほとんどの都道府県では，教科書とは別の事例を扱っていると推測される。

　なお，第4学年の事例数ではA社11件，B社12件，C社10件と多くはないが，先に述べたように伝統文化内容そのものが単元の対象事例なので，子どもたちが事例を学習する時間は多いと推測される。各社の「県内の伝統や文化，先人の働き」および「県内の特色ある地域の様子」の内容において，事例が出ているページ数はA社30ページ，B社34ページ，C社26ページである。小学校では1単位時間で教科書2ページ分を扱うことが一般的なので，時間にして13時間から17時間の伝統文化内容の学習が行われると推測される。

　第5学年は国土や産業といった地理的な学習が中心となる。そのため，伝統文化内容は少ない。沖縄や北海道の伝統文化，日本にある世界遺産のそれぞれの紹介といった内容となっている。

　第6学年では歴史学習において，その時代の文化の事例が掲載されている。たとえば，平安時代の日本風の文化，室町時代の今日の生活につながる室町文化，江戸時代の町人の文化というように，その文化の特徴を学習することになっている。特に室町文化については各社とも事例が多く，書院造，水墨画，茶の湯等，資料とくわしい説明が掲載されている。また，能や狂言については教科書から動画サイトにアクセスできるQRコードが示されているものもあり，視覚的に理解が深まるようになっている。

　さらに，A社では「室町文化を体験してレポートを書こう」という体験活動への誘いが掲載されている。「茶室の様子」，「おかしをいただく」，「お茶を楽しむ」という具体的な場面の資料によって，茶の湯体験を理解できる内容となっている。B社においても，外国旅行者に室町文化について説明する発展用の学習問題が示されている。社会科教科書に示されている伝統文化内容の事例は，ほとんどが資料と説明であり，このように体験型の活動を含めた紹介は限られている。その点では，「伝統文化を体験する」ことの価値を示しているといえる。

## 4　17項目別の伝統文化内容の事例の傾向と特徴

　小学校社会科教科書の伝統文化内容の事例207件について，2で示した17項目別に分類したのが表Ⅲ-3-2である。

　項目別で一番多いのは④建築である。どの学年においても一定数の事例が掲載されている。第3学年では身近な地域での古くから残る建造物について，第4学年では県を代表する建造物について学ぶ。第6学年では金閣や銀閣のような歴史的な建造物が時代ごとに示されている。それらが写真資料だけではなく，建築様式に関わる説明も書かれており，子どもた

表Ⅲ-3-2　小学校社会科教科書に掲載されている項目別の事例数（3社合計）

|  | 第3学年 | 第4学年 | 第5学年 | 第6学年 | 合計 |
|---|---|---|---|---|---|
| ①儀式 | 0 | 1 | 0 | 3 | 4 |
| ②衣類 | 0 | 0 | 0 | 6 | 6 |
| ③食事 | 1 | 0 | 4 | 9 | 14 |
| ④建築 | 8 | 16 | 8 | 41 | 73 |
| ⑤道具 | 10 | 2 | 0 | 25 | 37 |
| ⑥算術 | 0 | 0 | 0 | 0 | 0 |
| ⑦遊戯 | 0 | 0 | 0 | 6 | 6 |
| ⑧文芸 | 0 | 0 | 0 | 5 | 5 |
| ⑨話芸 | 0 | 0 | 0 | 0 | 0 |
| ⑩工芸 | 0 | 5 | 1 | 3 | 9 |
| ⑪園芸 | 0 | 0 | 0 | 0 | 0 |
| ⑫絵画・版画 | 0 | 0 | 0 | 10 | 10 |
| ⑬芸能 | 0 | 9 | 6 | 21 | 36 |
| ⑭邦楽 | 0 | 0 | 0 | 0 | 0 |
| ⑮邦舞 | 0 | 0 | 0 | 0 | 0 |
| ⑯芸道 | 0 | 0 | 0 | 6 | 6 |
| ⑰武道 | 0 | 0 | 0 | 1 | 1 |
| 合計 | 19 | 33 | 19 | 136 | 207 |

ちの興味を引くようになっている。また，庭園についても室町文化の事例として横長で2ページにわたる写真で紹介されており，子どもたちにそのすばらしさが伝わる工夫がされている。

　次に⑤道具が事例としては多い。たとえば，農具の備中ぐわや千歯こきは農業生産を高めたものとして3社の教科書に江戸時代の事例として示されている。

説明スペースは決して多くはないが，日本人が道具を工夫して作り続けて，現在の機械化に至ることを子どもたちは知ることができる。

⑬芸能は，能や狂言，歌舞伎や民俗芸能等の事例である。特に第4学年の事例として県内各地の民俗芸能が具体的な対象として取り上げられ，人々の願いや保存や継承のための取り組みが一定のページ数で示されている。

これらの建築，道具，芸能の事例だけで全体の7割を占める。残りの3割の事例にも特徴が見られる。

③食事では，C社の教科書がいくつかの時代ごとに食事例を提示している。縄文時代の狩りや漁をしていたころの食事から始まり，弥生時代の米作りが広がったころの食事，奈良時代の貴族の食事と農民の食事の比較，鎌倉時代の武士の食事の例というように時代の変化によって，食事の内容が変わることを知ることができる。一つ一つの事例を学ぶのはその時代ごとであるが，「食事の変遷」という伝統文化内容でまとめて事例を見るような学習も考えられる。

⑫絵画・版画の事例については，大和絵，水墨画，浮世絵が第6学年の教科書に共通して示されている。特に水墨画については1ページの半分近くのスペースを割いて掲載している教科書もあり，伝統文化内容として重視されていることがわかる。また，浮世絵については3社とも海外に紹介され，ゴッホをはじめとするヨーロッパの画家たちに大きな影響を与えたエピソードが書かれている。

「小学校学習指導要領（平成29年告示）解説社会編」の第6学年の（内容の取扱い）では，現在の北海道などの地域における先住民族であるアイヌの人々には独自の伝統や文化があること，現在の沖縄県には琉球の伝統や文化があることにも触れることが書かれている。3社の教科書には江戸時代の内容として首里城や沖縄料理，アイヌの織物（蝦夷錦）等の伝統文化内容が掲載されている。

## 5　事例として抽出していない内容について

第6学年の教科書には歴史年表が掲載されている。時代名や西暦，教科書に

出てくる人物や主な出来事が書かれている。加えて，Ａ社では建築物や文化遺産（写真）が，Ｂ社では各時代の服装（イラスト）が示されている。写真のみ，イラストのみということで情報量が少ないと判断し，事例の件数に入れてはいないが，建築物や服装の時代ごとの特徴を一覧できるよさが年表を通して得られると考える。

　また，第6学年の歴史学習においては，明治時代以降は17項目に関わる内容は教科書に掲載されていない。明治時代以降にも武道のように新たに生まれたり，発展したりしたものがあるが，文化面そのものの内容が限られており，取り上げられなかったと推測する。

　なお，17項目のうち事例がなかったものは，小学校社会科教科書に掲載されていなかったということであり，他教科教科書で掲載されているものがある。たとえば邦楽では，わらべうたが低学年の教科書で，日本古謡が鑑賞教材として高学年の教科書で扱われている。話芸としての落語も第4学年の国語で「ぞろぞろ」を取り上げている教科書があり，伝統的な言語文化の学習が図られている。その点では，小学校社会科に限らず広く各教科で伝統文化内容が教科書に掲載されているといえよう。

## 6　伝統文化内容の実践の可能性

　本稿では3社の小学校社会科教科書（令和5年検定済）における伝統文化内容を抽出し，その傾向や特徴に述べてきた。以上のことから，次のような和文化教育実践の可能性が考えられる。

・小学校全ての学年において何らかの形で伝統文化内容の事例が掲載されており，どの学年でも実践が可能である。特に第6学年においては，和文化領域の基本項目の17項目中12項目で事例があり，幅広い事例の実践が可能である。

・第4学年では単元レベルの実践が可能である。たとえば，「県内の伝統や文化」の学習では，単元の内容自体が伝統や文化を対象としたものなので，単

元全体を通した実践ができる。

・事例の資料は写真と説明のみのものが多いが，水墨画や浮世絵の資料が大きく掲載されいたり，能や狂言では動画資料へのアクセスが容易であったりする教科書もある，調べ学習で効果的に資料を扱うことで，深い内容の実践が工夫できる。

・第6学年において，複数の時代における食事例が掲載されている教科書では，「日本における食事の歴史」といったテーマの実践が可能である。

　教科書は，教師にとっても子どもたちにとっても一番身近で，優れた教材である。効果的に活用して伝統文化に関わる実践を積み重ねたいものである。

（佐藤　正寿）

**参考文献**

文部科学省『小学校学習指導要領（平成 29 年告示）解説社会編』2017 年.

文部科学省『小学校学習指導要領（平成 29 年告示）解説総則編』2017 年.

中村哲編『和文化―日本の伝統を体感する QA 事典』明治図書，2004 年.

佐藤正寿「小学校社会科教科書における伝統や文化の内容と実践の可能性」『東北学院大学教育学科論集』第 5 号，2023 年，pp.77-82.

　なお，調査対象の教科書は次の 3 社のものである。

・教育出版（令和 5 年検定済）「小学社会 3」「小学社会 4」「小学社会 5」「小学社会 6」

・東京書籍（令和 5 年検定済）「新編 新しい社会 3」「新編 新しい社会 4」「新編 新しい社会 5 上」「新編 新しい社会 5 下」「新編 新しい社会 6 政治・国際編」「新編 新しい社会 6 歴史編」

・日本文教出版（令和 5 年検定済）「小学社会 3 年」「小学社会 4 年」「小学社会 5 年」「小学社会 6 年」

# 第4節　小学校における教育実践とその特性
## ─伝承遊びを取り入れた音楽授業─

## 1　伝統や文化を取り入れた音楽科教育

　1947（昭和22）年の学習指導要領試案（音楽）には，「ヨーロッパ音楽の音組織を，音楽教育の基礎」（小学校第1学年：歌唱の指導目標5）とし，「まずヨーロッパ音楽の音組織を基礎として教え，これの確立を待って，次第に他の音組織にも理解を及ぼして行く」と，西洋音楽の基礎を確立してから伝統音楽について理解させることとして示されたが（国立教育政策研究所1947），1958（昭和33）年度改訂の中学校学習指導要領（音楽）において，日本の伝統音楽である「郷土の音楽」を教材として授業に用いることが明記された（小島2018）。その後の伝統や文化を取り入れた音楽科教育は，わらべうたを素材とする教育や和楽器の演奏を目的とするもの，ハンガリーのコダーイやオルフの教育の手法が取り入れられたものなど多岐にわたる（澤田2013），（大井2017）。2017（平成29）年3月に公示された小学校学習指導要領（音楽科）では，「我が国や郷土の音楽の指導に当たっては，そのよさなどを感じ取って表現したり鑑賞したりできるよう，音源や楽譜等の示し方，伴奏の仕方，曲にあった歌い方や楽器の演奏の仕方などの指導方法を工夫すること。」と，音楽科における伝統や文化に関する教育の充実が示されている（文部科学省2018）。
　佐川（2006），森田（2010），寺田・山田（2015）らは，伝統音楽を授業に取り入れる有効性について，音楽的特質の気づきから子供や生徒に一定の価値や感情が芽生える点や，伝統音楽の良さに気づくことから他の異なる様式の音楽への理解を深めることができる点などを示している。伝統音楽を取り入れた音楽科授業の入り口として，伝統音楽に出会い，その文化価値に気づくこと（文化価値理解）は重要である。しかし，文化的・歴史的背景など，伝統音楽そのも

のが生成してきた状況や文脈を生かして授業の構成を工夫するといった実践研究は散見されるが，伝統や身近な生活に根差す文化を取り入れた音楽科授業により，子供の内面で文化価値がどのように生成されているのかについては言及されていない。また，先行研究では，音楽づくりの授業において，子供の音楽的成長について着目する研究は少ない。そこで本稿では，伝承遊びであるマリつき遊びを取り入れ，マリつき歌創作授業での子供の作品や遊びの変容を観察し，子供の内面における文化価値の生成や音楽的表現の成長より伝承遊びを取り入れた授業の有効性を検討する。

　なお本稿では，奥村（2007）や東京都教育庁指導部指導企画課（2006）の定義にもとづきは，「伝統や文化」を「昔から人々や心の中に根差し伝承されてきたもの，さらに人間が手を加えて作られてきた形のあるものや精神」と定義する。また，「伝承遊び」については，小川（2011），藤本（2001）の定義にもとづき「口伝えで伝えられてきた遊び。子供により主体的に維持され，伝承されてきた特有の生活様式。」と定義する。

## 2　文化価値生成

　阪本（2016）は，文化価値形成について経済学の視点から「個人が，経験を積み重ねることによって新しい価値を受け入れ，自らの持つ価値をたしかにし，場合によっては変更してゆく過程である。」と述べる。また，田井（1989）は，個人性，社会性とともに，文化性という三つの側面が人間の自己形成に関わるとする。文化価値が子どもの内面に生成されることは自己形成の一側面であり，そのことにより，人類が長い歴史で形成してきた文化を受け入れ改善し，より高度な文化へと質的に向上させ続けることにつながると述べる。自己形成の流れは「文化を受け入れ，改善し，質的に向上される」とし，文化価値の生成は，自己形成に大きく関与すると示す。一方，中村（2017）は，文化価値を，過去から現在まで関連する文化の意味や意義を教育するうえで，文化と人間（学習者）との関与の視点から，文化価値理解，文化価値形成，文化価値創造の３形

態に分類する。中村（2017）の文化価値理解とは，過去から現在まで関連する文化の意味や意義を理解する形態である。文化価値形成とは，過去から現在まで関連する文化の意味や意義を体験などの活動を通して文化価値を体得する形態である。そして文化価値創造とは，過去から現在まで関連する文化の意味や意義を未来の文化創造に関連づける形態である。本稿では中村（2017）の文化価値生成の形態を授業の構成に援用する。

## 3　音楽的発達の理論

### (1) スワニック（1994）の音楽的発達の3要素

　スワニック（1994）は「音楽的発達の3要素」について，マスタリー，模倣，想像的な遊びの3つに分類する。マスタリーは，音素材の制御を意味し，音そのものを再現する技能の習得による音に対する興味と喜びが生まれる段階で，音の印象や音色や強弱に関心を持つことができる段階を示す。模倣は，音楽の表現上の特質に関する反応であり，初期の段階では，身体的模倣がみられ，速度や強弱の変化を表現し，メロディやリズムパターンが表れ始める段階を示す。想像的な遊びは，それまでの段階で吸収された音楽の断片から形成される段階で，構造上新しいものを作り上げる段階であり，メロディやリズムパターンを反復させるだけでなく，フレーズや曲の最後に変化をつけることができる段階を示す。また，子供の音楽的行動には，これらが順序どおりに現れてくることや，その発達の過程は，螺旋状過程を循環的，累積的に発達するとし，子供の音楽作品を観察することで，その変容から音楽的発達が見て取れると述べる。先行研究では，竹井（1996）はスワニックの音楽的発達の螺旋状過程に照らして，児童・生徒の発達に即した望ましい教授・指導について述べている。また，目戸（2017）は子どもの音楽的発達について，スワニック（1994）の提唱する螺旋状モデルを援用して，幼児の楽器を用いた作品を分析し，子どもの音楽的発達のモデルを提案している。このことより，子どもの音楽的発達の検討にスワニック（1994）の音楽的発達の理論を援用することは妥当であると考える。

### (2) 古田 (1977) の5つの音楽的成長

　子供の音楽的発達について古田 (1977) は音楽的能力に着目し，子供の音楽的成長を，音楽に対する欲求力の発達，音楽的識別力の発達，音楽的質の判断力の発達，音楽的理解力の発達，音楽的技術の発達の5つに分類する。音楽に対する欲求力は，学習者に働きかけて音楽を好きにさせることで起こる，音楽を学習する意欲を示し，自発的欲求力の誘発により，さらに挑戦的欲求力が発達する。音楽的識別力は，音楽を聴いたり演奏したり作ったりすることにより，音楽の楽しさに触れ，無限の広がりをもつ音楽の変化を意識する力を示す。音楽的質の判断力は，音楽の嗜好から発展して音楽の持つ情緒や印象に対する音楽的反応力及び把握力を示す。音楽的理解力は，音楽の旋律，リズム，和音などの要素から音楽の構成や構造及び形態などについて理解する力を示す。音楽的技術の発達は，表面的な演奏する技能ではなく，表現手段として音楽をより豊かに，感情的に，内面的に表出しようとする技術を示す。古田は，これら5つの音楽的な力が個別に発達を促されるのではなく，相互に有機的に作用し合いながら発達すると述べる。

　以上より，本稿では，スワニック (1994) の音楽的発達の理論に加えて，古田 (1997) の5つの音楽的発達も援用して，伝承遊びを取り入れた授業を検討する。

## 4　マリつき歌創作授業

### (1) 教材の検討

　古くから伝わる子供の遊びのなかで，ボールを扱う球技には，「手を使う球技」，「足を使う球技」，「打具を使う球技」の3つのタイプがあるが，マリつきのような「手を使う球技」には，お手玉やけん玉などが挙げられる。手毬は1223年に宮中で「手鞠会」が開かれたと記録されており，江戸時代には，女児が手毬をしている場面や数人で向かい合って空中の毬を見上げている挿絵などが散見される。このことからも，マリつきが日本の伝統の遊びであるこ

とが示される。マリをつきながら歌う手まり歌について，北原，薮田（1974～1976）は，8分別した遊び歌の一つに挙げ，東北地方に伝わる手まり歌を紹介している。また，町田，浅野（1962）はわらべ歌を歌の目的に応じて3つに分類し，マリつき歌（毬つき唄）は，遊びを目的とする歌に分類している。

　マリつきに関する研究では，松浦，野原（1990）や西田（2012）のマリつきの動作に着目したもの，薬師寺（2001）の遊びと学習の関連による研究，山本，堀江（2019）によるわらべ歌の特質を生かした研究などが散見される。

### （2）マリつき歌創作

　マリつき歌創作はふしづくりの活動であるが，山本（1968）が発達段階に応じた系統だったカリキュラムや，どんな指導者でもその方法に則っていくと音楽の授業が実践できるプログラムの構築をしている。山本（1968）の「ふしづくりによる音楽教育」については，松永（2007），三村（2011），島崎（2012）らの歴史的研究が散見される。また，岩本（2012），日笠（2014）らによるわらべうたを取り入れたふしづくりや，楠井（2011）による自己の生活をテーマにしたふしづくりでは，子供自身の自己の内面を表出させる結果を得ている。

### （3）学習指導計画

表III-4-1　学習指導計画

| 次 | 時 | 各時の目標 | 学習内容及び子供の活動 | 中村（2017）による授業形態 |
|---|---|---|---|---|
| 1 | 1・2 | ・マリつき遊びを楽しむことができる。<br>・マリつきの動作を工夫することができる。 | ・わらべうたを歌ってマリつき遊びを楽しむ。<br>・マリつき歌を創り，それに合わせてマリつきをする。 | （1）　文化価値理解<br><br>（2）　文化価値形成 |
| 2 | 1・2 | ・拍の流れを感じてマリつき歌を創ることができる。<br>・創ったマリつき歌を歌いながらマリつきができる。 | ・オリジナルの動作をつけてマリつき遊びを楽しむ。<br>・創ったマリつき歌をグループで共有し，さらにマリつき歌を創りかえる。 | （2）　文化価値形成<br><br>（3）　文化価値創造 |

　研究協力者は，A県B小学校5年生101人，実施時期は2018年9月である。題材名は「マリつき遊びを工夫しよう」とし，第1次2時間，第2次2時間の全4時間で実施した。

## (4) 子供の作品とマリつき動作の工夫例

## 1) C子の作品

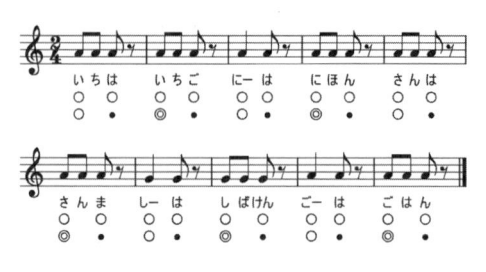

**図Ⅲ-4-1　C子の作品**

　C子の作品は，ソとラの2音で構成され，かぞえうたになっている。マリつきの動きは，1拍ごとにマリをつくパターンから，次に二人組になり，表迫でマリをつき裏拍は両手で持ち，次の表拍でマリをパスし裏拍でまた両手で持つという動作を繰り返した。

　　　　○：マリをつく　　●：両手でマリを持つ。◎：向かいの人にパスをする。

## 2) D男の作品

**図Ⅲ-4-2　D男の作品①**

　D男の作品もかぞえうたになっている。野球少年のD男らしい内容だが，歌を創るときには歌詞から創るのではなく，マリをつきながら即興的に唱えて創っていった。使用した音は，ミ，ソ，ラの3音である。D男はグループで，何パターンもマリつきの動作を創りかえた。上にマリを投げる動作や，円になって横の友達にマリを回す動作など，友達との交流により創りかえた。

　　○：マリをつく　　●：両手でマリを持つ

　　↑：上にマリを投げる　　→：横の人にマリを回す

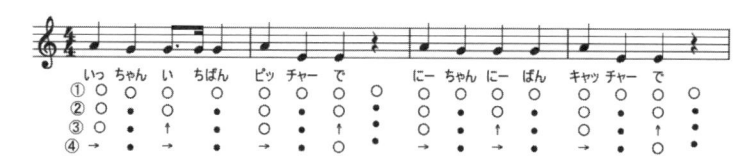

図III-4-3　D男の作品②

## 3）E子の作品

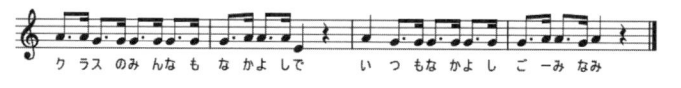

図III-4-4　E子の作品

　E子は，かぞえ歌ではなく自由に歌詞を考えマリつき歌を創った。ミ，ソ，ラ，の3音で構成されている。マリつきの動作も単純で，1拍ごとにマリをつく動作を繰り返した。1拍を二つに分けるときはすべて付点のリズムで創っている。クラスや担任の先生への思いのこもった内容となっている。

## 5　結果と考察

　多くの子供がかぞえ歌を創作したが，これは学習計画の第1次で「一匁のいい助さん」などのかぞえ歌でマリつきを楽しんだ経験が関わっていると考える。マリつき動作では，まずマリをつくタイミングの工夫がみられた。最初は拍に合わせて一回ずつマリをついていた子供も，休符でマリをつかずに両手で持ったり，2人以上でマリつきをするときは，隣の人にマリを手渡したり，向かいの人にノーバウンドやワンバウンドでマリをパスするなどの動作の変化が生まれた。また，一人から二人，そしてグループでマリをつくなど，歌詞の内容に合わせて徐々に人数を増やしていく工夫もみられた。

　文化価値生成に関しては，授業の第1次ではマリつきを楽しみ，動作を工夫する様子から，文化価値理解と文化価値形成が達成されたと考える。また，第2次では，創ったマリつき歌をさらにアレンジして新しいマリつき遊びに創りかえていることから，文化価値形成から文化価値創造が子どもの内面に生成されたと考える。音楽的成長に関しては，伝承されたマリつき遊びを楽しみ，マリつき歌を創り，そこから新しいマリつき遊びに発展していることから，スワニック（1994）のマスタリーから模倣，そして想像的な遊びの段階にまで到達していると考える。さらに，子どもの創ったマリつき歌は，言葉に合わせたリズムや抑揚に合わせた音高の使用が見られることから，古田（1997）の言葉のリズムやふしのまとまりを感じる能力と音楽的質の判断力が確認された。今回の実践による作品例では，多くても3音までしか使用していないが，これは，マリつきをしながら歌うために，音域が狭く平易に歌えるようなふしを創ったと考える。歌詞の内容に関しても，友だちや家族のことなど，身近な生活経験を基にしたものが多く見られた。

　これまで筆者は，伝承遊びである絵描き歌やなわとび遊びなどを取り入れた授業の開発を実施してきた。今後も伝承遊びを取り入れた音楽科授業を開発し，実践研究を深めていきたいと考える。

（桐山　由香）

## 謝辞

　本研究は，研究結果の公表に際し，協力校，第 5 学年の担任教員，保護者，児童に対して授業記録の使用許可を得て掲載した。紙面を借りて，感謝の意を表す。

## 参考文献

藤本浩之輔『子どもの育ちを考える』久山社，2001 年，pp.17-20.

日笠みどり「ことば遊びから節作りへ」『学校音楽教育研究』第 18 巻，2014 年，pp.160-161.

古田庄平「音楽教育の意義とその目的について」『長崎大学教育科学研究報告』第 24 号，1977 年，pp.195-204.

岩本沙八香「子どもの創造性を育むわらべうた教育の実践的研究」『学校音楽教育研究』第 16 巻，2012 年，pp.244-245.

北原白秋編　藪田義雄編纂校訂責任者『日本伝承童謡集成』全六巻，三省堂，1974 年~1976 年.

小島律子『生活と文化をつなぐ「郷土の音楽」の教材開発と実践』黎明書房，2018 年，pp.12-13.

国立教育政策研究所「学習指導要領　音楽編」（試案）第 6 章，1947 年，https://www.nier.go.jp//yoshioka/cofs_new/　2024/08/01 閲覧

楠井晴子「子どもの『生活』を基盤としたうたづくりの方法の開発」『未来教育研究所紀要』第 1 集，公益財団法人未来教育研究所，2011 年，pp.78-84.

町田嘉章・浅野健二篇『わらべうた』岩波書店，1962 年.

松浦範子・野原弘嗣「幼児における"まりつき"技能の発達についての研究」『日本体育学会第 43 回大会号』，1992 年，p.599.

松永洋介「『ふしづくり一本道』における指導段階表の系統性に関する検討」『学校音楽教育研究』第 11 巻，2007 年，pp.118-119.

目戸郁衣「子どもの音楽的発達―打楽器を用いた活動を通して―」『日本女子大学大学院紀要家政学研究科・人間生活学研究科』第 23 号，2017 年，pp.93-104.

三村真弓「岐阜県におけるふしづくりの音楽教育」萌芽期の特徴：『小学校学習指導の手引き（音楽感覚段 階別能力表）』を手掛かりとして」『広島大学大学院教育学研究科紀要』第 60 巻，2011 年，pp.283-291.

文部科学省『小学校学習指導要領解説（平成 29 年告示）総則編』東洋館出版社，2018 年，p.126.

森田信一「音楽科における伝統音楽の教材化について」『人間発達科学部紀要』第 4 巻第 2 号，2010 年，pp.175-181.

中村哲編『文化を基軸とする社会系教育の構築』風間書房，2017年，pp.11-13.

西田明史「体育的遊びを通して獲得される幼児の運動技能」『西九州短期大学部紀要』2013年，pp.21-27.

大井絋「我が国の伝統音楽を取り扱った授業に関する研究―『教育音楽中学・高校版』の分析を通して―」『音楽文化教育学研究紀要』第24号，2017年，pp.77-82.

小川清実『子どもに伝えたい伝承遊び』萌文書林，2011年，p.5.

奥村高明「小学校における伝統と文化に関する教育の課題」『初等教育資料』9月号No.825，東洋館出版社，2007年，p.7.

島崎篤子「1960年代の学校教育における創作学習―わらべうたとふしづくり教育に着目して―」『文教大学教育学部紀要』第46巻，2012年，pp.116-134.

阪本崇「文化経済学における価値概念の役割―享受能力と価値形成過程」『季刊　経済理論』第53巻第2号，2016年，pp.45-57.

スワニック（Swanwic.K）野波健彦・長島真人他訳『音楽と心と教育』音楽之友社，1994年，pp.77-97.

田井康雄「人間形成における自己形成の意義について」『奈良大学紀要』第18号，1989年，pp.1-17

竹井成美「児童・生徒の音楽的発達に即した音楽教育の在り方―キース・スワニックの『音楽的発達のらせん状過程』図に照らした小学校学習指導要領（音楽）の分析を中心として―」1996年，pp.101-112.

寺田己保子・山田佳穂「日本の伝統音楽の指導における唱歌の有効性―『犬山こども長唄クラブ』の実践から―」『埼玉学園大学紀要（人間科学部編）』第15号，2015年，pp.53-65.

東京都教育庁指導部指導企画課『「日本の伝統・文化」教材集』2006年．

薬師寺美江「音楽科における遊び学習に組織する視点の検討：マリつきを題材とした音楽学習の事例分析より」『学校音楽教育研究』第5巻，2001年，pp.92-99.

山本弘編集『ふしづくりの音楽教育《復刻版》』東京教育技術研究所，1968年．

山本寛愛・堀江伸「『わらべうた』の特質を生かした授業の実践研究―子どもが創るリズム表現に注目して―」『滋賀大学教育学部紀要　教育科学』No.69，2019年，pp.77-91.

# 第5節　小学校における教育実践とその特性
## ―学校と博物館との連携―

## 1　文化学習における小学校と博物館との連携

### (1) 学校と博物館との連携の背景

　現行の学習指導要領の総則では，主体的・対話的で深い学びの実現に向けた授業改善を進めるに当たり，図書館，博物館，美術館，劇場，音楽堂等の施設を積極的に活用することが重要であるとしている。その背景には，子供たちの多様な学びを保証し，生涯に渡って学び続けることのできる資質や能力を身につけさせるという社会からの負託がある。変化の激しい社会を主体的に生き抜くためには，子供たちをよりよい学習者[1]に育てなくてはならい。そのためには，学校と社会教育施設の連携が不可欠なのである。

　学校と博物館との連携は，これまで多くの実践が積み重ねられ，優れた教育活動を展開してきている。学校の週5日制が始まり，社会教育施設が週休日の子供たちの学びの場として期待され，総合的な学習の時間が新設されたことが大きな契機となる。以後，博物館施設と学校との連携によって，子供たちの豊かな学びの場が形成されてきた。近年では，埼玉県教育委員会の「博物館・美術館等を活用した子供パワーアップ事業」[2]に見られるように，学校経営と深く関わる取り組みも行われてきている。自らの生活している地域を舞台として，博学連携による学習活動を経験した子供たちは，学ぶことの意味や楽しさを味わうと供に，地域社会への愛着が強くなり，社会性が育っていくということも報告されている。学校と博物館との連携，いわゆる博学連携は，生涯に渡って学び続け，問題に立ち向かえる人を育てる上で，有効な手段の1つであるといえる。ここでは，博学連携における博物館の役割を明確にし，より効果の

高い文化学習を展開する手立てについて考える。

## (2) 博学連携における博物館の役割

　児童にとって，主体的な学習活動の入口は，楽しいということである。この「楽しい」とは，文化学習においては，例えば，地域の文化を実際に体験してみて楽しい，地域の文化について初めて知って楽しいということである。児童が文化についての楽しさと出会う場として，博物館は最適な施設の１つである。児童は，博物館で自分の生活と文化との接点を見いだし，その後の文化学習へとつながる学びの糸口をつかむことができる。また，博物館にはいくつかの中核となる機能があり，それらの機能を学習活動に生かすことが，最も有効な活用方法である。博物館の中核となる機能とは，「研究」（収集も含む）と「展示」である。この機能を役割として捉え，教員との役割分担によって授業を作り上げていくことが有効であると考える。

　まず，博物館の学芸員や研究員が，学び方のプロフェッショナルであることに注目する。資料を集め，保存し，整理し，研究してその資料の価値を明らかにしていく。児童は，生涯に渡り様々な問題に取り組んでいく。その初期において，優れた学習者のモデルに触れることは大切なことである。児童に学び方を助言し，児童の学習に寄り添い，学ぶことの意義について語ってくれる身近な存在として，博物館の学芸員や研究員は最適である。このように，博物館の「まなぶはたらき」は，児童の学習に大変有効である。

　つぎに，博物館の学芸員や研究員は，博物館の利用者と資料とをつなぐことができる。資料を展示・解説することで，利用者は資料を学習に生かすことができる。また，別の資料や他の専門家を紹介してもらうことで，学習の幅がさらに広がっていく。これらの機能は「つなぐはたらき」として，児童の学習に有効に働く。

　博物館施設は，他にも様々な機能を備え，利用者の学習を支えているが，中核となるのは「まなぶはたらき」と「つなぐはたらき」の２つの機能である。ここでは，小学校の実践事例として，行田市立南河原小学校の実践を取り上げながら，この２つのはたらきにそって，博学連携による文化学習の有効性につ

いて述べる。

## 2　行田市立南河原小学校の文化カリキュラム

### (1) 文化カリキュラムの概要

　行田市立南河原小学校は，埼玉県北部の行田市の中でも最北端にあり，学区は利根川を挟んで群馬県に面している。稲作を中心とした穀倉地帯に多くの史跡を有し，平家物語にも登場する武士を輩出した歴史ある土地でもある。

　本校は，令和3年度末をもって廃校となった近隣の北河原小学校の児童を受け入れ，令和6年度を起点として10年後を目途に，市の計画により近隣7校とともに1校の義務教育学校へと統合される予定である。このような激しい変化の中にあって，自らの住んでいる地域に愛着と誇りをもって生き，様々な問題に果敢に挑むことのできる人を育てることは，地域の未来を負託された学校の使命である。その使命を果たすため，本校では，教育課程に位置づけられている「ふるさと学習」を，一層充実させることに取り組んでいる。全学年を通じて，文化関連の学習や行事が実施されており，その概要は次頁の図Ⅲ-5-1「文化カリキュラム」に整理して示した通りである。

　児童にとって，地域の歴史や文化について学ぶことは，楽しい学習である。しかし，その表層だけにとらわれ，なかなか学習を深めることは難しい。楽しさから地域への愛着へと高めいてくには，物語としてのストーリー性ある学習が必要である。そこで，これらの学習を整理し，系統的にまとめるとともに，博物館の学芸員等の協力を得て，博学連携による「まなびのデザイン」（図Ⅲ-5-2）として示した。学年間を縦に結んで学習のストーリー性を強調するとともに，博物館学芸員等に担ってほしい役割を端的に示し，打ち合わせの際の資料として用いている。

### (2)「学びのデザイン」の作成

　小学校における文化学習は，南河原小学校の実践のように，全学年で実施されていても，それぞれの学習の結びつきが明確にされておらず，学年間を貫く

地域と共に歩む学校　博物館・美術館と協働する　南河原小文化カリキュラム

図Ⅲ-5-1

目標も示されていない場合が多い。文化カリキュラムの中から，ささら獅子舞，在来青大豆，南河原スリッパの３つの内容は，各学年の学習を系統的に結びつけ，ストーリー性を見出すことができる。これらの３つの柱を中心に，学習展開のイメージ図である「まなびのデザイン」を作成した。「世界にはばたけ南河原のスリッパ」（図Ⅲ-5-2）はその一例である。

「まなびのデザイン」には，各学年の学習内容を簡単に記述する。イメージがつかみやすいように，写真も掲載して視覚的に学習の大要をつかめるようにする。活動を通して目指す児童像を示し，その実現に向けて学習を進められるようにする。博物館職員との打合せの際に必要な，「まなぶはたらき」「つなぐはたらき」を意識した博物館職員等に担ってほしい役割を示し，授業の全体の進行は教員が行う。

【つなぐはたらき】
（文化財とつなぐ）
行田市の足袋づくりについて，ミシンや商標などの資料を教えてもらい，児童に学習のきっかけを与える役割を担ってもらうようにした。

【つなぐはたらき】
（人とつなぐ）
南河原地区のスリッパ生産について教えてくれる人を紹介してもらい，児童に調べる手がかりを与える役割を担ってもらうようにした。

【まなぶはたらき】
現在，足袋の原料となるめん花の栽培はほとんど行われていない。そこで，学芸員の方の協力を得て，めん花栽培の歴史の解説や，めん花栽培の体験を組み入れた学習計画を作成し，協働で実施した。

図Ⅲ-5-2

# 3 博物館の機能を生かした文化学習の実践

## (1)「まなぶはたらき」を生かした実践
### ①学び方をまなぶフィールドワーク

　児童は，これまでに，ICT 機器や書籍を使って調べる経験を積んできている。しかし，フィールドワークを行い，実際に行ってみる，集めてみる，やってみる等の学習経験が乏しい。優れた学習者である学芸員と共にフィールドワークを体験することは，児童にとって大きな財産となる。そこで，第４学年の総合的な学習の時間に，地域の稲作文化とそこに生息する生物の関わりを調べる学習を設定した。学習の導入では，県立川の博物館に依頼し，両生類の専門家である学芸員の方に来校いただき，近隣の水田で，フィールドワークを行った。

**学校の周辺環境の講話**

　学校周辺で見られるカエルは全部で４種類であり，田に水を入れる時期がその生息と深く関わっていることを話してもらった後，採集のための道具を持って，周辺の水田に向かった。

**生き物の観察**

　水田では，オタマジャクシを採集し，カエルの種類を確認した。学芸員の方が，実際に採集する姿や，いきいきと話をしたり，児童の質問に答えてくれたりすることを通して，児童は，学ぶことの楽しさや学ぶ方法について直接感じとることができた。

### ②児童の学習に寄り添ったコーディネート

　児童は，第３学年で，行田市の足袋づくりや南河原のスリッパづくりについて学ぶ。その際，

**水田でのフィールドワーク**

南河原地区は，古くからめん花の栽培を行って
きたこと，布地の生産が地域の産業を育ててき
たことを知る。しかし，現在では地域でめん花
の栽培は行われておらず，児童はその様子を捉
えることが困難であった。そこで，市の文化財
保護課の協力を得て，第5学年の地域の農業体
験の学習で，めん花の栽培に挑戦した。博物館
学芸員の方からレクチャーを受け，学習計画の

めん花の種と苗

作成に関わってもらうことで，児童の学習活動は，一層充実したものとなった。

## (2)「つなぐはたらき」を生かした実践

### ①地域のことを調べる楽しさを感じるオリエンテーション

　第4学年の総合的な学習の時間に，地域の宝物を探して紹介するためのオリ
エンテーションを行った。その際，地域の文化について，行田市の文化財保護
課の職員の方に説明をしてもらった。児童が地域の宝物として魅力を感じられ
るよう，その価値が伝わるように話してほしいと打ち合わせた。在家・馬見塚
地区のささら，綿の生産，酒巻の古墳群，在来青大豆等について，地域の歴史
を踏まえてわかりやすい説明をすることによって，児童は，地域の文化に魅力
を感じ，「ささらを見たい」「綿や大豆の栽培に挑戦したい」という気持ちをも
つことができた。

　オリエンテーションを起点として，
児童は，第4学年で地域の宝物につい
て調べ，近隣の福祉施設や公民館の利
用者を対象に，パンフレットを作成し
配布する。第5学年では，青大豆やめ
ん花の栽培に挑戦し，地域の産業とし
ての文化に触れる。そして，第6学年
では，地域の魅力を生かしたまちづく
りについて考えを深めていく。

宝探しのオリエンテーション

## ②文化と児童をつなぐ環境整備

　文化と児童をつなぐ環境整備として，児童が最もよく通る校舎1階の通路の壁を活用して，南河原小学校・北河原小学校の歴史年表と地域の宝物（文化や産業等）の紹介パネルを作成した。その際，パネルにつける説明の作成や年表に合わせる写真の選定・提供等，博物館の協力を得た。

　児童は，日頃からこれらのパネルを目にすることにより，地域には宝物（文化や産業）がたくさんあることを知る。そして，宝物について調べたり体験したりすることを通して，もっと知りたいという思いをもつようになる。小学校6年間を通して，地域の宝物を大切にし，これからもよりよい地域にしていきたいという思いをもてるようにすることがねらいである。

**祭りに参加する児童**

　パネルの1つには，地域のささら（獅子舞）を取り上げた。行田市内のささらは，下中条，長野，若小玉，馬見塚，在家，野の各地区で伝承されており，南河原小学校の学区には，馬見塚，在家の2つの地区がある。第1学年の学級活動で「夏祭り」を計画したところ，児童からは自然と「夏祭りといえば獅子舞だ」との発言があるほど，子供たちにとっても身近な存在である。児童の作成した獅子舞の面にも赤青の獅子が登場していたことから，獅子の顔の色がわかる躍動的な写真を選び，お祭りの紹介も添えて，パネルを作成した。また，酒巻地区の古墳群から出土した埴輪のパネルも作成した。酒巻地区の酒巻14号墳からは，日本で1例しかない「旗竿を立てた馬」の埴輪が出土している。この埴輪の発見によって，他の古墳から出土した蛇行状の鉄の道具が，旗を立てるための道具だと判明した貴重な資料である。さらに，三角形の旗や人物埴輪の服装などから，酒巻地区には多くの渡来人が来ていたことが推測され，この土地に国際的な港があったのではないかとイメージは広がる。児童にとって，住んでいる地域のイメージの広がりは，力強く生きるための原動力となる。

在家のささらのパネル写真

夏祭りの獅子の面（1年）

パネルに付けたキャプション

在家のささら

五月下旬に、「厄神除け」として、南河原在家地区の全ての家をめぐります。八月中旬の土曜日に行われる河原神社のお祭りで見ることができます。

ささらは、「摺り簓」という楽器を使う獅子舞です。獅子は法眼（ほうがん）し、雄獅子（めじし）からなる三匹獅子舞で、他に面化（めんか）、笛方で構成されており、河原神社では「道節（みちぶせ）」、「橋掛り（はしがかり）」、「岡崎（おかざき）」「おいとま」の曲目の順で舞います。

## 4　小学校における博物館と連携した教育実践の特性

### (1)　文化カリキュラムとまなびのデザインの作成

　小学校の文化学習は，例えば地域の大きなお祭りや伝統行事，伝統芸能を中心として全体がコーディネートされたものもある。しかし，南河原小学校のように，合併や統合，その他の理由により広大な学区を有し，多くの地域から成り立っている学校には，核となる文化がいくつも存在している場合が多い。そのような条件下で文化学習を進めるに当たっては，これまでの学習を整理し，文化カリキュラムとして一覧表にまとめると全体が把握できる。その上で，柱となる内容をいくつか選定し，それぞれについて学びのデザインを作成しておくと，まとまりのある文化学習を展開することができる。

　文化学習は，始めから大きく構想を広げていくと，負担も大きく長続きしないことが多い。文化についての専門的知識を，教員が身につけるまでには，多くの時間と労力を必要とするため，博物館職員の知識や技能を提供してもらい，

学習活動を展開することが理想的である。

## (2) 役割分担を明確にした博物館との連携

　博物館との連携を進める上で，課題となることの1つに，打合せの時間の確保がある。しかし，打合せをして，授業の目標や目指す児童像を共有するからこそ，効果的な授業を展開することができるし，新しい学習活動の広がりも期待できるようになる。博物館の機能である「まなぶはたらき」と「つなぐはたらき」を手掛かりとして，教員と博物館職員の役割分担を明確にし，打ち合わせでは博物館職員に求める役割を具体的に伝えることで，より高い学習効果を上げることが可能となる。

（向井　隆盛）

### 註

(1) 学習指導要領では，子供たちに求められる力を，「様々な変化に積極的に向き合い，他者と協力して課題を解決していくことや，様々な情報を見極め知識の概念的な理解を実現し情報を再構成するなどして新たな価値につなげていくこと，複雑な状況変化の中で目的を再構築することができる」こととしている。これらの力を身に付け，生涯に渡って学び続ける学習者をよりよい学習者と考える。

(2)「博物館・美術館等を活用した子供パワーアップ事業」は，平成30・31年に実施された埼玉県教育委員会の委嘱研究事業である。向井隆盛「博物館・美術館等を活用した子供パワーアップ事業の推進」初等教育資料 No.997，2020年，pp.14-17.

### 参考文献

中村哲編『「和文化の風」を学校に』明治図書，2003年.

安部崇慶・中村哲編『「伝統と文化」に関する教育課程の編成と授業実践』風間書房，2012年.

行田市史編纂委員会・行田市教育委員会『行田市史　行田の民俗』行田市，1914年.

中村哲編『文化を基軸とする社会系教育の構築』風間書房，2017年.

小川義和『協働する博物館』ジダイ社，2019年.

埼玉県教育局『博物館活用ガイドブック』2020年.

小松弥生『文化遺産の保存と活用仕組と実際』クバプロ，2021年.

# 第6節　中学校における教育実践とその特性
## ―詩吟の教育的活用―

## 1　詩吟について

　平安時代以降大陸との交流によって貴族の間で漢学が盛んとなり，漢詩文が教養科目であった。中村（1984）によれば，元々外国語として入ってきた漢詩文は，漢音で音読された時期があったとされたが，後に音訓を使い日本人が理解しやすいように読み方が工夫されてきたと考えられている。その後，漢詩文が朗詠して歌われるようになり，『和漢朗詠集』が作られて漢詩や和歌を歌うが，これは現代の詩吟とは違っているとの記述がある。

　また，鎌倉時代には漢詩文学は衰えるが，詩歌合わせは盛んになった。「日本漢詩史」（1941）の「老人雑話」からは，室町時代の京都五山の大詩会では即興的に吟じたと記されている。

　そして，現代の詩吟は江戸時代からと示し，藩校や私塾で先生から口伝えで広まった。これが日本特有の「詩吟」の元と考えられる。

　水田ら（1996）は『菅茶山 頼山陽詩集』の中で，「日本の漢詩人である頼山陽（1879）は「小埜泉蔵の詩律を論ずるの書に答ふ」（遺稿文巻一）で，「詩の心を驚かし魂を動かすは，総て喰誦の際に在り。」と述べている。

　頼山陽のこの言葉から，詩は文字だけで見るよりも書き下し文で吟誦してこそ人の魂を動かすものとなると残している。

　そこで，筆者らは，詩吟や詩吟体験にはどのような教育的役割があるのかを次の項で考察する。

## 2　学校教育の中での詩吟

### ■ 研究の目的と背景

　かつて在籍した中学校において，英語科の授業時間に詩吟体験の機会を得て，詩吟の教育的役割を明らかにするとともに，伝統文化理解教育と国際理解教育に繋がる授業にしたいと考えた。

　詩吟は作者が漢詩に込めた思いを，日本独特のメロディで表現する文化である。詩吟は日本の文化であるが，もともとは外国である中国から漢詩が伝来して，それを日本人がお手本として学び，その後日本の文化や生活に合わせてたくさんの漢詩を作るようになった。また，詩吟はメロディや高さはあるが，それぞれの息の長さや声の高さを使い，自分の思いを込めて作者が伝えたい事を表現するものである。詩吟の良さはその国の文化やその時代にタイムスリップできるものであると実感している。あれだけの文字数の中にたくさんの事が詰まっているのである。漢詩の作者を通しての思いから，何か生徒たちの心の支えや生き方に役立つようにと願い取り組んだ。さらに，漢文に親しむことで，日本の文化を守り残そうとしている他国籍の人の存在や文化継承について知るきっかけとなって欲しいと考える。

## 3　研究の方法

### ■ 実践時期　2024 年 2 月 15 日
### ■ 調査対象　A 中学校　3 年生在籍数 129 名（授業出席者 96 名）
### ■ 方法　実践活動対象者に詩吟体験を講じ，実践活動後に自記式アンケート調査を行った。アンケートは自由記述を含む 20 項目とした。主な質問は，詩吟への感想，文化や国際理解への考えに加えて，書き下し文で吟じる詩吟が日本の漢詩学習者にとって漢詩作品の理解を深める助けとなるのか等，漢詩を詩吟で吟じる学習における有効性について項目を設けた。質問項目の選択肢は，

『とてもそう思う・思う・思わない』の３件法として考察を加えた。

## ■ 活動例

### ◇英語科授業「詩吟を体験しよう」の授業

　A中学校の授業で行われる英語にて筆者が詩吟について体験活動を行うが，外国籍の英語講師であるC氏にも４クラスのうち２クラスで，詩吟の講話や「寒梅」を吟じて授業を進めた。以下の授業の手順を簡潔に示す。

　導入場面では，「今日は詩吟体験授業をします」と言い，C氏を紹介した。

　自己紹介と筆者を通して詩吟に出会い，詩吟の継承への思いを英語で話した。大型ディスプレイを使い，漢詩から意味を共に考え作者の思いをクラスで共有。テキスト「春望」「寒梅」を配り（図Ⅲ-6-1，図Ⅲ-6-2），筆者がCD伴奏で課題を吟じた。展開場面の山場では，コンダクター（和の音出しの楽器）を使って西洋と詩吟で使う和の音階の違いを説明後に，音階や母音を使って発声練習。その後，詩吟テキストを音読後，一節ずつ真似て練習を繰り返す。その際，テキストに記載の音程・強弱・メロディについてヒントを出して考えさせた。慣れたところで，クラス全員，クラス半分，列などとパートに分けて吟じて行った。C氏が「寒梅」の内容英訳を英語で読み，リスニング練習。C氏が吟じる場面もあった。そして，「２人で吟じる人，１人で吟じる事に挑戦する人」と呼びかけ発表し，クラス全員一斉に吟じ上げた。

　まとめ場面では，アンケート回答と質問の時間を設け，アンケートを記入後，本時の振り返りとしてC氏と筆者の交流時間とした。詩吟活動や詩吟継承の思いなどについて語り本授業を終えた。

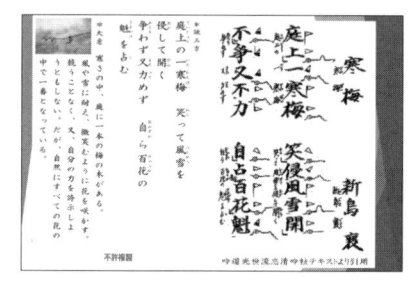

**図Ⅲ-6-1　テキスト「寒梅」**

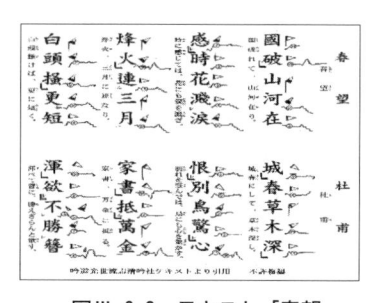

**図Ⅲ-6-2　テキスト「春望」**

## 4　研究結果【授業後の教育的役割】

以下に A 中学校の授業後のアンケート結果を表Ⅲ-6-1 に示す（一部抜粋）。

表Ⅲ-6-1　英語の授業に詩吟体験を導入したアンケート結果　　n＝96

|  | 詩吟の有効性 | 授業の良さ | 漢詩の内容理解 | 作者への思いや共感 | 漢詩に対する感動 | 異文化の大切さ |
|---|---|---|---|---|---|---|
| 出席者数 | 96 | 96 | 96 | 96 | 96 | 96 |
| 無記入者数 | 2 | 2 | 1 | 1 | 1 | 1 |
| 有効回答数 | 94 | 94 | 95 | 95 | 95 | 95 |
| とても思う＋思う　割合 | 98 % | 100 % | 95% | 88% | 94% | 98% |
| とても思う | 51% | 57% | 36% | 27% | 33% | 54% |
| 思う | 47% | 43% | 59% | 61% | 61% | 44% |
| 思わない | 2% | 0% | 5% | 12% | 6% | 2% |
| 「とても思う3, 思う2, 思わない1」得点化の平均値 | 2.5 | 2.6 | 2.3 | 2.2 | 2.3 | 2.5 |

　上記の表Ⅲ-6-1 における得点化した平均値からは，授業の良さを感じた生徒が最高値で次に有効性が他項目を上回った。

　また，全生徒が本授業を受けて良かったと回答しており，授業の中で詩吟体験をしたことを好意的に受け止めている様子が把握できた。

　以下には各項目を円グラフで割合を示す（図Ⅲ-6-3~図Ⅲ-6-8）

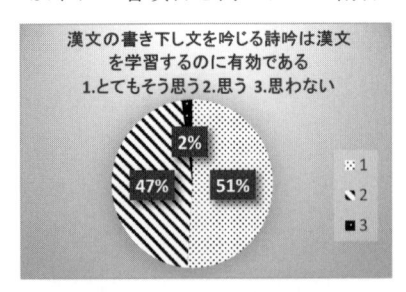

図Ⅲ-6-3　詩吟の有効性

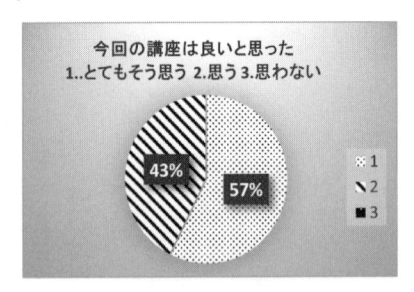

図Ⅲ-6-4　授業の良さ

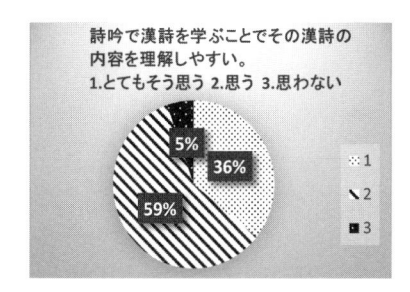

図Ⅲ-6-5　詩吟の内容理解

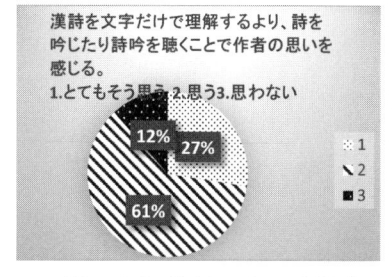

図Ⅲ-6-6　作者への思いや共感

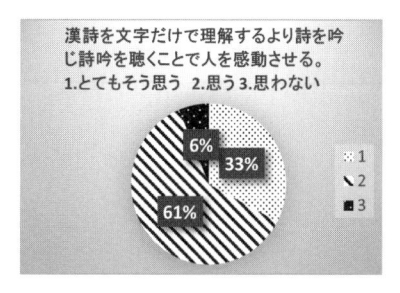

図Ⅲ-6-7　漢詩に対する感動

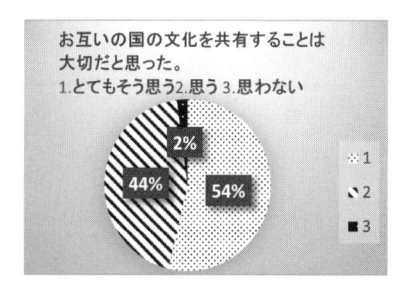

図Ⅲ-6-8　異文化の大切さ

　ここからは，自由記述から得られた回答の分析結果を示したい。

　調査対象生徒は 129 名で有効回答は 95 名であった。95 名が詩吟の授業を終えて学んだことを自記式調査にて自由に回答した結果，総抽出語数 1,165 語（使用語数 489 語）および異なり語 258（使用語数 195 語）が出現した。その出現回数が多い語句から並べたところ，「思う」，「歌う」，「良い」，「声」が上位を占めた。次いで「メロディ」，「日本」，「意味」，「先生」，「迫力」などが現れており，詩吟を通した独自の学びに通じる語句が頻出して出現した。

　また，上位 60 語を頻出語の繋がりを共起ネットワークの描画図（図Ⅲ-6-9）で分析した結果，9 つの群に分類された。最も太く大きな繋がりは【詩吟をすごいと思う】群であったが，詩吟そのものが他のカテゴリー群と共起しておらず，最も印象に残ったとは言えるものの，指導者が教示したいことと直結しにくいと推察される。このことは今後の課題と考えられる。

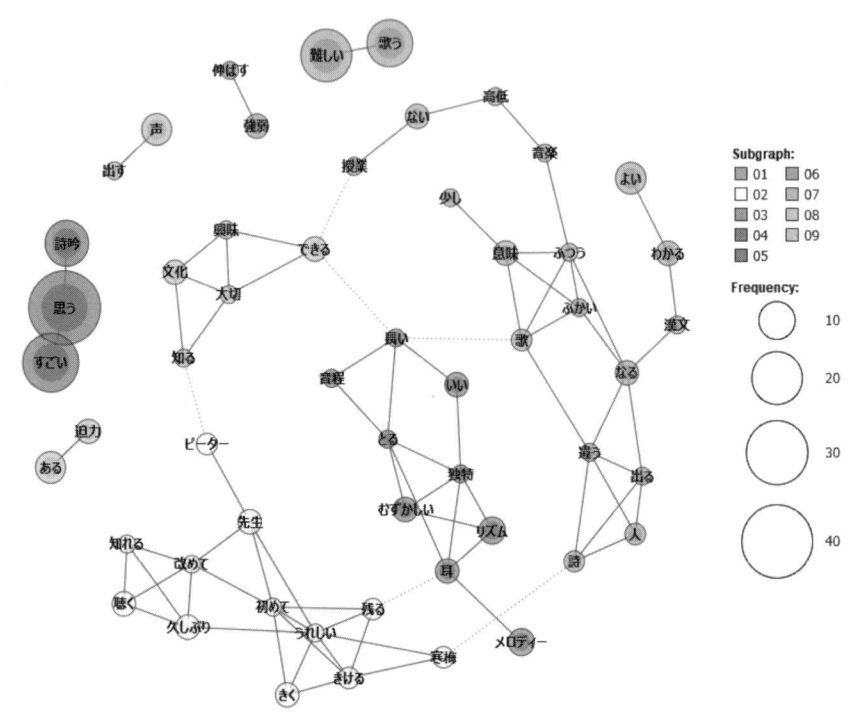

**図Ⅲ-6-9　共起ネットワーク（中学生の自由記述）**

　しかし，繋がりからわかることは，授業の中で【漢文や音楽のふかい意味を理解する】群，【独特なリズムやメロディや音程の難しさなど聴き方を耳で捉えた】群，【寒梅を初めて聴けることや先生から改めて聴くうれしさ】など感情を表現する群，【文化に興味を抱き知ることができる大切な】機会と受け止めた群が主に検出された。これらの共起から，生徒は，授業に詩吟を取り入れたことで，漢文の理解やメロディに込めた思いは受け止めていることがわかる。

　さらに，日本文化に関心をもち文化の大切など興味を高めることに繋がりが拡がっていくことが示された意義は大きいと言える。

　一方で，【迫力あること】や，【声を出す】，【強弱で伸ばす】，【歌うむずかしさ】などのスキルについては遠方に孤立群として現れ，他カテゴリー群と繋がりはみられなかった。

　下図Ⅲ-6-10 は，詩吟体験指導者の違いを外部変数として対応分析した結果である。詩吟の迫力を通じた学びは，日本人講師（筆者）が吟じた詩がより中心性に接近しており，詩吟を通して「たのしい」「うれしい」「おもしろい」という形容が日本人の授業に象徴されていることから，五感を通して伝えようとした場合には，日本人講師のほうがより有用であることがわかる。

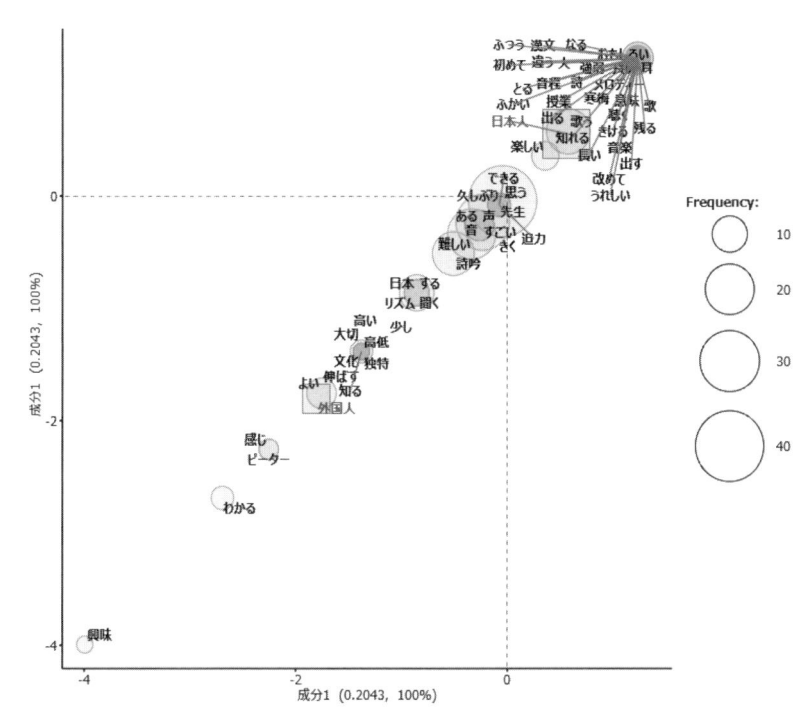

**図Ⅲ-6-10　対応分析からみた教育的効果（中学生の自由記述）**

　この対応分析では，外部変数の周囲に特徴づける語が集まり，原点（0.0）から離れている語ほど特徴があり，原点に近い位置の語は外部変数に関係無く満遍なく出現している語であると解釈できる。

　しかし，「独特な文化を知る，わかる」の頻出語については，外国人への分布が高いことから，生徒は外国人と共生的に学ぶことを良いと感じており，和文化を海外の教員と共に学ぶ意識向上の現れであることが推察される。

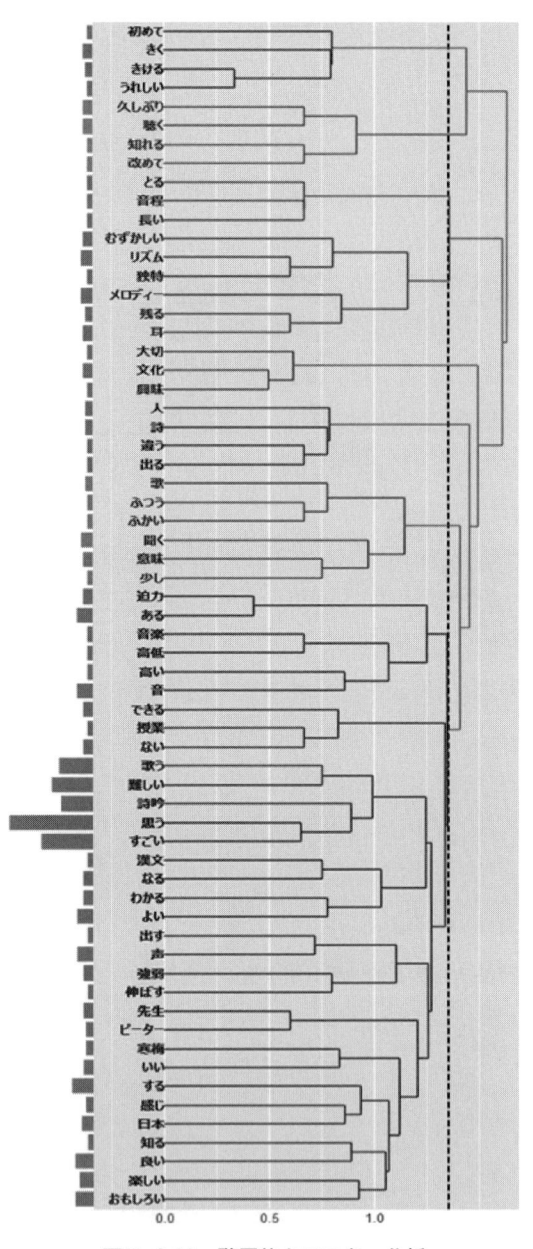

初めて
きく
きける
うれしい
久しぶり
聴く
知れる
改めて
とる
音程
長い
むずかしい
リズム
独特
メロディ
残る
耳
大切
文化
興味
人
詩
違う
出る
歌
ふつう
ふかい
聞く
意味
少し
迫力
ある
音楽
高低
高い
音
できる
授業
ない
歌う
難しい
詩吟
思う
すごい
漢文
なる
わかる
よい
出す
声
強弱
伸ばす
先生
ピータ
寒梅
いい
する
感じ
日本
知る
良い
深い
おもしろい

0.0　　　　　0.5　　　　　1.0

図Ⅲ-6-11　階層的クラスター分析

　上位頻出語を階層的クラスター分析した結果（図Ⅲ-6-11），最多層群は，詩吟を中心性にした最高層群と一致して示された。迫力ある寒梅の詩吟を通して，日本を知ることを良く，おもしろいと捉えている生徒の様子が明らかにわかる。その上の層には意味を理解するカテゴリーに伴い，詩に登場する人に注目したり，文化を大切に思う気持ちを表現したりする階層が現れていた。最上群としては，詩吟を聴くうれしさや知ることのうれしさが全体を包括するように階層群として検出された。

　これらのことから，詩吟を拝聴することを肯定的に受け止めている生徒が極めて多く，印象深く心に留まる一つのツールとして詩吟の有用さがうかがえる。

# 5　実践を終え展望を一考【成果と課題】

　本授業の「英語科での詩吟体験授業」では，自国の伝統文化を実際に体験することで，詩吟が教育に果たす役割を明らかにしたいと考えた。頼山陽が残した「詩は詩吟により人の心に響く」結果となる授業に臨んだのである。指導者は，伝統文化を体験して理解を深める伝統文化教育と更に全者が互いに認め合いより良く生きるために国際理解教育の実現に向けて取り組んだ。そのために「詩吟や漢詩の良さを伝えたることと，継承への思い」を語り，授業のねらいは到達できたと考えられる。

　選択式アンケートからは，「漢文の書き下し文を吟じる詩吟の有効性」や「詩吟で漢詩を学ぶことにおける内容理解」「作者の思いへの共感」「漢詩や詩吟に対する感動」など概ね9割の生徒が肯定的な意見を述べており，教育的に有用であったことがわかる。また，「お互いの国の文化を共有することは大切だと思った」の平均値が他項目と比して高値であったことから，国際理解教育にも繋がる結果となった。

　また，自由記述においては，上位頻出語を階層的クラスター分析した結果から詩吟を拝聴することを概ね肯定的に受け止めており，印象深く心に留まる一つのツールとして詩吟が有効であることが示された。共起ネットワークの描画図からも，英語科の授業に詩吟を取り入れたことで，文章の内容理解が深まり，日本文化に関心をもつ生徒の様子がわかる。

　こうして，中学生を対象に取り組んだ授業の成果から，詩吟という独自の教材を通して，漢詩への親しみや興味をもち自分の中での伝統文化を考えて守りたいなどの意見が表出するようになると考える。

　加えて，外国人の講師が詩吟を吟じた場合を外部変数として対応分析によれば，生徒の感情表出等は日本人講師のほうがより有用な結果であったものの，「独特な文化を知る，わかる」の頻出語においては，外国人への分布が高く出現したこと等から，和文化教育を外国籍の教員と日本人との協力指導により進

めることで和文化理解や共生への意識向上を図ることをより可能にする。

　そして，これらの取り組みは，国際理解教育にもつながると期待できる。

　今回の詩吟を通じた教育活動は一事例の取り組みであり，サンプル数も少な
く他校との比較調査や統計的検定が不十分であるため，教育的役割に関して明
らかに効果があったとは言い難いが，一定の教育的役割は果たせたと言えよう。

　今後も，和文化教育，国語教育，国際教育，SDGs 教育など多様な実践機会
に詩吟活用の導入を捉えて追究していきたい。

（井上　寿美・八木　利津子）

**参考文献**

中村長八郎『詩吟発達の歴史』北溟吟社，1984 年，p.29, p.31, p.36, p.38.

水田紀久・頼惟勤・直井文子『菅茶山 頼山陽詩集　新日本古典文学大系 66』岩波書
　　店，1996 年，p.387.

菅谷軍次郎『日本漢詩史』大東出版社，1941 年，p.159.

頼山陽（襄）『山陽遺稿 文 1』山本重助，1879 年，p.9.

## 資料付記　詩吟体験のアンケート

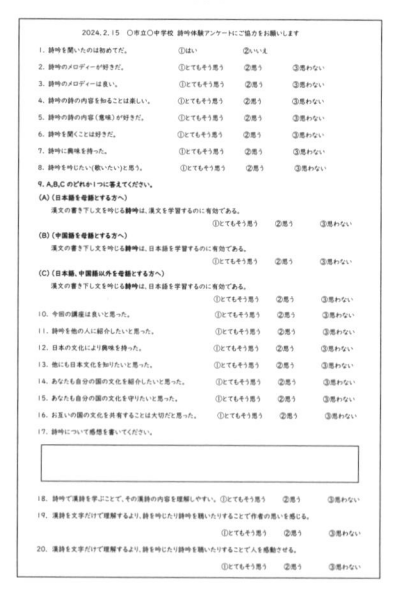

# 第7節　中学校における教育実践とその特性
## ―武道必修化の現状と課題―

## 1　問題の所在と背景

　2008年の学習指導要領の改正に伴い，それまで「格技」とされた表現が「武道」に改められ選択科目であった武道が完全必修化することになった。

　学校教育を取り巻く環境は，学習指導要領改正以降から今日に至るまでの15年あまりで大きく変化していると言える。本節では，目まぐるしく変化する環境下に置かれる今日の学校教育から和文化教育の実践とりわけ武道教育に注目する。その際，武道必修化がどのように実現したのかその変遷を足掛かりに今日の武道教育の現状と課題を指示す。

　また，数ある教育実践の中で武道を取り上げることの理由は次に示した通りである。

① 和文化教育において武道における学びが心の耕し [1] であるとしてその意義が指示されているため。

② 今日の，大衆化した学校教育において多くの学習者に関与することが予想されるため。

③ 過去に，必修科目であったという他の伝統文化教育とは異なる長い歴史があるため。

④ 学習指導要領において，必修科目として今日設定されていることから他の伝統文化教育よりもより学校教育に根ざしたものと考えられるため。

## 2 戦後武道教育復活の経緯

まず，武道は日本の敗戦によってその歴史に一度幕を下ろすことになる。それは，戦後日本の教育を見直す中で戦前の学校教育における武道が民族主義や超国家主義，軍国主義を助長するという理由で戦後のその活動がGHQによって全面的に禁止となったためである（上坂康博 2016）。さらに，学校教育における影響として，「武道」という言葉そのものに武的な意味が含まれるとしてその使用が禁止された（下島浩二・根上優 1981）。これらの事象による武道禁止の経緯について，武道必修化に伴う教育改革の歴史について示した根上優（2010）は「苦い記憶」（根上 2010：4）という言葉で表現している。他方で，1949年には柔・弓道の運営団体である柔道連盟と弓道連盟が結成され戦後復活することになるが剣道のみがその母体であった全日本武徳会の解散を背景に復活に苦戦し，「スポーツ」として剣道と近似した性格を持つ「しない競技」を設定することで段階的復活を試みた（酒井利信 2016）。その後，1954年に全日本剣道連盟が結成され復活することになり，柔・弓・剣道が段階的に復活したことで学校教育にも関与していくことになる。特に，1956年の高等学校学習指導要領の改正によって男子の体育において選択必修科目として柔・剣道が設定されることになる。しかし，この改正においては，現行において示される「稽古」や「伝統」といった文言がなく，あくまで身体的競技のひとつであるという位置づけとする表現で留められている。また，同時期の武道の実情を指示した「『柔・剣道はスポーツであり，格技系統の対人スポーツである』という方針が，広く地域社会にも浸透していった」（下島・根上 1981：19）という指摘からも学習指導要領の1960年改正時に「格技」という表現が用いられることに不思議はなかったと考えることができるだろう。

その後，昭和40年代に入り武道をどの様に学校教育において位置づけるかが大きな問題として取り上げられるようになる（下島・根上 1981）。

鬼澤（2009）は，文部科学省にスポーツ青年局はあるが武道局が設置されて

いないと指摘する言説を取り上げスポーツ振興法 (2) において「武道」もまた「スポーツ」という言葉に内包される営みの一つとしてとらえることができると解釈し行政としての対応が行われていると示唆している。

　また，鬼澤は「武道」という営みが学校教育に関与して行くことが昭和 40 年代にかけて定着していったと指摘している。この指摘から，昭和 40 年代においては，「武道」を「格技」として定着させることに積極的働いた時期と言える。

　他方で，なぜ「武道」ではなく「格技」という表現をとったのかその理由は，金炫勇 (2018) の「格技」という記述が「武道」と改められたことの理由によると考える。金 (2018) は，平成 18 (2006) 年の教育基本法の改正について「理念法としての性格が後退し，教育に対する国家権力を拡大・強化する法律」（金 2018：5）であると指摘している。ともすれば，それ以前の教育基本法においては理念法の性格を内包しているという推察を可能にするのではないだろうか。堀尾輝久 (2015) は，教育基本法の背景にある日本国憲法そのものが 1945 年の敗戦を機に主権在民，基本的人権の尊重，戦争放棄を柱とした新たな憲法のもとでの新生日本の誕生という体制によって戦後レジーム (3) という性格を有する社会が展開したとしている。その戦後レジーム（理念法）における事象の一つとして「武道」ではなく「格技」として学校教育に「武道」を関与させるという方策をとったとするのであれば「剣道」が「しない競技」として段階的に復活を目指した歴史的背景からも難しいことではなかったのではないだろうか。

　以上が簡単ではあるが，戦後の武道教育がいかに再生して来たかという変遷の概略である。次項においては，戦後武道教育の必修化の経緯と課題について示すことにする。

## 3　戦後武道教育の必修化

　数ある先行研究において，管見の限り学校教育と武道の関係性を見出すこ

とができる研究は学習指導要領が改正された 1989 年以降である。その多くは，武道教育における人間形成の意義と実践方法に注目したものが多い。そのため，ここでは，武道必修化の経緯と背景について示すことにする。

　重複するが「格技」として示されていた柔・剣道等が学習指導要領において「武道」として表記が改められることになる。文部科学省（2007）は，その経緯について次のように示している。

　　平成元年 3 月改訂の学習指導要領において「格技」が「武道」と改められている。これは，21 世紀を目指し社会の変化に自ら主体的に対応できる心豊かな人間の育成を図ることを基本的なねらいとした教育課程審議会の答申（昭和 62 年 12 月）に基づいて，学習指導要領の改訂が行われたことによるものである。

　　教育課程審議会の答申に盛り込まれた教育課程の基準の改善方針の一つに「国際理解を深め，我が国の文化と伝統を尊重する態度の育成を重視すること」が挙げられており，体育については，諸外国に誇れる我が国固有の文化として，歴史と伝統のもとに培われてきた武道を取り上げ，その特性を生かした指導ができるようにしたものである。

　　「格技」という名称は，そもそも戦後の武道教育の取り扱いの時代的経緯を踏まえ，昭和 33 年以降，主として学習指導要領上の一つの運動領域の名称として用いられてきたが，今日では，武道は国際的にも日本の伝統的な運動文化として広く理解されており，さらに武道学会，武道館等の名称も多く用いられていることなどを勘案すると，もはや社会的にも学問的にも武道を用いる方が適切である。

　　このようなことから「格技」を「武道」に改称し，武道の優れた内容を学習指導の中で重視していくこととしたものである。（文部科学省 2007：1）

　この文部科学省の示す名称変更の経緯からも，「格技」という言葉は，段階的に「武道」を学校教育に内在させるという役割を果たしたと言えるのではな

いだろうか。

　また，先述した金（2018）は文部科学省がこの見解を指し示すに至った経緯について示している。それは，文部科学省（2007）の内容とも一部重複するが，グローバル化する社会の中で，日本の伝統文化が国際的に注目され日本人にカテゴライズされる人々は諸外国において「サムライスピリット」（金2018：7）に精通していると認識されることが多くなったことに起因するとしている。諸外国の人々にとって自国の文化について宗教的または哲学的知見を有していることが当たり前のこととして認識されていたことで留学生や他国で働く日本人が自国の伝統文化に関する知識が決して充分ではないことがより表面化したと指摘し，この事象が火付け役になったとしている。

　この経緯についてであるが，先述した戦後レジームを内包した学校教育によって日本人が自国文化への見分が乏しいと評価されてしまう事態となった可能性は否定できないのではないだろうか。

　特に武道については，一部重複するが，戦後レジームを内包した学校教育において武道は，その独自性の一つである武的な性格とはある意味異なるスポーツというメタファーで学校教育に内在することになった。そのため，諸外国において日本人が自国の伝統文化とりわけ「サムライ」や「武士道」に代表される武的な性格を有する文化である武道についての知識が充分ではないと評価されうる状況を作り出してしまったのではないだろうか。かくもあれ，以上の経緯により「格技」という表記が「武道」に改められた。そして，2006年に教育基本法が改正されることになる。そして，「我が国と郷土の現状と歴史について，正しい理解に導き，伝統と文化を尊重し，それらをはぐくんできた我が国と郷土を愛する態度を養う」旨が目的として掲げられることになる。また，教育基本法と学校教育法の改正を受けて，2008年の中央教育審議会の答申にて国際社会で活躍する日本人の育成を図るうえで，日本の伝統文化のよさを発展させるための教育の必要性が示されたことで武道教育の完全必修化が実現することになる。

　これらの，一連の経緯によって武道は戦後保健体育科目において必修化する

ことになる（2012 年完全実施）。

# 4　武道教育の今日的課題

　武道必修化が完全実施され 10 年以上が経過し，学校教育も大きく変化している。多文化共生を旗印にした地方自治体の活動をはじめ，各教育段階において異文化や多様性を尊重する教育が叫ばれる様になる。学校においては，学習者の心身共に安全で安心できる学び舎であることが今日求められているのではないだろうか。教育社会学では学校における武道実践，とくに柔道についてその安全性が疑問視されている。

　まず，事故についてであるが，学校と死亡事故に関する研究において，学校での事故死の約半数が保健体育の授業や部活動などの体育活動において発生していることが明らかにされている（村田祐樹・内田良・甲斐久実代・渡邉丈眞 2015）。このような，学校での営みと学習者の死亡事故について村田ら（2015）は，教師はその授業実践において死亡事故と遭遇する可能性が高いことを指摘し，今後より学校が安全に学習者を支援することの必要性を指摘している。また，今後の教員育成について事故にいかに対応するのかをマニュアルとして形にする必要性を指摘し，学校教育における安全性確保の方策を明瞭にすることを試みている。

　他方で，内田良（2010）は，柔道の死亡事故について他の運動競技よりも実践者の死亡事故の割合が多いことを学校とリスクの管理という視点から問題視している。内田は，柔道における競技的性格に起因する死亡事故割合の多さに注目し武道必修化について次のように指摘している。

　　　柔道は身体とくに頭部に直接的な衝撃が与えられかねない競技であり，それが圧倒的に高い死亡確率をもたらしていると考えられる。こうした危険性を併せもっているいっぽうで，柔道は今日，「武道」の一つとしてその意義が強調されている。武道は，学習指導要領の改訂によって中学

校では生徒全員の必修（1・2年生）とされた。必修化とは字義通りにいえ
ば，「選択から必修へ」の移行であるが言い換えればそれは「一部から全
員へ」の移行でもある（2012年度から完全実施）。すなわち，死亡事故を高
い確率で引き起こしうる柔道という競技に，女子生徒を含めて，これまで
とは比にならない大多数の生徒が参加する可能性が高まったということで
ある。(内田 2010：212-213)

　現に武道という営みの中で柔道は剣・弓道といった武道とは異なり道具の使
用がなく身体への負担が大きいと考えられる。そのため，身体的発達段階にあ
る学習者（特に中学生）をその対象とする場合より死亡リスクに留意する必要
があると考える。他方で，伊藤靖幸（1995）は学校における多文化的な背景を
持つ学習者への教育委員会や学校の運営方針を再検討することの重要性を指摘
している。具体的には，神戸市立高専事件 [4] を取り上げ，宗教上の理由など
学習者の文化的背景について教育委員会をはじめとした学校の対応が柔軟とは
言い難いものであったと指摘し「管理主義教育姿勢」(伊藤 1995：第 2 章第 3 節)
という言葉で批判している。
　このような問題は，武道必修化以降の教育実践において見逃して良い問題で
はない。特に，必修化以降より注目される義務教育段階における武道教育にお
いてはより留意する必要があると考える。

## 5　和文化教育としての武道への期待

　先に示した，戦後武道教育の必修化の経緯と現状における課題についてであ
るが，特に前項にて示した柔道における身体事故や宗教的配慮が必要となる学
習者への対応の糸口として武道教育という枠組ではなく，和文化教育としての
武道実践について注目したい。
　中村哲（2012）は，武道の実践において専門的な人間がこれまで受けてきた
教育を再生産することで固定概念や内在する規範にとらわれてしまうことの問

題を指摘している。学校教育においては，教育から武道をとらまえる必要があり，そうしなければ学校教育の中に武道を取り込むことができないとしている。この指摘は，先に取上げた安全性や多文化的な学習者の存在に起因する問題の背景の一つとして注目することができると共に，問題へのアプローチの糸口になると考える。

　先述した武道必修化の課題に付け加えて，武道必修化という論点ではなく武道場における神棚設置と拝礼行為を問題視する指摘もある（中村民雄 1987）。この指摘は，武道における「拝礼」行為と神棚の設置がどのような問題をはらんでいるのかを示唆したものであった。特に，学校現場においては「宗教教育」とは戦後切り離された形で実施されてきた。その中にあって，武道の拝礼行為は，戦前，超国家的イデオロギーを実践者に対して内在させ国家権威による国民統治を推し進める方策であったことが今日も正当化されているという指摘がなされた。このような，問題を考える上においても和文化教育という視点においてとらえることが大きな糸口になると言える。中村哲（2005）は和文化教育における基本的性格について次のように述べている。

　和文化教育では，その目的は，日本人としての資質を有する人間形成にあり，伝統文化を含む和文化の取り扱いは日本人としての人格形成の手段として活用されるところに基本的性格がある。そして，戦後教育においてはこのような主張に対して，国家主義，復古主義，道徳態度の注入などの批判がなされてきた。それらの批判については「国家至上主義的考え方や全体主義的なものになってはならない」と本報告書にも指摘されている。しかし，「心豊かでたくましい日本人の育成」という教育目標と関連づけられている限り，公教育が個人の内面価値へ介入するものとする批判が繰り返される。さらに，我が国の伝統文化等に基づく教育理念が，個人の人格形成を意図した郷土愛や愛国心の育成，伝統や文化の理解と尊重ではこれまでの議論の繰り返しで，発展性が見えないのである。したがって，これまでの和文化関連教育における論拠を止揚する伝統文化等に基づく教育の新たな理念が必要となる。（中村 2005：102）

　この指摘は，武道を含む和文化教育という枠組みで考えることでこれまで指

摘されてきた武道教育への問題や批判に一つの方向性を指し示すことができるのではないだろうか。特に，「伝統文化等に基づく新たな理念」としての和文化教育の意義に今後より注目する必要があると考える。

中村（2012）は，実践の形態は「剣道遊び」でも「柔道遊び」でも構わないとし，目的に応じた学習者の人間形成への活用方法の一つとして「和文化教育としての武道」の在り方を示唆している。つまりは，武道である教育（武道教育）も非常に意義があり重要であると考えるが今後の教育現場の現状などを踏まえて教育における武道の実践（和文化教育）というとらえ方で必修化される武道という体育科目を実践することも重要な視点になるのではないだろうか。

武道という営みが持つ心身を錬磨するという他の競技に見ない性格は，まさしく先述した「心の耕し」であると考える。しかしながら，本節で示した歴史的背景に見る現状と教育現場において発生した様々な問題を今後いかに見つめ直し，学習者を支援するべきかという立場に立つとき「武道を教育すること」と「教育において武道を実践すること」は大きく異なると考える。それは，中村（2012）の指摘する教授者の規範の再生産による。そのため，今後より和文化教育における武道の在り方と実践について精緻化し，いかにして学校現場において体現する必要があるのか目を向ける必要があるのではないだろうか。

（竹繁　諒真）

## 註

(1) 中村哲（2012）は，学校における武道教育の意義を心技体の一体による学びであるとして「心の耕し」と表現した。

(2) 日本スポーツ振興センターホームページ：https://www.jpnsport.go.jp/sinko/Portals/0/sinko/sinko/pdf/sinkou_hou.pdf, 最終確認日，2024. 8. 8.

(3) 堀尾（2015）は，戦後に確立された世界秩序の体制を背景とした日本を表す言葉として 2006 年に発足した安倍内閣の「戦後レジームからの脱却」という標語から戦後レジームと表現した。

(4) 公立学校の在学生が，自己の宗教的信条に反するという理由で，必修科目である剣道の履修を拒否したため留年処分となり，更に翌年度も原級留置処分を受けたために，学則にしたがい学校長により退学処分を受けたところ，当該処分が違法であ

るとして取消しを求めた行政訴訟（最高裁判所 1996）。

## 参考文献

伊藤靖幸「神戸市高専事件をめぐって」『大阪高法研ニュース』第 158 号，1995 年．

上坂康博「GHQ 占領下における剣道——規制，存続，スポーツ化，芸能化の諸相」『一橋大学スポーツ研究』No.35，2016 年，pp.3-17.

内田良「学校事故の『リスク』分析——実際と認知の乖離に注目して」『教育社会学研究』第 86 号，2010 年．

梅沢秋久「広義のインクルーシブ体育における資質・能力育成の実証的研究——ケアに注目して」『科学研究費報告書』第 2 版，2020 年.

鬼澤佳弘「中学校武道の必修化」『武道学研究』40 巻 3 号，2009 年，pp.35-41.

金炫勇「第 1 章 武道教育に求められるもの」出口達也・金炫勇・瀬川洋編『武道をたずねて——武道教育への活用』大学教育出版，2018 年.

最高裁判所『最高裁判所判例集』第 50 巻 3 号，1996 年，p.469.

酒井利信「戦後の武道」2016 年，BUDO world　ホームページ：https://budo-world. taiiku.tsukuba.ac.jp/category/basicknowledge/history/，最終確認日 2024.8.8.

下島浩二・根上優「スポーツと武道」『武道学研究』14 巻 2 号，1981 年，pp.19-20.

中村民雄「武道場と神棚 (2)」『福島大学教育学論集 社会科学部門』42 巻，1987 年，pp.1-17.

中村哲「文化創造的アプローチとしての和文化教育の構造と具体化」『兵庫教育大学研究紀要』第 27 巻，2005 年，pp.95-110.

中村哲「武道教育の意義と展望」『人間開発学研究』3 号，2012 年，pp.27-36.

中村哲「教育の観点から武道を考える」上口孝文，山田佳弘，植原吉朗，ベネット・アレキサンダー，中村哲，藤田大誠「現代武道の人間開発力——日本の身体文化から何を学ぶべきか」『國學院大學人間開発学研究』第 3 巻，2012 年，pp.53-69.

堀尾輝久「戦後レジームからの脱却と教育基本法改正」東京大学大学院教育学研究科教育学研究室『研究室紀要』第 41 号，2015 年.

村田祐樹・内田良・甲斐久実代・渡邉丈眞「保健体育科教職課程における『体育活動中の死亡・重度の障害事故』の取り扱いに関する研究——保健体育科教職課程で使用できる『スポーツ事故対応マニュアル』の開発をめざして」『2014 年度笹川スポーツ研究助成研究成果報告書』2015 年，pp.346-353.

文部科学省『高等学校学習指導要領——保健体育編』1956 年．

文部科学省『高等学校学習指導要領』1960 年．

文部科学省『柔道指導の手引き』2007 年．

# 第8節　高等学校における教育実践とその特性
## ―兵庫県学校設定科目『日本の文化』の実践―

## 1　学校設定科目「日本の文化」

　兵庫県では，日本史教育の充実を目的として，2006（平成18）年度に「日本の文化理解推進事業」を実施し，学校設定科目「日本の文化」を設けるとともに，その授業に使用するためのテキスト『学校設定科目「日本の文化」教材活用事例集』（2007年）がまとめられ，県立高等学校に配布された。

　同科目は「日本及び自らが住んでいる地域の文化的価値についての理解と表現を図り，世界の多様な文化を尊重し交流することによって，国際社会に主体的に生きる自覚と資質を養う」ことを目標にかかげ，カリキュラムを「生活文化」「伝統文化」「地域文化」「Japan Now」の4分野で構成するモデルを提示している。いずれの分野においても「座学」に終始するのではなく，「体験」や「調査」「表現」といった生徒の主体的な学習を重視することを求めており，現行学習指導要領への流れと軌を一にする内容となっている。県立高等学校では，同テキストをモデル教材とし，これを参考にしながら多様な授業実践やカリキュラム開発を行う条件が整備されたのである。また2017年にはグローバル化に対応するため，英語で日本文化を伝えることができる高校生の育成を目的として同テキストの英訳版「The Culture of Japan」が作成された[1]。

　一方カリキュラム開発のための教員養成の取り組みも同時に始まった。兵庫教育大学大学院では，同テキストの開発委員長をつとめた中村哲教授（当時）が中心となり，2008（平成20）年より修士課程に副専攻として「日本文化理解教育プログラム」を設置した。教科の枠を超えて受講者（現職教員が中心）を募り，教育現場で日本文化の授業実践やカリキュラム開発を担う即戦力を育成することを目的とし，そのために必要な知識の修得と資質の向上が目指されたの

である。同プログラムの授業は中村教授のコーディネートのもと，山折哲雄氏，中西進氏をはじめ主に国際日本文化研究所ゆかりの錚々たる研究者によるオムニバス形式の講義で進められた。また伝統文化関連施設の訪問や体験授業が組み入れられるなどユニークな内容で構成され，受講者が各自設定したテーマに基づき担当教官の指導を受け，修了時の研究発表会でその成果が披露された。筆者自身も同プログラム一期生として薫陶を受け，教育現場復帰早々，カリキュラム開発に取り組むこととなった。

## 2　年間授業計画

### (1) 構成とねらい

　勤務校であった兵庫県立芦屋高等学校（単位制普通科）では 2013（平成 25）年度から 2019 年度までの 6 年間，2 年生の選択講座として「日本の文化」を開講した。本講座では「座の文化」「礼の文化」「型の文化」「見立ての文化」という 4 つの特性から日本の文化をとらえ，年間授業計画を作成した。これら 4 つの特性に着目したのは，生徒らが体験を通じて具体的に気づきやすく，かつ理解しやすい内容であること，加えて教育面でも大きな価値を有すると考えたことによる。教材には，文化事象として，武道（弓道），芸道（茶道，華道），芸能（能，狂言），棋道（囲碁），文芸（連歌），礼法（礼，起居進退，結ぶ・折る），あそび（お手玉）などを取り上げ，各方面の専門家を特別非常勤講師として招き，実習中心の授業を行った。また適時，講義〈日本文化論〉を配置して，4 つの文化特性を理解するための基本的な知識や補助教材を提供し，知識整理の機会とした。

### (2) 日本文化の 4 つの特性

### ① 座の文化

　座とは，人々の「寄合」，あるいはその「場」を指す。「その時，その場所，その人々」によって何かが創り出されたとき，心が通い合う。その過程に価値を置くのが「座の文化」である。世阿弥は『風姿花伝』で「この芸とは衆人

愛敬を以て一座建立の福寿とせり」といい，演じる側と見る側が一体となって文化の「場」が形成される視点を示した。茶道では，亭主と客人の同化を意味し，「一期一会」という言葉でその当座性がさらに強調された。室町時代に整えられた連歌は「座の文化」を代表する文芸である。数人が協力して，上の句と下の句を詠み合って歌仙一巻を作成する。芭蕉は「文台引き下ろせば即反古なり」といい，歌仙を巻くことが目的ではなく，会そのもの，座を組むことの中に喜びがあるとした。連歌の寄合には茶や食事による供応が伴い，その場を飾る花や調度品も必要であった。場としての書院造の成立や作庭の技術なども，座をめぐる営みと連動し，これらは一体となって日本文化として成長した[2]。こうした座のもつ共同創造と感動共有の文化は，今日では，インターネット上での新たなビジネスモデルのヒントになっており経営学においても注目されている[3]。また，教育現場におけるコミュニケーションのあり方にも大きな示唆を与えるものである。

## ②　礼の文化

　礼は，社会生活を営む上で，他に対して敬意や思いやりの念を表す行為である。時，場所，人に応じ，腰を起点とした屈体の姿勢をとることを指すが，立つ，座る，歩く，回るといった起居進退のすべてが礼には含まれる。礼が自己の内面に向うと自己統制の手段となる。たとえば武道では，「礼に始まって礼に終わる」との言葉があるように，まず立礼により相手に敬愛の念を示し，試合などにおける激しい攻防の後，まだ心理的な興奮がおさまっていないときでも，その興奮を抑えて，正しい形で丁寧な礼を行うことが求められる。そのような行動をとれることが，その行動を統御している自己の精神形成につながるという考え方が前提にある[4]。日々発生する教育現場の諸問題は，詰まるところ自分の感情や欲求を統制できないところから来るものである。教育における礼の効用は計り知れないものがある。

## ③　型の文化

　日本の文武の芸道に認められる型とは，人間の身体の運動において形作られたもので，日本特有の文化現象ととらえられている。芸能や武道の稽古や修

行では「守・破・離」の「守」にあたる部分であり，型を「まねび」，そして「まなぶ」この段階が最も重んぜられ，その徹底が要求された。型による教育は，師を通じて学ぶことであり，ついには模倣ということを忘れ，それを無用とする世界を目指す。厳しい訓練を通じての自由な発想，自由な行動を目指す教育方法である。「守」の深さが，次の「破」の大きさ，すなわち創造性を決定する。しかし「破」は最高価値ではなく，型から自由になる「離」によって新たなる価値が創造される。その意味で型は創造の源といえるのである[5]。

### ④　見立ての文化

　見立てとは，あるものを別のものに置き換えて表現することをいう。例えば，おせち料理の海老は長寿を，キントンは黄金を，数の子が子孫繁栄を，椎茸の煮しめが武勇（陣笠）をというように，祝い事にふさわしい見立てが行われている。落語では扇子が筆になり，手ぬぐいが懐紙になる。枯山水は石や砂で山岳や海原の景色を表現する。見立ては，和歌や俳諧，能・狂言，落語，建築や庭園，美術工芸，生け花，茶の湯，和菓子，日本料理など，日本文化のあらゆる領域を縦横に貫く創造技法であり，文化生産のメカニズムとなってきた[6]。創造力の開発という観点からも今日的教育価値を有する概念といえる。

### (3) 4つの特性と教材

　上記の観点に基づき，「座の文化」については，連歌，茶道，華道，能楽を教材とした。「礼の文化」では，弓道演武の鑑賞から始まり，そこで用いられる小笠原流礼法を体験させた。そして，弓道のほか，主に茶道，華道，能楽，囲碁を教材として，それらの稽古が必ず「礼に始まって礼に終わる」ことに気づかせ，礼の人間生活における意味を考えさせた。「型の文化」では，礼法，弓道，茶道，華道，能楽，囲碁の基本的な型の体験を通じて，日本文化独自の「フォームとしての型」の認識形成を目指した。「見立ての文化」では，連歌，茶道，華道，能楽を教材として，その作法や演出の中に，どのような見立てが行われているかに注目させた。

　〈日本文化論〉は，年間授業計画で採用した教材と4つの文化特性との結節点である。文化事象と文化特性を相互に関連づけ，歴史的文化的意義を確認す

るための授業で，いわば交通整理の場である。授業者が実技指導を伴った授業を行うのは，弓道とそれに関連する礼法のみである。授業者はコーディネーターとして年間授業計画を作成し，この〈日本文化論〉を通じて，生徒が実習で得た知識や生の体験を整理し，その歴史的文化的意義を理解する手助けを行うことが重要であると考えた。

## 3　実践事例

ここでは同カリキュラムで注力した連歌と弓道についての実践内容を紹介したい。

### (1)　連歌指導―「座の文化」の視点から―

連歌指導には表Ⅲ-8-1のように10時間を割り当て「座の文化」理解を目指した。

第1回〈「座の文化」と連歌〉では連歌についての講義を行い，それを学ぶ意義を確認した。加えて，「座の文化」の成立が惣村の形成，町人・商人に見られる「寄合」や「座」「一揆」の形成と軌を一にしているという，政治的社会的動向との関連性にも理解が及ぶような内容とした。第2回〈連歌の式目を学ぶ〉では，連歌特有のルールである式目についての説明を行った。連歌は，複数の人々によって次々に新しい境地を詠んでいくことが求められる。変化や移ろいが連歌の生命である。したがって前句に新たな句を付ける上で重要なことは，一つ前の句（打越）にイメージや内容が戻らないようにすることである。このために設けられているのが式目，いわばルールである。ここでは光田和伸氏の「連歌新式による式目の図」および小村典央氏，黒岩淳氏の先行実践研究を参考にし，さらに簡略化した式目を採用した[7]。

第3〜6回〈連歌実作〉では，筆者も連衆である平野法楽連歌の会（大阪市）に講師派遣を依頼し，半歌仙（十八句）に挑戦した。夏季休業中にはそれまでの6回の授業の成果を試すため〈夏休みメール連歌会〉を実施した。これは宗匠・執筆である筆者と生徒がアドレスを交換し，生徒はメールにより出

句，筆者は付句の度毎に一斉送信して周知をはかる形態の連歌会である。形式は歌仙（三十六句）とし，一巡目までは順番に詠み，以降は「出勝」（早い者勝ち）とした。挙句までの三句を残し，夏休み明けの第 7 回の授業で膝をつき合わせながら満尾完成するように工夫し，「座」の形式と雰囲気を保つこととした。そして第 8 回〈鑑賞会〉の授業では完成した歌仙を読み合わせ，句と句のつながりや，宗匠としてなぜその句を採用したかなどを説明した。一同で満尾の喜びを共有したのち，連歌実作に関する課題と感想の提出を求めた。

**表Ⅲ-8-1　平成 25 年度「日本の文化」における連歌関連授業**

| 月 | 日 | 回数 | 授業内容 |
|---|---|---|---|
| 5 | 31 | 1 | 講義「座の文化と連歌」 |
|  |  | 2 | 講義「連歌式目を学ぶ」 |
| 6 | 21 | 3 | 実作：講師（平野法楽連歌の会）による指導（半歌仙 18 句） |
|  |  | 4 |  |
|  | 28 | 5 |  |
|  |  | 6 |  |
| 7 |  |  | 夏休みメール連歌会（歌仙 36 句） |
| 8 |  |  |  |
| 9 | 20 | 7 | 夏休みメール連歌会（挙句までの 3 句） |
|  |  | 8 | 鑑賞会（まとめのレポート提示） |
| 12 |  |  | 冬休みメール連歌会（半世吉 22 句） |
| 1 |  |  |  |
|  | 10 | 9 | 冬休みメール連歌会（挙句までの 3 句） |
|  |  | 10 | 鑑賞会（まとめのレポート提示） |

　その後，能楽（能・狂言）の実習と発表会を経て，12 月末より〈冬休みメール連歌会〉を実施した。期間が短いため半世吉（二十二句）の形式を採用した。第 9 回の授業で夏休みと同様挙句までの三句を完成させて，第 10 回〈鑑賞会〉の授業を反省会とした。連歌指導に対する評価基準は表Ⅲ-8-2 のように設定し，講義や実作に対する姿勢とレポートの充実度を主な評価材料とした。

表Ⅲ-8-2　連歌指導に対する評価基準

| 関心・意欲・態度 | 講義や実作に意欲的に参加し，積極的に出句することができる |
|---|---|
| 思考・判断 | 連歌と「座の文化」，他の伝統文化との関連性を理解できる |
| 資料活用の技術・表現 | 古文教科書，古語辞典，季語集，その他資料を適切に使用できる |
| 知識・理解 | 連歌式目を理解し付句ができる。懐紙に連歌の進行を記録することができる |

## (2) 弓道指導―「礼の文化」「型の文化」の視点から―

### ①講義―残心とガッツポーズ―

　この講義は，弓道演武の鑑賞や実習の授業を前に，「武道の特性」を理解させることを目的として設定した。ここで「武道の特性」として取り上げたのが「正しさの追求」「過程の重視」「自己統制」である。こうした特性を象徴的に表しているのが武道に見られる「残心」である。

　「残心」の研究者であるアレキサンダー・ベネット氏によれば，「残心とは勝負が決まった後も自己と相手に対して油断のない精神の集中を続け，沈着冷静の態度を崩さないことである。勝利がもたらす喜びの感情を抑制する修養は，一方で負けた相手への思いやりや敬意，ともに高め合う仲間に対する感謝の念と表裏するもので，勝利がもたらす高慢と敗北がもたらす卑屈を同時に戒め，勝ち負けを超越する武道のあり方が残心の名の下に探求されるようになった」として，「残心」が武道の真髄であることを主張している[8]。

　授業では「武道の特性」を浮かびあがらせるために，欧米を発祥とする競技スポーツと対比させる手法を用いた。競技スポーツは一般に「勝利」という「結果」に最大の価値を置く「勝利至上主義」をとる。このため，技の発動は主にルール（正しさ）の許容範囲ぎりぎり（反則すれすれ）で行われることになり，時として反則行為さえ戦術として利用される。また勝利の喜びを眼前にある敗者への気遣いもなくアピール（ガッツポーズ）するという表現形式が生じることになる。一方，武道は「いかに正しく勝つか」という「過程」に最高の価値を見る[9]。この「過程」には「残心」も含まれるのである。相手との戦いが終わった瞬間から始まる自己との戦い，限りない自己統制，これが「残

心」である。

　「残心」は「ガッツポーズで失われるもの」である。授業では，まず〈導入〉において，「スポーツでは賞賛されるガッツポーズがなぜ武道では批判されるのか」という問いを立て，〈展開〉において，それに答えてゆくかたちをとった。柔道，剣道，弓道という三種の武道にふれながら，ルールのとらえ方の違いや，「残心」とは何かを説明し，「自己統制」のプロセスがもたらす「優しさ」（敗者への気遣い）へとつながる「残心」の今日的意義について考えさせた。また武道の中でも国際化・商業化・現代化が著しい柔道を，剣道，弓道と対比させることで，「礼の文化」「型の文化」「残心」といった日本の武道が本来もっていた特性が，スポーツ化によって失われつつある現状を意識させた。一方，年間に計画している茶道，華道，能楽などとの対比からは，逆に「礼」「型」「残心」が，武道だけでなく日本の芸道文化全体の表現形式であることも考えさせ，他の日本文化への興味関心を広げる配慮をした。

### ②鑑賞と礼法実習

　弓道演武として，筆者自身による「巻藁射礼」を鑑賞させた。「巻藁」は稲藁を米俵のかたちに束ねたもので，通常は型の稽古に用いるものである。巻藁射礼は，神事や祝い事その他重要な儀式の際に主に室内で行う。生徒にとっては間近に弓道の型である「射法八節」や，その前後に付随する礼法を見ることができる。また弓道の礼法は，武家礼法である小笠原流礼法を基礎として制定されており，そこから立つ・座る・歩く・向きを変えるといった起居進退や立礼・座礼などを抽出して体験させることで，旧学習指導要領が要求する「伝統的な行動の仕方」の指導に対応させた。

### ③弓道実習

　弓道実習は，日本の文化が「型の文化」であることを認識させるための教材である。「射法八節」は弓を射る動作を8つのプロセスに分解したもので，いわば弓道の型である。はじめは徒手で行い，ゴム弓，初心者用弓の順に練習させたのち，グラウンドにおいて5メートルの至近距離に設置した大的を狙って矢を射込ませた。「射法八節」には矢を射た後，8番目のプロセスに「残心」

が置かれており，実習では，生徒が特に「残心」をどのように感じたかに着目し，矢を発射して的に中った（はずれた）ときの心の動きを分析させた。評価の観点は表Ⅲ-8-3のとおりである。

**表Ⅲ-8-3　弓道指導に対する評価基準**

| 関心・意欲・態度 | 講義や実習に意欲的に参加し，積極的に取り組むことができる |
| --- | --- |
| 思考・判断 | 礼, 形（射法八節），残心など「日本人の伝統的な行動の仕方」「武道の特性」について，その歴史的価値，芸術的価値を構成に判断することができる |
| 資料活用の技術・表現 | レポート作成において，適切な資料を活用し，自己の考えを伝えることができる |
| 知識・理解 | 礼, 形（射法八節），残心など「日本人の伝統的な行動の仕方」「武道の特性」を追求する学習を通じて，基本的事項に対する知識を身につけ理解している |

# 4　残された課題

「日本の文化」の年間指導計画例では2単位で連続2時間28回，1回につき1テーマでの授業が想定されている。本実践では各分野の専門家による指導の時間を十分にとり，生徒の体験を充実させることを重視したため，取り上げるテーマ数は少なく，テキストの内容4分野のうち「生活文化」「伝統文化」の文化事象は比較的多く取り上げることができた一方，「地域文化」「Japan Now」の分野からの授業設定をほとんど行うことができなかった。これは筆者自身の知見の乏しさと偏りによるところが大きい。汎用性の高い追試可能なカリキュラムの開発には一層の研鑽の必要を痛感する次第である。また体験を伴う授業内容を重視したため，少人数での開講を余儀なくされ，定員を15名に制限せざるを得なかった。年度によっては抽選となる場合もあり，生徒の希望に沿えなかったことは残念であった。本稿では紙幅の都合上，授業における生徒の様子や感想，気づきなどを紹介することができなかったが，新たなカリキュラム開発と授業実践の参考となれば幸いである。

（齋藤　尚文）

## 註

(1) 兵庫県教育委員会『学校設定科目「日本の文化」教材活用事例集』2007 年，pp.1-2.

(2) 村井康彦『日本の文化』岩波書店，2002 年，pp.57-61.

(3) 権八成樹『ハイタッチ・マーケティング論　花を売らない花売り娘の物語』光文社，2005 年，pp.160-175.

(4) 小笠原清忠『武道の礼法』日本武道館，2010 年，p.12.

(5) 源了圓『型と日本文化』創文社，1992 年，pp.42-44，p.56.

(6) 村上直之「見立てと日本人」（http://murakaminaoyuki.blog7.fc2.com/blog-5.html），同「見立て発想法序説」立命館大学国際言語文化研究所『立命館言語文化研究』第 24 巻 4 号，2013 年，pp.25-31. 松岡正剛『日本という方法』日本放送出版協会，2006 年，pp.133-140.

(7) 光田和伸「連歌新式の世界―「連歌新式モデル」定立の試み」京都大学国語学国文学研究室編『国語国文』65 巻第 5 号，1996 年，小村典央「伝統的な言語文化を生かした授業の実践―地域における文学資料の活用とその探索方法について―」大阪教育大学国語教育学会『国語と教育』第 37 号，2012 年を参考にした。

(8) アレキサンダー・ベネット『日本人の知らない武士道』文藝春秋社，2013 年，pp.29-66.

(9) 田中守・藤堂良明他編『武道を知る』不昧堂，2000 年，pp.132-133.

## 和文化教育の雪間草　其の三
# 文化創造，あるいは保護の過程に持ち込まれる価値構造

　人生の３分の２以上を大阪府北部，いわゆる北摂という地域で過ごしている。自宅は，五月山公園や池田城跡，小林一三の旧宅が散歩コースになるようなところで，お気に入りの場所である。つまり愛着がある。

　しかし，遡って考えれば，自宅購入時には１点だけ迷いがあった。それは宅地部分に付随する雑種地をあわせて購入しなければならないことであった。この傾斜地を，ご近所に迷惑をかけないように管理しなければならないことが懸念点だったが，いろいろと思案したあげく，購入することにした。いわゆる元里山とでも言うべき斜面には，池田市の指定木である（つまり勝手に伐れない）大きなエノキがある。そんな斜面だ。だが，それ以上のものでもない。むしろエノキは実や葉が落ちて大変だ。そんな斜面を少しずつ手入れした結果，裏庭と呼んでもよいようになった。

　入居して半年，６月初めの少し蒸し暑い夜のことだった。大学から帰宅して玄関扉を開けようとしたときに，裏庭に小さな光が動くのが見えた気がしたのだ。「あれ？」っと思い，そのまま真っ暗な中を近づくと，なんとホタルが飛んでいるではないか。ホタルの発見によって，購入時に懸念していた裏庭の価値が一気に上がった気がした。と同時に，これまで管理の仕方を全く誤っていたのではないかと反省したのである。慌てて玄関から家族に声をかけ，ホタルがいることを知らせた。妻は，近くに流れている川から飛んできたのでは？といったが，それにしては少し距離がある。調べてみると，わが家にいるのは陸生のヒメホタルだとわかったのである。それ以来20数年間，わが家のヒメホタルは初夏の大きな楽しみになった。

　ヒメホタルというレンズを通して裏庭を見ると，当たり前であるが，その生育環境が保たれていたことがわかった。キセル貝などの陸生巻き貝がいて（それがいかにも山の中のようで裏庭としてはいやだったのだが），それをヒメホタルの幼虫が餌にしていると知ったり，そのキセル貝が葛の枯れ葉を餌にしていることを知ったりして，それまで目の敵のようにしていた葛を少し残すようになった。努力の結果か，今も毎年ヒメホタルが飛んでくれる。

　桑子（1999：205）は，「自分の履歴と不可分なものとして，ある空間を

思い出すとき，その空間への態度が「愛着」である」と述べる。ヒメホタルのいる裏庭が，私の履歴と結びついて，一層愛着がわいたのである。しかし桑子（1999：206）は，「保護を主張する立場に立つひとびとには，その自然をなぜ守るのかという論理が必要になる。その論理の追究のなかで，わたしたちは，その自然に含まれる価値を見出さなければならない。このとき，しばしば，空間の価値を空間に含まれるモノの価値によって代理させることになる。いいかえれば，モノをいわば神の位置に祭り上げることで開発に伴う経済的利益という物神に対抗するのである。」とも述べる。このことは，私を深い闇に突き落とす。裏庭の整備を少しずつ進めていた私は，目の前にヒメホタルが現れた途端にそれを物神として祭り上げ，その管理の仕方を明らかに変えた。正直に吐露すると，両隣にもヒメホタルの存在を告げた。もちろん，このヒメホタルを保護したいと考えたからだ。

　桑子（1999：208）は，空間の豊かさと価値を論じる際に，「その空間から生み出されるモノの価値や空間に含まれるモノの価値によって戦われるという「物神代理戦争」の構造そのもの」に問題があると論じている。私は，自分の家の裏庭という空間をどのように管理するのかという，かなり私的な事柄にでさえ，物神代理戦争の構造を適用し，思考停止してしまったのである。

　空間の豊かさと価値を論じるという例ではあるものの，これを文化の豊かさや価値を論じるという例に置き換えたとしても，同様のことが言えるのではないか。私たちは，文化の豊かさや価値，また，文化創造やその保護について，さらには文化教育の価値を論じるときに，物神代理戦争の構造に陥り，思考停止してしまっていることはないだろうか。

（吉水裕也）

**引用文献**

桑子敏雄『環境の哲学　日本の思想を現代に活かす』講談社学術文庫，1999 年.

# 第IV章
# 和文化教育の教材開発とその特性

# 第1節　「絵本」の教材開発とその特性

## 1　「絵本」の特性

　近年，「絵本」とその読み聞かせとが脳を活性化し，脳の発達に良い影響を及ぼすことについて，脳科学の面から研究が展開されている[(1)]。

　「絵本」とその読み聞かせとが，脳の発達に良い影響を及ぼす要因は，次に示す1〜10の効果によるところが大きいと思われる。

　1　まるい大きな正面顔（ベビーシェマ）の効果[(2)]

　2　育児（Motherese）高い声と抑揚の誇張と繰り返しの効果[(3)]

　3　まるい大きな正面顔（右脳刺激）と育児（左脳刺激）の同時刺激の効果

　4　読み手と聞き手による視覚的共同注視[(4)]の効果

　5　画面構成による効果

　6　色彩（赤→青→緑→黄）知覚の効果[(5)]

　7　味覚や睡眠のイメージによる効果

　8　スキンシップ（attachment）の効果

　9　呼吸のシンクロ（取り込み）の効果[(6)]

　10　絵本モンタージュ（残像）の効果[(7)]

　以上の授乳と類似の「心地よさ」を与えられることによって，「絵本」とその読み聞かせとは，子どもの脳の発達にとって，良い刺激を与えることができると考えられる。またこれらの刺激は，「絵本」に何が描かれているかや，どのような物語なのかとは違って，意識されにくいことが特徴である。つまり，

「絵本」とその読み聞かせとは，意識と無意識とに同時に働きかける場なのである。

　そのため，質問したり感想を求めたりすると，何が描かれているかやどのような物語なのかといったことに意識が集中し，「絵本」とその読み聞かせとの持つ無意識の刺激が阻害されかねないのである。「絵本」とその読み聞かせとは，まさに「夢中」にさせることによって効果があるという特性がある [8]。

　さて，平安貴族の女房たちが絵を見せながら読み聞かせをしたことに端を発し，江戸時代には版本の「絵本」の読み聞かせが庶民文化になっていたことからも，「絵本」とその読み聞かせとは，和文化と言えるだろう。つまり，教師による「絵本」とその読み聞かせとは，和文化教育そのものなのである。

## 2　教材としての「絵本」の特性

　先に述べたように「絵本」は，言語と映像とのミックスメディアであり，読み聞かせを前提とすれば，まさにマルチモーダルなテクストである。この特性は，現代社会において，「絵本」の教材としての可能性を示している。

　さて，現在「絵本」の出版は多岐にわたり，たとえば，旧石器時代から現代まで日本の歴史を目撃者のように学べる『絵で見る日本歴史』[9] から「質量が時間も空間もゆがめる」という一般相対性理論を小学生でも学べる『そうたいせいりろん』[10] などがある。もちろん，日本の伝統文化である干支に関する絵本も多数出版されている [11]。また，日本の伝統的信仰や風俗・習慣を伝える民話や昔話に関する絵本については，枚挙に暇が無い状況である。さらに，狂言に関する絵本も出版されている [12]。

　本稿では，伝統的文化に関わる「絵本」から，「落語絵本シリーズ」を取り上げ，その教材開発上の特性に迫ることとする。

　〈川端誠　「落語絵本シリーズ」〉

○『落語絵本 1　ばけものつかい』（クレヨンハウス　1994 年 11 月）

○『落語絵本 2　まんじゅうこわい』（クレヨンハウス　1996 年 3 月）

○ 『落語絵本 3　はつてんじん』（クレヨンハウス　1996 年 12 月）

○ 『落語絵本 4　じゅげむ』（クレヨンハウス　1998 年 4 月）

○ 『落語絵本 5　おにのめん』（クレヨンハウス 2001 年 4 月）

○ 『落語絵本 6　めぐろのさんま』（クレヨンハウス 2001 年 12 月）

○ 『落語絵本 7　たのきゅう』（クレヨンハウス 2003 年 6 月）

○ 『落語絵本 8　いちがんこく』（クレヨンハウス 2004 年 1 月）

○ 『落語絵本 9　そばせい』（クレヨンハウス 2005 年 1 月）

○ 『落語絵本 10　たがや』（クレヨンハウス 2006 年 7 月）

○ 『落語絵本 11　おおおかさばき』（クレヨンハウス 2007 年 7 月）

○ 『落語絵本 12　ときそば』（クレヨンハウス 2008 年 1 月）

○ 『落語絵本 13　ひとめあがり』（クレヨンハウス 2008 年 12 月）

○ 『落語絵本 14　かえんだいこ』（クレヨンハウス 2010 年 2 月）

○ 『落語絵本 15　みょうがやど』（クレヨンハウス 2012 年 6 月）

## 3　落語「絵本」の特性

### (1) 落語「絵本」と呼吸

　「寿限無」は古典落語の一つであり，それ自体が伝統文化である。『落語絵本 4　じゅげむ』は，言葉遊びに関する言語教材として小学校国語教科書にも採録された。「寿限無」は人口に膾炙されている伝統文化である。

　さて，「寿限無」は，一般に早口言葉的な要素と暗記力とに焦点が当てられがちである。しかし，音声言語教材としては，横隔膜を使った呼吸（息支え），つまり吐く息をコントロールする腹式呼吸の訓練教材として開発されるべきであろう。他人の名前を呼ぶときに途中で息を吸うことは不自然であるということである。「寿限無」を暗唱することは，早口言葉のように楽しみながら呼吸をコントロールする筋肉を鍛えていくことができ，呼吸（息支え）の体得につながる。ここに「寿限無」の教材としての特性がある。

　したがって，「寿限無」は暗記することをゴールとはせず，息継ぎ無しで

「寿限無」を言い切ることをゴールとしなければならない。

　また，『落語絵本2　まんじゅうこわい』）には，買い集めたまんじゅうを「上用まんじゅう／唐まんじゅう／うすかわまんじゅう／酒まんじゅう／温泉まんじゅう／そばまんじゅう／田舎まんじゅう／ふまんじゅう／かるかんまんじゅう／栗まんじゅう／よもぎまんじゅう／あげまんじゅう／あんまんじゅう／肉まんじゅう／紅白まんじゅう／そうしきまんじゅう」[13] と並べ立てるところがある。この場面は，読み手にとって自身の息の長さの見せ所であろう。

　「絵本」の読み聞かせでは，読み手と聞き手との呼吸がシンクロしやすい。つまり，「絵本」を読む大人が長い息をすれば，それを聞いている子どもも長い息をするということになるのである。

## (2) 落語「絵本」と「間合い」

　話芸は「間」が大切である。「落語絵本シリーズ」は，この「間合い」を体得するのに適した特性を持っている。

　次に引用するのは，『落語絵本6　めぐろのさんま』である。客の殿様に「さんま」を出せと言われた使用人たちの掛け合い場面である。

　「うかがってきたかい」
　「さんまがたべたいと／おっしゃっております」
　「さんま!?　殿さまが，／さんまを，ごぞんじのはずはない。／ききちがいだろう」ところが，／なんどきいても／さんま。
　「やっぱり，さんまです」
　「おかしいなあ，／たんまじゃないのか」
　「いいえ，もうまったなしでっ」

　「なんどきいても／さんま。」は，「なんどきいても」と「さんま。」とで改行されている。読み手は音読の際，この改行によって，「さんま。」を読む「間合い」を工夫することになるのである。

　同じように，「おかしいなあ，」と「たんまじゃないのか」との改行によって，

微妙な「間合い」を工夫して音読することになる。

さて、「間合い」の大切さで思い浮かぶのは、やはり『ときそば』である。そば屋と客の男とのやりとりを引用する。

「あー、うまかった。ごちそうさま。／もう一杯と、いきたいところなんだが／ねるまえだから、よしとくよ。／すまないねえ」

「いいえ、けっこうです」

「いくらだい？」

「十六文です」

「こまかいお金しかねえんだ。／ちょいと、手をだしてくれ」

「へえ、じゃあこれへ」／と手を出すと、おきゃくさん、／お金をかぞえだし…

「一つ、二つ、三つ、四つ、五つ／六つ、七つ、八つ、／いまなん時だい？」

　【改ページ】

「へえ、九つで」

「十、十一、十二、十三、十四、十五、／十六。おやすみー」／ってんで、／かえっていってしまいました。

もちろん、「間合い」が大切なところだが、初心者でも、この「【改ページ】」によって、不意に時間を問われたそば屋の戸惑いの「間合い」を体験的に修得できるようになっている。

全ての絵本ではないが、オチに1ページを当てて、サゲを言う「間合い」をめくりによって疑似体験できるようにしてあるのも、落語「絵本」の特性である。

例えば、『めぐろのさんま』ではサゲの「目黒にかぎる！」に1ページが当てられている。

「弟子を魚河岸にはしらせ／とりよせました、／銚子の本場ものでございます」

「なに、ちょうし！？／だからまずいのだ。／さんまはな、

【改ページ】

　　目黒にかぎる！」


　このようにレイアウトされており，特に殿様のことばの途中で改ページを行うことで，サゲを言う「間合い」を体験できるように工夫されている。
　また，『落語絵本３　はつてんじん』には，女房と旦那とのやり取りが描かれる。


　「どこへ，いくんだい？」
　「初天神にいってくる」
　「だったら，うちの金坊も，つれてっておくれ。／うちにいると，わるさばかりして，こまるんだよ」
　「金坊はだめ！　おれは，あいつのおやだけど，／あいつは，きらいだよ。／あんなにぎょうぎのわるいやつはいないよ。／まったく，おやじのかおが，みたいくらいだ」
　「それは，あんたじゃないか」／「えっ，…ああ，おれだ。／でも，とにかく，だめ！」


　「…」は普通ことばの後につけるが，この場合，「ああ」の前に付けられ，読み手に独特の「間合い」を要求する表現になっている。
　音声言語による伝統文化である落語を，文字によって表現するのは不可能である。しかし，不可能だからこそ，音声言語としての落語の「間合い」を伝える工夫がなされていることが落語「絵本」の特性と言える。

### (3) 落語「絵本」と江戸庶民の生活・風俗・信仰

　さて，絵本『じゅげむ』では，名付け親になるお寺の和尚さんが，ことばの意味を解説している。


　「じゅげむ…？　なんですか，／毛虫ですか？」

「そうではない。寿，限り，無し，／で，寿限無じゃ」[ 中略 ]

「五劫のすりきれというのは，／どうじゃな」

「すりきれちゃったら／よくないようなきがしますが…」

「三千年にいちど，天女がまいおりて，／はごろもで，岩をこする。／この
岩が，すりきれて／なくなるのが一劫。／これが五つもあるのだから，／か
ぎりないのと／おなじじゃよ」

「天女」や「はごろも」など，子どもにはなじみの無いことばも，絵によっ
て一定のイメージを持ちながら聞く（読む）ことができる。

さて，江戸の庶民文化として赤ちゃんが生まれると，近所の子どもたちがお
祝いに訪れる習慣があった。江戸時代の竹取物語絵巻にも，「竹取物語」本文
には無い，近所の子どもたちがかぐや姫を訪ねる様子が描かれている (14)。

産飯として神様にお供えした後，残ったご飯は，お母さん，産婆さん，そし
て近所の女性や子ども達など，出来るだけ大勢の人に食べてもらうと，それだ
けご利益が高いと言われている。絵本『じゅげむ』でも，お祝いに行くため
に名前を言う練習が描かれ，子どもたちがお祝いに訪れる場面が描かれている。
このような子どもの誕生をコミニティーが祝う日本の伝統文化に触れることも
できるのである。

また，『落語絵本13　ひとめあがり』では，「蓬莱飾り」，「一目あがり」，「回
文」，「七福神」，「俳句」などの伝統文化にふれることができる。

『落語絵本1　ばけものつかい』では，日本の妖怪文化が登場する。「一つ目
小僧」，「ろくろっ首」，「三つ目の大入道」というラインナップに最後は「たぬ
き」が出てきてサゲとなる。「ごいんきょさん」や「ほうこう人」などのこと
ばも，落語を鑑賞するための基礎知識である。『ばけものつかい』には，ご隠
居さんと奉公人の次のようなやり取りがある。

「なんだ久蔵，そのかっこうは」と，ごいんきょさん。

「じつはごいんきょ様，おねがいがありますだ。／おら，おひまをいただき

たいとおもいまして」／と久蔵さん。

「なに，やめる。それはこまるなあ…，／なんでいまさら」

　江戸時代のご隠居さんや奉公人という語彙にふれるとともに，このやり取りの中で，「おひまをいただく」が「やめる」の謙譲語であることが，自然に修得できるようになっているのである。

　『落語絵本3　はつてんじん』には，江戸庶民の信仰の姿が描かれている。

　　天神さまといいますのは，／菅原道真公のことでして，／その天神さまを，まつってあるお宮が，天満宮です。／そして，新年になってから，／天満宮にはじめておまいりにいくことを，／初天神ともうします。／とくに，二十五日は，天神さまのえんにちですから，／一月，二月の二十五日などは，／おおせいのひとが，おもいりにでたそうで……。

　現代につながる江戸庶民の信仰の姿を垣間見ることができる。同時に，『はつてんじん』には，たこあげという伝統遊びが描かれている。

　『落語絵本12　ときそば』では，江戸時代の時間について紹介している。

　　江戸の昔は，時間のことを，／「時」といっておりまして，／時計というものが，ありませんから，／寺で鐘をうち，その音のかずで，／町に時をしらせておりました。／真夜中の十二時が，九つ。／二時間おきに，二時が八つ。四時が七つ。／朝六時が六つ，八時が五つ／とへっていき，／お昼ちかくの十時が四つ。／そしてお昼の十二時が，また九つになり，／夜の十時が四つです。／「三時のおやつ」は，時の八つのことですが，／三時ですから，せいかくには／八つ半ということになります。

　江戸時代は，「時計というものが，ありませんから，」，日の出，日没時間を基準にしていた不定時法であった。江戸時代が不定時法であることは省かれて

いるが，時間に関して，落語を聞くときはもちろん，古典文学や歴史小説を読むための基礎知識を得ることができる。

　さて，川端誠の落語絵本シリーズの第1作は『落語絵本1　ばけものつかい』である。

　　噺のオチは，最後の晩にたぬきがやってきて，ごいんきょさんに暇をこい，理由を聞かれて「わたくしも方々化けて出すが，あたな様のように化け物使いのあらいお方はおりません」となるのですが，これでは視覚的なオチになりませんので，たぬきが化けて出ていることをふせて，それをオチにしました。(「落語絵本を作った人　川端誠さん」)

「落語絵本シリーズ」は日本の伝統文化「落語」を伝える機能と同時に，芸術としての再創造の意義も持っている。

　「落語絵本シリーズ」の教材開発には，音声言語教材，伝統的文化・風俗・生活，芸術表現など，多様なアプローチが想定できるのである。

# 4　和文化としての「絵本」の未来

　21世紀は，ICT技術に支えられた知識基盤社会と言われている。そうしたICT技術の発展の一方，子どもたちの健全な発達は保障されているだろうか。むしろ，子どもたちの健全な発達は危機に瀕しているのではないか。そこで求められるのが，和文化を基軸にする教育だと確信している。

　さて，21世紀になって最も売れている絵本は『だるまさんが』『だるまさんの』『だるまさんと』の3冊からなる「だるまさんシリーズ」(15) である。伝統遊びである「だるまさんが」をモチーフとしながら，だるまさんの動きを真似しながら，体の力を抜くことの大切さや，共同作業において「呼吸」を合わせることの大切さを伝えている。

　山折哲雄先生は，折ある毎に，日本の伝統文化に通底するものは「呼吸」の

あり方であると述べている。「絵本」は，日本の伝統文化としての「呼吸」や「間合い」を体得する教材として開発されるべきであろう。

（余郷　裕次）

**註**

(1) 森慶子「読書活動への脳科学的アプローチ」『読書教育の未来』ひつじ書房，2019 年.

(2) 山口真美『赤ちゃんは顔をよむ　視覚と心の発達学』紀伊國屋書店，2003 年.

(3) 正高信男『0 歳児がことばを獲得するとき　行動学からのアプローチ』中央公論新社，1993 年.

(4) 門脇厚司『子どもの社会力』岩波書店，1999 年.

(5) 小島尚美編『色の事典』西東社，2002 年.

(6) 渡辺富夫・大久保雅史「コミュニケーションにおける引き込み現象の生理的側面からの分析評価」『情報処理学会論文誌』39（5），1998 年.

(7) 長谷川集平『絵本づくりトレーニング』筑摩書房，1988 年.

(8) 余郷裕次『絵本のひみつ―絵本の知と読み聞かせの心―』徳島新聞社，2010 年.

(9) 西村繁男作『絵で見る日本歴史』福音館書店，1985 年.

(10) クリス・フェリー さく，村山斉 かんやく『そうたいせいりろん』サンマーク出版，2020 年.

(11) 岩崎京子・文二俣英五郎画『干支のはじまり』教育画劇，1997 年.

(12) 内田麟太郎作・長谷川義史絵『狂言えほん（1）ぶす』ポプラ社，2007 年，内田麟太郎文・大島妙子絵『狂言えほん（2）かきやまぶしかきやまぶし』ポプラ社，2008 年.

(13)「落語絵本」本文における振り仮名は，引用の際省略する。また，本文改行は「／」で表記する。改ページは「【改ページ】」と表記する。

(14)『九曜文庫蔵奈良絵本・絵巻集成　竹取物語絵巻』第一期大型絵巻第一巻竹取物語絵巻，勉誠出版，2007 年.

(15) かがくいひろし作『だるまさんが』2008 年，『だるまさんの』2008 年，『だるまさんと』2009 年，いずれもブロンズ新社。

## 第2節 「双六」の教材開発とその特性

　筆者の主催する「双六読書会・小さな靴あと」は読書会から始まり，古典文学の苦手意識を払拭するために作成した「好色一代男世之介双六」を皮切りにオリジナル双六を作り続けている。その過程で双六が「学習」に適していることを確信し「学びの楽しい入口作り」の活動を行っている。

　双六教材の特性は「分からなくても遊べて楽しい」ところにある。本来なら避けてしまう難しい学習内容も遊ぶことでハードルが低くなり，「知る」「興味を持つ」という学びの初歩段階に導くことが可能となる。これが最大の強みだが，他にも様々な学習の効用がある。では双六の基本的な活用法「見る」「遊ぶ」「作る」から解説を試みることとする。

## 1　双六を見る

　例として「GOGO HIRONISHI KIDS 進め進め双六，2016 年度版」（図Ⅳ-2-1）

図Ⅳ-2-1　「GOGO HIRONISHI KIDS 進め進め双六，
2016 年度版」双六読書会・小さな靴あと作成

を見ながら双六の基本的な 4 つの特性を考察してみよう。

### (1) 視覚に訴える情報量

　この双六は 2016 年に発生した熊本の大地震で，被害が大きかった益城地区の広安西小学校の被災から卒業までの 1 年を記録した双六である。そこには児童たちを励ますために日本中から駆けつけたボ

ランティアたちの姿があった。文字だけでは書ききれないイメージも絵が加わると鮮明になり，詳細に思い出すことが可能となる。

### (2) 物事を整理する表的な役割

双六の主題が決まるとマス数や絵，挿入する文章を考えねばならない。一マスというスペース制限があるため，簡潔な表現が求められる。それは内容を十分に理解し要約しなければ伝えることができない。これは学習においての表作りと同じである

### (3) 物事の流れを把握する

双六は時系列に並べ置くことを基本としている。ここで重要なことはマスの流れに整合性が取れているかである。意図的に時空間を飛び越えるコマ運びを設定する際も必然性が重要となる。この条件が満たされると違和感なく，遊びながら物事の流れを感覚的に捉えることが可能となる。

### (4) 全体像を俯瞰できる

双六は細部の組立と同時に完成物を見ることができるツールである。例えば本を読むことは深く考え想像する力を養う。写真や映像はその場面を詳細に切り取る。だがこれらの情報は断片的である。本質を理解するには時系列に並べ，再構成して全体像を見なければ難しい。双六は一枚の紙面にその全てが展開されているので，本質のイメージが掴みやすくなる。

この双六は当初，当時の校長である井手文雄教諭を中心に先生方，保護者が一丸となり「子どもたちに下を向かせない」ために奮闘した記録を残すことが目的であった。ところが全体像を俯瞰した時に立ち現れてきたのは「エール」であった。ボランティアの開催したイベントがイラスト絵画となって圧倒的な数で並び，視覚に訴えてくる。児童たちにとって震災は辛い経験であったが，応援してくれた人々がこんなにたくさんいた。それは苦難を乗り越え，明日に向かう背を押してくれる「エール」となろう。双六を俯瞰して初めて見えてくる「エール」の視覚化であった。この双六は当会の熊本地震支援として卒業式に全校生徒に配布し，熊本日日新聞に掲載された。

このように双六には見るだけでも，物事の内容や流れ，本質理解を助ける教

材となり，感情に訴えかける想像力を養い「学び」の足掛かりを提供している
と言えよう。

## 2　双六で遊ぶ

　学習に特化するためにあえて難解な事象に挑戦した双六を2点紹介する。2
点とも複雑な歴史の立体性を表現し，全体の流れを体現しながら考えることに
主軸を置いた。その理解を助けるために詳細なマスの説明を載せた冊子を付属
させている。遊びながら冊子を読み，確認することでマス絵の内容理解を促す。
冊子には時代背景や自主学習のヒントになる参考文献や映画なども記載した。

### (1)　WWI双六（第一次世界大戦双六）（図IV-2-2）

　この双六は前述の双六と異なり，見るだけでは知識を得ることができない。
マス絵もアイコン的で視覚に訴える情報は限られてくる。さらに英語表記なの
で遊び方も分かりにくく，付属されている冊子も教科書に近い読物で，すぐに

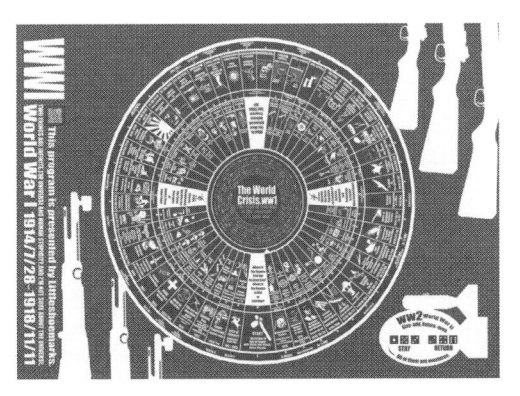

図IV-2-2　WWI双六（第一次世界大戦双六）　双
　　　六読書会・小さな靴あと作成

遊びたくなる双六とは異なる。
だがこの双六の真価は遊ぶこ
とにある。冊子も遊びながら
確認のために読むので，知ら
ず知らずにページをめくり，
気が付けば第一次世界大戦の
様々な事象を読破していくこ
とになる。

　高校生，大学生，一般成人
それぞれで遊んでもらった結
果，遊ぶ前は高校生や大学生
は双六のデザイン性に興味を示す。一般成人は「何だろう」という半信半疑な
反応である。だが，遊びも終盤にさしかかると全ての世代で「これはいいかも
しれない」「なんとなく分かったような気がする」という声が聞こえてくるよ

うになる。遊び終わると高校生は「世界史を習った後でもう一度やりたい」と述べ，大学生は「習ったはずだが知らないことばかりだった」と感想を述べる。一般成人は「子ども達に遊ばせると良いかもしれない」と言ってくれるようになる。

　下記の写真は高校生に遊んでもらった写真である。（写真IV-2-3）冊子を確認しながら積極的に参加している様子が窺われる。

写真IV-2-3　県立国際高校　アントレプレナー授業　齋藤教諭撮影

　この双六は参加者へ質問マスがある。その質問は「軍隊を持たない国はどこ」「あなたが最良と思う防衛プログラムは」などで，答えなければ振出に戻るという設定があるため，何としても自分なりに答えようとする。これは自分の意見を考えて話す機会を提供する試みである。「遊び」の中ではあるが，自分の述べた意見は記憶に残る。また，参加者も自分ならどう答えるかを考えるはずである。そこから興味が生まれ，次なる学びへ繋げる種にして欲しいとの願いを込めたマス設定である。

　次に英語で表記したことも述べておかねばなるまい。題材の第一次世界大戦は日本の被害が小さかったため，ヨーロッパの戦争という印象が強く，深い知識を得る機会が抑えられた。だが，今日の世界の枠組みを決め，次に起こる第二次世界大戦の火種を作ったいわば世界紛争の基礎である。これを知らねば見えてこない世界があると言えよう。それを学ぶ双六ならばデザインは重要となる。可愛いイラストで描けば受け取るイメージは「子どもの遊び」的になる。それと同じく日本語表記にすると「機関銃時代到来」「米国モンロー主義」「サラエボ事件」と題名だけで分かったつもりになり，冊子を読まずに遊ぶことが考えられる。英語なら冊子を読む方が分りやすくなり，その過程で内容を読む頻度が高くなる。また，遊ぶ時間を必要とするため，双六の盤面を長時間注視続けることになる。ならばそれに堪えうる飽きることのないデザインは不可欠

であろう。英語表記は冊子を読む動機付けと，双六のデザインを熟考した結果である。

## (2) キューバ危機双六　（図IV-2-4）

冷戦時代，米国とソ連に核戦争の危機が訪れ，外交によって回避した史実を双六にした。この双六の主題は多角面から物事を捉えてみようという試みである。私たちが触れやすい米国側からの情報だけではなく，東側も含めたそれぞれの情報を公平に調べてマスにしている。それは危機が訪れた期間だけではなくソ連がミサイル基地

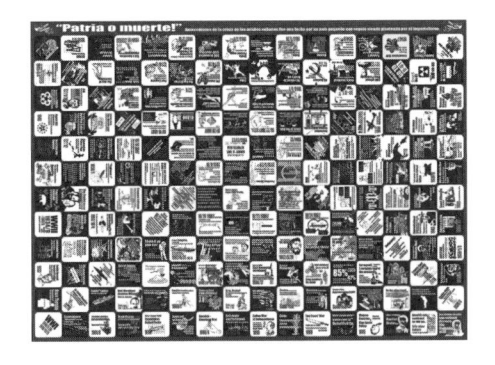

図IV-2-4　キューバ危機双六予定図　双六読書会・小さな靴あと作成

を設置した国，キューバの建国の成り立ちを知るために，遡ること大航海時代からスタートする未発表の双六である。

この双六の説明冊子は第一次世界大戦双六よりページ数が多く，遊びながら読むには負担が大きい。そこで新しい遊び方を提案している。この双六は有名でカリスマ性のある人物たちが登場する。その人物たちを駒とし，参加者が選び，選んだ駒の人物の背景を背負いながら遊んでもらう試みである。例をあげればケネディ大統領，フルシチョフ第一書記官，カストロ議長，チェ・ゲバラなどであり，どの人物も魅力的である。このように国も立場も異なる人物が何を選択し決断したのかを想像しながら進むことで，視点の違いを多角的に考える機会となろう。

学習双六として高校生以上を対象に作成している。完成後，多くの人に遊んでもらい，考察を重ねたいと願っており活用希望を募集中である。

この2点の双六は歴史の流れを学ぶために作成したものである。だが「遊び」の力を借りて「遊ぶ」当事者とならなければ「知識」と出会えない構造になっている。

　ホイジンガは著書『ホモ・ルーデンス』で，「遊びの定義」を定められた時間と範囲の中で行われる自発的な行為であり，遊びの規則を受け入れた限り絶対的な拘束力を持つとし，それは歓びと感情を伴い，日常生活とは別のものという意識に裏づけられていると述べている [1]。またロジェ・カイヨワも著書『遊びと人間』で，遊びが鍛える素質は勉強や，大人のまじめな活動にも役立つ同じ素質であると言う [2]。

　「分からなくても遊べて楽しい」から入った双六遊びの参加者は，能動的に遊びの規則に縛られながら「何となく分かってきて面白い」に変化し，学びの入口に立つことになる。是非この2点の双六で遊び，「楽しい学び」を多くの人に体験してほしいと願っている。

　この双六で遊んだ後に印象に残った事象を選んでレポートを書くことも，より深い学習考察へのアプローチとなろう。

## 3　双六を作る

　双六教材の中で「双六を作る」が最も高度な作業と時間を必要とする。そのため年代に分けて教材を開発している。その中で小学生と高校生，高齢者の例を紹介する。

### (1)　小学生中学年～高学年「世界に一つだけのオリジナル双六を作ろう」

　当会オリジナルすごろくシートを使用し，自由に作り上げていくプログラムである。

　10人以上で（学年は問わず）一緒に作ること（創作アイデアの共有と学びを養う），自分で双六の主題を決める（自主性と責任感を養う）。この二点がポイントである。

　写真は当会のオリジナルすごろくシートと児童の作品である。カブト虫を育てた日記を基に作成した。立体造形としてYouTubeを視聴して作った折紙のカブト虫を貼り付け工夫を凝らしている。（図Ⅳ-2-5）

　作成日数は3日間，実施時間は1日約3時間，筆記用具，写真，折紙，好きな素材などで絵を描いたり，貼り付けて作成していく。指導は物事の流れ「起

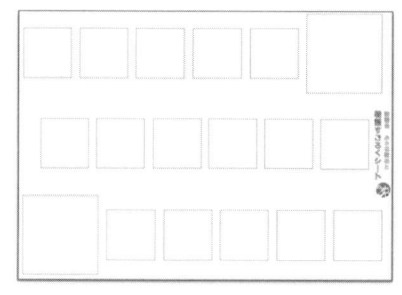 

**図IV-2-5　オリジナル双六シート　双六読書会・小さな靴あと作成　「カブトム
シスゴロク」児童作品**

承転結」を蛙の成長図で説明を行い双六の仕組みを教える。児童たちが質問を
してきた場合のみアドバイスを行い，自由に作ることを遮らないようにする。

　最後に自分の双六を発表して終わる（話す訓練）。児童たちは一生懸命に作っ
た自慢の双六なので人前で喋るのが苦手でも進んで参加するようになる。見て
いる児童も良い点を探して感想を述べ，お互いの作品を認め合う行動をとる
（他者への共感）。

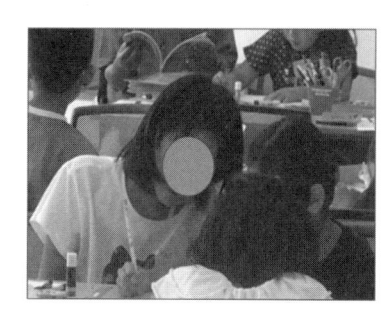 

**写真IV-2-6　作成中の児童　　　　双六を発表する児童と筆者**

　自由に作ることに戸惑う児童も共に作る仲間に刺激を受け，生き生きとした
作品を作りあげる。双六作成の学習目的は物事の流れや整合性への理解を促し，
イメージを形にする創造性を養うことにある。

## (2)　高校生「起業家の人生双六作成」

　兵庫県立国際高校アントレプレナー授業として齋藤尚文教諭より依頼を受

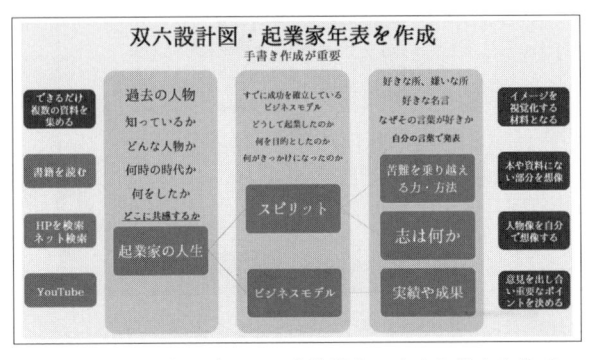

図IV-2-7　双六設計図　双六読書会・小さな靴あと作成

け2020年に実施した例である。渋沢栄一ら三人の起業家の人生双六を3つのグループで作成した。双六を作るには設計図として起業家年表の作成が必要で，必ず自分たちで調べ手書きすることが重要である。内容や調べ方は図に要約した。(図Ⅳ-2-7)

　既存の資料から見つけた起業家のイメージを基に，自分たちが調べてきた内容，好きな言葉，経歴などを付箋に書いて一枚の紙に貼り付けて言語化し，グループで話し合いながらマス数やどの場面を描くかを検討しながら年表を作り上げていく。この年表が双六作成の設計図となり起業家への理解を深め，改めて自分たちのイメージを確立し，新たな表現としてのマス絵を創作する足掛かりとなる。

　この工程をどう説明するかとの迷いがあったが，關浩和著『ウェッピング法─子どもと創出する教材研究法』を読むことで間違いない理論であるとの確信を得た。

　自分たちで調べずにウィキペディアに掲載されている年表を頼った班は，作成時に混乱して内部分裂を起こしてしまった。手を抜いたせいで起業家への理解が深まる機会を逃したばかりでなく，グループ内の話し合いを怠ったために意思疎通が上手くいかなかったのである。双六作成に入ると，年表を丁寧に作った班は作成スピードも速く描く態度も意欲的であった。この班の生徒が「最初は遠かった起業家が身近に感じられるようになった」と感想を述べていることから，親近感を得るまで調べて話し合ったことが分る。写真は安藤百福の人生双六の発表練習をしている班である。(写真Ⅳ-2-8)

　生徒から「双六は子どもの遊びだから簡単にできると思っていたら難しかっ

た」という感想も多く寄せ
られた。双六はすぐにでき
ると思われがちだが，イメ
ージを形にするには題材を
理解し組立て，整合性のと
れた内容にしなければなら
ない。生徒たちは下調べが

写真IV-2-8　安藤百福の人生双六の班　筆者撮影

いかに重要だったかを作り始めて気が付くはずである。最後にはまとめて双六
と共に起業家から何を学んだかを発表する。「双六を作る」は調べるという学
びの本質を追求し，共同作業の中で起業家の人生を自分なりに理解して作り上
げていく。それは困難に立ち向かい挫折を乗り越えていく起業家の姿を知るこ
とである。その中で働くこと，前向きに生きることの本質を学ぶ機会となる。

### (3) 大学生，成人，高齢者「人生双六作成」

　人生双六の発案は 2016 年に作成した「好色一代男世之介双六」から始まる。
この双六の原作である『好色一代男』は主人公世之介の一生を描いている。な
らば今を生きる全ての人の一生も物語であり双六になるのではないかと考えた。
そこから 90 代前後の方々の人生を詳細に聞き取りして人生双六を 5 点仕上げた。

　その一人 K さん（当時 88 歳）は 10 代前半で母を亡くし，戦争で家を焼かれ
父も失うという人生を過ごした人である。だが 60 代でマラソンと出会い，ホ
ノルルマラソンを完走して走る喜びを知り，晩年は健康で豊かな人生を過ごし
ている。K さんが出来上がった自身の双六を見た時「苦労ばかりの人生と思っ
ていたら案外悪くない人生じゃない」と言ってくれたのだ。双六で自分の人生
を客観的に見つめ直すことができたのである。この経験が人生双六教材を作る
大きな動機となった。

　日本は先進国の中で若年層の自死者がトップである。そこで双六によって困
難を乗り越えて明日に進む力を養えないかと考えた。それには高齢者の人生双
六が大きな力となる。彼らの生きてきた軌跡には必ず戦争の傷跡と苦難がある。
それを乗り越えて生き続けることで，最終的に楽しいマスも苦しいマスも半々

になることに気付いた。人生山あり谷あり，楽あれば苦ありが視覚化されて現れてきたのである。

　大学生や若年層へは「自分自身を知る双六」として，自分を見つめ直して弱点を知り，なりたい自分になるための道を記す双六を教材とした。双六を真剣に作るために高齢者の事例を示し誘導を試みている。

　高齢者には認知予防に回想法として戦後昭和を描いた「昭和 甦 咲双六」で遊び，記憶の活性化を図った後，自分の人生を振り返りつつ自分自身の双六を作るプログラムの提供を始めている最中であり，今後の研究としたい。

　双六の「見る」「遊ぶ」「作る」に分け，教材開発の試みを紹介した。「子どもの遊び」と思われがちな双六のイメージを覆し，複雑な歴史の学びを助ける教材効果の実証を重ねてきた。この挑戦を継続するため次なる双六に着手している。「キューバ危機双六」公開後，「砂糖の歴史双六」を予定している。「砂糖の歴史」は人類の負の歴史に繋がりながら，食文化や環境とも直結しており，知っておくべき重要な事象の一つである。

　平和であった江戸時代に日本独自の発展を遂げた双六には絵師たちの挑戦があった。その心意気に背を押されながら，新しい双六の表現法を模索している。

　筆者は双六と出会い，それによって学び直す機会を得ている。双六作成は大変な作業であるが，遊ぶことで学びの入口に立つ子どもたちを見る喜びも実感している。これからも「学び」の一助となる双六を作り続ける所存である。

（谷　明子）

**註**

(1) ロジェ・カイヨワ『遊びと人間』講談社学術文庫，1990 年，p.273.
(2) ホイジンガ『ホモ・ルーデンス』中公文庫，1973 年，p.83.

**参考文献**

井原西鶴『好色一代男』岩波書店，1955 年.

關浩和『ウェッビング法——子どもと創出する教材研究法』明治図書，2002 年.

# 第3節　「浮世絵版画」の教材開発とその特性

## 1　「版画」の特性

　版とは，素材になるものに凹凸をつけ，それに色をつけて紙や布などに押す方法を意味する。木版は，木を版として用いた絵であり，石を用いると石版，銅なら銅版となる。版で押せば同じ絵や文字がいくつもできることから，印刷の仕組みが考え出された。柔らかく加工のしやすい木を素材に版の工夫が進み，安価で手軽な紙が発明されたのち，木版による印刷は大きく発展した。木版はその後，画家たちによってひとつの表現技術として利用され，特に日本の江戸時代には，葛飾北斎等に代表されるような「絵師」をはじめ，「彫師」，「摺師」といわれる熟練した職人が分業によって，多数の版を重ねて制作する多色木版の「浮世絵版画」が大量に制作された[1]。

## 2　「浮世絵版画」に着目する背景

　近年，海外のサブ・カルチャーを構成する世界観においては，日本のアニメ・漫画・映画等からの影響も多く見受けられるようになった。そのことをきっかけに日本の伝統美術や文化財に興味を持つ人も増えている。ジャパン・プログラムを展開している海外の美術館・博物館では，「浮世絵版画」は人気のある美術作品であり，その一例としては，フランスのギメ東洋美術館（Guimet Museum）では，関連企画として浮世絵版画の擬似体験ワークショップが行われて盛況を得た[2]。

　日本では，2024年度に発行された新紙幣のデザインに，葛飾北斎による『富

嶽三十六景』の一図である『神奈川沖浪裏』が図柄として採用されている。今後，国内においても「浮世絵版画」への関心度は更に高まるであろう。

## 3　図画工作における「浮世絵版画」に関する内容

　小学校図画工作科の授業では，高学年の「鑑賞の活動」において葛飾北斎や歌川広重等の「浮世絵版画」の作品が取り上げられている [3]。また，「表現の活動」における版画の指導内容においては，版表現は表現方法のひとつとして扱われる指導内容であり，小学校学習指導要領解説図画工作編では「A 表現(2) 絵や立体，工作」に含まれ，「版ならではの表現効果があるなどの特徴を持った造形活動のこと」と示されている。稲田大佑（2013）[4] によれば，版画の技法は，班の形状から大きく分けると凸版，凹版，孔版，平班の 4 種類があるが，同指導要領解説の「内容の取り扱いと指導上の配慮事項」の中で「児童や学校の実態に応じて，児童が工夫して楽しめる程度の版に表す経験」ができるようにすることと記されているのみであり，学習指導要領では特に指導すべき具体的な版種は指定されておらず，版表現では，指や手による簡易なものを含めた凸版技法が中心で，高学年で多色刷りの木版画や，型紙版画などステンシルとよばれる孔版，こすり出しのような転写の技法が紹介されていることについて言及している。そのことから凸版と孔版の技法は，教科書で扱われている技法や内容に限定すれば，特別な技法や用具を必要とせず，ローラー転がし，スタンピング，紙版，型紙版画など，身近で扱いやすく入手しやすいものを用いて，簡易な技法に限定して扱われることが多いとされる。

　なお，高学年で紹介される「多色刷木版画」においては，①用具・材料について知り，②下絵を描き③版下を手がけ，⑤彫刻刀の使い方，⑥見当の彫り，⑦版への絵の具の付け方，⑧版紙の持ち方，⑨ばれんを用いて摺るといった作業工程を経て，多色木版の作品が出来上がる。しかし，「浮世絵版画」では，それに加えて専門知識や特別な用具や設備が必要となり，工程も複雑であるため小学校において取り扱う内容としてはそのままでは適せず，改良が必要である。

　上記の理由から，「浮世絵版画」を身近なものとして楽しめるように，「浮世絵版画」の版を複製し，その数枚をセットにした教材を用いて，小学生を対象とした「浮世絵版画」の摺体験の実践を試みた。

## 4　「浮世絵版画」の教材開発と実践

　「浮世絵版画」は，①版下絵，②彫り（主版），③校合摺り，④彫り（色版），⑤摺り，⑥ぼかし，といった作業を経て出来上がる。制作工程の概要を竹中健司・米原有二（2022）は次のように紹介している[5]。

---

【浮世絵の制作工程】

① 版下絵：絵師が描く版下絵は墨一色の輪郭線。彫師が図案の輪郭のみを彫る「主版」の制作に用いる。色数を抑えつつも華やかな作品に仕上げるための設計図である。

② 彫り（主版）：主版は下絵の筆勢を活かすように彫り進める。浮世絵のように主線（輪郭線）を際立たせたものばかりではなく，ぼかしや滲みのような繊細な筆致で描かれた版下絵などもある。

③ 校合摺り：主版で摺った墨一色の「校合摺り」に絵師が彩色していく。これは彫師が色版を彫る際の，指示のためのもの。彫り工程では版木に貼付して彫り進めていくため，ほとんど残らない。

④ 彫り（色版）：絵師の指定に従って色版を彫り進める。見当を入れ，すべての版木が揃うと仕上がりの確認版木が揃うと仕上がりの確認のため，摺師が試し摺りをおこなう。版の修正があれば彫師がおこない，最後の微調整を終えると版木は摺師のもとへ。

⑤ 摺り：摺師にとってもっとも大切なことは何十枚，何百枚の作品であっても変わらぬように摺ること。「商品」には，色味はもちろん，線の強弱やかすれなどの細部にまで再現性が求められる。

⑥ ぼかし：版木に部分的に水分をのせて滲みを利用し，大空のグラデーションを表現する「天ぼかし（一文字ぼかし）」など，版木には指示されていない，多彩な摺り技法を駆使して原画（版下絵）に魅力を加えていく。

---

　上記内容の全行程を，小学校の図画工作科の授業において実施するのは困難であるため，制作工程や準備物を簡略化し，「摺り」[6]に特化した体験を設定した。

　なお，当教材開発と実践では，子どもたちが浮世絵版画について知り，興味・関心を持てるよう，触れて親しむ機会を設けることを目的とし，あらかじめ著作物等使用の許可も得た上で，「浮世絵版画」（葛飾北斎『神奈川沖浪裏』）の版を複製し，その版を用いて下記の体験活動を試みた。

## 【活動のながれ】

- ・浮世絵版画（うきよえはんが）とは何か考えてみましょう。
  『富嶽三十六景（ふがくさんじゅうろっけい)』という三十六枚のうちの一枚で作品名を『神奈川沖浪裏（かながわおきなみうら)』といいます。
- ・作者の葛飾北斎（かつしか ほくさい）［宝暦 10 年（1760 年）—嘉永 2 年（1849 年)］は江戸時代（化政文化）を代表する浮世絵師です。
- ・版画であるため何枚も摺られています。
- ・自分だけの浮世絵版画をつくってみましょう。
  - ①準備・道具の確認
  - ②進め方について
  - ③制作
  - ④かたづけ
  - ⑤アンケート記入
- ・版画ですので「版」と「摺ったもの」は逆の形になります。
  - ①配色を確認しましょう。
  - ②時間を気にしながら取り組みましょう。
  - ③「摺る」時は位置がずれないように，必ず形を確認して摺りましょう。
- ・全部で 7 枚です。番号が書いてあります。
- ・版 7 枚を重ね，1 の番号のものを 1 番上に置きましょう。
  - ①版に水分多めで濃く色をつけます。（好きな色でも良いです)
  - ②色のついた版をスケッチブック備え付けた和紙にセットします。
  - ③上に紙を重ねたら，上からばれんで左右に強く，摺っていきます。
- ・作業を 1 枚目から 7 枚目まで，くり返していきます。
- ・1 枚目から 6 枚目までの色は好きな色で配色してよいです。ただし，7 枚目は黒色です。最後に黒色を塗ってください。筆で塗ってください。
- ・1 枚目から 6 枚目の色は自由です。最後の 7 枚目の色は黒色です。

## 【摺りかた】

　紙を重ねたら上からばれんで強く，「の」の字をえがくように，または左右に摺っていきましょう。
　①色のついた版をスケッチブックに引いてある線の上にセットします。

②和紙を重ねます。ずれないように気をつけてください。ひらいてみて，もし色が薄かったら色をつけ足してまた，やってみましょう。

**【かたづけ等】**

版は洗わずにそのままでよいです。
①手を洗ってください。
②版画が乾いていない場合は，乾燥させるためにドライヤーを使ってもよいです。
③最後にスケッチブックから切り取ってください。
④鑑賞会を行いましょう。

**【小学校で取り組みの様子】**

写真Ⅳ-3-1　版に配色する　　写真Ⅳ-3-2　摺り上がった作品　写真Ⅳ-3-3　完成作品

## 5　実践の成果と課題

　活動における体験の様子や感想内容[7]から「浮世絵版画」への興味・関心が高まり，子どもたちが，ものづくりの面白さ等を感じ取っている様子を見ることができた。成果として，子どもたちが，「浮世絵版画」に関連した一連の取組を通して，ものづくりについて新たな視点を獲得し，創造的な活動が見られる等の学習効果が期待できることを伺うこともできた。そのことから日本のものづくりや，古くから伝わる伝統・文化に興味・関心が深まり，将来にわたって美術を愛好する態度や郷土愛を育てることにつながっていくことも期待できる。

　課題として，小学生対象に指導する際には，低，中，高学年別に「浮世絵版

画の歴史」「その摺りの種類や技法」「使用する紙等，道具類」に触れながら「浮世絵版画」を用いた技法を整理し，その奥深さも味わえるように，それぞれの技能に応じた指導法と内容の適切な関連性が求められるであろう。そのために，小学校学習指導要領図画工作の目標に準拠し，発達段階に応じた基本的な用具や材料を用いて，学年別に内容を分類するとともに技能面での効果的な指導方法を検討する必要がある。また，それに伴い，セット教材の改良も重ねていく必要がある。

## 6　「浮世絵版画」教材活用の教育的意義

　日本こどもの版画研究会による『子どものはんが』(2007) では，版画とは，人間が柔らかい雨上がりの土の上に，足跡や手形をいっぱいつけて喜ぶのが版画体験の始まりと言われているように，原初的な喜びにつながるものであることが紹介されているとともに，長い間研鑽が積まれた文化遺産とも言うべき伝統的な技術を教育に生かした教材もあることが述べられている。一方で，近年，それまでなかった版材料や，あまり取り込まれてこなかった技法が導入され，版表現と版画教育そのものが大きく変化しつつあることにも言及している。そして，大切なことはこうした変化の中で，それぞれの版表現や表現内容が子どもたちにとってどのような意味をもち，その育ちにどのように貢献できるかを吟味しながら実際の活動をつくり上げていくことであろうと促している [8]。

　本教材開発においては上記の内容に共感し，その考えに基づいて開発を進めた。なお，当内容のような教材活用に際しては，版画の魅力である根源的な楽しさ，つくる喜び，達成感の大きさなどを生かすためには教師による材料・用具の準備，スムーズな活動の流れの設定なども大切となってくる。

　また，現況では，小学校における図画工作科の授業で，木版画の活動の機会が減少傾向にある中，子どもたちが日本特有の美術である「浮世絵版画」について知り，触れて親しむ機会を設けていくことは重要な意味を持つと考える。

　以上のことを踏まえながら「浮世絵版画」の多版多色摺の体験を通して，子

どもたちが，新たな視点を獲得し，創造的な活動が見られるなどの成長にもつながることを期待したい。このことが当教材活用の教育的意義であると考える。

（犬童　昭久）

## 註

(1) 牧野実則「伝統木版画の技法」長崎県立美術館「技法講座」資料，1991年.

(2) フランス・ギメ美術館（Guimet Museum）において 2023 年 5 月に開催された.

(3) 日本児童美術研究会『図画工作 5・6 上下』日本文教出版，2015 年.
　　日本造形教育研究会『図画工作 5・6 上下』開隆堂出版，2015 年.

(4) 稲田大祐「図画工作科における簡易木平版画を用いた版画指導法」『相模女子大学子ども教育学会紀要』2016 年，pp.15-16.

(5) 竹中健司・米原有二『木版画 伝統技法とその意匠』誠文堂新光社，2022 年，pp.102-103.

(6) 実際の「摺」工程では，和紙にドーサ引きをした後，紙を完全に乾かす。その後，摺る 5 ～ 10 時間位前にドーサ引きをした紙に水分を加えてするのに適当な均一の湿りを与える。版画用の絵具と糊の準備をし，摺台の上に止め布を版木の四方の下に置き，止め布に水刷毛で水を含ませて版木を固定した上で水刷毛で刷毛に水を含ませ，運び（竹の皮で作った絵の具の溶き捧）で絵の具と糊を版上にのせ，刷毛で混ぜながら版面に絵の具を均一に塗りのばす。その後，適度な湿りの入った紙を正確に見当に合わせ版上に平らに甜き，上からバレンで加圧して摺る。必要色数の版からとりかえて，くりかえし，くり返し摺ることにより摺りが完成する。

(7) 【写真】熊本市内の公立小学校（3 年生 90 名）において 2023 年 3 月に実施した。体験に参加した子どもたちの感想の一部を紹介する。

・とても綺麗に出来るんだなぁと思った。イメージ通りには出来なかったけど，綺麗で，よかった。

・早く塗って，色がはっきりするのを，頑張った。刷る時に，力を入れるのが，楽しかった。

・綺麗な版画が出来て，嬉しかった。また，他の色が違うのを，作ってみたいです。塗るのも刷るのも，どっちも楽しかったです。

・色は，何にしようかと，困ったけど，いろんな色でやったらいいなっ，と思いました。また，やりたいです。

・もっと，浮世絵版画を，先生に教えてもらいたいです。

・浮世絵版画は，鏡のように，反対に映るので難しかったです。なるべく板に強く色を塗るのを頑張りました。

・私の版画は，（富士山の光に照らされている海）という題名です。
・筆を変えながらやりました。夕日をイメージしました。綺麗に，思いを込めて作りました。
・初めて浮世絵版画をやりました。もっといろいろな有名な浮世絵版画を知りたいと思いました。
・浮世絵版画は，何枚もの絵を重ねて作るという事を，初めて，知りました。
・浮世絵版画をして，色を考えました。富士山を目立たせる事を意識して，作りました。
・最初は，緊張しました。どうして，浮世絵版画というのか，調べてみたいです。
・浮世絵版画のやり方を，初めて知った。色々な色を使って，自分だけの，版画が出来ました。
・ぽこぽこしている所に，色を塗って，紙に擦りつけたら，絵が出来るのを初めて知った。
・浮世絵版画は，こうやって描くという事を初めて知りました。等

(8) 日本子どもの版画研究会編『子どものはんが』日本文教出版，2007年，p.9.　日本子どもの版画研究会会長・細田和子氏と同研究会・研究部の山本隆一による言説を基にしている。

**参考文献**

文部科学省『小学校学習指導要領解説 図画工作編』日本文教出版，2008年.

文部科学省 国立教育政策研究所 教育課程研究センター『評価規準の作成，評価方法等の工夫改善のための参考資料［小学校 図画工作]』教育出版，2011年.

犬童昭久「美術館における伝統・文化に関する教育普及活動の実践」『熊本県立美術館研究紀要』Vol.42，熊本県立美術館，2012年.

# 第4節　「丹波立杭焼」の教材開発とその特性

## 1　丹波立杭焼の歴史と伝統

### (1)　丹波立杭焼の起源と発展

　丹波立杭焼（以下，丹波焼）は，日本六古窯の一つに数えられる伝統的な陶器で，その起源は平安時代末期に遡る。兵庫県丹波篠山市の立杭地域で生まれたこの焼き物は，日常生活で使用される実用品として広まった。特に江戸時代にかけて技術が発展し，登窯を使用した焼成方法が取り入れられたことで，自然釉の美しさが際立った作品

**図IV-4-1　日本遺産認定の看板**

が数多く生み出された。この自然釉の美しさが丹波焼の魅力の一つとなっている。

　丹波焼が日本六古窯の一つに選ばれた理由としては，その歴史的価値と技術的優位性が挙げられる。丹波焼は長い歴史を持ち，その製作過程において高い技術が要求されるため，その品質は日本全国で高く評価されている。また，立杭地域の地理的条件が陶器製作に適していることも一因である。

### (2)　伝統技術の継承と変遷

　丹波焼の製法は，古来より手作業によるもので，粘土の選定から成形，焼成に至るまで全てが職人の手によって行われる。江戸時代には朝鮮半島から伝わった登窯を用いた焼成技術が，京都の陶工によって丹波焼に取り入れられた。登窯での焼成は，自然釉の美しい仕上がりをもたらし，これが丹波焼の特徴的

な技法の一つとして定着した。この技術を通して，丹波焼は時代を超えてその技術と美しさを保ち続けている。

現代においても，丹波焼の技術は継承されているが，新たな挑戦も行われている。若手陶芸家たちは，伝統を尊重しつつも現代のニーズに合わせたデザインや技術を取り入れている。その結果，丹波焼は時代を超えて愛され続けている。

## 2 丹波焼を活用した地域文化教育の実践と評価

### (1) 教材開発の目的と意義

丹波焼を地域教材として使用することは，児童に日本の伝統文化を身近に感じさせるよい機会となる。陶芸の製作過程を通じて，手作りの重要性や職人技の素晴らしさを体感することができる。また，地元産業の理解を深めることで，地域社会への関心を高めることが期待される。

児童は，地域の特産品としての丹波焼を通じて，地域の歴史や文化，経済について学ぶことに繋がる。さらに，和文化の視点を組み込むことで，児童は日本の伝統文化の深い理解を得ることができ，地域社会の一員としての自覚や誇りを持つことが促される。

### (2) 教材開発のプロセスと具体例

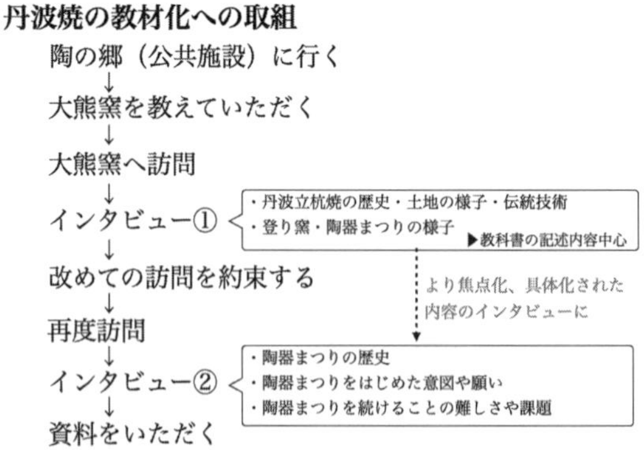

**丹波焼の教材化への取組**

陶の郷（公共施設）に行く
↓
大熊窯を教えていただく
↓
大熊窯へ訪問
↓
インタビュー①　・丹波立杭焼の歴史・土地の様子・伝統技術
　　　　　　　　・登り窯・陶器まつりの様子
　　　　　　　　　　▶教科書の記述内容中心
↓
改めての訪問を約束する　より焦点化、具体化された内容のインタビューに
↓
再度訪問
↓
インタビュー②　・陶器まつりの歴史
　　　　　　　　・陶器まつりをはじめた意図や願い
　　　　　　　　・陶器まつりを続けることの難しさや課題
↓
資料をいただく

図IV-4-2　丹波焼の教材化への取り組み

筆者が教材開発を行った当時（2018年）は，丹波焼の資料を収集するにあたり，どこへ行けばよいかも分からない状況であった。まずは公共施設の「陶の郷（すえのさと）」に向かい，そこで情報を集めることにした。当時の教科書を手に持ち，「この方をご存知です

か？」と尋ねたところ，施設の女性から「あ〜，巧さんやね。大熊窯って知っていますか？」と確認をされた。しかし，大熊窯の存在すら知らなかったため，場所を教えてもらい，大熊窯へ向かった。アポイントメントなしの突撃訪問であったが，大上 巧 氏はろくろを回す手を止め，笑顔で快く迎えてくれた。突然の訪問にもかかわらず，丁寧に取材に応じていただいた。

　このときに尋ねた話の内容（インタビュー①）は，丹波焼の歴史，土地の様子，伝統技術，登窯，そして陶器まつりについてであった。特に陶器まつりについて話を聞いた際，「これは絶対におもしろくなるぞ」と直感した。大上氏の話には，単なる形式的な説明ではなく，彼の本音が強く感じられたためである。彼が陶器まつりを通じて地域の伝統工芸を次の世代に引き継ぎ，さらに地域を活性化させようと努力している姿勢が非常に印象的だった。このまつりが地域にとって重要な意味を持つことを確信した。その後，再度訪問し，陶器まつりに焦点を当てた取材を行うこととなった（インタビュー②）。

　図Ⅳ-4-3 のように，教科書中心に個別的に事象を扱うイメージが，取材や現地調査を通して，人物を中心に事象を関連的，連続的に扱うイメージに変わった。バラバラだった事象同士につながりが生まれ，一つ一つの具体事例がより豊かになった。人物を通すことで，教材に一貫性，具体性，共感性が出てきた。ものや出来事の意味理解がより深いものとなることを実感している。足を運ぶことで見えてくる風景，見えてくる真実性，説得力。このプロセスは，どの事例においても変わらないだろう。

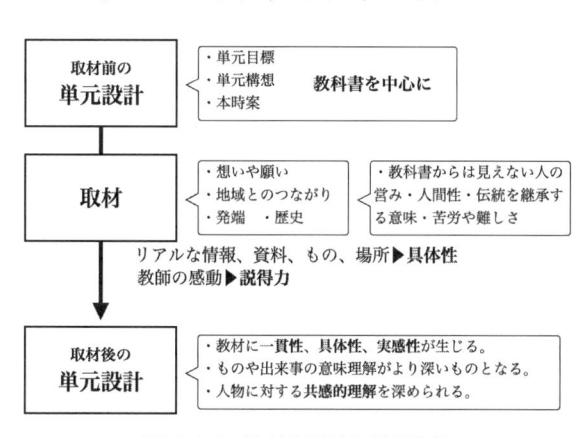

図Ⅳ-4-3　取材を通じた単元設計

## (3) 教材開発から生まれる単元構想

　『小学校学習指導要領（平成29年告示）解説 社会編』では，第4学年で扱う「特色ある地域」の事例として，①伝統的な技術を生かした地場産業がさかんな地域，②国際交流に取り組んでいる地域，③地域の資源を保護・活用している地域の3つが例示されている。このように，地域の特色を多面的に学ぶことが期待されている。

　筆者の勤務校が使用している教育出版の第4学年社会科教科書では，1学期はじめに「県内の地理的環境」を学習し，3学期に「県内の特色ある地域」を学習する構成となっている。1学期では空間的な視点で県の地理的環境を中心に学び，3学期では時間的な視点や関係的な視点で産業の歴史的背景や人々の協力関係などを中心に学習するようになっている。

　しかし，教科書に依存する従来の学習方法には問題点も存在する。教科書は一定の枠組みや情報提供を行う一方で，実際の現地の状況や人々の想いや苦労，具体的な発端や歴史など，教科書だけでは捉えきれない多くの要素がある。教科書を中心にした単元設計では，地域の実情に即した具体性やリアリティが欠ける場合が多い。

　そのため，教科書を補完する形で取材や現地調査を行い，リアルな情報や資料，そしてその場で感じた教師の感動や説得力を教材に反映させることが重要である。これにより，教材の構成に統一感を持たせ，具体的かつ実感を伴う学びを実現することで，児童たちの理解がより深まる。このようなアプローチは，教科書だけでは達成できない豊かな学びを実現するために不可欠であるといえる。

　本実践では，「篠山市では，人々が協力し，特色あるまちづくりや観光などの産業の発展に努めている」という獲得させたい知識を設定し，学習計画を，大きく次のように構想した。

■丹波焼はどのような場所でどのようなものが作られているのだろう（2時間）
■篠山市では，どのようにして丹波焼が作られ，受け継がれてきたのだろう（3時間）

■篠山市の丹波焼をどのようにまちづくりに生かしているのだろう（2時間）

そして，「篠山市のリーフレットを作成するには，どのような内容にすれば
いいのだろう」という課題を設定し，作成に1時間を充てた。

本小単元では，
大上氏を中心に据
え，丹波焼とその
周辺の文化や歴史，
地域の協力関係に
ついて学ぶ。まず
は丹波焼が日本六
古窯の一つとして
知られる理由から
追究を始める。丹

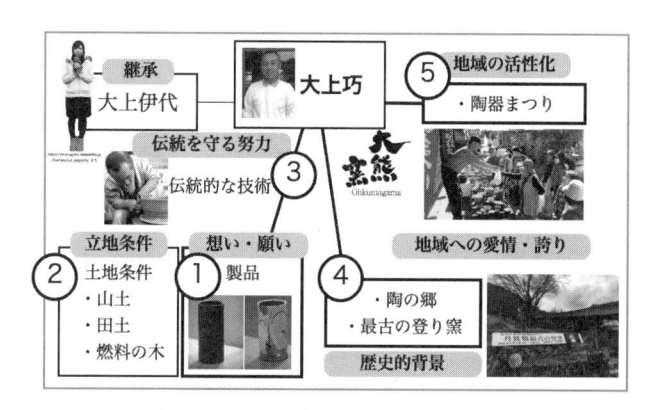

図IV-4-4　大上氏を中心にした単元構成

波焼がなぜ有名なのかという問いをもつことで，児童たちは丹波焼の産地であ
る篠山市立杭地域の地理的特性や，長い歴史を通じてこの伝統がどのように継
承されてきたのかを調べることになる。具体的には，原料の土や燃料の木が容
易に得られる地理的条件や，朝鮮半島から伝わった陶磁器技術など，丹波焼が
育まれた歴史的背景に焦点を当てる。また，大上氏をはじめとする職人たちが
手作業による伝統技術をどのように受け継いでいるのかを理解することを目指す。

さらに，大上氏たちがどのように地域社会に貢献し，丹波焼を通じてまちづ
くりに関わっているのかについても学ぶ。これには陶器まつりの開催や最古の
登窯の保全など，具体的な取り組みを視野に入れる。

図IV-4-4に示すように，大上氏を中心に事象を結びつけることで，教材に統
一感と具体性が生まれ，児童の共感を引き出し，出来事の理解が深まる効果が
得られる。

**(4) 実践に基づく実際の様子**

**①丹波焼はどのようなものがつくられるのだろう？**

まず，丹波焼の製作過程を学習した。平安時代末期から鎌倉時代の初めにか

> **■丹波焼はどのようなものがつくられているのだろう？**
>
> 作り始められたのは、平安時代の最後の辺りから鎌倉時代の始めの辺りだと言われています。桃山時代までは「穴窯」という物が使用されていましたが、1611年ごろ「登り窯」が導入され、同じ時期に取り入れられた蹴りロクロという方法も導入されました。ロクロとは、形を作るときに使う台のことです。丹波では珍しい立杭焼の独特なロクロとともに、伝統技術を昔から受け継いでいます。
> そのときは、かめやすり鉢などが主な製品でしたが、江戸時代の始めごろに小堀遠州（こぼりえんしゅう）の指導により、茶入・水指・茶碗などに多くの有名な器を生みました。
> 明治、大正、昭和へと受け継がれてきた丹波焼は、太平洋戦争後の苦境を乗り越えて、食器や花器等の民芸品を主にした作品作りを今でもしています。

図Ⅳ-4-5　児童のふり返り①

> **■丹波焼はどのような場所でつくられているのだろう？**
>
> 山や田んぼが多い場所で作られている！
> なぜ？↓
> なぜなら、焼き物に使う土は田んぼの土と山の土を足して作られているから、山があるところで作ることで、それが原料になるから。
>
> 登り窯を利用している！
> なぜ？↓
> なぜなら、登り窯を使用することで、火が燃え移りやすくなるから。

図Ⅳ-4-6　児童のふり返り②

けて，丹波焼の製作が始まった背景や，1611年ごろに導入された登窯，そして蹴りロクロを使った製作方法について理解を深めた。また，伝統的な技術が受け継がれ，時代を超えて続いてきたことも学び，民芸品としての丹波焼の特徴や，製品の多様性に触れることができた。学習後のふり返りとして児童がまとめた図Ⅳ-4-5では，製作過程や技術の継承について整理されており，学習の理解度がうかがえる内容となっていた。

### ②丹波焼はどのような場所でつくられているのだろう？

丹波焼がどのような地理的特性を持つ場所で作られているかを学習した。篠山市立杭地域の地形が陶器製作に適している理由について，田や山林が豊富で材料の土や燃料の木が多くとれること，また山の斜面を利用して登窯が作られていることを学んだ。この学習により，児童たちは丹波焼が育まれた自然環境の重要性を理解した。学習後のふり返りとして，児童がまとめた図Ⅳ-4-6では，地理的な特性が丹波焼の製作にどのような影響を与えているかが整理されており，学習の理解度がうかがえる内容となっていた。

### ③丹波焼はどのようにしてつくられるのだろう？

丹波焼の製作過程を学ぶ際，児童たちは土を練る，ろくろを使う，乾燥させる，素焼き，釉薬を施す，本焼きといった一連の工程を通じて，丹波焼が手間と技術を要するものであることを理解した。また，登窯での焼成が職人たちがそばで生活しながら焼成を見守る理由についても学び，その重要性を理解した。

さらに，職人たちの活動について学ぶ場面では，大熊窯の大上氏を中心に，伝統工芸士としての活動や，伝統を守りながら新しい技術を取り入れ，地域の人々と協力して焼き物を作り続けている姿が児童たちに伝わった。児童が作成したふり返り図Ⅳ-4-7 には，製作過程の中での職人たちの努力と工夫が具体的に記されており，学習の成果が反映されていた。

### ④丹波焼はどのように守り受け継がれてきたのだろう？

伝統を守るための取り組みについて学ぶ中で，児童たちは大上氏の娘さんたちの作品を調べることを通じて，職人たちがどのようにして丹波焼の技術を受け継ぎ，さらに新しい技術を取り入れてきたかを理解した。

> **■丹波焼はどのようにしてつくられるのだろう？**
> 例えば大上（おおかみ）巧（たくみ）さんという人が作っている。
> 1951年丹波立杭に生まれる
> 1974年大学卒業後、京都 宮永東山 二代/三代に師事
> 1977年〜家業を継ぎ作陶に従事
> グループ窯を結成、陶器まつり仕掛け人の一人。
> 以後、展示会開催・公募展入賞等多数。各地で市展等の審査員を務める。
> 2009年丹波立杭焼伝統工芸士に認定
> 2011-12年丹波立杭陶磁器協同組合 理事長就任（引用）
> 巧さんは、「どこも半農半陶の暮らしだった。丹波はいいですね。飽きないですよ」と言っていました。
> 丹波焼の魅力を尋ねると、「持ち味は焼き締めです。窯の中で土と炎がどんな景色をつくってくれるか。窯出しの時はいつもワクワクです。」
> 大熊窯の登窯の前で、「やっぱり薪で焼き上げるのが一番です。でも労力もコストもかかり大変なんです」と語る大上さん。登窯で焼くのは1年に一度くらいだそうだ。「若い頃は伝統の意味がよく分からなくて、とにかく新しいことをしようという思いだけで空回りしていましたが、伝統の中に新しいものへのヒントがあることに気づいたんです。10年かかりました」と大上さん。
> 私は、大上さんの確かな技術と丹波立杭焼への愛を感じます。
> 「土練り3年、ろくろ10年」、伝統を受け継ぐ努力がすごいです。

**図Ⅳ-4-7　児童のふり返り③**

> **■丹波焼はどのように守り受け継がれてきたのだろう？**
> 丹波焼は古くからの伝統を親から子供へ、またその子供が大きくなって自分の子供へとそんなふうに受け継がれてきている。
> でも、大上巧さんは、マットな派手でない器を作っているが、1人目の娘さんの伊代さんは妖怪をモチーフにした置き物を作っている。そして2人目の娘さんの恵さんは、可愛らしい、カフェで使われるような、暮らしい色合いの柄の器を作っている。で、問題は伝統なのにバラバラの種類のものを作っていても良いのか？というところだ。
> 実際に大上巧さんに「伝統なのに作るものが、バラバラで良いんですか？」とインタビューしてみることに。
> すると返ってきたのは、「どんどん新しくしていく、生まれ変わらせてゆく。それが伝統を守っていくということなんです。」という風に言っている。さらに娘さんもなぜ、陶芸の道を選んだのかを聞いてみると、「それはあえて聞いていません」というふうに言っている。陶芸だけでなく、そういう部分でもやはりプロだなというふうに思う。

**図Ⅳ-4-8　児童のふり返り④**

娘さんたちの作品に見られる新たな要素や独創的なデザインから，伝統を守るだけでなく，それを進化させながら次世代に伝えることの重要性が強調された。児童が作成したふり返り図Ⅳ-4-8 では，伝統的な技術と新しい試みがどのように融合し，丹波焼の未来を切り拓いているかが具体的にまとめられていた。

### ⑤丹波焼を中心とした地域をあげた取り組みはどのようなものがあるのだろう？

地域社会全体での取り組みとして，最古の登窯の修復や陶器まつりの開催などについて学んだ。最古の登窯の修復は，地域の人々が協力して行う大規模なプロジェクトであり，地域の絆を深める重要な機会となっていることが強調された。また，陶器まつりの開催が地域の活性化にどのように貢献しているかも

■ 丹波焼を中心とした地域をあげた取り組みはどのようなものがあるのだろう？

この素晴らしい、器を生み出し続けていた登窯ですが、長年の使用や阪神淡路大震災による被害で傷み、ここ数十年は三分の一種しか使えなくなっていました。そんな登窯が里の大切なシンボルなのと、ある３つの理由で、修復しようとの声が高まり、地域の団体が、平成26年から2年をかけて修復と里の活性化に取り組みました。一つ目は、窯の修復を通して経験豊かなベテランの職人さんから若手の職人さんに、国の「無形文化財」に登録されている丹波市の登り窯の伝統的な築窯（ちくよう）の技術を教えること。二つ目は、修復作業を一般の人々に公開し、登り窯や丹波焼のことを知ってもらうこと。三つ目は、地域が一体となって市民の方々と一緒に貴重な地域資源を残していき、守っていて、活かしていくことを共感し合いながら取り組み、一人でも多くの丹波焼の理解をしてくれる人や応援隊を増やしていくことでした。でも、その裏には、もともと登り窯をずっと使ってきた市野さんの気持ちを忘れてはいけないと思う。

図Ⅳ-4-9　児童のふり返り⑤

■ 丹波焼のよさをどのようにして発信したのだろう？

例えば様々な**イベント**を開催していることがある。具体的に言って、登り窯の観光や、陶器まつりなどです。修復作業で、登り窯の持ち主も手伝したり、そんなような人の協力があってこそ出来ている登り窯に関する**イベント**だから、大切にしていかなければな、と思っています。陶器まつりは、大上さんがはじめたころは大反対されました。それにもかかわらず、「丹波焼を知ってもらいたい」「丹波の里に来てもらいたい」「お礼を直接伝えたい」という想いをもって協力して始めて大成功。今では年に１回の大イベントになっています。丹波焼はひょうごフィールドパビリオンなどのイベントを通して、丹波焼の良さを発信することができるようになりました。つまり、丹波焼はいろいろな人たちの気持ちや努力を集めてそのよさを発信しているのです。

図Ⅳ-4-10　児童のふり返り⑥

学び、児童が作成したふり返り図Ⅳ-4-9において、地域の取り組みがまちの活性化にどのように寄与しているかが詳しく整理されていた。

## ⑥丹波焼のよさをどのようにして発信したのだろう？

　最後に、丹波焼の魅力をどのように広めているかについて学んだ。陶器まつりやひょうごフィールドパビリオンなどのイベントを通じて、丹波焼の魅力がどのようにして発信され、多くの人々に知られているかを知った。児童たちは、地域の伝統を守り続けるためにはその魅力を広める努力が必要であることを理解した。児童のふり返り図Ⅳ-4-10には、丹波焼の魅力発信に関する学びとその意義が詳細にまとめられていた。

## （5）学びの成果とその評価

　児童の学習を評価し、次回以降の教材開発に役立てる視点も重要である。以下に、児童のふり返りを基にした評価を示す。

　児童のふり返りは、丹波焼の歴史や技術、地域社会との関わりを深く理解し、表現することに成功している。例えば、丹波焼がさかんに製作される理由を、児童はその歴史的背景や地理的条件を調査し、田や山林が豊富な環境が陶器製作にどのように影響を与えているかを的確にまとめている。また、登窯の特徴についても、火の移動による焼成の効果や、窯の構造が陶器の品質に与える影響について視覚的に示し、わかりやすく表現している。

　特に、大上氏を中心とした学習を通じて、人物を通じた具体的な事象の理解

が深まっている点が評価される。例えば，児童たちは大上氏が最古の登窯を復興させた経緯について，彼の決断や努力，そして地域社会との協力関係を詳細に記載している。このことから，登窯の修復が単なる技術的な作業ではなく，地域の文化継承や人々の絆を深める重要な活動であることを理解していることがわかる。また，陶器まつりの意義についても，大上氏がどのような思いで陶器まつりを始め，地域の活性化に貢献しているかを具体的に捉え，その価値を深く理解していることがふり返りに表れている。

　この評価を通じて，次回以降の教材開発においても，人物を中心に据えた一貫性のある学習が効果的であることが示された。人物を通じて事象を学ぶことで，児童たちは単なる知識の習得にとどまらず，地域社会の一員としての誇りと責任感を育むことができる。今後もこのようなアプローチを継続し，さらに深化させることで，より豊かな学びの場を提供できるだろう。

## 3　地域伝統工芸と和文化教育の教材開発と未来への継承

　地域伝統工芸を通じた和文化教育は，児童に地域の歴史や文化を伝えるだけでなく，児童がその中での自分の役割を見出し地域社会への貢献意識を育むことが重要である。ここでは，丹波焼を題材とした教育実践を通じて，どのようにして地域文化の継承と発展を図ることができるかについて考察する。

### (1) 人物を中心とした教材を開発する意義

　丹波焼の教材開発では，特定の人物である大上氏を中心に据えることで，児童たちは地域の歴史や技術を具体的に理解することができる。この方法を通じて，教材に統一感と具体性が生まれ，児童たちの共感を引き出す効果が期待される。また，具体的な事例を通じて，地域に根ざしたふるさと教育が効果的に展開される。人物を通じて学ぶことで，児童たちはものや出来事の背後にある人々の努力や思いを深く理解し，学習内容がより実感を伴うものとなる。

### (2) 地域社会との連携による学びとまちづくり

　陶器まつりの開催や最古の登窯の保全といった具体的な事例を通じて，地域

の取り組みがまちの活性化にどのように寄与しているかを学ぶことができる。児童たちは地域のつながりや共同の努力を理解し，将来的に地域社会に貢献する責任感が育まれる。また，地域社会との連携による取り組みが，児童たちの将来の地域貢献意識を育む土台となる。

### (3) 地域への誇りと愛情の醸成

　丹波焼の学習を通じて，児童たちは地域の歴史や文化を深く理解し，地域とのつながりが強化される。特に，大上氏を中心とした学習活動を通じて，児童たちは具体的な人々の努力や協力の姿を学び，地域社会とのつながりを深めることができる。その結果，地域社会全体の連帯感が強化され，次世代への文化継承を支える重要な基盤が形成される。こうした学びは，児童たちが地域社会の一員としての意識を持つ上で，重要な役割を果たす。

### (4) 和文化教育の未来と新たな可能性

　丹波焼を題材とした和文化教育は，地域社会が協力し合いながらまちづくりや文化継承に取り組む姿勢を児童たちに学ばせる。このような教材開発は，地域の歴史や文化を深く理解し，次世代がその価値を守りながら，新たな発展に貢献できるよう，誇りと愛着を育む学びを提供する。今後も，伝統を尊重しつつ新たな教育方法や技術を取り入れ，地域社会と連携して教材開発を進めることが求められる。和文化教育の充実と地域の持続的な発展を通じて，次世代に確かな文化継承の礎が築かれていくだろう。

（宗實　直樹）

**参考文献**

ネットワーク編集委員会編「新教科書教材の授業」『授業づくりネットワーク』No.35，学事出版，2020 年，pp.38-43.

佐島群巳編『「伝統と文化」に学ぶ社会科学習　地域に根ざした産業の教材開発』東洋館出版社，1989 年.

佐藤照雄『地域文化を探る―地域学習の課題と方法』教育出版センター，1986 年.

朝倉隆太郎編『地域に学ぶ社会科教育』東洋館出版社，1989 年.

# 第5節　「百人一首」の教材開発とその特性

　和歌は，五・七・五・七・七の三十一文字で構成され，限られた文字数で歌人それぞれの世界観を表現する。和歌の世界で多くを占めるのが四季の歌と恋の歌である。古文学習においては，歌の構成や内容の美しさを感じ，歌が詠まれた背景を想像するなど，日本文学の創造性に触れながら学びを深める。このような和歌から，本節では“百人一首”に焦点を当てて論を進める。

　2013年に刊行された『教育科学国語教育』12月号（No.768）に「教室で“百人一首”＝カルタ＋授業化ヒント」との特集が組まれていた。国語科に関係する教員の様々な考えが掲載されており，特集の始まりに「意味解釈なしの“百人一首”指導は正解？と問われたら」との問いがあった。その問いを見た際に，古典の授業において試験に臨むため100首を丸暗記した記憶が蘇ってきた。おそらく多くの大人が中学・高校時代に体験したのではないかと推察する。丸暗記から時間はかなり経過しているが，研究を進めていく中で多くの歌が脳内に記憶されていることに改めて気づいた。当時は指導者の考えを知る由もないが，指導者が“百人一首”を教材としてどのように捉えているのか興味深い記述があったので，その一部を紹介する。尚，執筆者の所属は，刊行された2013年発刊当時のものを記載している。

　　「百人一首は，ある選者によって選ばれた。作者の良歌ばかりが取られ
　　ているわけではない。私撰集である。つまり，“個人の趣味”である。私
　　的に集められた百人一首は壮大な“お遊び”の結果である。だから百人一
　　首でカルタ遊びや競技をするのは当然である。せっかくなのでもっと遊べ
　　ばいい。」（広島大学・難波博孝），「既知の語が多く含まれる百人一首に対し
　　て，厳密には“意味解釈をしない”ことは不可能です。逆に言えば歌の意

味解釈を教えなくとも，十分に想像を膨らませる手がかりはそこにあるわけです。したがって，百人一首に触れることは，暗号や雑音ではなく“言葉”に触れる機会となるため，素のままであっても言葉の教育の一環となると考えられます。」（帝塚山大学・森篤嗣），「百人一首は，和歌（短歌）という形態に則った伝統的な言語文化の一ジャンルである。言語形式（表現法）と言語内容（認識法）とが一体化され，その作者独自の文学世界が創出されている。言語芸術でもある。和歌文学でもある。……カルタ遊びとして慣れ親しませていくうちに，門前の小僧習わぬ経を読むという意味からは正解に近づく。しかし，十分ではない。」（日本教育大学院大学・花田修一），「学習は原則として意味解釈を伴うべきだが，発達段階によっては意味解釈無しの暗記も意義がある。“源平”や“ちらし取り”などカルタ競技による指導が想定できるが，暗記することで競技に勝てるようになる。子どもは歌の暗記を楽しいことと感じ，それが“古典は楽しい”につながる。……また，その学習は後の本格的な古典学習で生きる。」（秋田大学・阿部昇），「百人一首は，“伝統的言語文化の重視”という学習指導要領の主張をまつことなく，日本語表現の原点。食べさせるために暗唱させよ。大会開催などゲーム的な要素は食欲を引き出す。暗唱することで日本語表現の根本となる五七調のリズムを体得する。言語感覚が養われる。短歌の基本的な学びは，中学年での短歌単元に委ねればいい。たくさん（百首）の優れた作品を食べさせること、その言語活動自体にきわめて大きな意義がある。」（筑波大学附属小学校・二瓶弘行）[1]

　成長過程において“百人一首”は，和文化の意識を育むものであり，感覚的な学びも将来に向けた言語力につながることを見出すことができた。国語科教材との認識を持たれがちではあるが，この感覚的な創造力は美術科教育の“造形遊び”につながる視点と重なる。

# 1　百人一首

　"百人一首" は恋歌が半ば近い 43 首を占め，四季歌は 32 首，旅・離別歌は 6 首，雑歌は 19 首で構成されている。歌人それぞれの想いを表現する日本文学の原点ともいうべく世界が広がる。Wikipedia には，「百人の和歌を一人につき一首ずつ選んで作られた秀歌撰（詞華集）。百人首とも呼ばれる。藤原定家が京都小倉山の山荘で鎌倉時代初期に揮毫した小倉山荘色紙和歌に基づくものが "歌がるた" として広く用いられ，後世に定着して小倉百人一首と呼ばれている。」[2] と "百人一首" について記載されている。多くの関連書籍にも同様の内容が記載されており，歌の意訳はどの書籍も同じ理解であるが，歌の背景解釈は研究者によって様々であり，解釈の違いを探ることで独自の歌の理解が深まり，より古典の興味へとつながるのである。

## （1）競技かるた

　"競技かるた" は，一般社団法人全日本かるた協会の定めたルールのもとに行われる競技である。ルールの詳細は協会ホームページに記載されているので確認いただきたい。https://www.karuta.or.jp/karuta/rule/

　試合に取り組む前に "小倉百人一首" を全て覚えなければならない大きな壁がある。一対一の対戦で "小倉百人一首" のかるた札を使用する。取り札（下の句）50 枚が配られ、25 枚を競技者それぞれが陣地に並べる（図Ⅳ-5-1）。読手が箱の中からランダムに読札を選び、上の句を詠む。詠まれた上の句を聴き下の句の取り札を取り合う。敵陣の札を取れば、自陣の札を 1 枚渡す。先に自陣の札 25 枚を無くした方が勝利となる。

　様々な能力が求められる競技のため，日々の鍛錬と経験によって培われた記憶力，瞬発力，精神力の総合

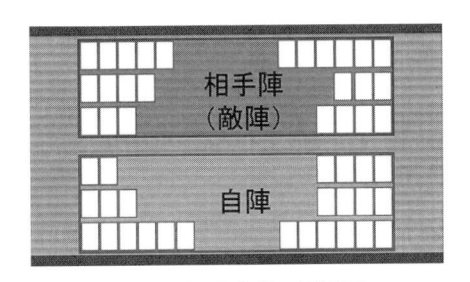

図Ⅳ-5-1　取り札の配置図

力による知略スポーツと言っても過言ではない。競技かるたの試合は，勝敗を競うものだが，礼儀作法も重んじる。試合開始時と終了時には，対戦相手と読手へ敬意をもって礼をする。武道やスポーツと同じ，礼に始まり礼に終わるのが "競技かるた" である。

　毎年1月上旬に滋賀県大津市の近江神宮で "名人戦・クイーン戦" が開催される。名人戦は男性の日本一決定戦，クイーン戦は女性の日本一決定戦であり，インターネット配信で毎年生中継される。また，同会場では7月下旬に "かるたの甲子園" とも呼ばれる "全国高等学校小倉百人一首かるた選手権大会" が毎年開催され，団体戦、個人戦など，その対戦模様もインターネット配信で毎年生中継されている。その他にも全国各地で様々な大会が開催されており，近年では世界大会が開催されるなど，世界的にも注目を集めている。

## (2) 一般社団法人全日本かるた協会

　一般社団法人全日本かるた協会は，1954年に創立された。本協会主催の競技かるた大会の開催と全国各地で実施される全国大会の公認並びに地方大会の後援を行っている。主催大会及び公認大会は，原則として選手の実力によって区分される。区分は，A級…四段以上，B級…三段，C級…二段，D級…初段，E級…無段，となる。その他，学校の部活動や子供会活動まで含めると，競技かるた人口は100万人を超えるとも言われている。

## (3) かるたと競技かるたの歴史

　"かるた" という遊びは，16世紀半ばにポルトガル人によって日本に持ち込まれたとする説が有力である。"かるた" という名前もポルトガル語のカードを意味する「CARTA」からきている。天正（1572〜1592年）には，"天正かるた" という日本の "かるた" が九州筑後の三池地方で作られるようになったのが始まりであり，最初は貴族や武士の遊びとして流行した。次第に庶民の間にも "かるたあそび" が浸透していき "天正かるた" は賭け事の道具としても使用された。かるた賭博が繰り返し禁止され，多くが焼かれたり捨てられ処分されたため，当時の姿を今に伝えるものはほとんど残っていない。

　一方，日本には平安時代から "貝覆い" という遊びがあり，ハマグリの貝殻

を上下に分け，それぞれ対になる貝殻を探して集めていくというものであった。この"貝覆い"という遊びの貝殻の上下に和歌を書き，上の句と下の句に分けて，貝覆いと同じように探しながら合わせていく遊びが"かるた"の起源である。その後，"天正かるた"の流行とあいまって，カード形式での"歌かるた"が生まれたと言われている。日本古来の伝統的文化と異国文化が融合することで，"百人一首歌かるた""伊勢物語歌かるた""源氏物語歌かるた""いろはかるた"などへつながる日本の"歌かるた"の歴史が始まった。

　本研究で深めている"小倉百人一首競技かるた"が始まったのは，明治37年とされている。それ以前にも，先に挙げた"歌かるた"は，かるた競技として楽しまれてはいたが，地域や場所によってルールは様々で，地域ごとに異なっていたルールを統一し，競技かるたとして確立された。明治37年（1904年）2月の「東京かるた会を結成」が競技かるたの始まり[3]とされており，競技ルールの統一を図るきっかけとなった。その後，"小倉百人一首競技かるた"は大正時代から昭和初期にかけて全国各地へ拡がっていく。一時，戦争によってかるた競技の歴史は中断する。戦後の昭和23年（1948年）まで中断されていたかるた界の復興・統一する目的で、昭和29年（1954年）に全日本かるた協会（2014年4月より一般社団法人へ移行）が設立され，今日の競技かるたの発展の中心になっている。

## 2　既にそこにあるもの

　現代美術家の大竹伸朗は著書の中で自身の作品の在り方を「僕は昔から道に落ちているものに刺激を受けることが多い。世にいうところの"ゴミ"でつくった作品がたくさんある。外国へ行くとまずゴミに目がいく。今迄あまりゴミの落ちていない街に興味を惹かれたことはない。街中のゴミにはそこに住む人々の無意識が宿っている気がしていつも未知の土地を把握するための重要な尺度となる。」「何に衝動的に興味を持つのか，あえて言葉に置き換えるなら，"既にそこにあるもの"との共同作業ということに近く，その結果が自分にと

っての作品らしい。」⁽⁴⁾と述べている。“小倉百人一首”はゴミなどではないが，この思考は，既にある“百人一首”をどのように捉えていくのか，今後のあり方も含めて未来にどのように残していくのか思考する指針となるものではないだろうか。そして，伝統文化をそのまま継承し続けるだけではなく，伝統を残しつつも継続性を見出す時代に合わせた形も模索し，その上で新たな挑戦ができる環境づくりが必要となるのである。

## (1) 百人一首20選（桃山学院教育大学選）の思案

　競技かるたの試合は，通常のルールと枚数で行うと試合時間は1時間から1時間半である。興味や関心のある者の場合には，試合の流れに一喜一憂する等，楽しい時間となり，この時間を短く感じるものと思われる。しかし，興味がない者や小倉百人一首を学び始めた者からすると，苦行のような長い時間と感じることもあるだろう。興味があろうとなかろうと，どのような意識の場合においても興味を深めるきっかけとなる時間にするためには，10分から15分程度の競技時間であれば“小倉百人一首競技かるた”の入り口となるのではないかとの考えに結びついた。これは，子どもが集中力を保てる時間（20分から25分程度）を目安に，学生が3時間（教育学専門演習1の2コマ）に及ぶ議論の末に見出した時間である。目安時間に対応できる枚数を20枚と設定して，競技者であれば得意札，100首の中で聞き覚えがある，記憶に残っている，うっすら覚えているなど，状況は異なっても記憶に残る歌を学生一人に対して1首書き出してもらったのである。対象は，桃山学院教育大学藤原研究室3年次生5名（2023年度当時），2023年度後期「図画工作科教育法」受講生100名，桃山学院高等学校競技かるた部の部員14名（2023年度当時）として，合計119名を対象に調査を行い集計した。

　競技かるた普及の研究に発展した経緯は，競技かるた部に所属する高校生の競技に対する発展的な視点の投げかけであった。その思いの強さが研究の核となり，発展的な未来を見据え，中学生，高校生，大学生，競技者，観戦者，それぞれの視点から問題提起して議論を進め，伝統的な環境と現代的な思考の融合を美術教育の視点を持ってグランドデザインの再構築を目指した。本研究

桃山学院教育大学 20 選

| No | 歌順 | 歌 | 歌人 |
|---|---|---|---|
| 01 | 1 | 秋の田の かりほの庵の 苫をあらみ　わが衣手は 露にぬれつつ | 天智天皇 |
| 02 | 2 | 春すぎて 夏来にけらし 白妙の　衣ほすてふ 天の香具山 | 持統天皇 |
| 03 | 3 | あしびきの 山鳥の尾の しだり尾の　ながながし夜を ひとりかも寝む | 柿本人麻呂 |
| 04 | 4 | 田子の浦に うち出でて見れば 白妙の　富士の高嶺に 雪はふりつつ | 山辺赤人 |
| 05 | 5 | 奥山に もみぢふみわけ 鳴く鹿の　声聞くときぞ 秋は悲しき | 猿丸大夫 |
| 06 | 7 | 天の原 ふりさけ見れば 春日なる　三笠の山に 出でし月かも | 阿部仲麿 |
| 07 | 9 | 花の色は うつりにけりな いたづらに　わが身よにふる ながめせしまに | 小野小町 |
| 08 | 10 | これやこの 行くも帰るも わかれては　知るも知らぬも 逢坂の関 | 蝉丸 |
| 09 | 11 | 天つ風 雲のかよひ路 吹きとぢよ　をとめの姿 しばしとどめむ | 僧正遍昭 |
| 10 | 17 | ちはやぶる 神代もきかず 竜田川　からくれなゐに 水くくるとは | 在原業平朝臣 |
| 11 | 24 | このたびは ぬさもとりあへず 手向山　もみぢのにしき 神のまにまに | 菅家 |
| 12 | 30 | 有明の つれなく見えし わかれより　あかつきばかり 憂きものはなし | 壬生忠岑 |
| 13 | 40 | しのぶれど 色に出でにけり わが恋は　物や思ふと 人のとふまで | 平兼盛 |
| 14 | 41 | 恋すてふ わが名はまだき 立ちにけり　人しれずこそ 思ひそめしか | 壬生忠見 |
| 15 | 57 | めぐりあひて 見しやそれとも わかぬまに　雲がくれにし 夜半の月かな | 紫式部 |
| 16 | 59 | やすらはで 寝なましものを さ夜ふけて　かたぶくまでの 月をみしかな | 赤染衛門 |
| 17 | 69 | あらし吹く 三室の山の もみぢ葉は　竜田の川の 錦なりけり | 能因法師 |
| 18 | 77 | 瀬をはやみ 岩にせかるる 滝川の　われても末に あはむとぞ思ふ | 崇徳院 |
| 19 | 87 | 村雨の 露もまだ干ぬ まきの葉に　霧たちのぼる 秋の夕ぐれ | 寂蓮法師 |
| 20 | 89 | 玉のをよ たえなばたえね ながらへば　忍ぶることの 弱りもぞする | 式子内親王 |

は "百人一首競技かるた" を日本文学の視点だけではなく，身体性を高めるス
ポーツ領域の視点や，美術領域の「みて・感じて・描く・つくる」の視点を含
め，今後の競技かるたのあり方を競技者と非競技者の関係性を探り，独自のグ
ランドデザインが構築できるのか，その可能性を明らかにするものとする。競

技者にインタビュー調査を進める中，競技かるたの問題点が2つ浮かび上がった。1つ目は，競技カルタのプロが存在していないということである。これは何を持ってプロと定義するかにもよるが，競技かるたの大会のみで生計を立てることは現状不可能とされており，その技術の高さなどを考えず全員セミプロ，またはアマチュアという扱いになってしまう点が，現在の競技かるたの問題点と考えられる。2つ目は，競技人口の少なさである。先に競技人口は100万人を超えると記述したが，その多くは低年齢や初心者である。和文化として長い歴史を持ち，高い知名度を持つが，それ故に保守的となり，競技への興味関心に結びつく特化した魅力の発信への視点が薄いという点である。漫画・映画の「ちはやふる」による競技かるたブームは起きたが，継続性に苦戦する現状があるように感じる。しかし，メディアによる効果は影響が大きく，さらなるイメージ戦略が必要ではないかと考える。研究においては，これらの浮かび上がった問題2点を意識しながら，競技かるたの入り口づくりを思案した。100首を覚えなければ競技に取り組めず，敷居が高いというイメージをどのように払拭するのか，また，新たなメディアの構築を見据え実践へと繋げていった。

## (2) ニュー・カルタの研究

　一般社団法人全日本かるた協会は，競技かるたを“小倉百人一首”のかるた札を使う老若男女が楽しめるスポーツ競技と表現している。“小倉百人一首競技かるた”の世界は決して雅なものではなく，真剣勝負である。100首や決まり字を覚えなければ競技ができないなどから，慣れない大人が競技に取り組むには難しいイメージがあり，子どもの頃から取り組むものとの印象が強い。また，かるたの歴史は長く，競技かるたも明治37年（1904年）2月から取り組まれているなど競技の歴史も長く，和文化としても貴重な存在であるにも関わらず，残念ながら印象が薄い。名人位を第65期（2019年）から第67期（2021年）まで3連覇していた粂原圭太郎（八段・京都）は，TBS「水曜日のダウンタウン／柔道かるた〈しっかりキープするまでが勝負のカルタ対決 柔道家とカルタ名人でいい勝負説〉」（2023年5月3日放送）に出演するなど，普及活動に努めているが，「粂原さんって何してる方なんですか？」[5] と聞かれるなど，世間

に認知されていないことを SNS を通じて自身で語っている。2023 年度に入り，桃山学院中学校競技かるた部が新入生へクラブ紹介する際に，映画「ちはやふる」をモデルに生徒が動画づくりをしたが，そもそも新入生が映画の存在を知らないという事実が判明した。競技人口を増やし，底上げを図るために子どもの頃から取り組むとの考えは多々あるが，「競技かるたを大人から簡単に始められる仕組みをつくること」を主なテーマとして，2023 年度よりアートの視点を持った教材研究として 3 年次ゼミで取り組みを始めた。美術教育・工芸教育の視点から俯瞰的に見つめ，環境設定の模索から始め，調査により人気の歌を 20 首選び，段階的に興味関心を深める環境づくりに辿り着いたのである。

　競技用百人一首標準札の大きさは 73㎜ × 52㎜ である。この大きさで開発を進めると文字サイズが小さくなり読み辛くなるため，競技かるたのイメージを崩さぬよう札のサイズを少しずつ大きくしながら実践を繰り返して研究を進めた。その結果，標準札より大きい 91 × 64 / mm に設定することとなった（図Ⅳ-5-2）。フォントタイプは行書体や楷書体ではなく，教育学へつなげる意を込めて

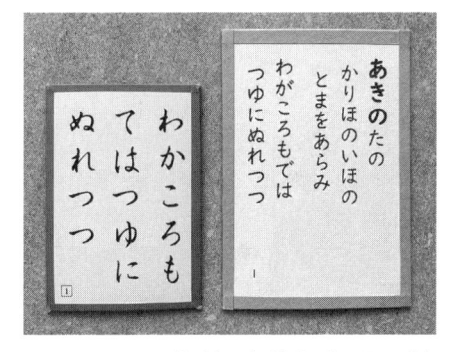

図Ⅳ-5-2　取り札（左：標準札，右：開発札）

"UD デジタル教科書体" を採用した。上の句・下の句掲載なども議論を進め選定した。そのような状況から生まれ出たものが『ニュー カルタ』である。現在，桃山学院教育大学藤原研究室が事務局となり，桃山学院中学校・高等学校競技かるた部，桃山学院大学美術部アンデレ会の 3 団体が連携して共同研究を進めている。

## 3　教材開発の視点

　百人一首は国語科の教材として，これまで幾通りも研究・開発され，議論が

進められてきた。近年では，競技かるたの世界大会が開催されるようになり，英訳書籍が出版される等，海外からも百人一首は注目されている。日本が世界に誇る文化として，世代を超えて多くの人が興味関心を抱く新たな方策の必要性もあるのではないかと考える。ちはやふる基金が設立されるなど，漫画・映画"ちはやふる"が競技かるたの発展に貢献しているが，未来を見据えた新たなメディアを構築する視点を生み出す美術科教育における教材開発も同時に進めなければならないのではないか。教科等横断的な実践を含め，新しい文化の育みや気づきにつながるチャレンジ精神が，今後の教材開発のキーワードになるものと考えられる。この視点が和文化教育のグローバルな広がりの一助となれば幸いである。

（藤原　昌樹）

**註**

(1) 藤原光政『国語教育 2013 年 12 月号　教室で"百人一首"＝カルタ＋授業歌ヒント』明治図書，2013 年，pp.5-7.

(2) ウィキペディアフリー百科事典『百人一首』https://ja.wikipedia.org/wiki/%E7%99%BE%E4%BA%BA%E4%B8%80%E9%A6%96

(3) 競技かるた百年史編纂委員会『競技かるた百年史』社団法人全日本かるた協会，2008 年，p.18.

(4) 大竹伸朗『既にそこにあるもの』筑摩書房，2005 年，p.273，p.429.

(5) 粂原圭太郎，https://x.com/k_kumehara/highlights

**参考文献**

大牟田市立三池カルタ・歴史資料館，https://karuta-rekishi.com/

全日本かるた協会，https://www.karuta.or.jp/

文部科学省『小学校学習指導要領（平成 29 年告示）解説　国語編』東洋館出版社，2018 年.

# 第6節　「能狂言」の教材開発とその特性

　近年，学校教育では，我が国の伝統文化に関する学習が注目されている。2006年に全面改正された教育基本法の前文には「伝統を継承し，新しい文化の創造を目指す教育を推進する」(1) ことが明示されている。2007年改正の学校教育法や2017年告示の小学校および中学校学習指導要領にも「伝統と文化を尊重し，それらを育んできた我が国と郷土を愛し，個性豊かな文化を図る」(2) ことが謳われており，日本の伝統文化に関する一層の教育の充実が求められている。

　能狂言 (3) は，2001年5月にユネスコの第1回「人類の口承及び無形遺産に関する傑作の宣言」を受け，2008年11月に日本のユネスコ世界無形文化遺産登録第1号となった日本を代表する伝統芸能であるが，能と狂言の教科書採録状況には差異がある。狂言は小学校の国語科教科書に取り挙げられ，2005年以降は「盆山」（学校図書）「柿山伏」（光村図書）「しびり」（三省堂）のテキストが教材化されているが，能についてはコラムや付録などで文学的資料として付随的な記述はあるものの，決して充実しているとは言えない。こうした状況の背景には能と狂言の芸能の特質からくる科目性の差異や様々な授業実践上の制約が考えられるが，本稿では，能狂言の学校教育での在り方を見直しながら，どのような学習教材が展望されるのか，その特性について検討する。

## 1　能狂言の授業

　6世紀に大陸から娯楽的要素の濃い芸能「散楽」が伝わり日本古来の神楽や田楽などの芸能と結びつき「猿楽」という物真似芸が生まれた。その猿楽に幽玄な美的要素を取り入れたのが観阿弥・世阿弥父子によって大成された「能」で，猿楽に滑稽な笑いの要素を取り入れたのが「狂言」である。能と狂言は猿

楽を母体とした兄弟のような存在であるといえるが，その芸能的性格は大きく異なり，能が謡と囃子を伴奏に能面という仮面を付けた演者によって極めてシンプルな所作で演じられる歌舞劇（和製ミュージカル）であるのに対し，狂言は人間の普遍的な可笑しみをテーマに，科白と写実的なしぐさで演じられる対話劇（ショートコント）である。

　小中学校での能狂言の授業実践をみると，歌舞劇である能は，音楽の要素が豊富であるため日本の伝統音楽として音楽科授業で扱われることが多く，科白劇である狂言は，伝統的な言語文化の学習として国語科授業で扱われている。能狂言の小中学校での主な授業例として下記がある。

①能の授業実践

　中学校では，長坂（2005）[4] が能楽堂での授業や能楽師の指導による謡と仕舞の発表を行い，その発表記録映像を振り返る事後学習によって，学習者が能の良さに気づき次代に伝えていきたい気持ちを高めた学習成果を報告している。玉村・萩野（2017）[5] は能「羽衣」を題材に，謡と舞を比較する視点で鑑賞授業を行い，学習成果として謡と舞の関連について理解が深まり，鑑賞活動がより有意義なものになったことを報告している。

②狂言の授業実践

　小学校では，嶋田（2011）[6] が創作狂言を演じる体験学習を行い，総合的な表現として狂言の面白さを感じさせることができた学習成果を報告している。小林（2018）[7] は，これまでの狂言詞章の音読や朗読 CD の聴解といった「読む」「聴く」中心の学習を，「見る」「演じる」学習へ転換することで，学習者主体の学びが実現した学習成果を報告している。

　中学校では，松本（2012）[8] が学習目標を狂言の文化価値への主体的な敬意・憧憬（respect）に置き，それを実現する学習デザインを創案した。そして，学習デザインの成否は，指導者が伝統文化の面白さに気づかせる探求的な課題を作れるかどうかにかかっていることを報告している。

　以上を概観すれば，伝統文化に親しむ学習方針の下，能狂言のさまざまな学

び方が考案され実践されていることがうかがえる。主流となるのは体験学習で，能狂言について理解を深める「能狂言を学ぶ」学習が中心である。

## 2　伝統文化の教育的可能性―「能狂言を学ぶ」から「能狂言で学ぶ」へ―

　社会の在り方が劇的に変わり VUCA 時代を生きる子供たちにとって必要な資質能力は，課題発見力，課題解決力，発信力，学びつづける力などである。令和の学校教育で目指される伝統文化教育も，伝統文化の理解〔知識〕だけでなく，伝統を継承し未来を創造するための考える力〔思考力・判断力〕・新しい解を導き出す力〔創造力〕・学びに向かう力〔主体的に学習に取り組む態度〕などを育成する教育として実践されなければならない。

　伝統文化教育について，改めてその教育的価値および教材的価値を展望すれば，以下のようになろう。

①伝統文化の教育的価値
　伝統文化としての固有の文化価値を持ち，教育資産として，伝統と文化を尊重し我が国と郷土を愛し個性豊かな文化の創造を図る人材の育成に活用できる可能性を持つ。
②伝統文化の教材的価値
　伝統文化には日本独自の伝統・文化のエッセンスが凝縮されて国や時代を超えた共有可能な芸術的価値が備わっており，新たな創造を生む文化資産として幅広い学びへ展開できる可能性を持つ。

　中村哲（2017）[9] は，文化を基軸とする教育実践を 3 つの類型枠，即ち「文化価値理解」「文化価値形成」「文化価値創造」に分類する。そして，「文化価値理解」を過去から現在まで関連する文化の意味や意義を理解する実践，「文化価値形成」をその意味や意義を体験などの活動を通して体得する実践，「文化価値創造」はそれを未来の文化創造に関連づける実践と定義する。これから

の能狂言学習は,「文化価値理解」「文化価値形成」を目的とした「能狂言を学ぶ」学習から「文化価値創造」を目的とする「能狂言で学ぶ」学習へのパラダイム転換こそが肝要である。

## 3　能狂言の教材化

### (1) 教材とは何か

　教材は2つの捉え方ができる。1つは教材を,あらかじめ授業の外に在るものとして,単元ごとに授業に導入する「素材」とみる見方である。もう1つは学習者の学習活動の中で規定される「概念」とみる見方[10]である。仮に前者を教材,後者を探求材と区別して呼べば,探求材は学習者が教材に取り組む学習活動の中で生成され,学習者のこれまでの経験とつながりを持ち,その経験を新しく上書きしていく作用を持つものである。したがって探求材は既に在るものを言うのではなく,学習の中で概念として生まれるものと言うことができる。教員が教材を提供して学習活動を進めても,学習者の経験の発展に何も作用しなければ探求材は生まれない。例えば,鑑賞教材を与えても,ただ眺めるだけで学習者の内面に何も心情(経験)の変化が認められなければ,それは探求材とはならない。教材が学習者にとっての探求材になるためには,教材の学ばれ方と教員の教材の扱い方が鍵となる。

### (2) 検討視点

　教材の開発は授業での活用方法と共に考えられるべきである。近年の教育現場では,教員が一方的に知識を教え込む知識獲得型授業ではなく,アクティブラーニングの名の下に,教員がファシリテーター役を担う学習者主体の双方向型授業への転換が図られている。知識獲得型授業が教員の「何を,どのように教えるか」という教材中心の授業であるとすれば,双方向型授業は「何を,どのように学ぶか」という学習方法中心・学習者主体の授業であり,両授業では教材のあり方や活用方法が大きく異なる。つまり,これまでは教員の視点から教育と教材の提供が行われたが,これからは学習者の視点で,学習者の経験の

再構成 (11) を促すような教育と教材の提供が考案されなければならない。教材開発にあたって重要なのは，何が学ばれ，その学びによって何ができるようになるかというビジョンである。能狂言学習で学習者に身につけさせたい力を，中村（2017）の3類型を参考に以下3点にまとめた。

① 能狂言について主体的な探究活動によって知識・理解を深め，自分の言葉で説明できる。（文化価値理解）
② 能狂言の芸術性について協働的な探求学習によって根拠を明確にして自分の意見を述べたり表現したりすることができる。（文化価値形成）
③ 能狂言の人・もの・ことについて創造的な探究学習によって伝統を受け継ぎ，新たな創意を以って継承発展に寄与できる。（文化価値創造）

　上記①〜③の能力を育成する教育は，どのような教材や指導方法によって可能だろうか。

**(3) 授業の構想**

　これまでの体験授業は，先に教員が説明を行い，後で体験に入る学習スタイルが一般的であった。本稿では学習の順番を入れ替え，先に体験学習を行い，体験の中で学習者が感取した問いを集約し，後でその問いに応える調べ学習を対置した。これは「能狂言は面白いから見てみましょう」と先に教員が「面白さ」を述べてしまう授業スタイルではなく，先ずは「能狂言を見てみましょう」と体験させ，後で学習者が自分で「面白さ」を感受する学習スタイルへの転換である。つまり，能狂言が継承してきた文化価値を教員が予め固定的に明示するのではなく学習者自身が自らつかみ取る「気づきを導く授業」を企図した。この学習順序は後述する伝統芸道の稽古スタイルとも通じている。

　以下①から③へ段階的につづく授業内容と展開方法を提示する。

**ア　授業内容**

①能狂言を体験してみよう！（親しむ）

　体験の共有化を通して能狂言の芸能の特徴を認識させ，学習者の新たな疑問

関心を集約する。

②能狂言について調べてみよう！（深める）

　集約された各問題について主体的な調査を行い，能狂言の歴史的・文化的背景を自分との関わりにおいて理解する。

③能狂言の現在と未来！（表現する）

　能狂言の文化価値を伝統継承の流れの上で理解し，未来志向の課題の掘り起こしと課題解決の方策を考える。

## イ　展開方法

①能狂言を体験してみよう！（問題状況をつくる）

　学習者の問題状況をつくることを目的に，教員が作為をもって教材を提示する。あえて説明を省いたり，クイズ形式で思考を刺激したり，結末を想像させるなどによって学習者の主体的な取り組み（探求）を誘導する。つまり前情報を敢えて与えない体験学習によって，問題状況の中で学習者に認知の葛藤が起こり，学習の動機付けがはかられる。そして，認知的葛藤が学習者同士の話し合いなどを通して，「なぜ摺り足で歩行するのか？」，「なぜ能舞台の背景に老松が描かれているのか」などの探求材となって集約されることによって学習目標の共有化が図られ，学習動機が形成される。

②能狂言について調べてみよう！（探求：経験の再構成）

　ひとりひとりの課題（探求材）を明確にした個人での調べ学習とその調査結果の発表・交流によって経験の再構成および知識の協働的構築が行われ，さらに教員や熟達者（能楽師）との交流による検証・吟味を通して，より整合性の高い知識へと再構築される。

③能狂言の現在と未来！（経験の発展）

　協働的知識構築のプロセスで触発され見出された新たな課題（探求材）や，探求の成果として自己に内化した新たな知識・経験を，自分なりの表現において発出する。

　ここまでをまとめると，能狂言の授業構想としては，①体験の共有による集

約された学習目標の共有化，②学習課題の明確化と支援，③対話や相互交流による協働的知識構築，④未来志向型創造性の発揮，の4点を柱に，学習者の関心に基づく問題（探求材）が多様に学習され，それらが学習者自身によって関連付けられる授業として構成される。「能狂言で学ぶ」学習の場合，それは教材学習ではなく探求材学習とならなくてはならない。なぜなら，探求材に取り組む探求の過程で学習者の経験の再構成が促され，新たな発想や価値を生み出す経験の発展が導かれるからである。

## 4　教材と学習法の方向性

### (1) 教材の方向性―要素学習から総合学習へ―

　能の場合，これまでの学習は，能を「伝統音楽としての能」ととらえ，主として謡（声）や囃子（楽器）などの音楽的要素を学ぶものであった。西洋音楽とは異なる音楽理論から生まれた日本の伝統的な音楽の学習としてはよいが，能という伝統芸能を理解する学習としては不足である。中西（2015）が「伝統芸能を教育の場に活かそうとする時に気をつけなくてはならないことは，表層的な断片だけの要素を切り取って並べても，伝統音楽や伝統芸能の根底にある本質を決してたどれない」[12] と述べるように，切り分けられた学習要素ではなく「総合芸術としての能」を一体的に学ぶことが重要である。能狂言は，芸の総合性を以って初めて本来の味わいに到達できる教材である。今後は能狂言の総合性に出発点をおいた教材開発を行い，国語・音楽・美術・体育（身体表現）などの教科要素とすり合わせながら，人間力の育成を目指すような教育プログラムの開発も検討すべきであろう。

### (2) 学習法の方向性―伝統芸道の学び型―

　教材開発にあたり，教員のかかわり方も重要である。そこで参考になるのが伝統芸道の稽古法である。伝統芸道の稽古法の中心は見習いである。

（ア）「とにかく見て覚えなさいと。先生方が（中略）本番をなさるのを，ただ見ているだけです。（中略）それはそれで大変でしたね」[13]

（イ）「稽古は師匠から全て，口伝で伝えられます。（中略）残念ながら全てを
　　　教えてもらえるわけではないのです。（中略）稽古の言葉で，「芸を盗む」
　　　とあります。師匠や他の役者の舞台を観察し，工夫して自分のものにし
　　　ていく。そういった積極的な姿勢がいつまでも必要」[14]

（ウ）「なんで教えなければいけないの？」「教えてもいいけれど，教えたら一
　　　生わからないよ」[15]

　（ア）（イ）は学習者（弟子）の立場から，（ウ）は熟達者（師匠）の立場から
の稽古法についての述懐である。能狂言の稽古法は師匠の実演を見て倣う，所
謂見習いである。あれこれと師匠から解説されるものではない。この伝統芸道
の学習スタイルを「学び型」と呼ぶなら，楽譜やテキストを使わない伝統芸道
の学び型は，学習者に「主体的に観る・聴く」ことを要請するだけでなく，自
分で学びつづける力を育成するにも効果的である。この伝統芸道の学び型は
経験の再構成のプロセスを辿る。そして，この経験の再構成は学習者による自
発的な探究によって生まれる探求材という教材の働きなくしては起こりえない。
学校での鑑賞学習を，単に「ながめる」学習ではなく，学習者が主体的に「観
る」学び型に転換することで，鑑賞学習はより創造的なものとなり，学習効果
も大きなものとなるだろう。

## 5　能狂言から学び取る心

　能狂言の総合性についての学びとは何か。ひとつには作品に描かれてきた主
題（人間ドラマ）についての学びがある。「人間とは何か」という能の悲劇，狂
言の喜劇に描かれた普遍的かつ総合的な主題こそ，AI 時代の教育で再度見直
されるべき学習テーマである。何百年もの間伝承されてきた作品には普遍的
な「真実」が描かれている。人間の真実にふれ，それを疑似経験として今の
自分に取り込みながら自分の経験を再構成していくその学びに，文化創造と
して「能狂言で学ぶ」価値を見出すことができる。作品のストーリーを知るだけ
では，それは学習者の内面世界と切り離された論理的な理解にとどまり，「知

識」習得の域を出ない。知るだけでなく先人の見方・考え方を常に自分の身に
置き換え、心を動かしながら共感とともに体験化・身体化していくことが伝統
文化とつながるということであり，それが伝統文化の継承である。伝統的な言
語や音楽の理解に因る文化の継承とともに「心」に因る経験的な文化の継承に
資する学び、そこにこれからの能狂言教育の新しい展望がある。

## 6　今後の展望と課題

　伝統文化教育の一層の充実が説かれる中，学習者にとっても教員にとって
も能狂言はまだまだ身近な存在とは言い難い。能狂言は総合芸術であるため
焦点化が難しい教育素材であるが，体験の共有化を基に様々な科目方向への発
展性をもった優れた教育素材である。学習成果を上げるためには優れた教材と
学習方法と実現できる環境がそろわなければならない。教材も進化している。
GIGA スクール構想の下，教科書の他にタブレットによる教材提示が可能にな
れば単元学習の情報量は飛躍的に増える。現在の能狂言の教科書掲載分は限ら
れたものだが，2 次元コードを掲載する教科書が登場すれば詞章全文や朗読音
声の視聴もたやすくできるようになるだろう。ひきつづき能狂言教材の特性で
ある総合的かつ多角的な学びへの方向性を活かした学習方法や教育過程を構想
していく必要がある。また，能狂言教育向上のためには教員の伝統文化再教育
の機会創出や教員の教材活用能力の向上に加え，学校教員の置かれた状況（仕
事量・職場環境・就労サイクルなど）の改善なども抱き合わせて考えていく必要
があるだろう。　　　　　　　　　　　　　　　　　　　　　　（岡村　宏懇）

**註**
(1) 教育基本法（2006 年 12 月 22 日法律第 120 号）前文より抜粋。
(2) 小学校学習指導要領（2017 年 3 月 31 日告示）第 1 章総則第 1 小学校教育の基本
　　と教育課程の役割 2（2）より抜粋。
(3) 能と狂言を合わせて能楽という一つの芸能ジャンルで呼称されるが，本稿では能
　　狂言の用語で統一する。

(4) 長坂麻奈美「表現と鑑賞を融合した授業における子どもの学びの意欲の育成—中学校での能の授業実践の報告—」『音楽教育実践ジャーナル』vol.3，2005 年，pp.27-34.

(5) 玉村恭・萩野美智江「授業で能をどう扱うか—中学校での《羽衣》の授業実践から—」『上越教育大学研究紀要』第 36 巻第 2 号，2017 年，pp.643-656.

(6) 嶋田由美・古瀬千代「表現・創作活動を通して学ぶ狂言—小学校における『くさびら』の指導実践の考察—」『和歌山大学教育学部教育実践総合センター紀要』No.21，2011 年，pp.107-114.

(7) 小林和馬「『見る』ことを重視した小学校の伝統的な言語文化の授業—狂言の体験を通じて—」『教育デザイン研究』2018 年，pp.42-51.

(8) 松本修「古典に親しむことを目標にした狂言の授業（自由研究発表）」『全国大学国語教育学会国語科教育研究：大会研究発表要旨集』122 巻，2012 年，pp.235-238.

(9) 中村哲編『文化を基軸とする社会系教育の構築』風間書房，2017 年，p.12.

(10) 教材を学習活動の関係性から規定する機能的な捉え方は，デューイの教育経験論における教材論に依拠する。デューイの「教材」は，主体自らが経験の内に設定し，解決を志向し，結論を導き出したい「調べられるべき対象」の事である。

(11) デューイ哲学のキー概念。デューイは文化遺産も人類の経験と捉え直し，経験の再構成のプロセスに置く。経験の本質は，主体と環境との連続的な相互作用である。主体は環境に働きかけることにより，環境から働き返され，その相互作用によって環境を変え，自身を変える。それによって，過去の経験に新たな意味が賦与され，次の経験に新たな方向付けと統制が加えられる。

(12) 中西紗織「教員養成課程における能の指導に関する研究—声と身体に焦点をあてた体験学習の意義と可能性—」『全国大学音楽教育学会 30 周年記念誌（研究紀要第 26 号合併号）』2015 年，p.101.

(13) 玉村恭「人はなぜ／どのようにして能楽師になるのか」『上越教育大学研究紀要』第 42 巻，2022 年，p.273.

(14) 中村哲編『和文化—日本の伝統を体感する QA 事典』明治図書，2004 年，p.186.

(15) 梅若基徳・河野智聖『能に観る日本人力』BAB ジャパン，2008 年，p.83, p.89.

**参考文献**

中村哲編『「伝統や文化」に関する教育の性格と教材開発』銀河書房，2019 年.

峯岸由治「小学校社会科学習における地域文化の教材化—小 3 社会科授業実践『加須の手打ちうどん』をてがかりに—」『教育学論究』第 8 号，2016 年.

# 第7節 「自然体験」の教材開発とその特性

## 1 「自然体験」をする親子自然教室の企画

### (1) 地域の文化センターによる親子活動

　2009 年の夏，地域の北須磨文化センターのセンター長さんから「親と子ど
もを文化センターに集めたいのだが……」という相談があった。退職後は自分
の住む地域（名谷駅を基点に 1960 年代後半から開発が始まった須磨ニュータウン）で，
子どもと一緒にするボランティア活動に参加したいと思っていた。夏休みのこ
ともあり，理科研究のヒントになる，「親子ふれあい草木と遊ぼう」を引き受
けた。

　その時の様子を取材に来られた地域の新聞「ビバニュータウン β」（No. 499）
には，身近な公園内で話をしている様子を『……途中，中野さんが実際に草笛
を高らかに吹いたら，皆もいっせいに真似をして吹き，せみのぬけがらを見つ
けたら「オスか，メスか」とクイズで楽しむ場面も。またヨモギを揉んでに
おいをかいで「これは草餅のにおいだね。昔は怪我したところにも揉んであて
たから，血止め草ともいうんだよ」とか，「これはヌルデといってウルシの仲
間だけど……』と，大きく見出しで「自然とのふれあい体験」と書いてあった。
身近にある草木で五感を生かして自然体験をしていた。

### (2) 親子自然教室の立ち上げと現在

　その後，11 月は「草木が仲間を増やす知恵」，2 月は「草木や生きものの冬
越し」で「親子ふれあい草木と遊ぼう」を実施した。身近な公園の四季の変化
にふれる意図で計画したものだ。2010 年 4 月に，名谷の健康館 3 階の会議室
で「親子自然教室」を立ち上げた。

　月 1 回のペースで進めた。2011 年度は北須磨文化センターの講座の一つになり，年 13 回実施し 2012 年には文化センターで展示会をしている。しかし 2014 年末，事故で自身が脊髄損傷の障害者となった。2016 年夏から何とか再開し，回数も減らしそれまでを前期，その後を後期として，年間 6 〜 12 回程度実施してきた。

## 2　「自然体験」をする親子自然教室の活動

### （1）活動場所

　活動場所は文化センターの西の広い落合中央公園と落合池，落合中央公園の管理事務所，白川の里，奥須磨公園，須磨の天井川，東灘の住吉川，伊川の貸農園や用水路，北須磨文化センターの会議室，健康館 3 階の会議室，地域の集会所など身近な場所である。

### （2）春から夏へ

　前期と後期では準備する物の量が全く違い，後期はたくさんの人に助けてもらいながらの活動となっている。春は，公園の春探しで，ヒメオドリコソウなどシソ科の特徴（上が重い・茎が四角・開放花・閉鎖花・エライオソーム）オオイヌノフグリの花の進化した特徴，蜜腺とアリとの関係，ソメイヨシノの花の観察と自家不和合性，バラ科の特徴・蜜腺の場所など。白川の里で，野草を天ぷらにして食べる・化石年採り・ホタルの観察，ヨモギの他にクスノキ・ドクダミ・ヘクソカズラの葉を揉んでにおう，奥須磨公園の自然探検，カイコを育てよう，天井川・住吉川で生き物の観察。他にアメリカザリガニつり，麦刈り，サツマイモの苗を植え付けなど。

### （3）秋から冬へ

　落合中央公園の草木の種集めをする。ドングリはクヌギ・コナラ・シラカシ・ウバメガシ・マテバシイの 5 種類がある。ドングリを分類し殻斗の鱗片や横筋を調べる，マテバシイはあく（タンニン）が少なく，あく抜きせずに食べられ炒ってみんなが食べる。ドングリのおもちゃ作り，風で飛ぶ種の模型 5 種

類を作って遊ぶ，鳥の食べる種のみずみずしさにふれる。冬は，落合池の水鳥の観察，鳥の特徴を知る（頚椎の骨が多く首をまわして羽づくろい・空を飛ぶので体を軽くしたのは？・水鳥の水かき），ぐにゃぐにゃ凧つくり，日本の四季の行事と植物とのかかわりの話。藍染，玉ねぎ染，紙すきで葉書作り，毛糸でマフラー作り。他に，手づくりおもちゃ，輪ゴムを使ったもの，竹を使ったもの，浮沈子，スライム作り，風で動くおもちゃなど。

## 3　「自然体験」をする親子自然教室の授業事例とその特性

　植物の進化の過程を見ると，風によって花粉を運んでもらっていた時代から，昆虫があらわれ，花粉の運び役として利用するようになり，花を目立たせ，花粉を遠くの仲間のめしべにつけてもらうようになる。おしべの花粉がめしべにつくと種ができる。しかし種がいっぱいできても草木は動くことができず，できるだけ遠い所まで種を運んでもらう工夫をするようになる。どんな工夫をしているのか気づくようになると，種への興味・関心がさらに広がっていくようである。[1]

### (1)　風で運ばれるもの（マツ・アオギリなど）

　風で運ばれるものには，綿毛を持ったもの（タンポポ・ススキなど）と翼をもったもの（カエデ・マツなど）があるが，今回は翼のある a マツとカエデ b ツクバネとラワン c アオギリ d ニワウルシ e アルソミトラの5種類の種と，その

模型を作り飛ばして遊ぶ準備をして学校へいった。

　1年生の子どもたちの前で，開いているマツポックリを見せ「これを水に入れるとどうなるかな？」と問う。「すぼむ」と答える子が最近は多い。「テレビで見た」という子もいる。「では，透

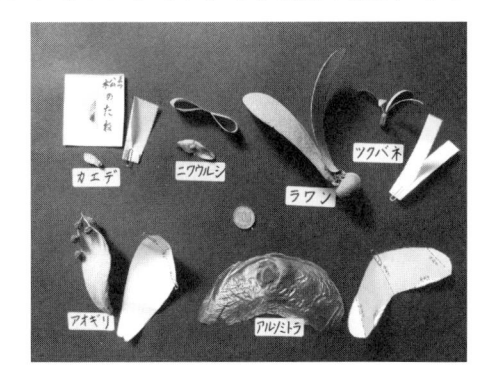

明のカップに水を入れたものに，これを入れますよ。よく見ていてください」
といってマツボックリを入れ，20 〜 30 分待ち，その間に次の種の話をする。

　30 分経って「どうですか」と見せると，子どもたちは「すぽんだ」と大声
で答える。「では，どうしてすぽんだのですか」と問うと，しばらく沈黙が続
いた。今までなぜ？と問うことはなかったようだ。そこでマツボックリの種を
取り出し「これがマツの種です。さっき開いていたマツボックリの中にはいっ
ていたのです。60 個ぐらい。羽がついていて，下に種があります。飛ばすか
らよくみていてね」といい 5 〜 6 個を上に軽く投げると「ワー」と歓声が上が
る。「くるくる回っている」「きれい」と新鮮な驚きの声だった。

　「マツボックリは開いたり閉じたりしながら，中の種（子ども・子孫）を外に
出し，晴れた日の風に乗せて遠くに運んでもらっている。中の種がもう飛んで
いってしまっているのに，ぼろぼろになるまで自分で開閉を続けているのだ」
と話す。

　翼を持つ種にこだわって，実物と模型を順に飛ばしていく。くるくる回る姿
が美しく，「ワー」という歓声が続く。最後はアルソミトラだ。「南の方の暑い
インドネシアなどの熱帯という所に育ち，どんぶりぐらいの大きさで，その種
を飛ばします」といって腕を高く上げそっと飛ばす。これはグライダーのよう
に翼を広げゆっくりと飛ぶ。「ワー」「ワー」と驚きの声が上がる。「作ってみ
たい」と大反響を受ける。

　模型の種を作り遊んだあとの感想では「ぼくはたねはかせになりました。い
ちばんたのしかったのは，みんなで，かみで，たねのもけいをつくったことで
す。ツクバネがとてもたのしかった」（子ども），「しょくぶつがどんどんとん
でいって，そこにしょくぶつができるなんて知りませんでした。しょくぶつは
かしこいなあと思いました」（子ども），「模型を作ってみて植物たちの進化の
すばらしさに度肝を抜かれました。やってみると本当に面白くて不思議で楽し
く，種の凄さ，自然の驚異に感動できました」（学生）。

**(2) くっついて運ばれるもの（オナモミ・ヌスビトハギなど）**

　「ちょっと，一人，前にきてくれますか」といって 1 メートルぐらいの所か

らオナモミをその子の服に投げる。「ワー，くっつき虫や」とすぐに歓声が上がる。「何でくっつくの？」と聞くと，「とがっている」「とがった針のようなものがある」。さらに「先が曲がっている」という声もある。

「そう，先が曲がっています」といってオナモミを大きく拡大した写真を見せると驚く。曲がっているのに気づいたからだ。「人間や動物にくっつき，運ばれて遠くに行き，そこで捨てられて芽を出します」。「マジックテープも先がカギ針のように，曲がっており，オナモミからヒントをもらったのでしょうね」と付け加えておく。

ヌスビトハギ・アレチヌスビトハギにもふれ，豆果の表面にたくさんの毛があり，その毛の先が曲がっていることにもふれます。そして，後で，先が曲がっているオナモミやヌスビトハギの曲がっている毛を見てもらうために，大き目の虫メガネと種を一緒に置いておいた。

## (3) 鳥に食べられて糞で運ばれるもの（ナンテン・トウネズミモチなど）

身近にいる野鳥で一番よく見るのはヒヨドリ，他にムクドリ，ツグミなどで，冬には好んで，ナンテン・トウネズミモチ・トキワサンザシ・クロガネモチなどを餌にしている。これらの実は丸くてみずみずしいのは，なぜだろうか。実際に公園に行った折に実をつぶし，種が何個入っているのか調べるときに一緒に話をしている。

これらの実がみずみずしいのは，鳥を呼んで食べてもらうためなのだ [2]。実はそのまま土の上に落ちてもほとんど芽ばえない。種を包んでいる皮や肉が，芽ばえを止める働きをしているからだ。種を芽ばえさせるためには，まず，実の皮や肉をすっかりとりのぞかねばならない。その役目をしてくれるのが野鳥たちだ。大きさもヒヨドリたちが食べ易い大きさになっているいのも不思議な話だ。

鳥に食べられた草や木の実は，胃の中でとけてしまう。でも，種だけは硬い殻のおかげで消化されずに，糞と一緒に落とされ，やがてそこで芽ばえるのだ。つまり，種は鳥と一緒に遠くまで旅をしたのである。

## （4）自分で落ちたり，自分ではじけたりするもの（ドングリ・フジなど）

　ドングリを見せ，「ドングリころころ・・というけれど，どうして転がっていくのだろう。転がらなくてもいいのにね」と問う。何気なくドングリ数個を意図的に落とすと，ドングリはあちこち散らばって転がっていく。子どもたちはあわてて拾ってくれた。すると「丸いから転がっていく」と答えてくれた。

　「そう，ドングリは斜面などに生えている木が多く，お母さんの木から遠くへ行くようになる [3]。それには訳があります」といって，ドングリとつながって根と若葉が出ている幼木を見せる。「へー，ドングリや」と不思議そうに子どもたちは見つめる。幼木はクヌギの木の下に生えておりミニスコップで掘り起こし準備しておいたものだ。「そう，遠くへ行ってそこで仲間を増やすのです」と話した。「驚いた？・・ドングリは種なのです。ドングリは落ちると根を出して冬を過ごし，春には葉を上の方に出します。その間の栄養はダイズと同じ子葉なのです。ドングリの子葉は双葉になっているがダイズのように地上に出ないのは，動物に食べられないようにする知恵かも知れない」と話した。

　ドングリから出てくる白い虫を子どもたちはよく知っていた。しかし，それが何になるかについては知らなかった。身近な疑問に応える意味でプリントをして話をした。「シギゾウムシの幼虫で，土にもぐり冬を過ごしサナギになって春の遅くに成虫

になって出てくる。5ミリぐらいの大きさで，シギというのは鳥のシギのくちばしのように長く，ゾウムシというのは象の鼻のように長い口なのでそう付けたそうだ。メスは若いドングリに長い口を差し込み，穴を開け長い産卵管で卵を1個産みます。2〜3週間で大きくなり，殻に穴をあけ出てくるのだ」と。子どもたちは不思議そうに聞いていた。

　身近な自然の中には，おもしろさや，不思議さ，神秘さが潜んでいる。「自然体験」は楽しく，新しいことに気づかせてくれ，みずみずしい感性を育て

てくれる。その子の見えない力を引き出してくれている。「子どもたちに，夢を！」の思いを大切にしたい。

## 4 「自然体験」を通して，自ら学ぼうとする子どもたち

### (1) 種への興味を広げる生活科授業

　この授業は，入学間もない小学1年生の「校庭の春見つけ」で，見つけた種を「育ててみたいという」子どもたちのみずみずしい感性，好奇心を生かした「自然体験」は，いろいろな気づきを獲得していく。また子どもの疑問や，やってみたいことなどの思いに寄り添った，自ら学ぼうとする子どもたちを支えた授業でもある [4]。

①種を集め始めた子どもたちに，どういったか？

　校庭にはカラスノエンドウやタンポポ，ゆずや梅などもあって，子どもたちは種を見つけて教室に持ち込むようになった。

　先生が「種って何かな？」と問いかけると，「スイカの種」「イチゴの種」「ヒマワリの種」「ドングリも種だよ」「豆も種だよ」「種はお母さんのおなかの中の赤ちゃんみたいなもので，動物に例えるなら卵みたいなもの」「種から芽が出てくるんだよ」など知っていることを出し合っている。

　絵本『たねのはなし』を読み聞かせ，種の不思議さに気づかせている [5]。そして，「種を見つけたら教室に持ってきてね」と呼びかけると，次の日から教室には，子どもたちの家や給食に出た果物や野菜の種が集まり始めた。

②集まった33種類の種を，どうしたか？

　教室に集まった種が33種類になり，「この種をどうしたい？」と子どもたちに投げかけている。するとa種で遊びたい，b種の中を見てみたい，c種を育てたい，そして食べたい，dもう一度種にしたい，という意見が出た。「種を育てたい，そして食べたい」発想は，担任も驚いたようだが「やってみよう」と伝えると，子どもたちはとても喜んだようだ。

　「種で遊びたい」は，飛ぶ種の実物を飛ばして見せ（カエデ・ニワウルシ・アオ

ギリ・ツクバネ・アルソミトラ），それらの種の模型を作り遊んでいる。

「種の中を見てみたい」は，アサガオの種をまく前に「種の中はどうなっていると思う？」と問い，その中を予想して描いている。その予想はユニークであったそうだ。次の時間一晩水につけておいたアサガオの種を半分に切ってグループで観察し，「くしゃくしゃしてる」「黄色っぽい」「脳みそみたい」などに気づいている。種まきの後，しばらくして芽が出てくると，くしゃくしゃしている芽を見て「種の中にはこれ（子葉）が入っていたんだ」と気づく子どもの姿が見られ，種の中を見た体験がつながっていることが実感できという。

「種を育てたい，そして食べたい」は，市販している種から選択して育てるのはよくあるが，自分たちが身近で集めた種を一人一鉢で，「自然体験」として，入学間もない1年生が育てる活動は，管見の限り他に見当たらない。これらは子どもが自ら学ぼうとする姿勢を支えている意味合いを持っている。子どもたちは，アサガオの他に自分たちの種を育て始め，毎日水をやり，意欲的であったという。

**③種をまいて約3週間後，半分ぐらいが芽を出したが，さてどうしたか？**

その後，しばらく経っても，他の種は芽が出てこなかった。子どもたちは芽の出てこない種にこだわった。子どもたちから疑問や気づきが出てきて，ここで再び，話し合いをすることになる。

a　どうして芽が出る種と出ない種があるのだろうか，と疑問を大事に・育てる用の種があるのだろうか・食べ物からとった種は育つのだろうか・風が関係あるのだろうかと疑問を広げている

b　葉っぱが虫にかじられているが，どうするかを考え，・防犯カメラをつける・中が見える小さな穴が開いた箱をかぶせる。・かかしを置く・虫よけスプレーをする。でも植物には害になる。などが出た。

地域に種屋の「たねとう」があり，担任が子どもの代わりにその専門店に聞きに行き，それを伝えることになった。「芽が出るのは，風は関係なく温度である」「かかしは鳥よけ」「大きい鉢に植え替えないと大きくならない」「食べられる種はまだ子ども」など，聞いてきたことに子どもは納得した様子だった

という。

### ④「種を育てたい，そして食べたい」という，「食べたい」を，どうしたか？

それから，大きなプランターに植
え替え，収穫まで水やりなどの世話
を続けたそうだ。食べることについ
ての話し合いの記録は見られなかっ
たが。夏休みに入ることもあって，
育った水菜やインゲン，ニンジンな
どを収穫して，茹でて刻んで，クラッ
カーにのせ，ピザにして食べたそ
うだ。教室とは違う家庭科室での活動に少し興奮しながらオーブンで焼いたピ
ザは，子どもたちに大好評だったそうだ。

「もう一度種にしたい」は夏休み中に枯れてしまったものもあったが，ヒマ
ワリやフウセンカズラの種ができたので，落ちている物も含めて拾い集めた。
「こんなにたくさん種がとれたよ！」といいながら，アサガオの種が100個以
上も入ったビニール袋をうれしそうに見せる子どももいたようだ。

### ⑤くだものを育てたい

「秋みつけ」では，公園でマツポックリやドングリ，落ち葉などを拾ってき
た。教室の本棚の秋の工作やドングリの本などを見ながらドングリを分類する
子もいた。マツの種を見つけたり，カエデの種を飛ばしたりて遊んだりする姿
も見られたという。

さらに種集めは続き，メロンやブドウ，ミカンなどの種が教室に集まり始めた。

今度は「果物を育てたい」と子どもたちが言ってきたので，「たねとう」に
聞きに行って伝えることになった。果物は実がなるまでに3年かかるそうだと
伝えると，「僕たちは4年生なっちゃう」ということで，教えてもらったハツ
カダイコンとコマツナを育てることになった。

1月頃に二つは収穫でき，子どもたちのリクエストで，カレー風のクラッカ
ーピザをみんなで作り食べた。子どもたちにとって，食べるという活動は特別

なようだ，と述べており「育てて食べる」の実践のヒントになるような気がした。

### ⑥種屋の「たねとう」さんに会えることになった

　以前から行きたいという思いがかない，「やったあー」と大喜びだったという。「たねとう」さんに願いが伝わったのだ。事前にグループで話し合い質問を考えて行った。

　「種は土の中でどうなるのか？」という質問に対して，根が出ているダイズをグループごとに用意して見せてくれた。種の中には，根と芽と栄養が入っていることや，土の中では，初め根から出てくることを話してくれた。サツマイモとジャガイモは種ではなく，ツルや種芋であることも絵で教えてくれたという。子どもたちにとっては初めて知ることが多くたくさんの内容だったが，地域の人の温かさを感じたと述べている。

### (2) 授業を終えて感じること

　種は子どもたちにとって魅力的な教材と感じた。対話を通して学びを追及する活動に沿った支援の在り方が大切だと感じたとも述べている。

　種を通して，子どもたちのみずみずしい感性を生かし，気づきを深めた「自然体験」は，やってみたいという子どもの願い（要求）を受けとめ，子どもの側から創った授業実践ということもできそうである。

（中野　照雄）

**註・参考文献**
(1) 中野照雄『種の授業』ウエノ印刷，2022 年.
(2) 埴沙萌『たねのゆくえ』あかね書房，1991 年，pp.20-22.
(3) 中島博和構成『とおくへいきたい』農文協，1987 年.
(4) 齋藤美紀「種への興味を広げる生活科」『歴史地理教育』2020 年 11 月号，pp.34-38.
(5) ダイアナ・アストン文　シルビア・ロング絵　千葉茂樹訳『たねのはなし』ほるぷ出版，2008 年.

## 和文化教育の雪間草　其の四
# 南海の孤島に眠る和文学者

　今年（令和6年）7月3日，宮古島の平良港からフェリーに乗って2時間，11時に多良間島の前泊港に着いた。9年前の夏以来である。宿に荷物を置き，レンタサイクル店で自転車を借りて，炎天下の道を里之子墓に急いだ。

　舗装道路を外れて森の中の小径に入ると標識があり，しばらく進むと目的のお墓が生い茂る木々と草むらの間に見えた。

　お墓のそばに，多良間村教育委員会が平成元年3月25日に建てた案内板があった。お墓は村指定文化財史跡。昭和58年5月26日指定され，「里之子墓」との標題の案内板には次のように書かれていた。

　《和文学者劇作家平敷屋朝敏（1700〜1734）は，尚真王の嫡子尚維衡（浦添王子朝満）の子孫である。彼は世を震撼させた落書事件により，安謝港で八付の刑に処せられ，妻と娘は宮城島に流され，長男朝良は宮古の水納島に流刑された。次男朝助は幼少のため親戚に養育され，後に多良間島に流刑された。その後，兄朝良も多良間島に移って共に暮らすようになったが，31歳で妻子もなく死去した。朝助は島の女をめとって永住し，子孫も繁盛した。この里之子墓はその一族の墓である。昭和10年朝敏等5人の遺骨が喜納利八（饒平名長建）と大宜見某によってこの墓に納められ，南海の孤島に眠っている。家系が里之子筋目であることが里之子墓のゆえんである。》（筆者注：「里之子」とは，琉球王府の士族位階で，「里之子筋目」は譜代士族の中で名家の流れをいう）

　平敷屋朝敏は、和歌や琉歌にすぐれ、和文の物語『苔の下』，『若草物語』，『万歳』，『貧家記』などを著した。恋物語をよくしたので「琉球の業平」とも呼ばれ，組踊（ユネスコ無形文化遺産の舞台芸術）の演目では珍しい恋愛を描いた『手水の縁』の作者として有名で，沖縄三十六歌仙の一人でもある。

　9年前に多良間島を訪れた当時は，琉球古典芸能について無知であり，組踊『手水の縁』も，その作者が平敷屋朝敏であることも知らなかったため，「里之子墓」は眼中になかった。

　その後，琉球古典芸能に親しみ，組踊を鑑賞に国立劇場おきなわに足しげく通う中で，『手水の縁』を何回も観て作者に親しみを覚え，朝敏について関

心を持ち，彼が処刑された安謝港跡，脇地頭として領地の農民のために灌漑用ため池を造った平敷屋タキノ―を訪れ，また，妻と娘が流された宮城島に建つ「高離節」の歌碑，さらに，『手水の縁』の物語の舞台になった瀬長島や南城市知念に建つ歌碑を訪ねた。そして，朝敏が多良間島に眠っていることを知って以来，墓参は懸案事

平敷屋朝敏が眠る里之子墓

項。ちょうど今年は，朝敏が刑死して 290 年の節目であった。

　琉球古典音楽に有名な『仲間節』がある。

　　我が身つで見ちど　よその上や知ゆる　無理するな浮世　情けばかり

　「我が身をつねって他人の痛さを知る。無理をせずに，はかない浮世は慈悲の心を持って渡るだけだ」という歌意だが，この歌は，琉球王国第 13 代の尚敬王が詠んだとされる。歌の背景には「世を震撼させた落書事件」がある。平敷屋朝敏と友寄安乗を中心とした 15 人のメンバーが，政治改革を訴え，為政者を誹謗する直訴文を薩摩藩邸に投書したが，逆に王府側に発覚，朝敏ら共謀者は捕えられた。彼らの処置について，最高権力者の三司官蔡温が尚敬王に伺いをたてたところ，国王はこの歌を詠み，温情をもって対処するよう諭された。しかし，その甲斐なく 1734 年 6 月，全員処刑され、その妻子はそれぞれ別々の島に流された。事件の真相はいまだナゾのままである。

　里之子墓の前にひざまずき，朝敏の無念を思い，拙い琉歌を詠んだ。

　朝敏ゆ祀る　多良間墓前なち　無念やらと思て　涙ゆ流ち

（渡邉　規矩郎）

# 第Ⅴ章
## 和文化教育の展望とその視角

# 第1節　研究としての展望とその視角

## 1　和文化教育の充実改善とその視角
### ―和文化教育の新たな可能性としての日本文化発信力の育成―

　本項では，私が提唱する日本文化理解教育（我が国の伝統や文化について，それらの価値を理解し，尊重するとともに，継承・発展させるための教育）[1] を和文化教育とほぼ同義に捉えたうえで，その将来的可能性の観点から，日本文化発信力の育成に資するという重要な教育的意義を有していること明らかにする。

### （1）日本文化発信力育成の必要性
#### ①質問紙調査結果に見る大学生の意識実態

　筆者は，2023（令和5）年10月，福岡県内の工業系私立A大学（学生総数約4,000名）の学生387名（男子305名，女子82名）に対して，「大学生の日本文化理解教育に関する意識調査（質問紙）」を実施した。

　大学生を対象としたのは，将来の日本を担う存在であり，彼らの意識が日本文化の世界への発信に直結すると考えたためである。理系の工業系大学を調査対象に選定した理由は，高校時代，地理歴史科の科目の中で，日本史ではなく地理選択者が多かったであろうとの想定の下，文系学生に比して日本文化への関心はあまり高くはないのではないかと考えたからである。

　選択質問（4択）や自由記述を混ぜて30項目の質問を行った。

　まず第一に，「我が国（日本）に生まれて良かったと思うか」との質問に対する回答結果は，「強く思う」が44.5％，「思う」が46.6％，「あまり思わない」が8.1％，「思わない」が0.8％であり，約9割が日本に対する帰属意識を有していることが分かる（図V-1-1-1）。

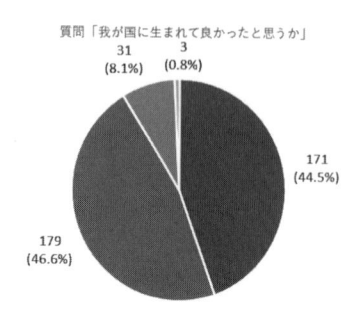

質問「我が国に生まれて良かったと思うか」

31 (8.1%)
3 (0.8%)
171 (44.5%)
179 (46.6%)

■強く思う ■思う ■あまり思わない ■思わない

図Ⅴ-1-1-1

その理由（自由記述）としては，「平和や治安の良さ」が196名，「暮らしの豊かさ」が82名，「自国の文化・歴史に誇りを持っている」が56名の順に多かった。平和な社会や物質的豊かさに次いで，日本の文化に理由を求めた学生が多かったことは興味深い。

自国に対する青少年の帰属意識に関しては，2009（平成21）年10月，筆者が福岡県内のA市立小・中学校の児童・生徒496名（小学生は5・6年生，中学生は2・3年生）を対象に実施した質問紙調査でも同様な傾向が見て取れる [2]。「我が国（日本）に生まれて良かったと思いますか」との設問に対しては，「強く思う」が60.8％（299名），「思う」が33.1％（163名）であり，約9割の者が帰属意識を持っていた。

青少年だけではなく，16歳以上の国民1234名を対象とした，「ISSP国際比較調査（2013・平成25年11月，質問紙実施）」でも，「日本に愛着がある」と回答した者が96％にのぼっている [3]。

これらの調査結果から，青少年に限らず，国民の全年齢層で我が国への帰属意識が高いということができる。特に，近年，自国である日本を好きだと考える若者が増加傾向にあることが指摘されている [4]。

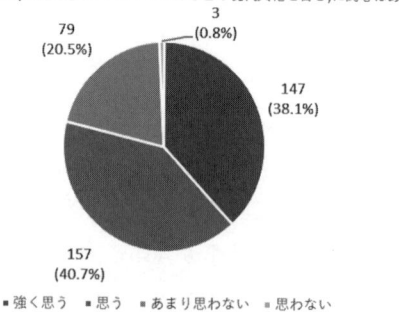

質問「我が国の文化(伝統文化やアニメ・マンガなどの現代文化を含む)に関心はあるか」

79 (20.5%)
3 (0.8%)
147 (38.1%)
157 (40.7%)

■強く思う ■思う ■あまり思わない ■思わない

図Ⅴ-1-1-2

第二に，「我が国の文化に関心はあるか」との質問に対する回答結果は「強く思う」が38.1％，「思う」が40.7％，「あまり思わない」が20.5％，「思わない」が0.8％であり，約8割が日本文化

に対して関心を有していることが分かる
（図V-1-1-2）。

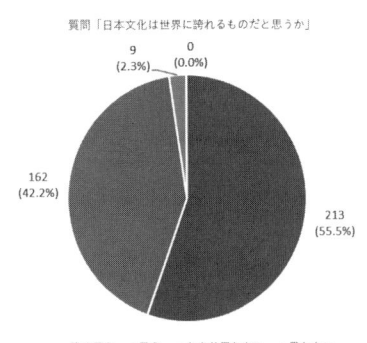

質問「日本文化は世界に誇れるものだと思うか」

図V-1-1-3

　関心を有している日本文化を自由記述
であげてもらった結果（複数回答可），和食，
マンガ・アニメ，歌舞伎が上位に位置して
おり，伝統文化とともに，現代の日本文化
にも関心を有している。

　第三に，「日本文化は世界に誇れるもの
だと思うか」との設問に対する回答結果は，
「強く思う」が55.5％，「思う」が42.2％，「あまり思わない」が2.3％，「思わ
ない」が0％であり，97.7％もの者が，日本文化を世界に誇れるものだと捉え
ていることが分かる（図V-1-1-3）。

　第四に，「日本文化を外国人（在日外国人や留学生を含む）に紹介することは必
要だと思うか」との設問に対する回答結果は，「強く思う」が17.3％，「思う」
が41.3％，「あまり思わない」が38.2％，「思わない」が3.1％となった（図V-1-
1-4）。

　日本文化を世界に誇れるものだと思っている者がほとんど全員（97.7％）で
あるのに対し，紹介する必要性を感じている者は58.6％にとどまっている。そ
の理由は次に述べる日本文化発信力の課題と大きく関わっているものと考えら

れる。つまり，世界に
誇るべき日本文化を外
国人に発信する自信の
有無と密接に関連して
いると考えられるので
ある。

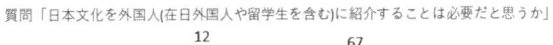

質問「日本文化を外国人(在日外国人や留学生を含む)に紹介することは必要だと思うか」

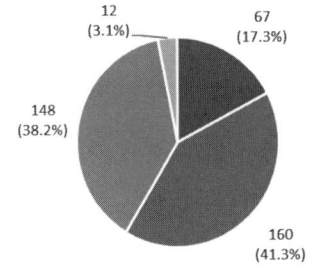

　さらに，外国人に最
も伝えたい・知っても
らいたい日本文化を自

図V-1-1-4

由記述で5位まであげてもらった結果，男女で若干の相違が見られた。

　男子学生は，1位和食，2位アニメ・マンガ，3位温泉，4位礼儀・マナー，5位表現の自由の順であったのに対し，女子学生は1位和食，2位アニメ・マンガ，3位礼儀・マナー，4位茶道，5位おもてなしの順であった。

　男女ともに，上位2位は同一のものをあげており，前述のように，学生たちは自分自身が最も関心を有する日本文化を外国人にも紹介したいと思っていることが分かる。3位以下について，男女差が見られることは大変興味深いが，礼儀・マナーは男女で順位が異なるが，上位にあげられており，日本独自の礼儀作法やマナーを良き日本文化として外国人に紹介したいと考えているといえよう。

　第五に，「日本文化を外国人（在日外国人や留学生を含む）に説明することが（日本語で）できるか」との質問に対する回答結果は，「よくできる」が6.5％，「できる」が31.7％，「あまりできない」が52.2％，「できない」が9.6％であった（図Ⅴ-1-1-5）。

質問「日本文化を外国人(在日外国人や留学生を含む)に説明することが(日本語で)できるか」

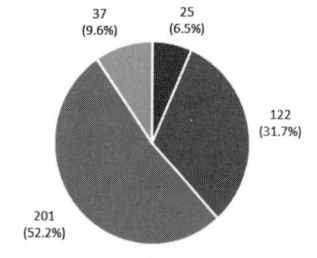

- よくできる　- できる　- あまりできない　- できない

**図Ⅴ-1-1-5**

　97.7％もの者が日本文化を世界に誇れるものだと捉えている一方，実際にそれらを外国人に説明・紹介できる者となると，38.2％にまで低下してしまうのである。

　この結果は，大学生の日本文化発信力不足を如実に物語っているといえる。我が国の文化を誇りに思ってはいても，知識や実体験の不足によって，外国人に説明するまでの自信はないという実態を端的に示しているのである。

　同様な傾向は，低年齢層の小・中学生についても指摘できる。筆者が福岡県内の小・中学生496名を対象にした調査でも，日本文化を外国人に説明できる（日本語で）と回答した者は33.9％であった [5]。

　次表は日本文化発信の必要性の認識度合いと日本文化の発信力との相関関係について，クロス集計分析を行ったものである。

表V-1-1-1　日本文化発信の必要性の認識と発信力の関係

| 日本文化を外国人に紹介することは必要だと思うか | | 日本文化を外国人に説明することができるか | | | |
|---|---|---|---|---|---|
| | | よくできる | できる | あまりできない | できない |
| 強く思う | 67 | 18% | 19% | 54% | 7% |
| 思う | 160 | 1% | 34% | 56% | 8% |
| あまり思わない | 148 | 4% | 27% | 56% | 11% |
| 思わない | 12 | 16% | 16% | 33% | 33% |

（注）質問「日本文化を外国人 ( 在日外国人や留学生を含む ) に紹介することは必要だと思うか」，質問「日本文化を外国人 ( 在日外国人や留学生を含む ) に説明することが（日本語で）できるか」の回答結果からクロス集計を行った。少数点第 1 位以下は四捨五入している。

　「日本文化を外国人に紹介することは必要だと思うか」との質問に対して，「強く思う」と回答した者の中で，「日本文化を外国人に説明できるか」との質問には，「あまりできない」と回答した者が54%，「できない」と回答した者が7%であった。また，「思う」と回答した者では，「あまりできない」が56%，「できない」が8%であった。

　これらのことから，日本文化を外国人に対して発信する必要性を認識している者であっても，その約 6 割は日本文化の発信に自信を持っていないという実態が分かるのである。

　また，大学生が日本文化の発信方法としてあげたのは，第 1 位インスタグラム（254 名・65.6%），2 位エックス・旧ツイッター（207 名・53.5%），3 位テレビ（142 名・36.7%），4 位イベント（120 名・31.0%），5 位フェイスブック（61 名・15.8%）の順であった。

## ②学校教育で日本文化発信力を育成する必要性

　日本文化を外国人に説明することができるかどうかという問題は，日本文化の世界への発信という，国際化の進展に直接的に係わる重要な課題である。

　このような問題状況を解決することができるのが，和文化教育であると考え

る。即ち，和文化教育の将来的可能性を日本文化の発信力育成と捉えるのが筆者の見解である。

　日本文化の世界への発信の必要性を認める者の中で，約6割の者が発信力に自信を持っていない最大の理由は学校教育にあると考える。

　過去（特に，昭和の時代まで）の我が国では，祖父母などの老人から我が国の伝統的な遊びや習慣，伝統芸能などといった日本文化を学ぶ機会が家庭内に存在していた。

　だが，核家族化が進み，父母世代も40〜50才代という，現在の青少年にとって，家庭教育の一環として日本文化を学ぶ機会は極端に減少してきている。

　日本文化についての知識や体験が乏しいため，発信するまでの自信がない者が多いというのが，この問題の核心なのである。

　このため，学校教育の場で，体系的・計画的に日本文化を学習させる機会を設けることが必要なのである。

　和文化教育では，様々な文化の教育実践の蓄積が存在する。それらの教育実践をさらに発展させ，各教科・各科目，総合学習（小・中学校は「総合的な学習の時間」，高等学校は「総合的な探究の時間」），学校行事，部活動などで，児童・生徒に実体験させることによって発信力は飛躍的に高まっていくものと考える。

　その際，指導者の確保や施設・設備といった学校側の指導態勢の問題もあるが，児童・生徒が自らの興味・関心を有する分野を学習できるようにすることが重要である。「浅く広く」ではなく，自分の学びたい分野を「深く狭く」指導することが，発信力育成の質的向上につながると考える。

　そのうえで，前出の質問紙調査のデータからも分かるように，SNSを使用して各人が外国人とコミュニティを形成し，そこで互いの文化について交流を行っていくことが，真の国際化につながると考えるのである。

## (2) 我が国の国際理解教育学界の現状と問題点

　日本文化発信力の育成という観点から見ると，我が国の国際理解教育の現状には，大きな問題点が存在すると考える。国際理解教育が異文化理解教育とほぼ同様の内容になっており，日本（自国）理解という概念が極めて希薄だとい

う問題なのである。

　かつて筆者は，国際理解教育学界を代表していた大津和子氏や魚住忠久氏の国際理解教育の定義に関して，両氏の見解を批判的に検討した [6]。

　ここでは，国際理解教育学界の主流をなす研究者の関心が，自国や自国文化の理解以外に向けられていることを指摘している。自国や自国文化の理解を抜きにした国際理解教育で，世界の中の日本という視点が本当に養われるのであろうか。自国・自国文化理解と外国・外国文化理解といった，単純な二元論的国際理解教育ではなく，文化的多元主義の視点から捉えることは当然である。

　だが，国際理解教育である以上，世界の諸国やそれらの文化を理解するために，まず，「座標軸」としての日本文化の十分な理解が大前提とされるべきであると考える。

### (3) 文部科学省による国際理解教育の推進

　我が国の国際理解教育は，1951（昭和26）年7月のユネスコ加盟に始まるとされる [7]。当初は，ユネスコの国際理解教育の理論や実践が紹介される程度であった。

　国（文部省・文部科学省）主導による国際理解教育の変遷は5期に区分され，第2期（1960〜1973年）から，我が国の伝統や文化の尊重が中央教育審議会の答申等で主張され始めていく [8]。1960年代後半から我が国は高度経済成長期を迎え，世界への経済進出の中で，日本人が国際競争を勝ち抜くための精神的拠りどころや日本人としての自覚を養うため，我が国の伝統や文化の教育が重視されるようになったという時代的背景が存在した。

　この第2期，即ち，1960年代以降，文部省（当時）は国際理解教育の中で，諸外国やそれらの文化と我が国の伝統や文化の理解を国際理解教育の目標として並行的に位置づけていくことになる。

　1996（平成8）年7月の中央教育審議会答申（第1次答申）の「21世紀を展望した我が国の教育の在り方について」では，「広い視野を持ち，異文化を理解し，これを尊重する態度や異なる文化を持った人々と共に生きていく態度などを育成するためには，子どもたちに我が国の歴史や伝統文化などについての理

解を深めさせることが極めて重要なことになる」と述べられており，国際理解・国際協調のためには，まず我が国の歴史や伝統文化の理解が重要であるとしている。

　現行の学習指導要領の方向性を規定した「幼稚園，小学校，中学校，高等学校及び特別支援学校の学習指導要領等の改善及び必要な方策等について」（「中央教育審議会答申」2016・平成28年12月）では，「グローバルな視野で活躍するために必要な資質・能力」として，我が国の伝統や文化の理解や継承することがあげられている。

　このように，文部科学省主導の国際理解教育では，諸外国の文化と我が国の伝統や文化とを表裏一体のものと捉えており，異文化理解に偏重あるいは日本文化排除の傾向が強い研究者たちによる学界の状況とは一線を画している。筆者は，文部科学省による国際理解教育の捉え方や概念を妥当なものと考えるが，日本文化の発信力育成の必要性ということにまでは踏み込んでいないのである。

　だが，グローバル化の進展によって，日本文化を世界に向かって発信する，日本文化発信力の育成が急務となっているのである。

### (4) 和文化教育の新たな可能性としての日本文化発信力の育成

　これまで見てきたように，大学生の97.7％が日本文化を世界に誇れるものだと捉えている一方，それらを外国人に説明できる者は38.2％にまで低下する現状がある。小・中学生の場合も同様であり，日本文化を世界に誇れるものだと思う者が85.7％なのに対し，それらを外国人に説明できる者は33.9％であった[9]。

　つまり，現在の青少年の約9割の者が日本文化に対して誇りを持っているにもかかわらず，それを外国人に発信することができる者は3〜4割程度にすぎないのである。

　この最大の理由は，自国の文化に対する十分な理解が不足していることを青少年が自覚しているからであると考える。かつては，祖父母や地域社会の老人から様々な文化を教えられ，それらを体験することも多かった。

　しかし，核家族化や地域社会の教育力の低下という現状では，学校教育の果

たす役割は大きくなっている。即ち，日本文化の理解・継承や発信力の育成が学校に求められているのである。

　そのような将来的重要課題に応えることができるのが，和文化教育であると筆者は考える。

　だが，従来の和文化教育に関する著書・論考や実践報告などを見ると，和文化を理解させたり，体験させる方法やカリキュラム編成などに関するものがほとんどであり，日本文化の発信力育成を直接的に扱ったものは，拙著『日本文化発信力育成の教育』（風間書房，2016）があるに過ぎない。同書では，渋谷区立神宮前小学校における日本文化発信力育成の成功事例について検証した。

　筆者は，文部科学省文化庁の審議会である「文化芸術教育の充実・改善に向けた検討会議」（2023・令和 5 年 7 月〜現在）の委員として，和文化教育学会の紹介や日本文化発信力育成の必要性を訴えてきた。

　また，人間開発学会（國學院大學人間開発学会）第 15 回研究大会（2023・令和 5 年 11 月，於國學院大学人間開発学部）の招待講演で「日本文化理解教育が学校教育にもたらす無限の可能性」と題して，新たな可能性としての日本文化発信力の育成について述べた。

　「ニューヨーク・タイムズ」東京支局長を勤め，在日経験が長いヘンリー・S・ストークス氏も，日本や日本文化を世界に向かって発信できる日本人が多くないことの理由として，「きっと，学校教育の場で，日本が世界の中で比類のない，すばらしい文化をもった国だと教えることがなくなったのも，大きな理由なのだろう」[10] と述べ，日本人の日本文化の発信力不足と学校教育の相関性を鋭く指摘しているのである。

　和文化教育学会が設立 20 周年を迎え，今後の方向性として，日本文化の発信を重要テーマにすえ，ますます発展されることを祈念している。

（永添　祥多）

## 註

(1) 日本文化理解教育の詳細な定義・内容・教育成果等については，永添祥多『日本文化理解教育の目的と可能性』風間書房，2011 年を参照。

(2) 上掲書（1）。

(3) 村田ひろ子「日本人が持つ国への愛着とは〜 ISSP 国際比較調査・日本の結果から〜」『放送研究と調査』NHK 放送文化研究所，2017 年 5 月号.
ISSP（International Social Survey Programme）とは，社会科学に関連する様々なテーマについて毎年調査を実施している国際協力プログラムであり，世界で約 50 の国・地域が参加している。

(4) 三浦展『愛国消費』徳間書店，2010 年，pp.12-18.

(5) 前掲書（1）p.55.

(6) 永添祥多『日本文化発信力育成の教育』風間書房，2016 年，pp.3-5.

(7) 秦莉「日本の国際理解教育の歴史と今日的課題」『人間文化研究科年報』第 28 号，奈良女子大学，2013 年.

(8) 同前。

(9) 前掲書（1）pp.52-55.

(10) ヘンリー・S・ストークス著　加瀬英明訳『英国人記者が見た世界に比類なき日本』祥伝社，2016 年.

## 2 和文化教育の幼小中高大の連携とその視角
### ―カリキュラム・マネジメントを意識した小中高大接続―

### (1) 言語文化創造授業の目的
### ① 言語文化創造授業の必要性

　Society 5.0 [1] な社会や GIGA スクール構想 [2] の元，令和の日本型学校教育 [3] 実現に向けた取り組みが進められている。学校現場では ICT 活用が進み，間接的な体験に基づく学習が多くなり，それによる弊害を防ぐための体験的な学習の重要性は高まっている。

　また，第 4 期教育振興基本計画 [4] においては，2040 年以降の社会を見据えた持続可能な社会の創り手の育成と日本社会に根差したウェルビーイングの向上を掲げて次期学習指導要領の作成に取り組んでいる。このような状況における言語文化創造の必要性は高まっている。日本人としてことばで学び，ことばで文化を創造していくことは持続可能な社会やウェルビーイングには必要なことだと捉えている。今後，言語文化を継承していくためにも言語文化創造に向けた授業の必要性はあるだろう。

### (2) 言語文化創造授業のための要件
### ① 言語文化とは何か

　言語文化とは何かを考える際にいくつかの要件を整えなければならない。時代的な背景はあるのか，文化としての条件は何か，などの概念規定が必要となる。そこで本稿における言語文化とは何かを国語教育の歴史，言語学としての規定，学習指導要領における記述などを考えて規定する。

　まず，国語教育においては，伝統的な言語文化として認められ，教科書教材として確定されたものや授業実践で蓄積されたものもあるのでそれらをガリキュラムとして具体的に示す。

　次に，言語学においては，日本語として文法など言語の特徴や特質，言語を

成り立ちや構造、変化・変遷、分布、比較などさまざまな角度から捉えられている。

そして、学習指導要領においては、学校教育として言語文化をどのように取り入れ授業として実践していくのかを示している。

本稿では、学校教育における言語学習を授業化することを目的とするため、言語文化の教育的側面を中心として示すこととする。

## ② ことばの学びとしての言語文化

各校種の学習指導要領で示された言語文化についてまとめてみると次のようになる。ここでは、キーワードとなることをピックアップし、本稿で考える言語文化とは何かということをまとめるための参考にする。

表Ⅴ-1-2-1　幼稚園から高等学校までの言語文化

| 学校種 | 言語文化に関連する表記 |
|---|---|
| 幼稚園 (5) | 表現する楽しさ　伝え合う喜び　絵本や物語などに親しみ　言葉に対する感覚　生活の中で必要な言葉　日常の挨拶　文字などの記号の果たす機能と役割に対する関心と理解　言葉遊び　音や動きなどで表現 |
| 小学校 (6) | 親しみやすい古文や漢文、近代以降の文語調の文章を音読する　古典について解説した文章　世代による言葉の由来　共通語と方言との違い　語句の由来、特質　書写　漢字及び仮名　文字の行の由来、特質　書写　読書に親しむ |
| 中学校 (7) | 古典には様々な種類の作品があることを知ること　古典に表れているものの見方や考え方　共通語と方言の果たす役割について理解すること　長く親しまれている言葉や古典の一節を引用するなどして使うこと　時間の経過による言葉の変化や世代による言葉の違いについて理解すること　字形、文字の大きさ、配列などについて理解して楷書で書くこと　漢字の行書の基礎的な書き方を理解して書くこと　漢字の行書とそれに調和した仮名の書き方を理解して書くこと　楷書又は行書を選ぶなど、目的や必要に応じた書き方を判断して書くこと　文字を文化として認識やや社会との関わり方を支える読書の意義と効用について理解すること　自分の生き方 |
| 高等学校 (8) | 上代から近現代に受け継がれてきた我が国の言語文化への理解を深める　我が国の言語文化の担い手としての自覚　言葉がもつ価値への認識を深める　生涯にわたって読書に親しみ、言語文化の担い手としての自覚　文化としての言語生活　多様な言語芸術　言葉には、文化の継承、発展、創造を支える働きがあることを理解すること　文化的背景について理解を深め、文章の中で使うことを通して、語感を磨き、語彙を豊かにすること　我が国の言語文化に特徴的な表現の技法とその効果について理解すること　我が国の言語文化の担い手としての自覚を深め、言葉を通して他者や社会に関わろうとする |

　以上で示されたことを参考にすると，言語としての側面だけでなく，音やリズム，絵画，身体表現なども含めたものを言語文化として規定することが必要となる。これらを踏まえて以下のように規定する。

　「言語文化とは，言語そのものによる文化のみではなく，言語による表現を支える音楽的，絵画的，身体的表現も含めた総合的な表現も含めたものとする。その上で，文化的価値が歴史的に創造され，継承された文化的価値の高いものとする。また，実際の生活で使用することを通して，地域的に形成され認められたものも含める。」

### ③　言語活動としての言語文化

　言語文化を創造する授業として単元的な学習の展開が考えられる。単元ゴールとして言語活動を展開することを目的としたものである[9]。各校種の学習指導要領でも言語活動例が示されているが，言語活動例を表V-1-2-1 を参考に分類してみると以下のようになる。

表V-1-2-2　　言語活動例の分類

| 言語文化としての観点 | 言語活動例のための要素 | | | | | |
|---|---|---|---|---|---|---|
| 文字・言語 | ひらがな　カタカナ　漢字　ローマ字　共通語　方言　現代語 | | | | | |
| 文章 | 詩　短歌　俳句　小説　随筆　解説文　評論　脚本 | | | | | |
| 芸術・芸能 | 能　狂言　文楽　人形浄瑠璃　歌舞伎　戯曲　語り | | | | | |

## (3)　言語文化創造のためのカリキュラム作成に向けた要件

### ①　言語文化創造のための授業化の視点

　表V-1-2-1 でもわかるように，学習指導要領で示された幼稚園，小学校，中学校，高等学校の系統（シーケンス）については，いくつかの視点が考えられる。幼小連携については，「ことば遊び」から「ことば学び」へという視点があり，小中連携においては，古典学習という視点がある。高大連携という視点においては言語文化の継承や発展という視点が挙げられるだろう受けて大学では教科教育法や教科内容論へとつなぐことができるだろう。こうした視点を持つことは，言語文化を創造し発展させるという点において必要なことである。カリキ

ュラム作成を大学までを視野に入れようとしているのは，言語文化創造という視点と言語文化継承という視点をより現実のものにするために教員養成の立場を明確にしたいと考えたからである。

## ②　生涯教育としての言語文化

高等学校の学習指導要領では，共通必履修科目として「言語文化」が設定されている。そこには以下のような記述がある。

小学校及び中学校国語科と密接に関連し，その内容を発展させ，総合的な言語能力を育成する科目として，選択科目や他の教科・科目等の学習の基盤，とりわけ我が国の言語文化の担い手としての自覚を涵養し，社会人として生涯にわたって生活するために必要な国語の資質・能力の基礎を確実に身に付けることをねらいとしている。[10] ※下線は筆者

ここでは，小学校からのカリキュラムの連続性を求めていることに加えて，総合的な言語能力として，全教科・領域で取り組むことの重要性も示されている。文化を継承するだけではなく，文化の担い手として主体的に学ぶ姿勢も求められていることから授業化やカリキュラム作成の必要性も伺える。

## ③　探究学習としての言語文化

高等学校に「古典探究」が選択教科として設定され，生涯学習を見通した授業も必要となっている。「言語文化」との関連について以下のように書かれている。

「古典探究」は，このことを踏まえ，共通必履修科目「言語文化」により育成された資質・能力のうち，「伝統的な言語文化に関する理解」をより深めるため，ジャンルとしての古典を学習対象とし，古典を主体的に読み深めることを通して伝統と文化の基盤としての古典の重要性を理解し，自分と自分を取り巻く社会にとっての古典の意義や価値について探究する資質・能力の育成を重視して新設した選択科目である。[11] ※下線は筆者

この科目が選択教科として設定されたことにより，国語科における探究学習の必要性も話題となっている。必修としての「言語文化」と併せて，主体的に学習に取り組む態度として言語文化を探究する姿勢として，言語文化の理解，

創造，探究という視点が明確になったと言える。

## ④　単元の授業構成案

### 【単元構想】

　体験的な学習が展開できるように授業の導入については工夫する必要がある。そこでいくつかのタイプを示しそれに沿った単元構成ができるようにしたい。

〈頭括型単元構想〉

　単元のゴールとその意味，学習計画を第一次で行う。この際に課題や第三次で行う言語活動に対する「目的意識（何のために）」と「相手意識（誰に対する発信なのか）」を明確にする。第二次では，教科書やテキストによって課題を追究する。第三次では，学んだことを第一次で想定した相手に対して発信し，ふりかえりを行う。

〈尾括型単元構想〉

　第一次から第三次の意味づけは同じであるが，第二次を全体ではなく個人やグループで役割分担し，それらをまとめる形で第三次を行う。課題が複数に亘る際にはこの方法で行う。

〈双括型単元構想〉

　第一次から第三次の意味づけは同じであるが，第一次において，ゲストティーチャーからの話を聞くなど課題を受け取った形で展開し，第三次では，ゲストティーチャーに報告し，学習に対する評価を得るような展開にする。

### 【1 時間の構想】

　単元と同じような構成で，課題追究型の1時間を組む方が言語文化の学習としてはふさわしいだろう。

〈導入〉

　本時の課題の明確化（第1時間目であれば，単元全体を見通した教材提示を行う。第2次以降であれば，前時のふりかえりを活かしながら課題として提示する。

〈課題の共有，創造〉

　協働的な学びを想定して，目標に準拠しためあてとしての「Today's Gole」

を設定する。いわゆる評価規準である。そしてそれに基づいて自分自身のめあてとして個人内評価である「My Gole」を設定する。その際に「はじめの自分」としてふりかえる際の起点を明示させる。

〈課題の追究〉

　グループ学習や全体学習においては，「Today's Gole」に基づいて行う。課題の追究を個人で行う場合には，「My Gole」に基づいて行う。

〈ふりかえり〉

　ふりかえりはめあての設定に基づいて，2項目でふりかえらせる。Self reflection として「Today's Gole」についての自覚化を促す。その上で，Self evaluation として「My Gole」に基づいた自覚化を促す。

## ⑤　カリキュラム作成の指針

　以上までのことを踏まえて、表にまとめると以下のようになる。

### 表Ⅴ-1-2-3　カリキュラム作成指針

| 言語文化的視点 | 幼稚園 | 小学校 | 中学校 | 高等学校 | 大学 |
|---|---|---|---|---|---|
| ①ことば遊び | | | | | → |
| ②ことば学び | | スタートカリキュラム | | | → |
| ③言語文化理解 | | 古典教材 | | | → |
| ④言語文化創造 | | 短歌・俳句作成 | | | → |
| ⑤言語文化継承 | | | | 言語文化　古典探究 | → |
| 関わり方 | 親しむ→→→理解→→思考・判断・表現→→→伝達→→→→→授業化 | | | | |

　ここに示したものは，言語学習を基本としたものではあるが，カリキュラム・マネジメントとして各教科・領域の内容を①から⑤の視点を取り入れながら，国語科以外の授業でも取り入れることができるととらえている。国語科以外の教科・領域における言語文化も存在する。例えば学習言語や教科内容とし

ての言語文化的な側面はあるだろう。小学校から高等学校であれば各教科の教科書の内容や総合的な学習の時間における課題をこの表をもとにして作成できるのではないだろうか。言語文化への関わり方として示したものは，言語文化に触れ，そこから学びを深めていき，担い手として主体的に伝承していくことまでを想定している。

### （4）　言語文化創造の課題
#### ①　言語文化との出会わせ方

　よりほんものの言語文化と出会わせるためには，映像や情報のみではなく博物館や美術館などの施設見学と共に，体験的な学習も取り入れていきたい。そのためには，文化庁が示してくれるプログラムを積極的に取り入れる必要がある。本稿ではその件については触れることができないが文化庁の体験活動や地域連携などを視野に入れて授業を創造することが課題である。

#### ②　学校間接続に関する課題

　授業実践を通して検証できていないので，どの程度実施できるかわからないが，今後義務教育学校や中等教育学校などが増え，学校間接続についての課題は生じると思う。現在は学年ごとでのカリキュラムを作成することを想定しているが，言語文化創造の授業として学年を超えた授業構想も必要となるであろう。令和の日本型学校教育として，言語文化に対する興味・関心の違いや自分のキャリア形成に関わる課題意識の違いなどによって，授業の組み方を変えていく必要はあるだろう。

#### ③　カリキュラム・マネジメントに関する課題

　言語文化を創造することを目的としたカリキュラム作成において，参考とできるものに，歳時記的，風土記的アプローチ[12]がある。時間軸をもとにしてカリキュラムを作成する視点と地域軸をもとにする視点とを融合させた教材開発の視点でもある。

#### 【歳時記的授業展開例】

　歳時記的な視点からのカリキュラム作成については，歴史的な軸で捉えるの

で教科のクロス学習や探究学習としての授業展開例が考えられる。その一部を授業展開例として示すと以下のようになる。

（授業展開例）

① 国語科と社会科のクロス学習

　和歌の学習を平安時代の古今和歌集の学習と結びつけて和歌が歴史的にどのような役割を果たしてきたのかを探る。

② 国語科と音楽科とのクロス学習

　「平家物語」が琵琶法師によって語られたことを話題にして，同じ文章表現でも音楽を添えることによって，伝わり方が変わることを伝承文学としての視点から学ぶ。

③ 古典教材を比較した学習

　「源氏物語」と「伊勢物語」で示された恋愛観の比較や「平家物語」と「方丈記」で示された無常観の比較などを通して言語文化としての古典学習をより探究的にする。

## 【風土記的授業展開】

　風土記的な視点からのカリキュラム作成については，方言を軸にした学習や日本以外の国との比較による学習などが考えられる。授業展開例を示すと次のようになる。

（授業展開例）

① ものの表現方法の地域差による比較

　同じものでも地域によって表現の仕方が違う。じゃんけんの掛け声や食べ物の違いなど様々に考えられる。それらを方言の学習と結びつけて，方言地図として表現することができる。

② 伝統行事における表現方法の違いからの学び

　地域学習と関連させながら，同じような伝統行事でも表現の仕方や由来が違うことがある。例えばだんじり祭りでも山車を引っ張って走るものから，担ぐものなど様々な違いがある。その由来を調べると地域ごとの違いがわかり，文化的な背景が理解できる。

③　世界の民話の描き方の違いとその成り立ちの学び

「うさぎとかめ」の話は世界各地にあり，その違いからその国の文化的な背景や国民的な資質がわかる。民話は言い伝えや教訓を込めて語られた伝承文学をもとにしているのでそういった学習はしやすいだろう。

### ④　評価に関する課題

「評価のハンドブック」に示された3観点[13]に基づいて授業における評価を行うが，現在の学習指導要領では，カリキュラム・マネジメントをしたとしてそれらを教科・領域ごとの評定として示さなければならない。令和の日本型学校教育として個別最適な学びと協働的な学びが示されたことにより，目標に準拠した評価と個人内評価の両面が必要とされている。個人内評価はある程度設定できるが，学習指導要領に基づく目標に準拠した評価を言語文化授業として行うためには，評価の観点を見出す必要がある。本稿で示したことをもとにして，具体的な指導の目標と内容を示す必要がある。そのためには言語文化を創造するためのハンドブックや副読本の作成が必要となるだろう。これらについては、今後学校現場での実践を蓄積することを含めて構想していきたい。

（今宮　信吾）

**註**

(1) 内閣府『Society5.0』2016 年.

(2) 文部科学省『GIGA スクール構想の実現へ』2020 年.

(3) 中央教育審議会『「令和の日本型学校教育」の構築を目指して―全ての子供たちの可能性を引き出す個別最適な学びと協働的な学びの実現―（答申）』2021 年.

(4) 文部科学省『新たな教育振興基本計画（概略）（令和5年度～9年度)』2023 年.

(5) 文部科学省『幼稚園教育要領』東洋館出版社，2018 年.

(6) 文部科学省『小学校学習指導要領国語編』東洋館出版社，2017 年.

(7) 文部科学省『中学校学習指導要領国語編』東洋館出版社，2017 年.

(8) 文部科学省『高等学校学習指導要領国語編』東洋館出版社，2018 年.

(9) 浜本純逸他『対話を通してことばを深く学ぶ主体の形成―神戸大学附属住吉小学校・中学校の国語科総合単元学習の軌跡』渓水社，2021 年.

(10) 文部科学省『高等学校学習指導要領国語編』東洋館出版社，2018 年.

（11）上掲書.

（12）中洌正堯『ことば学びの放射線「歳時記」「風土記」のこころ』三省堂，2007 年.

（13）国立教育政策研究所『学習評価の在り方ハンドブック』2018 年.

## 参考文献

国立教育政策研究所『学習評価の在り方ハンドブック』2018 年.

中央教育審議会『「令和の日本型学校教育」の構築を目指して〜全ての子供たちの可能性を引き出す，個別最適な学びと，協働的な学びの実現〜（答申）』2021 年.

内閣府『Society 5.0』2016 年.

中洌正堯『ことば学びの放射線「歳時記」「風土記」のこころ』三省堂，2007 年.

浜本純逸監修　松崎正治・藤原顕・目黒強編『対話を通してことばを深く学ぶ主体の形成─神戸大学附属住吉小学校・中学校の国語科総合単元学習の軌跡』渓水社，2021 年.

文部科学省『GIGA スクール 構想の実現へ』2020 年.

文部科学省『新たな教育振興基本計画【概要】(令和 5 年度〜 9 年度)』2023 年.

文部科学省『小学校学習指導要領国語編』東洋館出版社，2017 年.

文部科学省『中学校学習指導要領国語編』東洋館出版社，2017 年.

文部科学省『高等学校学習指導要領国語編』東洋館出版社，2018 年.

文部科学省『幼稚園教育要領』東洋館出版社，2018 年.

# 3 和文化教育のデジタル教科書とその視角
## —デジタル教科書の開発と活用—

　本節では，小学校の教育課程に和文化教育の内容をどのように組み込むかについて，社会科のデジタル教科書・教材の開発の視点から述べていこう。既に一人一台端末を用いた授業が当たり前になりつつあるが，この端末を活用して，和文化教育の内容を教科書に組み込んだデジタル教科書・教材の開発方法と事例を示すことが本稿の目的である。和文化に関する教育内容は，一般に総合的な学習の時間や特別活動を中心として，各学校の地域性に基づき特色ある教育として位置付けられている。このことは，地域と一体となった学校教育の展開に実に有用で，文化に関する学習を通して子どもたちは古里のよさを学んでいる。同時に，和文化に関する内容を教科書に教材として組み込むことができれば，各校の特色ある取り組みに加えより広く学ぶことができるだろう。そこで，地域の文化財や文化遺産を内容として取り扱う小学校社会科に焦点を当て，文化価値の理解を図るためのデジタル教科書・教材の設計と開発の具体を示す。

## (1) 社会科教科書における和文化教育の内容構成と課題

　小学校の社会科教科書には，我が国の文化遺産や文化財，地域の文化財や伝統芸能についての内容が記述されている。例えば6年生では，奈良の大仏造営や室町文化，江戸の町人文化ついて，それぞれの単元で1～3時間程度取り上げられている。4年生では，「地域の人々の生活の向上に尽力した先人の働き」として，例えば先に国宝となった熊本県山都町の通潤橋が事例として教科書に取り上げられ，江戸末期の山あいの台地の用水路開発に携わり地域の発展に尽くした布田保之助たちの業績が掲載されている（東京書籍）。これらの内容は，「優れた文化遺産や先人の働きについて理解し，地域や国を愛する心情を育てる」という学習指導要領の目標を達成するよう構成されている。しかし，文化遺産が持つ文化的価値に視座をおけば，現在の教科書の内容構成ではこれらを深め高めていくだけの力，つまり価値と継承を考えていくだけの記述と資料が

不足している。

　勿論，教科書の内容は学習指導要領に基づくが，それ故の限界も指摘できる。例えば，第6学年では東大寺の大仏が取り上げられ，聖武天皇の国づくりや大仏造営に関わる人物の業績の記述はある。しかし，大仏が造営後2度にわたって戦災で焼け，その都度人々の努力で復興している事実は触れられない。1567（永禄10）年に兵火で失われた大仏と大仏殿は，その後の多くの人々の努力により150年後の1709（宝永6）年に再建され落慶法要が行われているのである。以後350年にわたって，補修と解体修理を経て守られ現在に至っている。このような事実を教科書の記述内容と関連させ，文化財がなぜ今まで人々に愛され継承されてきたのかを学習すれば，文化財が有する文化的価値の理解が深まっていくだろう。

　つまり，教科書の文化遺産に関する学習内容の文化的価値の理解をより深めるためには，①文化遺産が生まれた背景を理解すること，②その遺産が守られ現在に継承されていることを理解すること，③文化遺産を継承するためにこれからどのような取り組みが必要かを考えることの3点が必要となる。

　一方で，紙媒体で提供される教科書は紙幅の制限があり，内容の詳細を記述することはできないし，学習指導要領を超える内容の追加は困難である。そこで，教科書に関連する新たな内容を付加できるデジタル教科書・教材の考え方が有効となる。

## (2) インデックス法によるデジタル教科書・教材の開発理論と方法

　デジタル教科書・教材では，教科書に記述されない深めたい内容記述をデジタル教材として提供することが可能となる。何より教科書と関連付けて内容を提供できるため，伝統文化や文化遺産などの教育内容を教育課程に位置付け学習できることが最大の利点である。また，デジタル教科書・教材は紙媒体の教科書では学習できなかった内容を付加し，豊富な資料と記述を比較したり順序立てて並べたり本文の記述と関連付けたり，学習の成果を共有したりするなど，紙媒体ではできなかった能動的で双方向的な学習を展開することが可能となる。

　そのデジタル教科書・教材の開発理論がインデックス法である [1]。インデ

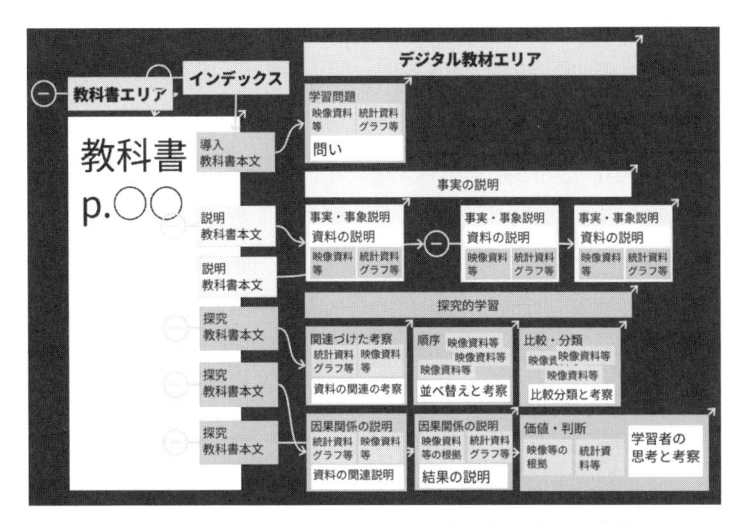

**図V-1-3-1 ロイロノートを用いたインデックス法による社会科デジタル
教科書・教材のデザイン**

ックス法とは，社会科デジタル教科書・教材の開発方法で，端末のネットワー
ク機能を用いた共有型のアプリの機能を活用する。簡単に説明すると教科書の
ページを1枚のカードとして端末に取り込み，より深めたい内容の教科書記述
の本文や資料をインデックスとして特定し，その記述内容に関連した資料を複
数のカードで構成し，インデックス化した本文や資料と関連付けるデジタル教
科書・教材の開発方法である。

　図V-1-3-1は，全国の学校で標準的に使用されている共有型アプリ，ロイロ
ノートを用いた社会科デジタル教科書・教材のデザインである[2]。ロイロノ
ートの画面を教科書エリアとインデックスとデジタル教材エリアの3つのエリ
アに分け，教科書本文に記述される知識の質に応じて事象の説明や因果関係，
価値判断などの内容を含むカードを本文と関連付けて構成する。

　具体的な設計の手順は次の通りである。
①作成するデジタル教科書・教材の単元や授業を設定する。
②単元構成と教科書の記述を分析し，インデックス化する本文や資料を選択する。
③インデックス化する本文や資料に関連して，教科書記述の理解のために不足

している資料やより深く学ぶため追加する内容を設定する。

④インデックス化する本文に関連付けて追加する内容を導入，説明，探究の3つのタイプのカードに分けて設計・開発する。

⑤各カードを PDF 化しロイロノートに取り込み，教材全体を構成する。

　導入，説明，探究の各カードはパワーポイント等のプレゼンテーション用のアプリを活用して作成し PDF 形式で保存し，ロイロノートで読み込む。1枚のカードのデザインはシンプルにテキストは2文までとし，必ず画像や動画，図やグラフなどと組み合わせる。そのことで簡潔で分かりやすい内容となり，そのカードを繋いだり相互に共有したりするなどの能動的な学習活動を経て，学習者が事象の因果関係や価値を考えることが可能になる。要は多くの内容を書き込まず，一つの事実についてテキストと画像等を含む1枚のカードを作成することが重要となる。

　このような教材開発の方法は，紙媒体での教材開発とは異なる点に留意しておかねばならない。これまで教科書や資料集は1ページにどれだけの本文と資料を効率よくまとめて配置するかという暗黙の前提があった。その前提の中で作られる教科書や資料集は，紙幅の制限があり資料や記述の不足が否めなかった。しかし，インデックス法によるデジタル教科書・教材では，1枚のカードに学習内容を動画や写真，図，文字で細かく分割し提供する。そのため，教科書で不足する資料を補い能動的で双方向的な学習が可能となる。

　以上の設計方法に基づき，東京書籍の小学4年の社会科教科書「谷に囲まれた台地に水を引く」で取り上げられている熊本県山都町の通潤橋を事例に，文化財としての文化的価値を理解するデジタル教科書・教材の具体的開発について述べていこう。

### (3) 次世代に継承する文化価値としての通潤橋

　通潤橋は熊本県山都町にある水路橋で幅 6.3 m，高さ 20.2 m，橋の長さ 76 m，取入口から吹上口の長さが 123.9 m の石造りのアーチ橋である。当時の惣庄屋である布田保之助たちの尽力により1年8ヶ月かけて造られ1854年に完成している。サイホン方式を採用した石積みのアーチ橋は大変美しく，熊本城の石

垣の技術を取り入れ耐久性と耐震を考慮した造りにするなど近世石橋の傑作とされ，平成5年には国宝に指定されている。現在は観光を主として活用されているが，170年経った今も白糸台地の水不足の折には水を供給する水路橋としても使われている（写真V-1-3-1）。

写真Ⅴ-1-3-1　通潤橋

　教科書にも，上記の内容をベースに通潤橋の建設に携わった布田たちの工夫や農民たちの努力，白糸台地の特別な地形と通潤橋の完成後の発展が取り上げられているが，国宝となった通潤橋の文化遺産の価値理解をより図るには，さらに技術的視点，地理的視点と未来への継承の3つの視点から内容を付加する必要がある。

　技術的視点で考えると当時，これほどの巨大な石橋アーチ橋が突然造られるはずはない。実は通潤橋の周辺には，石橋王国とも言えるほど多くのアーチ橋が架けられているのである。例えば，通潤橋から15kmほど離れた山都町に隣接する美里町に残されている霊台橋は1847年に造られた石橋のアーチ橋で高さ16m，幅5.45m，長さ89m，僅か7か月で完成している。阿蘇外輪山の裾野に広がる山都町と美里町の二つの地域に大小75もの石造りのアーチ橋が架けられていて，当時既に架橋技術は成熟していた。通潤橋が1年8ヶ月で完成したのも理解できる。その架橋を実際に行ったのが野津石工，種山石工の技術者集団で代々技術が継承されていた。とりわけ名石工と言われる岩永三五郎と橋本勘五郎は通潤橋の架橋とも深く関わっている。

　次に，白糸台地を含む矢部手永79か村（手永とは熊本藩の行政統治機構であり，その長が惣庄屋であった）の置かれた地理的状況を理解しておかねばならない。山都町や美里町は阿蘇外輪山の南側の裾野に位置し，無数の渓谷が刻まれている。そのため緑川を中心として水は豊富だが平地が少なく台地や斜面が多く，非常にたくさんの棚田があり，人の往来や灌漑のため多くの石橋が必要であった地域である。とりわけ白糸台地は矢部手永の中でも面積が広い地域にも

関わらず，四方を渓谷に囲まれるという特殊な地形のため，水不足で水田の少ない地域であった。

ここで重要なのは，通潤橋から取水口まで6km，白糸台地側へ上井出と呼ばれる4kmに及ぶ全長10km強の灌漑システムと下井手といわれる用水を併せた通潤用水として捉えなければ，通潤橋の果たす役割は見えないという点である。この通潤用水の完成により，それまでの46haに加えて90haの新たな水田を白糸台地に生み出すことができた。この90haの水田は棚田ばかりの矢部手永にとって実に広大であり，白糸台地の開拓は惣庄屋の布田や農民たちにとっておそらく悲願であったろう。白糸台地のおかれた地理的な状況を考えると，通潤用水の価値が理解できる。

では，通潤橋を山都町ではどのように未来に伝えようとしているのだろうか。布田たちが苦労の末に完成させた通潤用水は棚田110haと共に地域で170年にわたって大切に守られている。行政と地域が一体となり様々な取り組みを行っているが，その中心となっているのが白糸台地の住民で組織する白糸第一自治振興会である。具体的には，住民の意識改革と連携を図りながら，ボランティアや地域の高校生の協力を得た長大な用水路の維持管理に始まり，「通潤橋水ものがたり」という棚田米の品質向上とブランド化を中心とした環境保全型農業の取り組み，景観維持のための学習活動，移住促進のための地域作りと，その取組は実に多岐にわたっている。その結果，平成20年には「通潤用水と白糸台地棚田景観」が国指定の重要文化的景観に選定され，平成26年には，「世界かんがい施設遺産」（国際かんがい排水委員会）に国内で初めて登録されている。そして令和3年には，「山都町第2期SDGs未来都市計画―有機農業で持続可能なまちづくり―」が「SDGs未来都市」「自治体SDGsモデル事業」（内閣府）に選定されている。

このように通潤橋，通潤用水を起点にした長きにわたる地域一帯の取り組みが，通潤橋の文化財としての普遍的価値を高め，現在から未来に繋がる文化遺産として理解を深めることができる。

## （4）第4学年「谷に囲まれた台地に水を引く」の教科書分析とインデックス法によるデジタル教科書・教材の開発事例

　では，教科書に取り上げられている通潤橋はどのような構成と記述になっているのだろうか。「谷に囲まれた台地に水を引く」（東京書籍）は8時間扱いで構成され，導入部において通潤橋の概要から問いを導き出し，当時の農民の願いと通潤用水の全体像，建設にあたっての苦労と様々な工夫，長年にわたり守られてきた通潤用水を理解する内容となっている。8時間扱いの教科書記述からより詳細な内容を付加するため，インデックス化する本文を次のとおり抽出した（表V-1-3-1）。

　インデックスとする本文は，付加する内容によって導入，説明，探究の3つのタイプに分類している。導入のインデックスは，単元や本時の冒頭部分の本文を取り上げ問いを導き出す。本開発事例では，例えば第4時「当時の技術では，谷の深さと同じ高さの橋をつくることができませんでした。」を導入のインデックスとしている（表V-1-3-1の第1時参照）。この本文は第4時の導入として「白糸台地に水を送るためにどのような工夫をしたのか。」の問いを引き出す役割を有している。そのため，問いを想起する資料として橋の全体と用水路と白糸台地の高さが分かる写真を配置している（図V-1-3-2）。

　説明のインデックスは，教科書の本文の説明では不足する内容を補い，より理解を深めていく。本開発事例では，例えば「用水路がどこからどこへ流れてきているのかを調べてみました。」を説明のインデックスとしている（表V-1-3-1の第3時参照）。教科書には，上流の取水口と通潤橋の取水口の2枚の写真しかなく，用水路や棚田はイラストで描かれるのみで，通潤用水の全体を理解するには具体的資料が少ない。そこで，写真や動画で用水路の具体的資料を組み合わせ，通潤用水の全体像の理解を図っている。

　探究のインデックスでは，教科書記述のより深い理解を図っていく。そのため，既習内容を含めた多くの資料と問いで構成して「これから」を考える学習が必要となる。特に，本開発事例では文化財として価値理解を深めなくてはならないから，通潤橋の「これから」を考えることが重要となる。探究のインデ

表Ⅴ-1-3-1　谷に囲まれた台地に水を引く」の単元構成とインデックス化する内容

| 時 | 本時と内容の概要とインデックス化する本文 | 本文に関連付ける内容 |
|---|---|---|
| 1 | 石でできた橋～導入時の通潤橋の概要理解と問いの導出 | |
| | ・通潤橋は今も白糸台地の田や畑に水を送り続けている大切な橋です。（導入） | ・通潤橋の全体像（動画），取水口と吹出口の様子 |
| 2 | 昔の人々の願い～水の少ない白糸台地の地形の状況の理解 | |
| | ・あやかさんたちは，通潤橋が深い谷に囲まれた白糸台地に水を引くためにつくられたものであることを知り，疑問に思うことがでてきました。（説明） | ・矢部郷全体と白糸台地の高い台地の様子（写真）<br>・通潤橋と白糸台地の水路（写真） |
| 3 | 用水路としての通潤橋～通潤用水と通潤橋の全体像の理解 | |
| | ・布田保之助は地域の人々のため，水の通る橋をつくり白糸台地に水を引く計画を立てました。（説明）<br>・あやかさんたちは現地を見て歩き通潤橋が用水路の一部であることに気づきました。（説明）<br>・用水路がどこからどこへ流れてきているのかを調べてみました。（説明） | ・保之助の計画と藩の許可（写真）<br>・矢部郷（手永）の位置（写真）<br>・通潤用水（図）<br>・上流の緑川の取水口から通潤橋までの用水路（動画） |
| 4 | 水を送る工夫～通潤橋のサイホン方式の工夫 | |
| | ・当時の技術では，谷の深さと同じ高さの橋をつくることができませんでした。（説明） | ・通潤橋の大きさ（写真） |
| 5 | 石の管をつなげて水を送る工夫～導水管の工夫 | |
| | ・石と石をつなぐ特別なしっくいをつくり，何度も実験を重ねて，水圧にたえられる通水管をつくることができました。（説明） | ・漆喰を使った導水管（動画）<br>・木管の使用（写真）<br>・漆喰づくり（図） |
| 6 | じょうぶな橋にするために～アーチ型の石橋づくりの工法と技術 | |
| | ・橋本勘五郎たちは，布田保之助のたのみを受け，通潤橋づくりに取り組みました。（説明）<br>・そして，1年8ヶ月という当時ではとても短い木館で橋を完成させました。<br>・布田保之助や橋本勘五郎ら種山石工たちは，なぜ，石橋をつくれたのだろう。（探究） | ・藩の通潤橋建設許可（動画）<br>・矢部郷の位置と広さ<br>・工事の苦労と道具（動画・写真）<br>・矢部郷と周辺の当時つくられたアーチ型の9つの石橋（動画・写真） |
| 7 | 人々のくらしの変化～守られてきた通潤橋 | |
| | ・通潤用水ができたことで，白糸台地に水を引いて，たくさんの米をつくることができ，飲み水にもこまらなくなりました。（説明）<br>・通潤橋と用水路は，今でも地域の人々にとってなくてはならないものです。（探究）<br>・通潤橋は地いきの人々のたからです。（探究） | ・白糸台地の用水と棚田（動画）<br>・用水路の整備，橋の除草などボランティアの協力（写真）<br>・観光の通潤橋（写真）<br>・棚田米のブランド化など振興会の取り組み（写真） |
| 8 | 通潤橋物語を紙しばいにまとめよう | ・カードを組み合わせた資料づくり |

　ックスとしたのは，第7時の「通潤橋と用水路は，今でも地いきの人々にとっ
て，なくてはならないものです。」の本文である。この本文を手がかりに「な

ぜ，通潤橋を守っていかなくてはならないのだろう。」の問いと，通潤橋の歴史と地域の人々の棚田や用水の維持と継承への取り組みを含めた資料を多く関連付けたカード16枚で教材を構成している（表V-1-3-1の第3時参照及び図V-1-3-3）。この教材は，教科書の本文と関連付き，「地域になくてはならないもの」と本文に書かれている意味を深く学ぶことを通して，通潤橋が未来に繋がる文化財であることの価値を考え理解する構成としている。具体的には，まず，通潤橋を通った水が白糸台地の棚田にどのように送られているのか各地区の棚田の動画9本と図，航空写真を加え，最後に「美しい日本のむら景観百選」「世界かんがい施設遺産」に選定・登録されていることを加えた8枚のカードを関連付けている。次に，白糸台地に住む人々が，長年にわたって用水路の整備と管理を続け，「通潤橋みずものがり」として棚田米のブランド化に取り組み，さらに生物の観察会や棚田ウォークの開催，令和5（2023）年の通潤橋の国宝指定を8枚のカードで構成している。そして，最後のカードで「通潤橋と通潤用水を，これからどのように守り伝えていけばよいのでしょうか。」と学習者に問いかけている。

　以上のように，作成した第4学年の単元「谷に囲まれた台地に水を引く」デジタル教科書・教材（全8時間扱い）は，スライド数で81枚，1時間あたり平均7〜8枚のスライドをインデックス法で関連付けた教材となっている。

　学習者はロイロノートの画面から，教科書のページを写真に撮り本教材に取り込む。そして，インデックスの本文に関連付けてあるカードを比較したり，分類したり書き込んだり繋げたりして学習を進められる。指導者は，デジタル教科書・教材を学習者に提示し対話を引き出し学習を活性化させ，学習成果を別の学習者に送ったりまとめたり，というデジタル端末ならではの双方向的な学習を展開することが可能になる。

　本稿では，伝統文化や文化財に関する内容を通常の教育課程にどのように取り込み一般化していくのか，その一つの方策としてデジタル教科書・教材活用の可能性について開発事例を基に述べた。伝統文化や和文化，文化財に関わる教育内容をデジタル教科書・教材化することで，幅広く教育課程に位置付けら

**図Ⅴ-1-3-2 左からインデックス，説明，探究の各カードの例**

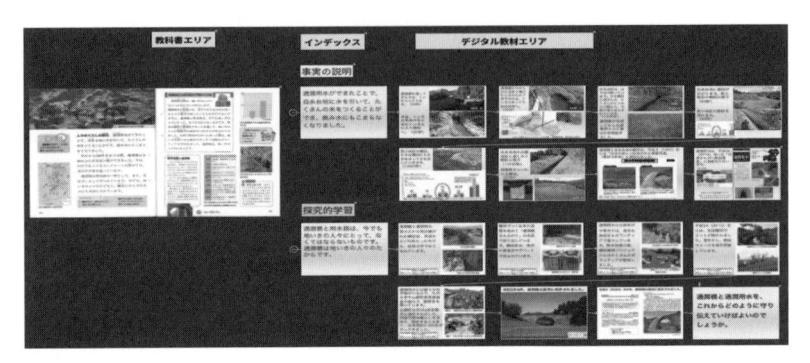

**図Ⅴ-1-3-3 第7時「人々のくらしの変化」のデジタル教科書・教材の全体構成**

れ，より深く文化価値の理解を図る学習の可能性が拡がるだろう。今後，本教材の一般への配布と活用した実践の蓄積と広範な内容の事例開発が課題である。

(岡崎 均)

**註**

(1) 岡崎均「インデックス法による社会科デジタル教科書・教材の設計と開発―共有型アプリ『ロイロノート』を活用した小学5年『新しい農業技術』の開発事例を手がかりに―」社会系教科教育学会『社会系教科教育学論叢』第4号，2024年，pp.3-14.

(2) 同上 p.8.

**参考文献**

熊本県上益城地域振興局「石橋紀行」令和3年3月 https://www.pref.kumamoto.jp/uploaded/life/89805_125743_misc.pdf

白糸第一自治振興会「棚田も心も潤して～167年守り続けた通潤魄，未来へ～」令和3年度農林水産祭 農林水産大臣賞天皇杯受賞 https://www.maff.go.jp/j/nousin/noukei/binosato/b_maturi/attach/pdf/index-21.pdf

# 4 和文化教育のウェブ学習基地とその視角
## ―ウェブ学習基地の構築と活用―

### (1) 和文化教育のウェブ学習基地の構築経緯と構成

　本研究は，学校でのデジタル環境における和文化教育の教育方法論を考察することを意図している。第Ⅰ章にて和文化教育の性格を次のように指摘している。「この和文化教育の性格については，過去からの日本の生活，地域，伝統の領域を包括する日本文化として幅広い領域と理解できる。そのような領域において，『和文化自体の価値』と『文化創造アプローチ』が鍵概念になっている。」その意味では，デジタル環境における和文化教育の教育方法論として教育内容になる「和文化自体の価値」と教育方法になる「文化創造的アプローチ」を如何に保障するかが課題になる。

　このような課題を踏まえて，本研究は前川財団の助成を受けて，2021 年度の「グローバル文化価値形成」を意図する伝統文化教育のウェブ教材開発と2022 年度の「和文化教育としてのウェブ教材の開発と活用」の研究成果を踏まえて，2023 年度にグローバル文化価値形成を意図する「伝統文化教育のウェブ学習基地の構築と活用」をテーマに実施した。2021 年度の研究では，「鯉のぼりデータベース」と「『鯉のぼり』世界遊泳」のウェブ教材を開発した。そして，これらの教材を学習する際に活用する「調査ページ」「学習ページ」「交流ページ」も設け，学習基地のサイトを開設した。2022 年度の研究では，前年度に開発した「『鯉のぼり』世界遊泳」をモデルとして，「折り紙」「武道」「茶道」「俳句」「城郭」などのウェブ教材開発をした。さらに，「和文化教育授業実践データベース」を開発した。2023 年度の研究では，「和文化教育授業実践データベース」の充実を図り，「歌舞伎」「能・狂言・文楽」「狂言」「百人一首」「獅子・狛犬」「茶道」などのウェブ教材開発をした。そして，これらの開発したウェブ教材の利用を図り，開発教材の構成と展開等を検討した。このような研究経緯を踏まえて開設された学習基地サイトは，次の URL になっ

ている。　 https://www.rawace.org/wamedia/index.html

　このサイトのトップページには，ヘッドに「和文化教育としての WEB 教材」のタイトルが明示されている。コンテンツには，「WEB 教材プログラム」として，次の 12 のメニューが表示されている。「『鯉のぼり』世界遊泳」「折り紙と ORIGAMI」「和としての BUDO」「和美茶は和美茶」「英語俳句」「歴史文化（城郭）」「歌舞伎」「能・狂言・文楽」「狂言」「百人一首」「『獅子・狛犬』巡礼」「茶道 2」。フットにはこれらの教材を学習する方法の「調査ページ」「学習ノート」「交流ページ」のメニュー項目が設けられている。

　このように「和文化教育としての WEB 教材」の学習基地サイトは，学習内容になる「WEB 教材プログラム」と学習方法となる調査ページ，学習ページ，交流ページに基づいて構成されている[1]。

## (2) 和文化教育のウェブ学習基地の教材サイトの視角

　本研究の「『鯉のぼり』世界遊泳」のウェブ教材は，次の研究活動を踏まえて開発した。①国内外の鯉のぼり資料の調査をする。国内調査としては，人形吉徳資料室（東京），日本人形文化研究所（富士市），主な鯉のぼり会社等を訪問し，鯉のぼりを調査する。②鯉のぼり資料の調査を踏まえて「鯉のぼりデータベース」を開発する。③「鯉のぼりデータベース」と鯉のぼり調査を参考に「『鯉のぼり』世界遊泳」を開設する。

　このウェブ教材は，次の目次構成になっている。「壱 伝統行事としての『鯉のぼり』遊泳」「弐 国際交流としての『鯉のぼり』遊泳」「参 グローバル文化シンボルとしての『鯉のぼり』遊泳」。壱では鯉のぼりの起源と古代からなされてきた節句行事と関連付けた国内の鯉のぼり行事についての歴史である。弐では 1873 年のウイーン万博，1893 年のシカゴ万博，1970 年の大阪万博での鯉のぼり遊泳を踏まえた万博と鯉のぼりの繋がりが紹介される内容である。参では令和元年から万博記念公園にて実施されてきた「天空に世界の平和と文化交流を祈念して 子どもたちといっしょに こどもたちのために　こいのぼりをあげよう！」の活動紹介である。そして，「日本の伝統行事としての鯉のぼりを

世界的視野から考察」することが目標とされている。この「鯉のぼり」教材は，日本での伝統行事としての鯉のぼりの紹介ではなく，「鯉のぼり」活動が，世界に発信できるグローバルな文化価値（平和およびSDG's）を有する視角に基づいて開発されている。その意味では，本教材は和文化教育として日本文化の教材を開発する上でモデルになる。

　2022年度には，この「『鯉のぼり』世界遊泳」の教材を参考にして，「折り紙とORIGAMI」「和としてのBUDO」「わび茶は和美茶」「英語俳句」「歴史文化『城郭』」の教材を開発した。各教材は次の目次になっている。「折り紙とORIGAMI」の教材は，「壱 折り紙の起源と変遷」「弐 折り紙の種類」「参 折り紙の文化力」「四 ORIGAMIの文化交流」の目次。「和としてのBUDO」の教材は，「壱 居合道の基本的性格」「弐 居合道（伯耆流）の事」「参 居合道（伯耆流）の理」「四 居合道の講座と進展」の目次。「わび茶は和美茶」の教材は，「壱 わび茶の茶」「弐 2つの茶室」「参 茶室にあふれる日本の美」の目次。「英語俳句」教材は，「壱 What is an English haiku?」「弐 International English haiku journals」「参 How to read English haiku」「四 Write your own English haiku」「五 English haiku written by students」の目次。「歴史文化『城郭』」の教材は，「壱 城郭の概念探求」「弐 城郭の形式的変化」「参 城郭の価値的変化」「四 和文化としての城郭」の目次。このような教材内容は，日本の伝統文化として固有な領域に基づきながら平和，人間性，自然共生，超我などのグローバルな文化価値も内包しているところに基本的性格を有する。その意味では，単なる自国礼賛の伝統文化教材とは異なる和文化教育の視角に基づくウェブ開発教材になっている。

　2023年度には「歌舞伎」「能・狂言・文楽」「狂言」「百人一首」「『獅子・狛犬』巡礼」「茶道2」を開発した。「歌舞伎」では，パリオペラ座の勧進帳公演（2007年3月）を導入として，次の目次になっている。「壱 歌舞伎の歴史」「弐 歌舞伎の演目」「参 歌舞伎の魅力」「四 歌舞伎の国際性」「五 パリオペラ座のLE KABUKI勧進帳公演」「六 勧進帳のあらすじ」。「能・狂言・文楽」では，「壱 史跡に舞う夢幻風─世阿弥能楽」「弐 地域から文化と子供を育む歌舞風─

喜多流能大島家」「参 当世現実社会の笑風—狂言」「四 三位一体の操風—人形浄瑠璃（文楽）」「五 座の野掛け巡風—淡路人形浄瑠璃」の目次。「狂言」では，「壱 狂言って何？」「弐 狂言の歴史」「参 能と狂言」「四 代表的な演目とそのあらすじ」「五 狂言の流派とその特徴」「六 狂言は身近なエンターテイメントだった？」「七 スポンサーと狂言：大名だって演じたい」「八 狂言を楽しもう」の目次。「百人一首」では，「壱 百人一首とは何か？」「弐 百人一首にはどのような歌が収録されている？」「参 百人一首は現代にどのような影響を与えている？」の問いに基づいた目次。「『獅子・狛犬』巡礼」では，「壱 獅子・狛犬の概念探求」「弐 獅子・狛犬の形態的変化」「参 獅子・狛犬の価値的変化」「四 グローバル文化シンボルとしての獅子・狛犬」の目次。「茶道2」では，「壱 茶道の歴史と堺の文化」「弐 茶道の理念と作法」「参 茶道の国際性」の目次。このような開発教材の内容は，前年度に開発した教材と同様に日本文化として固有な文化領域に基づき国際交流，ヒューマニズム，自然共生などのグローバルな文化価値も内包している。その意味では，これらの教材も，日本文化としての文化価値としてそれぞれの領域においてグローバルな文化価値に関連付けて開発する視角に基づいている。

## (3)　和文化教育のウェブ学習基地の学習サイトの視角

　前述の教材内容を学習するサイトとして，「調査ページ」「学習ノート」「交流ページ」が設けられている。「調査ページ」では「リンク集」と「データベース」の利用が可能になっている。リンク集は，各教材の学習に有益なページの一覧となっている。このリンク集ページは学習者自身でリンクページの追加および変更が可能となっている。データベースは，「鯉のぼりデタベース」と「授業実践データベース」である。前者は，「鯉のぼり」に関する画像データベースであり，全国の鯉のぼり作成に関する業者を調査し，40社のリスト表を作成した。このような調査を踏まえて収集した鯉のぼりと日本人形文化研究所所長の林直輝氏が全国の鯉のぼりの歴史と特徴を考慮して抽出した約130匹の画像を含めた鯉のぼり画像ウェブデータベーとなっている。このデータベース

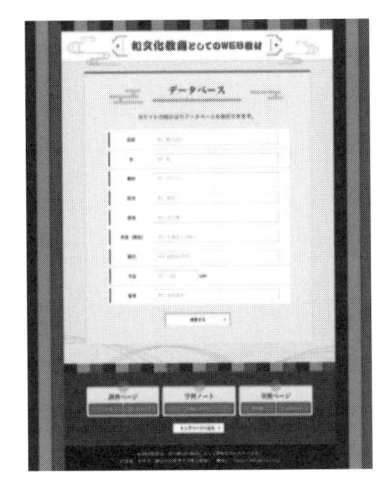

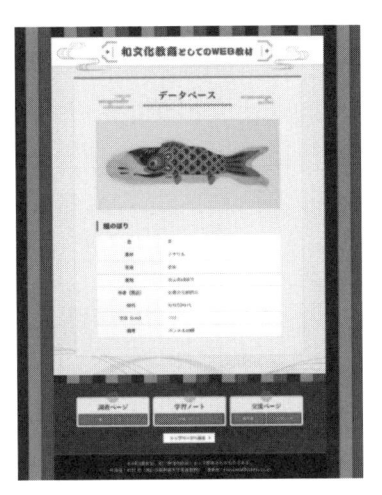

図V-1-4-1　検索ページ　　　　　　図V-1-4-2　検索結果詳細ページ

は，検索ページ，検索結果ページ，検索結果詳細ページによって構成されている。検索ページとしては，品目，色，素材，技法，産地，作者（商店），時代，寸法，備考の9フィールドになっている。具体的に，品目として「鯉のぼり」，「色」として「青」を入力すると，8レコードが検索結果として表示される。さらに，各レコードの「詳細を確認する」をクリックすれば，例えば，1番目のレコードでは，図V-1-4-2のように鯉のぼりの画像が拡大表示され，各フィールドの内容が次のように表示される。色（青）素材（アクリル）技法（捺染）産地（埼玉県加須市）作者（佐藤丑五郎商店）時代（昭和50年代）寸法（192cm）備考（ボンネル旭鯉）。このような「鯉のぼりデータベース」は，これまで伝統行事に利用されるだけの鯉のぼりを歴史的・文化的資産として意義づける基礎研究と評価できる。

　後者の「和文化教育授業実践データベース」は，2022年度に次のような調査関与によって開発し，公開をしている。授業実践データとしては，国立教育政策研究所，東京都教育庁，東広島市教育委員会の公開資料を手掛かりに，主にインターネット利用によって調査をした。これらの調査により約1000レコードを次の10項目に基づいて抽出してデータ入力を行っている。実践内容，

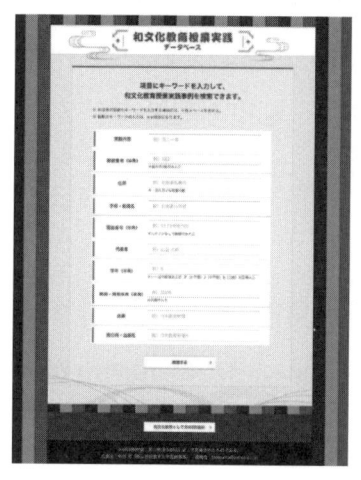
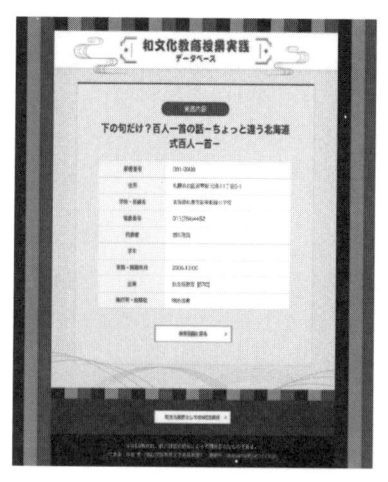

図Ⅴ-1-4-3　検索ページ　　　　　図Ⅴ-1-4-4　検索結果詳細ページ

郵便番号，住所，学校・組織名，電話番号，代表者，学年，実施・掲載年月，出典，発行所・出版社。このような調査に基づいて開発した「和文化教育授業実践データベース」は，検索ページ，検索結果ページ，検索結果詳細ページによって構成されている。検索ページでは，次の10項目が表示される。実践内容，郵便番号，住所，学校・組織名，電話番号，代表者，学年，実施・掲載年月，出典，発行所・出版社。実践内容として，「百人一首」を入力し，検索すれば，「百人一首」に関する15実践事例がリスト表示される。さらに，各事例の「詳細を確認する」をクリックすれば，例えば，「下の句だけ？百人一首の話─ちょっと違う北海道式百人一首─」では，図Ⅴ-1-4-4のように実践校の郵便番号，住所，学校，代表者，出典，発行所・出版社が表示される。

　このデータベースの活用によって全国的観点から和文化教育授業実践情報の検索と共有化がなされ，授業研究の社会的研究基盤が構築できる意義を指摘できる。そして，2023年度には「和文化教育授業実践データベース」のレコード数としては，社会教育として取り組まれている伝統文化の継承を意図する教育活動の1,660レコードを追加した。さらに，1949年から2008年までの『生活教育』『社会科教育』『教育』『地理歴史教育』『考える子ども』などの主な教

育雑誌に掲載されている社会科教育と伝統文化教育に関連する 11,093 レコードも追加保存をした。その意味では，レコード数は約 14,000 になり，授業研究を推進するデータベースとして活用されることが期待できる。

　「学習ノート」では，ONE NOTE のアプリを利用して学習者が，各自で学習内容を「ノートブック」「セクション」「ページ」の形態で，入力，修正，保存，印刷が可能となっている。学習者が教材について理解した内容や調べた内容をページにまとめ，他の学習者と「ノートブック」の情報を共有し，意見交流もできるのである。なお，意見交流を促進するには，「交流ページ」の「掲示板」と「Facebook」の利用も可能である。さらに，学習内容を踏まえて他者への情報発信としては，「You Tube」の動画利用もできる。この動画利用としては，メニュー教材の情報収集と情報発信としても利用できる。その意味では，学習方法においてもネット環境の多様な利用ができる学習方法サイトになっている。このように学習方法サイトは，学習者が教材サイトの教材について情報収集，情報分析整理，情報交流・発信の学習過程に基づいて自主的に学習できる視角に基づく構成になっている。なお，これらの学習サイトを「文化創造的アプローチ」として関連付けるには，「文化創造的アプローチ」としての学習活動を教材の学習内容を踏まえた情報発信や関連する他の学習活動への発展も含めて判断する必要がある。

### (4)　和文化教育のウェブ学習基地の活用方法の課題

　本論では，デジタル環境における和文化教育のウェブ学習基地を教材サイトに関しては「和文化自体の価値」の視角と学習サイトに関しては「文化創造的アプローチ」の視角から検討してきた。開発教材では，日本の伝統文化として固有な領域に基づきながら平和，人間性，自然共生，超我などのグローバルな文化価値を意図しているところに「和文化自体の価値」を内包しているので，単なる自国礼賛の伝統文化教材とは異なる和文化教育の視角に基づくウェブ開発教材になっている。学習サイトについては，学習者が教材サイトの教材について情報収集，情報分析整理，情報交流・発信の学習過程に基づいて自主的に

学習できる視角に基づく構成になっている。なお，これらの学習サイトを「文化創造的アプローチ」として関連付けるには，「文化創造的アプローチ」としての学習活動を教材の学習内容を踏まえた情報発信や関連する他の学習活動への発展も含めて判断する必要がある。その意味では，デジタル環境において学習者自身が自主的に問題関心を持って他者との交流を通して学習を推進していく探究過程に基づいた学習方法になっているが，文化価値を創造していく価値形成を意図する学習方法としては課題がある。さらに，次の課題も指摘できる。教材サイトでは12の開発教材を列挙しているだけであるので，開発教材を増やし，「生活文化」「伝統文化」「地域文化」「現代文化」の領域からウェブ学習基地の教材をカリキュラムとして関連付け，系統化を図ること。学習サイトでは，開発教材についての調査ページ，学習ページ，交流ページの機能を関連付けて活用する学習方法及び学習スキルの案内とそのような学習プログラムの開設をすること。

　このような課題が指摘されるが，最近の学習システムの進化を考慮すれば，利用者が問題関心に応じて教材の学習内容も構成する学習関与も必要とされてきている。その意味では，今後のウェブ教材開発において，これまでの研究のように教授側だけでなく，学習側も踏まえたバーチャルな和文化体験も可能とする学習基地の開発と活用が求められる。

（中村　哲）

**註**

(1) 中村哲『和文化教育としての WEB 教材活用研究報告』公益財団法人前川財団助成研究，株式会社プリントパック，2024 年 3 月，pp.1-136.

# 第2節　実践としての展望とその視角

## 1　地域学校協働活動の連携に基づく教育実践
### ―多摩市立多摩中学校の地域学校協働活動―

　学習指導要領（平成29年告示）では「社会に開かれた教育課程の実現」や「カリキュラム・マネジメントの推進」が改訂の基本方針として示され，子どもたちに求められる資質・能力とは何かを社会で共有し，連携するとともに，そのために必要な人的・物的な体制を確保し，教育活動の質の向上が求められている。

　多摩市立多摩中学校では，平成23年に「多摩中学校支援地域本部」（以下，「支援本部」という。）を設立し，さらに平成30年に支援本部を「多摩中学校地域学校協働本部」（以下，「協働本部」という。）に改称・改編し，学校・家庭・地域が一体となって地域ぐるみで子どもを育てる体制を整え，教育活動支援を行い，教育の充実を図ってきた。

　多摩中学校では，平成26年度から「国際社会で活躍できるグローバルな人材の育成」を経営方針に位置づけ，支援本部，協働本部と連携，協働して，国際理解教育，とりわけ「自国文化理解教育（和文化教育）」を生徒の育成の中心に据え，カリキュラムを組み立て，教育活動を展開してきた。

　これらの取組みについては，令和3年9月に行われた本学会「第18回和文化教育全国大会　国際社会の担い手としての資質を育む和文化教育　～新学習指導要領の全面実施と和文化教育のあり方～」のシンポジウムにおいて，「地域学校協働活動と連携した和文化教育の推進」をテーマに事例発表させていただいたところであるが，多摩中学校の支援本部，協働本部の設立の経緯や組織，

実践について，本記念誌で報告させていただき，地域学校協働活動と連携した和文化教育が推進されることを期待する。

## (1) 多摩市立多摩中学校と学校支援地域活動

　平成18年に教育基本法が改正され，「学校，家庭及び地域住民等の相互の連携協力」の規定が新設された。文部科学省は，家庭や地域の教育力が低下し，学校に過剰な役割が求められる中，平成20年度より，地域全体で学校を支援する体制をつくるために「学校支援地域本部事業」を実施した。

　多摩中学校の学区域は，多摩ニュータウン開発以前の旧市街で，地域に卒業生も多い。教育に対する関心も高く，学校に協力的で，学校を地域コミュニティの中心と捉えている住民も多い。また，多摩市は，文部科学省より多摩市内の全ての公立小中学校がユネスコスクールの承認を受け，ESD（Education for Sustainable Development　持続可能な開発のための教育）を推進していた。

　こうした状況の中，平成23年8月に「多摩中学校支援地域本部」を設立し，学校・家庭・地域が一体となって地域ぐるみで子どもを育てる体制を整え，教育活動支援を行い，教育の充実を図ることとした。翌平成24年4月，規約を制定し，市の委嘱を受けた教育連携コーディネーター2名，支援本部事務局14名で教育活動支援を本格的にスタートした。

## (2) 国際社会で活躍できるグローバルな人材の育成

　情報化，グローバル化が急速に進展する中，学校教育の中で国際社会に生きる人材の育成が求められている。昨今の新型コロナウイルス感染症拡大や地球温暖化問題，国際紛争，貧困など，人類共通の課題の解決には，異なる文化との共存や国際協力が求められており，様々な国や地域の人々と共に未来を切り拓いていこうとする態度・能力の育成が重要となってきている。

　こうした状況を踏まえて，多摩中学校では，平成26年度から「国際社会で活躍できるグローバルな人材の育成」を学校経営の中心に据え，教育活動を展開してきた。

　国際社会で活躍できる人材の育成のためには，教育の目標のひとつである「伝統と文化を尊重し，それらを育んできた我が国と郷土を愛するとともに，

他国を尊重し，国際社会の平和と発展に寄与する態度を養うこと（教育基本法第2条）」に基づき，育てたい子ども像のひとつとして，「自分を見つめ自国を愛すると共に相手や他国を理解できる生徒」を設定した。国際社会で活躍できる人材の育成のために，まず，我が国と郷土の伝統や文化について理解を深め，尊重する態度・能力を育成することを主眼においた学習活動に取り組んできた。

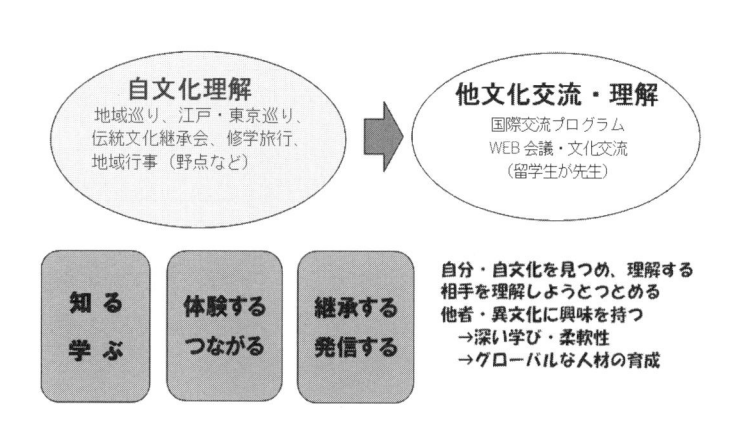

　平成26・27年度，「国際社会で活躍できるグローバルな人材の育成」を研究テーマに多摩市公立学校研究奨励校の指定を受け，各教科等の学習内容を見直し，カリキュラムを再構築し，学年進行を踏まえ中学校3年間を見据えたシラバスを作成した。（次ページ参照）

### (3) 地域学校協働本部への改称・改編

　多摩市では，令和4年度までに市内公立小中学校全校をコミュニティ・スクールとし，「ともに育つ，ともに生きる地域の学校」を目指していた。多摩中学校は，そのパイロット校として，平成31年度から学校運営協議会を設置し，コミュニティ・スクールとしてスタートすることを踏まえ，平成30年度に「多摩中学校支援地域本部」を「多摩中学校地域学校協働本部」に改称・改編し，学校・家庭・地域が協働し，地域全体で子どもの学びと成長を支え，地域を創生する「地域学校協働活動」を推進することとした。

　支援本部は，地域が学校を「支援」する一方向の関係であったのに対して，

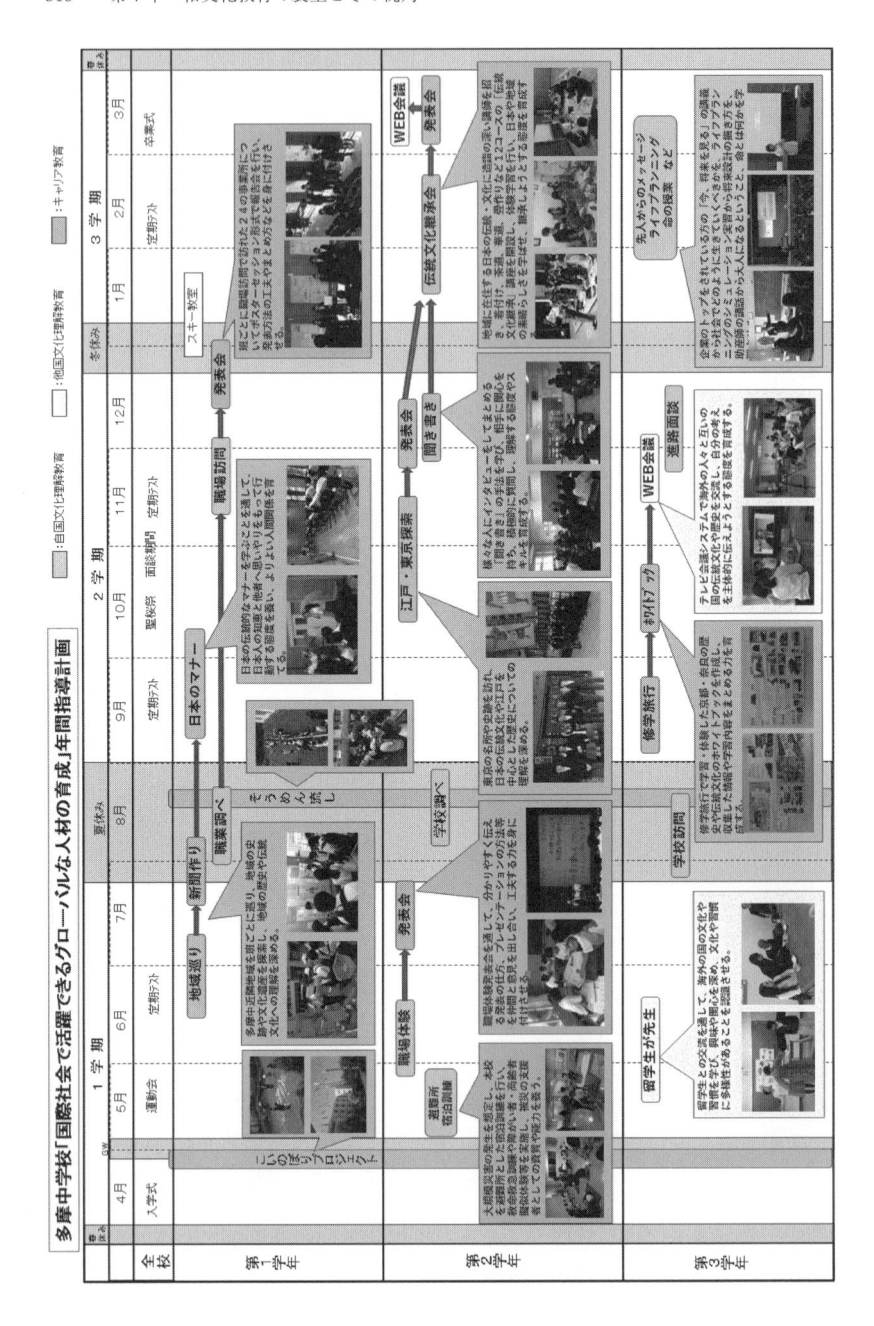

これからの協働本部は、「支援」から双方向からの「連携・協働」へ発展させていくとともに，学校が地域の活性化，地域の教育力の向上，安心して暮らせる環境づくりの拠点として機能させていくものとした。

### (4) 協働本部の組織及び運営

支援本部，協働本部ともに設立時より，目的や組織，役割，会計，監査等を規定した規約を定め，活動を行っている。

協働本部は，①多摩市から委嘱を受け，地域・学校・保護者との連携を図り，地域ボランティアとの総合的な連絡・調整を行い，協働本部の中心的な役割を担う「地域学校協働活動推進員」，②協働本部の活動の企画・立案・評価・広報など具体的な事業運営に携わり，地域ボランティアのリーダーとしても活動する「地域学校協働本部事務局」，③協働本部にボランティア登録し，希望するボランティア活動を行う「地域学校協働活動ボランティア」より構成されている。

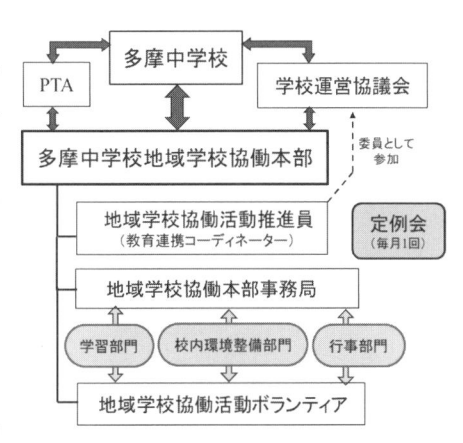

協働本部では，推進委員，事務局，多摩中学校 PTA 会長，校長・副校長が出席する「定例会議」を月1回開催し，活動の企画・立案・総括を行うとともに，年1回の「特別定例会」を開催し，事業報告，会計報告・監査，活動・運営の検討等を行っている。

協働活動は，多摩中学校の学習活動を支援・協力する「学習部門」，学校内の緑化活動や広く校舎内外のよりよい環境づくりを推進する「校内環境整備部門」，学校行事への支援・協力や地域との交流行事の企画・運営を行う「行事部門」に役割を分担して，PTA とも連携して行っている。

### (5) 協働本部の活動

学校運営協議会や協働本部等で多摩中学校の教育方針である「国際社会で活

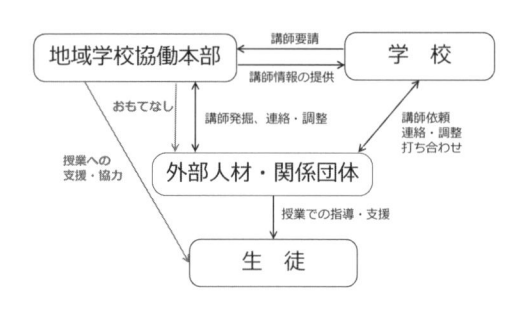

躍できるグローバルな人材の育成」について理解し，そのための学習活動に必要となる我が国と郷土の伝統や文化について造詣が深い地域在住の人材の発掘，日程や指導内容などの連絡・調整を依頼する。また，学習活動実施時には，講師や協力者等へのおもてなしや授業への支援・協力を担う活動を行っている。

## (6)　地域学校協働活動と連携した多摩中学校における実践

### ①　日本の伝統・文化に関する学習・体験活動

（ア）地域巡り（1年生で実施）

　多摩中学校の学区域は，旧鎌倉街道が通り，宿が置かれ市が立った交通の要衝で，新田軍と鎌倉幕府軍との合戦の場など，歴史的，文化的に貴重な史跡や文化遺産が数多くある。これらを生徒が班ごとに巡り，地域の歴史や伝統文化への理解を深めた。協働本部では，生徒が巡る史跡との連絡・調整のほか，明治天皇の行幸を記念して建てられた旧記念館の学芸員，神社の関係者，多摩市の文化財担当者などに見学場所での出前講師の依頼などを行った。

（イ）日本のマナー講習会（1年生で実施）

　地域在住の江戸しぐさに造詣の深い講師を協働本部で招き，日本の伝統的なマナーを学ぶことを通して，生徒に日本人の知恵と他者へ思いやりをもって行動する態度を

養い，よりよい人間関係を育てる取組を行った。

（ウ）伝統文化継承会（2年生で実施）

協働本部では，地域のネットワークを活用して，地域に在住する日本の伝統・文化に造詣の深い人材を発掘し，日程や指導内容等を調整した上で，12講座（着付け，茶道，華道，畳作り，和太鼓，めかい（竹かご），なぎなた，布草履，折り紙，陶芸，貝合わせ，組紐）の講師を招き，日本の伝統・文化を体験する「伝統文化継承会」を実施している。生徒は事前学習をした後，2週4時間に渡って，講師の先生から直接，日本や地域の伝統・文化の匠の技について手ほどきを受け，その精緻さや素晴らしさを学び，継承しようとする態度を養う取組を行っている。

## ②　地域との交流行事

協働本部と多摩中学校は，生徒，保護者，地域住民が参加する地域交流会を共催し，地域住民とともに日本の伝統行事や食文化を体験し，日本の四季や伝統・文化に親しみ，楽しむ取組を行っている。

（ア）そうめん流し〈夏〉

生徒に夏の風物詩である流しそうめんを体験してもらおうと，支援本部の設立当時から夏期休業期間中にそうめん流しを実施してきた。

着付け

茶道

畳作り

めかい

近隣の竹林から太い竹をもらい受け，野外活動部などの部活動の生徒と教員，協働本部で，竹を割り，節を抜いて，8mの長さの竹樋を左右につなぎ，同時に50名以上がそうめんを味わえる手作りの装置を組み立てた。

　当日は生徒・保護者，近隣住民だけでなく，近隣の小学校，保育園などの幼児児童，日本学校の留学生なども招き，毎年300名を超える人たちで日本の食文化である流しそうめんを楽しんでいる。

### （イ）芋煮会〈秋〉

協働本部では，学校内に農園を設け，野外活動部や特別支援学級の生徒と里

芋やじゃが芋，ミニトマトなどの作物を栽培し，収穫している。実りの秋の休日に，生徒と地域の方々が協力して，収穫した里芋などの作物の皮をむき，火を起こし，災害時用に用意された大釜で煮込み，屋外で一同で食する芋煮会を開催している。

　秋空の下，同じ釜の飯を食することを通して，生徒は地域の高齢者の方々などとコミュニケーションを深める良い機会となっている。

### （ウ）野点〈春〉

多摩中学校には以前に茶道部があり，そのときの茶道の道具が残されていた。これらを活用し，地域の茶道の先生を招き，穏やかな春の休日に野点を開いた。学校の芝生に畳，毛氈を敷き，野点傘を差し，風炉釜で湯を沸かし，先生にお茶を点てていた

だいた。当日，地域でお琴を習っている生徒による箏曲が演奏された。生徒は，招いた地域の方々とともに，お茶と協働本部が手作りしたわらび餅，箏曲を堪能することができた。伝統文化継承会で茶道を体験した生徒にとって，茶道の技を実際に実践する場面となった。

### （エ）万葉の遊び〈冬〉

　春の野点，夏のそうめん流し，秋の芋煮会に続き，冬の取組みを検討していた折，正月の百人一首の話から，日本の伝統的な遊びを楽しむことになり，百人一首に伝統文化継承会で体験した貝合わせを加え，「万葉の遊び」を開催した。

　集会室に畳と毛氈を敷き，前半は百人一首，後半は貝合わせで，生徒と招いた地域の方々で競った。休憩時間に協働本部手作りのおしるこが振る舞われた。老若男女が膝を付き合わせ，「万葉の遊び」の雅な世界を体験することができた。

### ③　海外への発信・交流

　博報教育財団が実施する「海外児童日本体験プログラム」で日本を訪れた同世代の様々な国の生徒や，修学旅行で日本に来た中国の中学生が多摩中学校を訪問した際，多摩中学校の生徒が日本の伝統・文化に関する学習活動を通して学んだ知識や技能を海外の生徒に紹介・発信し，国際交流を深めた。

　その際，協働本部では，海外生徒や引率の教員に対して，盆踊りなど日本の伝統・

文化を紹介する取組やおもてなしを行った。

## （7）地域学校協働活動の功績

　これまで和文化教育に関係する多摩中学校の地域学校協働活動について述べてきた。これ以外にも，学習補習教室「サポートスクール」「多摩中地域未来塾」の運営支援，キャリア教育プログラムの企画・運営，漢字検定・英語検定・数学検定の検定試験実施，花壇整備・畑作物作りなどの校内環境整備，養蜂活動「聖蹟ハニープロジェクト」など，多岐に渡って活動を行っている。これらの活動は，学校・家庭・地域が協働し，地域全体で子どもの学びと成長を支え，地域の教育力を創生することに大きく貢献している。

　これらの活動の原動力となっているのは，協働本部の推進員，事務局の方々の「多摩中をよくしていこうという強い志（愛情）」が根底にあり，それを下支えする「強い絆，代表を中心とした求心力，協力体制」と「献身的な企画力・行動力」がある。

　また，多摩中学校の地域学校協働活動を効果的，継続的に行うことができた背景，特徴として次のようなことがあげられる。

　○規約が整備され，活動がぶれない。

　○財源の確保に努め，実効ある予算執行を行っている。

　○管理職，教員と忌憚のない意思疎通を図っている。

　○教育委員会，関係団体等と緊密に連携・協力している。

　○多様な人的ネットワークをもち，活用している。

　こうした多摩中学校地域学校協働本部の功績が認められ，令和元年度　文部科学大臣賞（地域学校協働活動）を受賞することができた。

（前島　正明）

## 2 「日韓交流」を意図する「博学協働」の教育実践
### ―名護屋城博物館と唐津青翔高校・釜山外国語大学校の交流―

　本項では，「文化価値創造」の和文化教育の具体例として，佐賀県立名護屋城博物館と佐賀県立唐津青翔高等学校の20年近く継続中の「博学協働」による「日韓交流史」の教育実践の取り組みを中心に取り上げ，その意義と課題を明らかにする。

### (1)「日韓交流」を意図する名護屋城博物館による「博学協働」

　佐賀県立名護屋城博物館は，特別史跡「名護屋城跡並びに陣跡」の保存整備事業と，文禄・慶長の役（壬辰・丁酉倭乱）及び日本列島と朝鮮半島との長い交流の歴史を調査・研究・展示紹介し，日韓の学術・文化の交流拠点となることを目的として，1993（平成5）年10月に開館した[1]。

　名護屋城博物館は，常設展示のメインテーマを「日本列島と朝鮮半島との交流史」とし，日韓両国の異文化理解や「日韓交流支援」事業にも力を入れており，「韓国語講座」，「韓国語スピーチコンテスト in なごや」，「日韓交流の支援」，「地域の交流事業への支援」等の事業も行っている。

　名護屋城博物館が，日韓交流に力点を置く主な理由は，約400年前の侵略戦争の和解にあると考えられる。「名護屋城跡並びに陣跡」の広大な遺跡群の中に立地し，名護屋城跡を中心とする半径3km内に，130箇所以上におよぶ全国諸大名の陣屋跡が分布している。よって名護屋城博物館は，韓国から見ると大陸侵攻の一大軍事拠点にある。

　他方，これと対照的な施設が，韓国国立晋州博物館である。晋州博物館は，文禄の役（壬辰倭乱）時に，2度の攻防戦（1592年，93年）が行われた晋州城内にある。1984年に開館し，1998年からは慶尚南道西部地域の歴史文化と壬辰倭乱（文禄の役）に特化した博物館になっている[2]。2003（平成15）年度に両博物館は学術交流協定を結び，相互の資料貸借や職員の派遣による資料調査等を行い，成果を展覧会や講座で紹介している[3]。

博物館と学校の「博学連携」を持続させるためには，博物館と学校の双方が主体性を持って関わる必要がある。この点に関し，原瑞穂は，「授業デザインにおける外部の機関や人との連携の利点は自分の授業の構想段階に他者の視点が入り込むことにもあると考える。児童生徒の『当事者性』の萌芽においても授業の質の高まりにおいても，異なる経験や視点を有す他者の存在が要となるといえよう」（原，2021：140）と述べ，学芸員と教員が，それぞれの視点から協働して授業を作成し実施することの意義を述べている。この点で，2006（平成18）年より20年近くも，「博学連携」を超えた「博学協働」授業を継続している本事例は，稀有で重要な実例である。

次に，「博学連携」よりもさらに一歩踏み込んだ「博学協働」とは，博物館の学芸員や韓国人の国際交流員と高校の地歴科教員が協働し，該当コース（現在は韓国文化系コース）の学校設定科目「日韓交流史」（通年，2年次，2単位必修，実授業2コマ×29回程度）の授業を，高校・博物館・フィールドワークで実施しているものである。「博学協働」の用語は，当初より使用されているが，一般的には拡がっていない。

2019（令和1）年刊行の書籍『協働する博物館—博学連携の充実に向けて—』にも「博学協働」の用語はなく，通年で特定の学校と博物館が連携・協働して取り組む「博学連携」の事例として，北海道の湧別町ふるさと館JRY・郷土館と湧別町立湧別小学校による1事例（「郷土と土器」4年，総合学習，全14時間）が所収されている。但し，この実践は2012（平成24）年の1年で終了。その後，少し形を変えて北海道湧別高等学校（道立）の授業「北海道学」（3年，選択）で，少なくとも5年実施された[4]。しかし現在は，2年生の地歴科の科目（必修，1単位[5]）として学習内容も大きく改変し，形を変えて「博学連携」として継続している[6]。

## (2)「日韓交流」を意図する「博学協働」の教育実践の概要

佐賀県立唐津青翔高校は，2005（平成17）年度に開校。佐賀県立東松浦高校と佐賀県立唐津北高校（唐津市鎮西町横竹。校地・校舎は，現在，唐津市立海青中学校が使用）を統合し，東松浦高校の校地（玄海町）に設立された。現在は全日制

の総合学科の高校である [7]。名護屋城博物館と旧唐津北高校は近いが，唐津
青翔高校は隣町にあり最短ルートで 11.1 km。自動車で 15 分かかる（博物館で
授業を実施する場合，現在はジャンボタクシーで移動）。距離のハンデを超えて，新
設時の教育目標「地域との連携と協力」を具体化するため，開校の翌 2006（平
成 18）年に，「博学協働」による地理歴史科の選択科目「日韓交流史」が始ま
った。

　当初は，普通科「地域文化・環境コース地域文化系」として，2012（平成
24）年度から総合学科「環境文化系列文化系」，2023（令和 5 年）から「韓国文
化系列」の 2 年生が履修する「学校設定科目」（2 単位）で，ほぼ毎週，午後の
5 ～ 6 限目に実施している。生徒たちは，主に博物館担当者の指導の下，体験
を通して学習していく。なお，毎年の年間授業計画は，博物館と青翔高校の担
当教員で綿密に打ち合わせを行い，協働で策定している。

表Ⅴ-2-2-1　2014（平成 26 年度），博学協働授業「日韓交流史」年間授業計画

| 月 | 回<br>(2時限) | 場所 | 授業 | 学習目標 |
|---|---|---|---|---|
| 4 | 1 | 博物館 | 開講式，講義（名護屋城についての概要説明） | 学ぶ |
| | 2 | 遺跡見学 | 名護屋城跡見学 | |
| | 3 | | 近隣の遺跡見学（堀秀治陣跡・豊臣秀保陣跡） | |
| 5 | 4 | 博物館 | 美術品の取り扱い（掛け軸など） | |
| | 5 | | 学習のまとめ（名護屋城について） | |
| | 6 | 遺跡見学 | 旧城下町地域見学 | |
| 6 | 7 | 博物館 | 韓国文化学習（韓国人国際交流員より） | |
| | 8 | | 発掘調査事前学習，発掘調査体験 | |
| | 9 | | 発掘調査体験，測量実習 | |
| | 10 | 青翔高校 | 期末考査（筆記試験） | |
| 7 | 11 | 博物館 | 遺物整理実習 | |
| 9 | 12,<br>13 | 博物館 | 展示説明準備 | つくる |
| 10 | 14,<br>15 | | | |

| 10 | 16, 17 | 博物館 | 展示説明準備・練習 | 伝える |
| | 18, 19 | | | |
| 11 | 20, 21 | | 展示説明テスト | |
| 12 | 22 | | 小中学生向けリーフレット作成（構成・担当決め），木下延俊陣跡見学 | |
| | 23 | 青翔高校 | 小中学生向けリーフレット作成（原稿作り） | |
| 1 | 24 | 見学 | 呼子大橋フィールドワーク〔弁天島（弁天神社）・加部島（田島神社・風の見える丘公園）〕 | |
| 2 | 25 26, 27 | 青翔高校 | 小中学生向けリーフレット作成（原稿作り） | |
| 3 | 28 | | 小中学生向けリーフレット作成（清書） | |
| | 29 | 博物館 | 閉校式 | |

久野哲矢・小山洋一「唐津青翔高校との博学連携授業『日韓交流史』について」佐賀県立名護屋城博物館編『研究紀要』第 21 集，2015 年，p.58 の〔表 3〕を基に，一部，筆者が改変。
2015（平成 27）年度より 2 学期制に移行しているが，基本的枠組みは維持されている。

　1 学期は「学ぶ」がテーマで，遺跡見学・講義（博物館から高校へ出前講座），美術品の取り扱い（掛軸など。資料の内容や保存・管理についても学習），発掘調査体験，韓国出身の国際交流員による「韓国文化学習」を受講。これらの経験が 2 学期の学習に活かされる（1 学期の評価は，試験）。

　2 学期は「つくる」がテーマで，名護屋城博物館の展示説明の原稿を生徒各自が「つくる」。そして 10 分間の展示説明を行う。1 学期の学習を振り返り，3 学期の学習へと繋げる重要な学習活動である。「展示説明は，この授業の目的の核を担う最も重要な単元」と位置付けられている（2 学期の評価は，展示説明のパフォーマンス評価）。

　3 学期は「伝える」がテーマで，1 年間の学習成果を「かたち」に残し「伝える」。名護屋城博物館の HP に，その成果の一部が掲載されている [8]（3 学期の評価は，制作物のパフォーマンス評価）。

　授業「日韓交流史」の年間授業計画は，当初の10年間で確立された上記の学習内容が基軸となり，多少の修正を施しながら継続している。

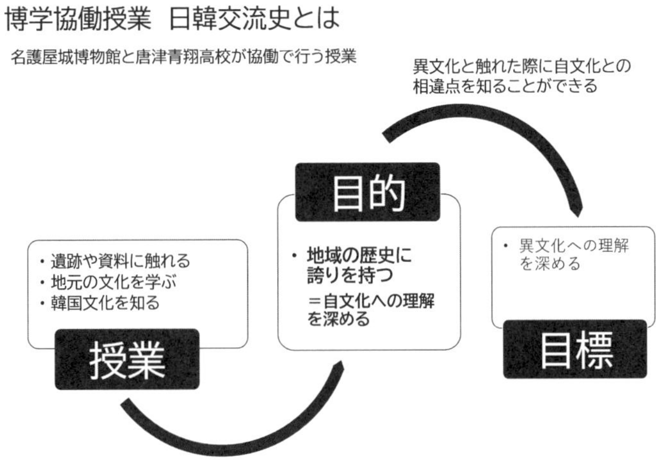

### 博学協働授業　日韓交流史とは

名護屋城博物館と唐津青翔高校が協働で行う授業

**図V-2-2-1　博学協働授業「日韓交流史」の授業の目的と目標**（名護屋城博物館飯田周恵氏作成）

　現在の授業「日韓交流史」の名護屋城博物館側の主担当である飯田周恵学芸員は，上記の図に示すように，生徒が，「異文化と触れた際に自文化との相違点を知ること」を重視している。異文化と実際に触れる機会が2018（平成30）年度から始まった韓国の大学校との交流である。

### (3)「日韓交流」を意図する「博学協働」の発展プログラムとしての釜山外国語大学校等との交流

　釜山外国語大学校は，1981（昭和56）年創立の私立大学である。「キリスト教精神と民主理念をもとに，…略…多元化された国際社会に能動的に対処できる人材」の養成を建学の理念とし[9]，台湾を含め世界の302大学・高校と協定を結んでいる。日本とは36校，うち高校は3校で唐津青翔高校との協定締結が最も早い[10]。

　唐津青翔高校とは，2008（平成8）年1月に姉妹協定を締結。10年後の2018（平成30）年度より，同大学校の日本語創意融合学部の学生との交流が開始された。特に，訪問交流〔2023（令和5）年度は11月15〜17日に実施）〕には，

「韓国文化系列」の2・3年生の希望者が参加するため，「日韓交流史」を履修済の3年生と履修中の2年生が対象になる。履修中の2年生も1学期に名護屋城跡見学や韓国文化学習を終えているので，「博学協働」授業「日韓交流史」は，訪問交流の事前学習の役割を果たしている[11]。

　2023（令和5）年度は，コロナ禍による中断から4年ぶりの通算第3回目の釜山訪問となった（2泊3日）。生徒11人が参加。1日目は，朝鮮通信使歴史館，UN記念公園（朝鮮戦争時に釜山周辺で死亡した国連軍兵士等を埋葬），釜山博物館を見学。2日目は，午前から同大学校で日本語創意融合学部の学生と交流。代表挨拶と互いの自己紹介（高校生は韓国語，大学生は日本語）の後，高校及び玄海町の紹介，その後6グループに分かれて相互交流〔日本のお菓子，「ユンノリ」（韓国すごろく），K-POPの話題等〕，学食で昼食。午後は，キャンパスツアー等を行い，夕方に交流は終了。

　参加生徒の1人のレポートが，佐賀新聞に掲載されているので抜粋する。

　「…略…韓国1日目は，朝鮮通信使歴史館や博物館，国連記念公園に行き，日韓のさまざまな歴史や朝鮮戦争のことなどを勉強しました。国連記念公園を訪れた後，改めて戦争は繰り返してはいけないと思いました。2日目は，楽しみにしていた釜山外国語大学校の方達との交流会でした。まず初めに学校紹介や学校のある玄海町の紹介をしました。その後，韓国語で簡単な自己紹介をし，さらにグループをつくって交流をしました。交流中は，私たちが日本から持参したお菓子を一緒に食べながら話しました。日本語を専攻している学生ばかりで，日本語が上手でびっくりしましたが，とても話しやすかったです。ですが，韓国語を聞き取ることが少し難しく，聞き取りをもっとできるようになるために，日常的に韓国語を聞こうと思いました。…略…今回，初めて韓国に行って，日韓関係，歴史，共通点，相違点などさまざまなことについて学ぶことができました。また，自分の課題点も見つけられて，とても有意義な研修になりました。毎日の積み重ねを大事にし，昨日の自分を超えていけるように頑張りたいです[12]」。

　このレポートを書いた生徒は，現在3年生である。従って，訪問交流での学びや「自分の課題点」について，その後の学習を通してさらに深めることがで

きる。「韓国文化系列」では，3年次に「韓国文化」の授業（2単位）を，特別非常勤講師（「韓国語[13]」の授業も担当）から学ぶ機会がある。

　さらに，令和6（2024）年度の新たな動きとして，5月に韓国の羅州（ナジュ）高校[14]と，「相互協力協定書」を結んだことが挙げられる。7月に韓国文化系列2・3年生と羅州高校とのオンライン交流会を実施。韓国語で自己紹介をしたり，佐賀県の方言やゆるキャラを当てるクイズをしたりしながら交流を深めた。交流を終えた生徒たちか，「異なる文化や価値観を知ることができて良かった」，「韓国語を使ってのコミュニケーションは難しかったけど楽しかった」という声が多く聞かれた[15]。また，意見交換では韓国の生徒から「学校で夜ご飯を食べたことがあるか」と質問があり，「午後4時ごろには学校が終わる」と答えた。韓国では夜遅くまで授業があるので「うらやましい」等のやり取りもあったという[16]。

### (4)「日韓交流」を意図する「博学協働」の教育実践の意義と課題

　本項では，佐賀県立名護屋城博物館と佐賀県立唐津青翔高等学校の20年近く継続中の「博学協働」による教育実践の取り組みについて述べた。その意義は，次の3点にまとめることができるであろう。

　①「博学連携」を超えた「博学協働」として，博物館と学校の双方が，主体的に学校設定科目「日韓交流史」の授業を20年近くも継続していること。その間，高校側の学科改編（普通科から総合学科），系列再編（地域文化・環境コース地域文化系→環境文化系列文化系→韓国文化系列）を乗り越え，双方の担当者の交替を乗り越えて継続している。「継続は力なり」と言うが，担当者の引継ぎは困難を要する。ゆえに双方の努力の賜物である。

　②「文化価値創造」の学習過程を重視した教育実践であること。「日韓交流史」の授業は，単に日韓交流について「学ぶ」という「文化価値理解」に留まらず，過去から現在まで存在する名護屋城跡という負の「日韓交流史」の施設の意味や意義を体得する「文化価値形成」学習や，さらに学習したことを未来へ発信するための制作につなげる「文化価値創造」の学習過程に繋げている点で，優れた文化（自文化と異文化）学習として意義付けられる。

　③「日韓交流」を意図する「博学協働」の発展形として釜山外国語大学校等との交流を企画・実施していること。生徒が、「異文化と触れた際に自文化との相違点を知る」ためには、特に、かつての敵であった韓国の若者との交流は大変重要である。その後の日本による植民地支配の歴史もあり、特に日本と韓国の異文化理解や国際理解が重要となる。

　今後の課題として、さらに意義ある活動にするため、2点指摘したい。

　①「博学協働」の発展プログラムとしての韓国の学校等との交流学習を深めるための、さらなる工夫の必要性。釜山外国語大学校に加え、羅州高校との交流が始まり、韓国との交流学習の機会は拡大している。今後は、交流学習の質的深化が求められる。この点に関し、日韓関係の改善と国際理解教育の必要性を論じた福田は、「異文化リテラシーの真髄は『自分以外の人のことを考えられるかどうか』や寛容や尊重である」、「対日感情の背景を理解するために歴史的事実を捉えなければならないし、自分が相手の立場ならどのように感じるかを想像してみることも大切である」（福田, 2021：192, 196）と述べている。よって、歴史的に好転と悪化を繰り返す日韓関係の原因や背景を考え、相互に相手の立場を理解することが重要となる。その際、前述した韓国国立晋州博物館との連携・協働も考えられる。

　②生徒各自の振り返りの重要性。「日韓交流史」や日韓交流での学びや気づきの「見える化」（例：文章化）と振り返りが必要となる。大滝らは、海外研修への参加生徒が、「事前・事後学習を含めたスタディーツアー全体を通して、その瞬間を当事者が記述をしていき、ポートフォリオにすることが重要である。また、当事者である生徒自身が振り返ることによってメタ認知が育成されていく」（大滝他, 2014：65）と記しており参考になる。

（松井　克行）

**註**

(1)　佐賀県立名護屋城博物館 HP「施設案内」（https://saga-museum.jp/nagoya/facility/）2024 年 8 月 31 日閲覧。

(2)　韓国国立晋州博物館 HP「博物館の沿革」より（https://jinju.museum.go.kr/jpn/

html/sub04/0403.html8）2024 年 8 月 31 日閲覧。

(3) 佐賀県立名護屋城博物館 HP「施設案内」，前掲 HP。

(4) 小川義和編著『協働する博物館―博学連携の充実に向けて―』ジダイ社，2019 年，pp.232-234（執筆：林勇介）。同書によれば，2018 年開校の町立義務教育学校（芭露学園）の第 7・第 8 学年の歴史学習で，小学校や高等学校とは異なった「郷土と土器」を実施するための新たな連携・協働が始まっている」とある。しかし，現在の芭露学園の HP には，これを示す情報は無い。他方，2023 年度開校の町立義務教育学校（ゆうべつ学園）の HP には，第 3 ～第 9 学年の「ゆうべつ学」（総合的な学習の時間）の図に，「町内遺跡（郷土館，先史）」，「本土文化導入（JRY，開拓史）」の表記がある。湧別町ふるさと館 JRY・郷土館に確認した所「ゆうべつ学」の中で，興味を持った児童・生徒を支援する形で「博学連携」が継続中ということが判明。ゆうべつ学園「学校要覧」（https://www.town.yubetsu.lg.jp/common/img/content/content_20240430_114442.pdf）2024 年 8 月 31 日閲覧。なお「郷土と土器」に関する学習概要と実践例は HP で公開されている。

「郷土学習『郷土と土器』概要（総合的な学習向け）」（https://www.town.yubetsu.lg.jp/common/img/content/content_20210207_003832.pdf）2024 年 8 月 31 日閲覧。

「湧別町 郷土学習メニュー『郷土と土器』の実践例」（https://www.town.yubetsu.lg.jp/common/img/content/content_20210207_003916.pdf）2024 年 8 月 31 日閲覧。

(5) 教科，科目，学年，単位数は，北海道湧別高等学校 HP の「全国募集」の頁より「R7 教育課程表 A 表（案）.pdf」を入手し参照した。（http://www. yuubetsu. hokkaido-c. ed.jp/page_20240604024442）2024 年 8 月 31 日閲覧。

(6) 2023 年度から「北海道学」の授業内容が，教員による座学講義中心から大きく変更。外部講師の講話やフィールドワークを多く取り入れ，町役場，湧別漁協，地元建設会社など 6 カ所を訪問し，町の歴史や産業を学びながら地域の課題を探究する内容に刷新された。3 月の意見発表会では，2 年生 31 人が，各自，関心を持ったテーマについて，人口減少対策や観光 PR 等について提案している。（https://www.hokkaido-np.co.jp/article/992860/）2024 年 8 月 31 日閲覧。湧別町ふるさと館 JRY・郷土館に確認し，現在もフィールドワークの訪問先の 1 つであることが判明した。

(7) 佐賀県立高校は現在 34 校。唐津青翔高校は学級数 6，生徒数 135 人で規模最小。2024 年（令和 6）年 5 月 1 日現在。「令和 6 年度佐賀県の学校（速報版）」参照。

(8) 佐賀県立名護屋城博物館 HP「この博学協働授業で生徒がつくった成果物を公開しています」（https://saga-museum.jp/nagoya/facility/interaction.html）2024 年 8 月 31 日閲覧。名護屋城の城下町地域を紹介する「町歩きマップ」〔2011（平成 23 年度）〕，「日韓交流の歴史マップ」〔2012（平成 24 年度）〕，「秀吉が通った道と城下町につい

て」「名護屋城と関わりのある人物」〔2015（平成 27 年度）〕，小中学生向けに制作した「なぜ？なに？名護屋城」〔2014（平成 26 年度）〕が掲載されている。

(9) 釜山外国語大学校 HP（https://jpn.bufs.ac.kr/jpn/）2024 年 8 月 31 日閲覧。

(10) 釜山外国語大学校 HP「海外の協定大学の現況」（https://jpn.bufs.ac.kr/jpn/?pCode=vision04）2024 年 8 月 31 日閲覧。

(11) さらに，訪問交流の直前の 11 月 9 日に事前学習としてオンライン交流を実施。佐賀新聞「唐津青翔高生、海外研修前にオンライン交流　釜山の学生に韓国語で自己紹介」2023 年 11 月 13 日（https://www.saga-s.co.jp/articles/-/1142310）。

(12) 佐賀新聞「高校生リポート 釜山外国語大学校と 4 年ぶりに交流 初めての韓国」2024 年 4 月 2 日（https://www.saga-s.co.jp/articles/-/1219711）。

(13) 唐津青翔高校の韓国文化系列では，1 年次後期から「韓国語Ⅰ」（週 4 時間），2 年次「韓国語Ⅰ」（週 2 時間），3 年次「韓国語Ⅱ」（週 2 時間）を履修する。

(14) 羅州高校（나주고등학교）は，全羅南道にある 1951 年創立の公立高校。（https://naju.hs.jne.kr/naju_hs/main.do）2024 年 8 月 31 日閲覧。日本語版あり。

(15)「青翔ニュース」第 5 号，2024 年 8 月，「佐賀県立唐津青翔高校 HP」。（https://www.education.saga.jp/hp/karatsuseishoukoukou/）2024 年 8 月 31 日閲覧。

(16) 佐賀新聞 HP「【動画】自己紹介やクイズで交流　唐津青翔高校と韓国・羅州高校がオンラインで」2024 年 7 月 13 日（https://www.saga-s.co.jp/articles/-/1279871）。

**参考文献**

原瑞穂「地域，博物館，NPO などと連携した国際理解教育の授業をどうデザインするか」日本国際理解教育学会編著『国際理解教育を問い直す―現代的課題への 15 のアプローチ』明石書店，2021 年，pp.129-141.

久野哲矢・小山洋一「唐津青翔高校との博学連携授業『日韓交流史』について」佐賀県立名護屋城博物館編『研究紀要』第 21 集，2015 年，pp.49-58.

福田惠子「日韓関係の改善と国際理解教育の必要性―韓国人アンケート調査から―」拓殖大学日本語教育研究所『日本語教育研究』第 6 号，2021 年，pp.191-209.

前川博・飯田周恵「佐賀県立名護屋城博物館の博学協働授業―佐賀県立唐津青翔高校の「日韓交流史」と姉妹提携校の釜山外国語大学校（韓国）との交流を中心として―」梅野正信編著『地域から考える朝鮮半島とのつながり（仮）』えにし書房，2025 年刊行予定。

大滝修・津山直樹・森茂岳雄・橋崎頼子「相互交流を通した『多様な変容』の実践的分析―高等学校海外研修の臨床的検討―」日本国際理解教育学会『国際理解教育』第 20 号，2014 年，pp.61-65.

# 3 グローバルスタンダードを意図する博学連携実践
## ―世界文化遺産醍醐寺と京都市立醍醐中学校の連携―

### (1) 文化遺産の教材的活用の可能性と広がり

　文化財保護法第1条は，その目的を「文化財を保存し，且つ，その活用を図り，もって国民の文化的向上に資するとともに，世界文化の進歩に貢献すること」[1] と規定している。そして同法でいう文化財には，「国や地方公共団体に指定されたものだけでなく，何ら行政による保護措置が図られていない，いわゆる未指定の文化財も含む」とし，「各地域にとって重要であり，次世代に継承していくべきと考えられる文化的所産については，これを幅広くとらえ，文化財と同等に取り扱う視点も有効」とする [2]。SDGs や ESD for 2030 においても，文化財や地域文化の継承を目的とする教育が推進され，文化資産の活用は世界的に注目を集める。

　しかし，文化財の活用と保存は，多くの研究者が指摘するように相対する概念である [3]。特に木や紙などの脆弱な素材による日本の有形文化財は，活用による保存と継承が危惧される。しかも文化財は，唯一無二のものであり，必ずしも美的なものとも限らない。ICOM2022 [4] では，戦争や植民地支配などにより失われた文化と，その失われた過程を社会に問いかけることも，博物館の役割として議論され，新たな博物館の定義も決議された [5]。ここでは博物館について，地域社会との連携や対話を図り「教育，楽しみ，考察と知識の共有のための様々な体験を提供する」旨が盛り込まれ，地域とともに歩む姿勢が明示された。あわせて教育界においても 2006 年に改正された教育基本法をはじめ，2008 年及び 2017 年の学習指導要領の改訂においても，伝統・文化に関する教育の充実が明文化されている [6]。

　このような状況において，官民協働による博物館や文化財の活用は，増加の傾向にある [7]。加えて日本の博物館も，多彩な博学連携プログラムを展開しており，国立歴史民俗博物館や国立美術館は，学習指導要領に基づくコンテン

ツも揃え，成果も蓄積している[8]。しかし，鑑賞時間内での学習目標到達や一過性的な性格，博物館の往復に要する時間など，連携への懸案事項も多々ある。

　ここで地域に存在する寺社に目を転ずると，文化庁の調査において，2023年現在の仏教系宗教団体は 73,894 件であり，その数は 2024 年現在のコンビニエンスストアの店舗数 55,684 件を上回る[9]。さらに 2018 年の文化財保護法の改正を受け，地域の寺社を文化財と捉えて活用する動向は加速している。寺社は，寄進者・年月日の刻まれた石碑や，地域の著名人の墓標・本尊の由来や伝説などを有しており，「身近」な歴史的・文化的な教材として位置付けることができる。加えて寺院は，その成立を飛鳥時代の仏教伝来に遡り，以来習合し，様々に変化・対応しながら継承してきた歴史や，東アジアからの文化の伝播・所産などを物語ることができる。そこには，文化財の有する多角的な視点「歴史・美術・宗教・伝統など」と，文化の融合や変遷にかかわる「感情の差異」[10] や「矛盾」も包摂する。しかも 1983（明治 26）年のシカゴ博覧会の際に開催された万国宗教大会において，明治維新後に生まれた「宗教」は，世界的に「文化」として認識された経緯もある[11]。このような寺社の，文化の多様性やその継承の理解を涵養する文化財としての側面を，客観的に評価することで，教育への活用の可能性を提案したい。

## (2)　博・学・地域連携鑑賞プログラム

### ①　鑑賞プログラムの目的と意義

　ここでは筆者が世界文化遺産醍醐寺[12] において 2015 年より学校区の京都市立醍醐中学校（以下，本項では中学校と記す）を対象として，博・学・地域連携により開発・実践してきた文化財の鑑賞プログラムを紹介する。

　本プログラムの目的は，文化の多様性理解を涵養する持続可能なプログラムとして，地域の文化遺産の鑑賞授業を構築し，国際理解および文化遺産の保存継承に資することである。文化の多様性の尊重と，国際理解には，その根底にある歴史の変遷などをグローバルに捉える必要性がある。

　しかし，文化財指定の如何を問わず，文化財を中学生の鑑賞に供するのは，

文化財所蔵者である醍醐寺（境内の宝物を展示する霊宝館は博物館相当施設）にとってリスクが大きい。また，文化財を中学生の鑑賞に資する以上は，鑑賞の時間を生徒にとり有意義なものとし，文化の保存継承について思考できる段階まで，鑑賞プログラムを充実させる必要がある。

　従って，生徒の高いモチベーションが前提になるため，鑑賞プログラムを各学年の学習過程に沿う形で開発し，単元との一致を図り，かつ既習の知識の活用を生徒が体験できるものとした。

② **鑑賞プログラムの連携について**

　本プログラムは「事前授業→鑑賞→創造」の3つの過程からなるが，その前提として，学芸員・僧侶・教員において年間授業計画に基づき指導案も協働で作成する。そしてできる限り情報を共有し，3者の協働授業としてプログラムを実践している。図V-2-3-1に示したように，授業は役割分担を行い，学芸員は必要な史資料及び専門知識などを学習過程を考慮して準備し，解説・質疑応答を行う。教員は主に授業展開及び補足説明（随時，生徒の理解しやすい言葉に置き換える）を行う。僧侶は授業に於いての象徴的な存在であり，授業の導入の挨拶及び，適宜解説を担当する。

　特に事前授業に於いては，学芸員・教員・生徒間の社会的交流を図り，コミュニケーションを円滑にすることで，鑑賞授業に向けた学習スタイルのアプローチを築くことができる。生徒は，事前授業に学芸員が参画することで，史資料の専門的な分析の体験や，既習の知識の活用を多様に図る経験をする。他方，それは鑑賞授業の際の対人的ストレスの緩和になるとともに質疑応答をも活発にする効果もある。学芸員側では，鑑賞授

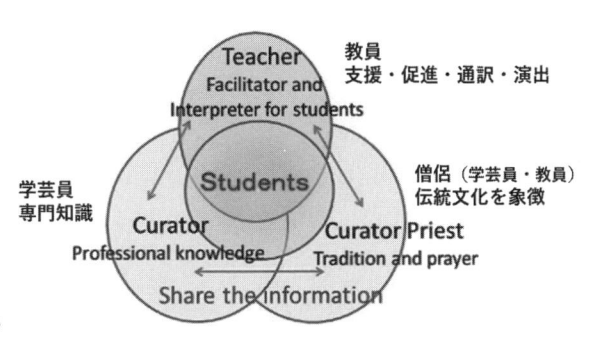

図V-2-3-1　博・学連携における協働・役割分担の図

業の前に，あらかじめ生徒の言動・行動の予測・分析を行え，共通言語や興味関心の確認を行える。

なお，学芸員・僧侶・教員ともに，生徒とのコミュニケーションを円滑に図り，発見や探求心を引き出すために，VTS鑑賞法[13]を応用している。

### ③ 鑑賞プログラムにおける学習体験の構築

本プログラムでは鑑賞とその前後の３つの授業を一連のプログラムとして，各学年の学習過程に位置づけて実践し，３学年を通して文化財の見方・考え方を段階的に育成し，生徒の学習を深められるように開発した。

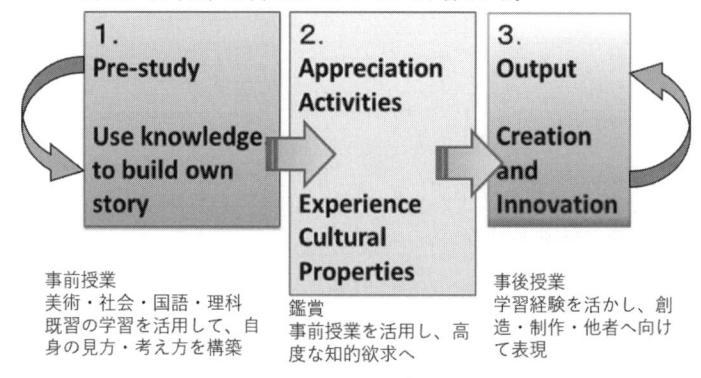

図Ⅴ-2-3-2　醍醐寺の鑑賞プログラムの３つの体験

【事前授業】既習の学習の活用および，史資料の見方・考え方を経験する。また，文化財の素材・技法に実際に触れる体験をし，鑑賞時の視点を養う。

【鑑賞】文化財（本物）と深く対峙し，場の雰囲気や臨場感を体験する。その際，興味・関心のある部分のスケッチ・メモにより，観察を促す。加えて専門家や教師とともに対話を繰り返し，知の探究を行う。

【創造】体験学習したことを，自らの創造として表現・発信する体験。

生徒は，上記の３つの過程（図Ⅴ-2-3-2）を知的探求学習の経験として相互に影響させながら，主体的に３年間繰り返すことにより，学習を持続的に発展さ

せるサイクルを築くことができる。なお，学習の構築には物理的・社会的・個人的コンテクストの相互作用による経験が影響する[14]ことから，生徒の学習体験の全体像を視野に入れ，各学年の授業内容を開発・更新している。

### (3)　各学年の学習の概要

　一連の鑑賞プログラムの中心は，生徒にとり通学路や散歩道といった日常のなじみのある地域寺院の「鑑賞」である。地域の日常にある文化財の存在を，世界的視野で見たとき，それが東アジアにおける文明や仏教の伝播，思想の変化，戦乱，近代化（西欧化，上知）などの影響を受けて現在に至るという経緯を，生徒には鑑賞の中で考え，探求してほしい。その過程で，影響を受けた文化や地域の歴史・特異性，また持続性（保存と継承）の意義を見出すために，本鑑賞プログラムでは，アプローチとして教室での事前授業を行っている。2021年より事前授業は社会・美術の両科目を主として，理科や道徳などを含め教科横断的に展開している。ここでは各学年の，社会・美術の事前授業と鑑賞授業，事後の制作について，その学習内容の概要を述べる。

　【1年生】1年生の鑑賞プログラムは文化の伝播をテーマとしている。社会科の事前授業は「歴史に見る Big Events」として，豊臣秀吉の醍醐の花見や，徳川家の巡狩などのイベントが屏風に描かれた背景について，史料を読みながら考える。醍醐寺の歴史については，空海による密教伝来や平安・鎌倉時代の天皇家・摂関家の庇護，応仁の乱による疲弊，秀吉の醍醐寺復興などを，既習の通史の中で捉えることにより，各々の学びの中に位置づける。美術科の事前授業は，広く世界で用いられる岩絵具について，天然の素材からできていること，また塗る体験，それを顕微鏡で見る体験を踏まえて，伝統的な画材の性質を理解し，鑑賞への視点を養う。鑑賞授業は，江戸時代に描かれた「始皇狩之図」屏風を鑑賞する。ここでは始皇帝の始めた巡狩の文化が日本にも定着し，江戸時代まで継承され，その様子が記録・鑑賞されてきたことを見出す。その後の創造では，自分の考える文化的空間を，各々が教材用の屏風に描く。

　【2年生】2年生の鑑賞プログラムは文化の融合をテーマとしている。社会科の事前授業では，祈りの形の変化を歴史的背景とともにたどる。紀元前の仏

教においては仏の姿は樹や車輪など，教理の象徴で表されていたが，仏教の東アジアへの伝播とともに，各地域の民族に似せた人物像として表されるようになる。その後，ヒンドゥー教や道教の神々との神仏習合が進み，複数の手足や顔を持つ異形の像も包摂しながら，密教の曼陀羅では1,000種類におよぶ尊像へと多様化する。他方，浄土思想などにおいて民衆の「南無阿弥陀仏」を唱えるといった，表象から音への変遷もおこったことを，歴史的背景を踏まえて学習する。美術の事前授業では，仏像の素材と技法の特徴（鋳造・脱乾漆・寄木造・一木造・石膏）について，実際のサンプルを触りながら比較して学ぶ。また，仏像の多様な表情を比較して読み取る。鑑賞授業では，醍醐寺の「五大明王像」を鑑賞する。本像は，5体1件であり，その内1体は平安時代に遡る一木造である。また別の1体の頭部は鎌倉時代，それ以外は江戸時代に寄木造で制作され，複数の肢体と頭部をもつ密教の憤怒形である。鑑賞では，事前授業での学びを活かし，どの時代を背景に制作されたのか，また技法の違い，臨場感を味わう。鑑賞後の制作では，自らの考える「祈り」の形を寄木造で表現する。

　【3年生】3年生については，文化の矛盾をテーマとしている。社会科の事前授業では，醍醐寺の草創から江戸時代までを通史の中で復習した上で，生徒が通学路や散歩道として認識している境内地を地理的に把握する。その後，江戸時代の絵図（1801年）と，明治時代の地図（1889年）を比較することで，醍醐寺の近代化前後の変化を探求する。その過程で当たり前の風景も歴史により変化したこと，近代化により醍醐寺の三宝院が小学校や役所へ活用されたこと，現在の生活や中学校もその所産であることなどを主体的・多角的に理解する（図Ｖ-2-3-3）。ここに生徒は近代化による伝統的建造物の衰退と，文化財保存の狭間で，相互の立ち場からの見解を持つ。美術科の事前授業では，庭園と建築様式の大まかな変遷を扱い，様々な文化財を見る上での基礎的な視点を養う。鑑賞授業では醍醐寺の多数の堂宇のうち，17世紀初頭に再建され，かつて「宮殿」と称された三宝院の庭園と殿舎を鑑賞する（図Ｖ-2-3-4）。ここでは1年時の学びを活用して障壁画の鑑賞も行い，継承される文化について探求する。鑑賞後は，他者に向けて自らが発信したい醍醐寺を，リーフレットとしてPC

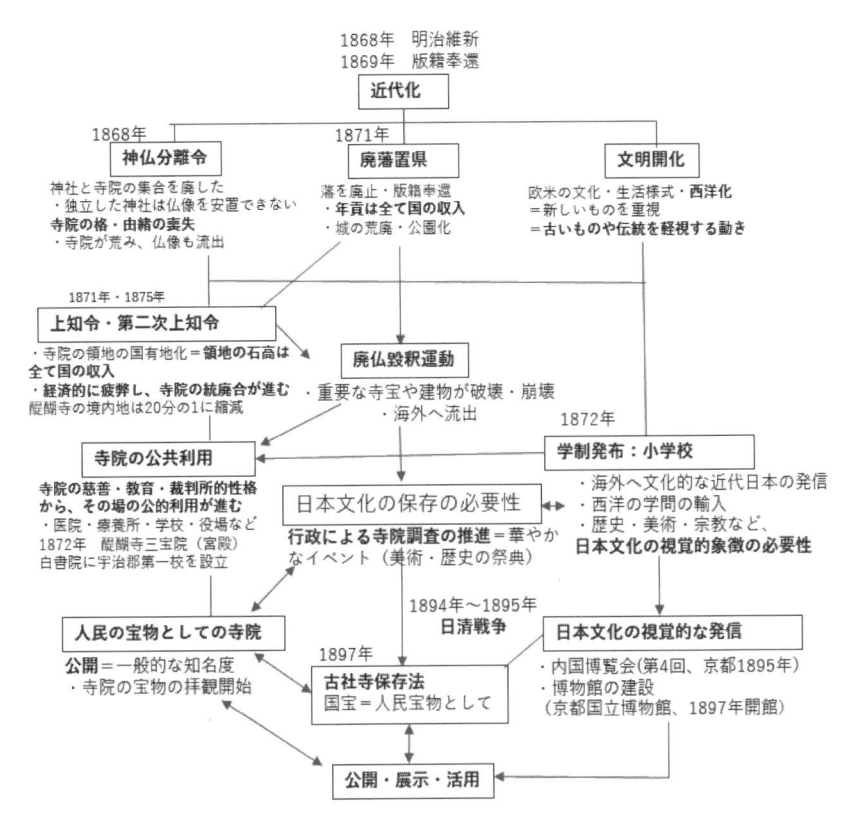

図Ⅴ-2-3-3　開発した事前授業モデルにおける生徒が獲得可能な認識内容

図Ⅴ-2-3-4　僧侶の学芸員と対話しながら鑑賞を深める生徒

を用いて表現し，英語も活用する。リーフレットは，生徒の学習の成果として醍醐寺に展示している。

## （4）成果と展望

　本鑑賞プログラムにおいて生徒たちは，切り取られたメディアに対して，本物のもつ臨場感をはじめ，滝の音・鳥の囀りなど，音や風をも伴う現状の違いを改めて体感する。そして地域と他国の文化財を比較するなど国際的視野で異文化理解の姿勢を見せる。このような体験の巡回を3学年まで繰り返すことで，生徒自身が学びの深まりを実感する。生徒の自己評価は，「よくできた」「まあまあよくできた」の合計が回答率の85.5%であり，学習の達成観や満足度も高い。また全国学力・学習調査「生徒質問用紙」の質問項目「地域や社会をよくするために何をすべきか考えることがありますか？」の回答結果集計では，2015年当初醍醐中学校30.1%に対して京都府30.6%と同レベルであったのが，2018年には醍醐中学校は51.2%，京都府34.6%，翌2019年の独自調査でも醍醐中学校は71.3%と向上し，以降2023度も70%超を維持していた。さらに2024年度の3年生の事後アンケートの設問「文化遺産の学習を通して，あなたの文化財の見方はどのように変わりましたか？」においては，「文化・歴史・未来・興味・なかった日本・保管・見方」などの言葉が多く記され，主体的に保存・継承しようとする姿勢へと変化が見られた。さらに「新しい発見」を問う設問では，「歴史・文化遺産・向き合い方・こだわり」などの言葉が目立ち，生徒の「他人事」であった醍醐寺が「わがこと」に変化していた。

　中学校からは，このプログラムを通して，地域・社会への興味関心や学習意欲の向上が示され，情操教育やWell Beingへの効果としても高い評価を得た。また地域ゆえにCOVID-19などによる学習への影響も少ない。このように，地域の文化財を学習することにより，生徒に独自の問や考察を与え，矛盾を包摂する多角的な見方を涵養することができる。さらに，今後の文化財の鑑賞においても，文化の衰退と推進の相対的な歴史の上に現在の生活がある事を鑑み，文化財の保存・継承への意義を見出すことが期待できる。それは同時に，グローバルな視野から地域を考える姿勢を育成する。

　なお展望として，小・中学校連携を視野に入れ，小学校高学年を担当する教師を対象とした文化財教育の理解と普及を今後の課題としたい。また，現在展開中の社会・国語・理科の教科連携事前授業については、別稿を期したい。

（田中　直子）

## 註

(1) 改正文化財保護法，文化庁，https://www.bunka.go.jp/seisaku/bunka_gyosei/shokan_horei/bunkazai/index.html, 2024 年 6 月 23 日最終閲覧。

(2)「Ⅱ. 文化財の保存と活用について」『文化財保護法に基づく文化財保存活用大綱・文化財保存活用地域計画・保存活用計画の策定等に関する指針』文化庁，2021 年，p.1.

(3) 岩城卓二・高木博志編『博物館と文化財の危機』人文書院，2022 年など。

(4) ICOM Museum Definition "A museum is a not-for-profit, permanent institution in the service of society that researches, collects, conserves, interprets and exhibits tangible and intangible heritage. Open to the public, accessible and inclusive, museums foster diversity and sustainability. They operate and communicate ethically, professionally and with the participation of communities, offering varied experiences for education, enjoyment, reflection, and knowledge sharing."

(5) International Council of Museum は博物館の国際組織であり，大会は 3 年おきに，近年は 2019 年に京都大会を経て 2022 年度はプラハで開催された。

(6)「教育基本法」2006 年改訂，文部科学省ホームページ，https://www.mext.go.jp/b_menu/kihon/about/mext_00003.html 及び平成 29・30・31 年度改訂『中学校学習指導要領解説（社会編・美術編）』，文部科学省ホームページ https://www.mext.go.jp/a_menu/shotou/new-cs/1387016.html, 2024 年 6 月 30 日最終閲覧。

(7) 平田耕三『自治体文化政策―まち創生の現場から―』学芸出版社，2016 年。松本茂章『地域創生は文化の現場から始まる―全国 35 事例に学ぶ官民のパートナーシップ―』学芸出版社，2024 年など。

(8)「独立行政法人国立美術館主催，美術館鑑賞のための指導研修」https://www.nmao.go.jp/learning/school program/teacher_program。「学びの場」国立歴史民俗博物館 https://www.rekihaku.ac.jp/learning/。両サイト共に，2024 年 6 月 30 日最終閲覧。

(9)『宗教年鑑』令和 5 年版，文化庁，2023 年。「JFA コンビニエンスストア統計調査月報」一般社団法人日本フランチャイズチェーン協会，https://www.jfa-fc.or.jp/particle/320.html（2024 年 8 月 10 日最終閲覧）。

（10）Hester.C.Dibbits は，文化遺産の継承に感情的な衝突や共有，アイデンティティなどが相互に起因・関与するとし，複数の視点からの文化財理解を唱える（Jasmin Rana, M.Willemsen, H.C.Dibbits, Moved by the tears of others: emotion networking in the heritage sphere, *International Journal of Heritage Studies*, Vol.23, 2017, DOI:10.1080/13527258. 2017.1362581）。日本には 2019 年 ICOM CECA のワークショップで紹介された。

（11）孫江「表象としての宗教 1893 年シカゴ万国宗教大会と中国」『東アジアにおける知的交流—キイ・コンセプトの再検討—，国際シンポジウム 44 2012』Vol.44，国際日本文化研究センター，2013 年，pp.147-169.

（12）醍醐寺は京都市伏見区の真言宗の寺院で，874 年に理源大師聖宝が開山し，その山麓に至る 200 万坪以上の境内地を有する。1994 年に世界文化遺産に登録された。

（13）1980 年代にアメリカの MOMA（ニューヨーク近代美術館）において開発された対話型鑑賞法で，資料を見る・読む力・批判的な観察眼・対話や連携における能力の向上が特筆される。Dabney Hailey, Alexa Miller, Alexa and Philip Yenawine, Understanding Visual Literacy: *The Visual Thinking Strategies Approach*, 2015., Philip Yenawine, Theory into Practice: *The Visual Thinking Strategies*, 1999, https://vtshome.org/, 2024 年 6 月 23 日最終閲覧。

（14）John H.Falk ＆ Lynn D.Dierking, The Museum Experience Revisited., Routledge, 2016, p.26.

【謝辞】本研究の執筆にご理解を頂いた総本山醍醐寺座主壁瀬宥雅猊下に深謝するとともに，本研究協力者，京都市立醍醐中学校長藤谷徹氏をはじめ歴代校長，同教頭宮城香里氏，各教科担当の教諭各氏に深謝します。なお，本研究の一部は JSPS 科研費 JP21H03936，JP22H04066，JP23H05101 の助成を受けたものです。

# 4　グローバル文化シンボルとしての「鯉のぼり」活動

## (1)　「鯉のぼり」活動の始まりと展開

　和文化教育学会の活動としては，会則の第2章事業の第4条に次のように記載されている。「第4条　本会は，第2条の目的を達成するために，次の事業を行う。(1) 教育研究会の開催　(2) 実演・交流会の開催　(3) 講習会の開催　(4) 学会誌及び情報誌の発行　(5) その他本会の目的を達成するために必要な事業」。グローバル文化シンボルとしての「鯉のぼり」活動は，第4条の (5) 項に含まれる事業になる。その意味では，通常の学会活動において主な事業として言えない活動である。しかし，このような活動が問題関心を有する会員以外にも開かれた学会活動になり，母体の学会組織も進展することを期待したい。本論では，「鯉のぼり」活動を事例にして，今後の和文化教育学会の活動を「実践としての展望とその視角」に基づいて考察する。

　この「鯉のぼり」活動を開始した動機は，2011年3月11日の東日本大震災である。当時の和文化教育学会会長の山折哲雄先生のご助言を受け，「地震・津波等の自然災害による社会的危機状況において文化は，どのような役割を担うのか」という問いかけで開始したのである。そして，「鯉のぼり」活動を各地域の学校園等において「東日本の地域復興と子どもたちの活力創生を祈念して掲揚する企画」(2011年9月博報賞日本文化理解教育部門受賞) として推進してきた。2011年度には震災復興支援として兵庫教育大学にて，2013年度からは「東北と世界へ羽たけ私たちの願い」を込めて関西学院大学にて，2019年度からは「天空に世界の平和と文化交流を祈念して」万博記念公園にて「鯉のぼり」活動を実施してきている。

　日本では「鯉のぼり」が掲揚されてきたのは江戸時代の中期ごろになってからである。基本的には，この活動は子どもたちの健やかな成長を祈念して鯉のぼりを掲揚する伝統行事である。最近では個々の家なされていた鯉のぼりが地域の建物，公園，谷や川などに数多く掲揚され，次のように全国各地で実施さ

れている。東京タワーを含めて北海道洞爺湖町，秋田県由利本庄市，群馬県館林市，栃木県宇都宮市，茨城県常陸太田市，埼玉県加須市，千葉県市川市，静岡県熱海市，静岡県裾野市，石川県金沢市，石川県珠洲市，岐阜県垂井町，福井県勝山市，岡山県赤磐市，広島県呉市，広島県廿日市市，徳島県三好市，徳島県阿南市，高知県いの町，高知県四万十町，熊本県小国町，沖縄県糸満市など。東北地方でも岩手県北上市，岩手県雫石町，宮城県登米市，宮城県白石市，福島県白河市，福島県伊達市などにて行われていた。

　これらの「鯉のぼり」の活動は，災害時には復興の願いを込めて行われたこともあったが，主に各地の伝統行事や観光行事として実施されている。そして，これらは活動目的の共有化を図れないままに個別に実施されてきているので，国内の「鯉のぼり」活動が連携して危機状況における文化的価値の構築，これからの社会を担う世界の子どもたちの健やかな成長，世界平和の希求などを目的とすることは難しいところがある。

　このような「鯉のぼり」活動とは異なり，グローバル文化シンボルとしての「鯉のぼり」活動は，「天空に世界の平和と文化交流を祈念して こどもたち

といっしょに，こどもたちのために，こいのぼりをあげよう！」という活動テーマで継続的に実施する活動となっている。令和6年度も左図の案内のような内容で，万博記念公園の上の広場にて実施したのである。

### (2)「鯉のぼり」活動の歴史的関連

　このような震災の被害状況からの復興を図る文化力創出を意図する「鯉のぼり」活動は，国内外において多様な歴史的関連も見いだせるのである。国際交流としての「鯉のぼり」が掲揚されたの

**図Ⅴ-2-4-1　令和6年度開催案内**

は，1873年5月1日か
ら10月31日まで開催さ
れたウイーン万国博覧会
であった。明治政府とし
て最初に参加した万博博
覧会場の本館にて，陶磁
器（伊万里・瀬戸・九谷），
美術工芸品（浮世絵・扇
子・七宝・象嵌・金銀細工），
織物や素材（西陣織・生
糸），紙の張抜（金鯱・鎌
倉大仏）などが展示され
た。この会場敷地に建設
された日本庭園に旗柱が，
建てられ「鯉のぼり」が
掲揚されたのである。

図Ⅴ-2-4-2　ウイーン万博日本庭園の鯉のぼり [1]

図Ⅴ-2-4-3　シカゴ万博日本パビリオンの鯉のぼり [2]

　さらに，1893年5月
1日から10月3日まで
シカゴにて開催されたシ
カゴ・コロンブス万国博覧会の日本館正面に掲揚されたことも指摘できる。こ
の万博での日本館は平等院鳳凰堂を模して建設された。鳳凰殿は3棟の建物で，
正面は江戸時代の大名邸宅，左側は平安時代の貴族の館，右側は室町時代の書
院と茶室を併せた建築様式になっていた。正面の大名邸宅の両側の旗柱に「鯉
のぼり」が掲揚された。日本の万国博覧会参加には，近代国家として日本が世
界の国々との交流を推進し，開国の際の不平等条約撤廃を視野に文明国日本を
世界に示すことも意図されていたのである。
　さらに，「鯉のぼり」と国際交流を視野に入れた特記すべき事実として，
1919年頃に当時のフランス首相であったジョルジュ・クレマンソー（Georges

Clemenceau）が，サン・ヴァンサン・シェル・ジュールの別荘（現クレマンソー記念館）に「鯉のぼり」を掲揚したことである。この記念館では，毎日「鯉のぼり」が掲揚されているとのことである。1919 年 1 月から第一次世界大戦の

**図Ⅴ-2-4-4　クレマンソーの鯉のぼり** (3)

終結対応を討議するために開催されたパリ講和会議に参加したフランス首相ジョルジュ・クレマンソーに日本の全権代表者である西園寺公望（1849-1940）が「鯉のぼり」を贈呈した。クレマンソーは「鯉のぼり」を気に入り，別荘に旗ポールを建て掲揚したのである。

　その理由として西園寺は 1871 年〜 1880 年まで留学していたソルボンヌ大学での親友がクレマンソーであったこと，さらにクレマンソーは東洋美術，特に日本文化に非常に関心を持っていたことが指摘できる。大学時代の親友同志が，お互いに国を代表する政治家になり，第一次世界大戦後の世界平和の実現を話し合う歴史的会議に再会することになったのである。このパリ講和会議後に国際平和機構としての国際連盟が設立された。その意味では，20 世紀初めに世界平和の実現を意図する歴史的会議に介在した西園寺とクレマンソーの親友としての人間関係を起因にして掲揚された「鯉のぼり」は，世界平和と国際交流を図る象徴であるとも言える。

　海外だけではなく，日本の「鯉のぼり」活動の歴史おいても国際交流を視野に入れた特記すべき事実として，1934 年 3 月に「国際友好鯉のぼりの会（International Goodwill "Koi-nobori" Society）」の設立が指摘できる。この会の活動趣旨と活動内容が執筆されている英文冊子には，鯉のぼりの意味や歴史，会設立の背景，会設立の動機，会の活 動内容などが記載され，世界の国々の人々に世界平和を希求する会活動への協力依頼がなされている。この会設立には，東

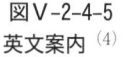

図V-2-4-5
英文案内 (4)

図V-2-4-6
ドイツでの鯉のぼり (5)

図V-2-4-7
土井英一 (6)

北大学法文学部学生であった土井英一（1909.9.17 ～ 1933.9.9）氏の構想と活動が牽引になった。なお，英一氏の父は土井晩翠（1871 ～ 1952）である。彼は子供のころから世界平和と国際親交に深い関心を寄せていた。中学校時代からザメンホフが世界平和を願って創案した国際共通語のエスペラントを熱心に学習し，手紙や情報の交換によって他国の人々との交流をするようになった。そして，真摯に国を愛することは人間性と平和への愛情を必然的に生み出す思いを抱くようになった。さらに，1931 年 9 月 18 日の南満州鉄道線路の柳条湖事件を端に日中間で武力紛争の満州事変が起きた状況において英一氏は日本人の真のこころを世界の人々が正しく理解できる試みの必要性を痛感するようになった。また，英一氏の国際友好の活動に協力していた姉の照子（1906 ～ 1932）から亡くなる前に世界平和を祈り，世界の子供たちに「鯉のぼり」を送る活動の助言がなされたのである。

　英一氏の国際文通活動において最も親しくなったのが，ドイツのマールバッハに住んでいた小学校校長のヨハネス・シュレイダー（Johannes Schroder）であった。彼とのエスペラントによる交流を深める中で，彼の小学校に真鯉と緋鯉の「鯉のぼり」を送ったところ児童たちが大変に喜び，ドイツの空に掲揚し，

多くの感謝の手紙が寄せられた。「鯉のぼり」が子供たちの成長と幸福を生み出す忍耐と勇気を象徴する意味も理解されたことに感動した。英一氏はこの交流体験を通して世界平和を推進するには「鯉のぼり」に象徴されている忍耐と勇気に共通する精神性が求められると強い信念を持ったのである。このような当時の社会的状況とこれまでの国際交流の活動を踏まえて英一氏は，世界平和を会の使命とする「国際友好鯉のぼりの会」設立を祈念した。しかし，彼は中学校時代から健康を害しており，1933 年 9 月 9 日に大学在学中に結核のため病死したのである。「国際友好鯉のぼりの会」は，英一氏死亡の翌年 3 月に彼の構想と活動を永続的に推進するために父の晩翠の支援によって次の方々が役員になり，設立された。二荒芳徳（1886-1967）貴族院議員 ボーイスカウト協会会長。姉崎正治（1873-1949）東京帝国大学名誉教授。高楠順次郎（1866-1945）仏教学者。山室軍平（1872-1940）救世軍士官。和田英作（1874-1959）東京美術学校校長。斉藤惣一（1886-1960）YMCA 書記長。杉村陽太郎（1884-1939）前国際連盟事務局次長 イタリア大使。内ケ崎作三郎（1877-1947）衆議院議員。鶴見祐輔（1885-1973）作家 講演家。賀川豊彦（1888-1960）牧師 作家。芳澤謙吉（1874-1965）前外務大臣。

　このように当時の著名な政治家，教育者，学者，宗教家，作家が何回も会議し，協会設立と活動について議論した。そして，平和を託した「鯉のぼり」を英国，仏国，伊国，米国などの多くの子供たちに贈る活動を開始したのである。これらの活動によって世界の各地から平和を託した活動の趣旨と「鯉のぼり」活動への賛意の手紙が送付されてきた。このように日本の歴史において第 2 次世界大戦が始まる社会的状況の中で，世界平和と国際交流の理念を持続的に実現するために「国際友好鯉のぼりの会」が設立され，世界の人々に世界平和を託す「鯉のぼり」を送付する活動がなされた歴史事実自体が驚嘆の事実である。その意味では，「国際友好鯉のぼりの会」の「鯉のぼり」活動は，伝統行事の性格から世界に向けて世界平和と国際親善を図る象徴としての性格を有するグローバル文化的役割を担った魁として意義づけられる。

　日本では「鯉のぼり」活動も含めて国際交流が盛んになり始めたのは，1964

年 4 月に海外渡航自由化がなされてからである。日本の経済的発展と文化的関心が強まってきた 1990 年代以降から日本人の海外渡航が増加し，日本企業の海外進出も顕著になってきた。このように世界の国々の人々との交流が拡大し，進化することに伴って個人，家族，学校，企業，公共団体，政府など多彩な形態で国際交流が進められてきた。このような状況において国際交流としての「鯉のぼり」活動も多種多様な形態で実施されたのである。例えば，1992 年に第 32 次南極観測隊による南極での掲揚。1996 年パリコレクションにて日本人デザイナーの「鯉のぼり」ファッションショー。1999 年ウイーンのシェーンブルグ宮廷の日本庭園での掲揚。2003 年「日仏文化センター」主催の「鯉のぼり」活動としてパリ市内の掲揚。2003 年トルコと日本との文化交流として開催された 現代美術の展覧会での展示。2007 年万里の長城にての掲揚。2012 年ブータンにて東日本大震災支援の感謝を込めた掲揚。これらの活動は，「鯉のぼり」掲揚としての活動と「鯉のぼり」に関連する素材やデザインを活用した「鯉のぼり」の関連活動に分かれる。したがって，海外での「鯉のぼり」活動は伝統文化の「鯉のぼり」の掲揚だけでなく，生活文化として多様な活用がなされてきている。

　このような多様な「鯉のぼり」活動の中で国際交流を意図する「日仏文化センター」主催の「鯉のぼり」活動は称賛できる。この活動は，フランス在住の服部祐子氏（元日仏文化センター館長）が，世界の子どもたちの健やかな成長と世界の平和を祈願し，2001 年から 2010 年までフランスにて実施されてきた。氏は「21 世紀を担う世界の子ども達の明るい将来を願う人道的，文化的事業」として「日本の子供の日」が「世界の子どもの日」になること意図してユネスコ本部の支援を受けて実施した。パリ市内とフランス地方都市にて「鯉のぼり」を掲揚し，日本文化の紹介と国際交流の様々な活動を企画し，運営した。このような活動を通して，「Koi -Nobori」の言葉がフランスでは「平和」の合言葉となり，国際的祭典として認められてきたのである。その意味では，「鯉のぼり」は国内の伝統行事や地域イベントとしての活動だけでなく，世界における文化交流と文化創造としての活動でもあると意義づけられる。このように

**図Ⅴ-2-4-8　パリ市内の鯉のぼり** [7]

グローバル文化シンボルとしての「鯉のぼり」活動は，これまでの欧米と日本の歴史において実施された「鯉のぼり」活動と関連する文化価値を有すると言える。

### (3)「鯉のぼり」活動の展望とその視角

　最近では，令和元（2019）年5月1日に万博記念公園での「鯉のぼり」活動は実施できたのであるが，令和2（2020）年の「鯉のぼり」活動はコロナ感染の問題で中止せざる得なくなった。このコロナ感染が世界中に蔓延したことが，和文化教育学会として「グローバル文化シンボル『鯉のぼり』活動」を学会の研究プロジェクトとして推進することになったのである。コロナ感染の問題は，これまでの平和，環境，災害，人権，貧困，人口などのグローバル問題とは異なり，これらの問題への関心の有無に関係なく，地球上のすべての地域と一人ひとりの私たちも当事者として巻き込まれる問題状況である。この状況については，患者死亡，感染者増大，営業休止，外出規制などの個人的行為の実感的側面からの情報が主である。阪神・淡路大震災や東日本大震災の自然や社会における深刻な人的物的被害の情報とは異なる。その意味では，コロナ感染によって人間の絆に基づく社会的文化的活動自体が崩壊する世界的危機状況であるとの実感が乏しいと言える。そして，見えないコロナウイルスによる被害や障害は，私たち自身の見えない心の世界に醸成され，各々の心の傷口が化膿し，多様な形態で世界的危機状況を生み出すと予感できる。特に，児童や生徒たち

は発達年齢に応じた教育が中断されたりしてきたので，心身の成長に歪を受ける危惧がある。

　このような危機状況への対応としては，未来志向への文化創造的関与を個人的に社会的に創出することが考えられる。この活動のひとつの試みが，これまでの「鯉のぼり」活動と関連する「グローバル文化シンボルとしての『鯉のぼり』活動」である。この世界の平和と文化交流の理念を目的とする「鯉のぼり」活動を通して多くの人々の絆が縫合されて，新たな社会的文化的活動を創造していくことが，ひとりの人間だけでなく一人ひとりの集団としての人間が共に広くて深い心を形成し，世界を創造する意義を有する。

　今後の「鯉のぼり」プロジェクトは，次の3活動実施を主目的とする。

① 2025 年に開催予定の「大阪・関西万博」での「鯉のぼり」活動の実施。この活動は，世界の文化交流の関与を重視し，現在実施している大阪万博記念公園での活動発展と関連する。

② ニューヨーク国際連合本部での「鯉のぼり」活動の実施。この活動は，世界の平和の祈念に関連する。

③ アフガニスタンを含めた発展途上国の学校での「鯉のぼり」活動の実施。この活動は，世界の平和と文化交流に関連する。中村哲医師は，「9 条がバックボーン」の信念を持たれてアフガンで活動をされていた。中村哲医師と，私は同姓同名の縁で面識もあり，ペシャワール会の会員でもあった。中村医師は，学校教育の支援にも関心を有していた。この思いは，アフガニスタンに限らず世界の多くの発展途上国への支援に関連する。

　これらの活動の推進によってグローバル文化シンボルとしての「鯉のぼり」活動は，多様な文化創造に挑戦できる。このプロジェクトは，土井英一氏が提案された「国際友好鯉のぼりの会」の理念を継承すると共に，この文化創造活動のアプローチによって未来世界の持続的構築を担う意義がある。

　このようにグローバル文化シンボルとしての「鯉のぼり」活動は，日本の伝統文化である「鯉のぼり」活動を平和，人権，SDGs，現代世界の諸課題に関するグローバルな価値と視角から再評価し，参加者同志の交流と国内外へ発信

できる。この活動は，学会員を核にして国内外の多くの協力者と一諸に未来の創造的関与を生み出す学会の重要な活動として期待される。この期待の兆候が，今年7月11日から14日の4日間，ジャパン・エキスポにてフランスのNPO団体GANBALOと一緒にこの活動を実施したことにある。今後もグローバル文化シンボルとしての「鯉のぼり」活動の参加支援を祈念したい。

図Ⅴ-2-4-9
ジャパン・エキスポ案内チラシ表

図Ⅴ-2-4-10
ジャパン・エキスポ案内チラシ裏

（中村　哲）

## 註

（1）https://www.minato-rekishi.com/blog/2019/12/post-45.html 港区立郷土歴史館
（2）山田徳兵衛『図説　日本の人形史』東京堂出版，1991 年，p.129.
（3）クレマンソー記念館からの提供。
（4）International Goodwill "Koi-nobori" Society 1934 年，pp.1-28.
（5）後藤斉氏（元東北大学文学研究科教授）からの提供。
（6）https://www2.sai.tohoku.ac.jp/^gohtit/ses/eiichi.html
（7）服部祐子氏（元日仏文化センター館長）からの提供。

### 和文化教育の雪間草　其の五
# 社中は民間教育機関

　私が茶道の稽古を始めたのは58年前のことで20歳の大学生の時でした。その動機は茶道に惹かれたわけではなく，若気の至りが成り行きでした。

　大学生であったある日の印度学の演習でS教授が突然に名著「禅と日本文化」を引き合いに「茶禅一味」だと話しだしたのでした。その頃，私は茶好きの伯母の頼みで，たびたび茶会場まで車の運転をさせられていました。若い女性たちが"嫁入り前の嗜み"として茶道稽古をしていた頃です。その若い女性の姿のほとんどが振袖でした。華いでどことなく賑やかな光景に茶禅一味なんてあり得ないと思っていたので，「あんな茶道に禅はない」，と呟いてしまったのです。その呟きがS教授に聞こえたのでした。S教授がちょっと色を作して「（茶道を）習ってから言え」と。その時の私は生意気にも「習ってやろうじゃないか」と。その足で伯母の家に，そして，その足で茶道のT先生宅へ。師曰く「よう来なさった。何故，お茶をなさるか」と。私はまた生意気に「茶のどこに禅があるのかを知りたい」と。師は淡々と「ほおう，やってみなされ。婆さん（師の奥様），もう一つ釜を据えなさい」と。師の右横に並び師のする通りの仕草（この時は所作と言うより仕草でした）を奥様先生の手取り足取りの指導が最初の稽古でした。帰路，伯母から「あんな稽古は初めてや。頑張らないとバチがあたる」と。

　稽古は最も簡単な薄茶平点前から始めます。当時，同じ頃に入門した5，6人の男性は，次々と他の点前を教わるのですが，私だけは最初に水指を運び出す薄茶平点前の稽古以外はさせていただけません。勿論，許状の取次もなし。ある時，師に「私にも許状を…」と申し上げたところ，師曰く「嫁に行かれるか…」と。こんな稽古がなんと五年間続いたのでした。稽古を始めて2年間くらいはこまごまと指導いただいたのですが，その後は学的な解説と「よし」「いい点前だった」，また私の点てたお茶を「美味しい」の発言程度でした。ただ，師は私の点前を怖いほどに黙って凝視され，慣れた点前とは言え緊張したものでした。このような師との出会いと稽古に命題「茶禅一味」については，師の「すべての所作に心を集中しなさい。棗を扱う時には棗一点に心を集中せよ。棗から手を放すときにも恋人と別れを惜しむ気持ち

で…」の言葉に主に阿含経を学んでいた私は，そこに示される初禅とはこれだろうかとかまた生意気に思ったことでした。

　このような師と稽古に魅かれて，5年が経とうとしたある日のことでした。水指を運び出す所作をなんと10回もやり直さされたのでした。「何故？」と私が言いだそうとする前に師から「今日はこれで終わりだ。帰りなさい」と。その翌週の稽古もその後もこの水指のことは一度も触れられることはなかったのです。そして師の訃報。あの時の水指の稽古を想い起していると，突然に "水" だと閃いたのでした。茶の湯と言うように，茶のための湯が最も大事であり，その湯のための水を運ぶことが水指を運ぶということなのです。私は水指と言う器とその形ばかりにと捉われていたのです。姿は心の表現体であり水指の中の "水" を運ぶという意識がない私の点前を見透かされていたのです。師はこの一大事を，私自身の力で気付かせようとされたのでした。それ以来，茶道に臨む心構えが変わり，茶の景色も変わったのです。

　師と弟子の関係を啐啄同時という。社中とは師と弟子が一対一で心を一に教え育む場なのです。学校とは違って時間の制約なしに弟子に見合った教えを施す。そこには落ちこぼれもない。そして最終目標は人格の陶冶と言う数値化できない世界を目指すのです。社中は，日本人の心を養ってきた民間教育機関なのです。

　さて，茶禅一味であるが，生意気にも朧気ながら分かったような気になっている。同時に，茶は儒者からは「茶儒一味」，神官からは「茶神一味」，道士からは「茶道一味」であろうと考えるようになったのです。また，茶道が易経からも影響をうけていることを知ることになり，その研究で博士号もいただくことになりました。本当に多くのことを体得し学ばせていただいた師匠T先生と社中に感謝の誠を捧げたいと思っています。

（関根　秀治〔宗中〕）

# あとがき

　本書は，平成17（2005）年4月30日に兵庫教育大学で発足した和文化教育研究交流協会が，平成25（2013）年度から和文化教育学会になり，令和6（2024）年度に学会設立20周年を迎え，学会設立20周年記念刊行事業として企画された書籍です。

　本書は，『文化創造としての和文化教育―過去・現在・未来の絆を紡ぐ―』を書名として，和文化教育の提唱と文化創造，和文化教育の研究的展開とその意義，和文化教育の教育実践とその特性，和文化教育の教材開発とその特性，和文化教育の展望とその視角というⅤ章構成で，和文化教育の今後の研究や実践のあり方を提案しています。また，和文化教育の雪間草として，5名の先生方に和文化教育に関するコラムを執筆していただきました。執筆者は，和文化教育学会会員で，これまで学会運営に多大な貢献のあった方々を中心に構成されています。

　和文化教育学会は，現第3代会長である中村哲先生の和文化教育にかける並々ならぬ思いと情熱が，和文化教育の風を起こしました。先生に初めてお会いしたのは，昭和63（1988）年4月のことです。先生は，まだ40代の若き兵庫教育大学の助教授でした。兵庫教育大学大学院の授業で，社会科教育の本質を理路整然と話される姿や立ち振る舞いに，憧れを抱いてから，約35年の年月が経過してしまいました。先生は，75歳を超えて今も変わらず，当時からの研究にかける変わらぬ熱意と情熱を持ち続けられており，特に，兵庫教育大学教授時代のアメリカ・インディアナ州への留学や学生時代から続けておられる居合道や60歳半ばから始めた弓道などの武道の精進によって，ますますご自身の研究が深化され，社会科教育研究を経て，関西学院大学や桃山学院教育大学教授を歴任されても日本の伝統・文化に関わる「和文化教育」のウィング

を拡げ続けられていることは周知の事実だと思います。

　さて，本書を出版するにあたり，和文化教育学会のこれまでの活動の中で，忘れられない出来事があります。平成27（2015）年に秋田県由利本荘市で開催された第12回和文化教育学会全国研究大会本荘由利大会の2日目の朝，広島から参加されていた前原敏雄氏が，宿泊先のホテルで倒れられ，そのまま逝去されるという訃報に接することになりました。現会長である中村哲先生にとっても，和文化教育学会にとっても多大な損失であり，痛手を負ったことは間違いのない事実です。特に，研究大会1日目の夜の懇親会において，秋田県のおいしいお酒に舌鼓を打ち，和文化教育に関する話題で盛り上がった思い出は忘れられません。本書の執筆者一覧に前原氏の名前がないことが本当に残念な思いです。この紙面を借りて，ホラ貝を吹いてにこやかに笑っている前原氏の姿を思い出しながら，前原氏のそれまでの功績とご冥福をお祈りする次第です。

　平成29（2017）年に改訂された現行の学習指導要領においても重視されている視点が，我が国における「伝統と文化」に関する事項です。中村先生から吹き始めた和文化教育の風が，知識基盤型社会やグローバル化が進む社会状況にも対応できる「生きる力」の形成に重要な役割を担うことが期待されています。

　このような動向を受けて，本書は，『文化創造としての和文化教育―過去・現在・未来の絆を紡ぐ―』を書名とし，学校現場への和文化教育の提唱，研究的展開，教育実践，教材開発，そして，展望という方向性を示しながら，和文化教育の今が具現化されています。この研究成果を参考に全国各地の学校において伝統・文化に関する教育が根ざしていくことを期待しています。

　最後になりましたが，本書の出版を引き受け，編集にもご助言をいただきました風間書房の風間敬子氏に心からお礼を申し上げます。また，本書の執筆にご協力をいただいた理事を中心とした会員の方々にも感謝を申し上げます。

　令和6（2024）年10月1日

和文化教育学会理事長

關　　浩和

357

## 執筆者一覧 （執筆者順）

中村　哲　　和文化教育学会会長（第3代会長）／兵庫教育大学名誉教授
山折　哲雄　和文化教育学会顧問（初代会長）
梶田　叡一　和文化教育学会顧問（第2代会長）／兵庫教育大学名誉教授
河内　厚郎　和文化教育学会顧問／兵庫県立芸術文化センター参与
關　　浩和　和文化教育学会理事長／兵庫大学教育学部長教授
石川　憲之　安芸高田市立八千代中学校校長
大畑　健実　和文化教育学会理事
榊　　尚信　元東京都武蔵村山市立第十小学校統括校長
佐々田亨三　前秋田県由利本荘市教育長
森　　一郎　和文化教育学会理事／元 神戸市立高等学校教諭
湯峯　裕　　桃山学院大学教授
馬野　範雄　関西福祉科学大学教授
吉田　廣　　和文化教育学会顧問
小林　隆　　佛教大学教授
大浦　知加　大阪千代田短期大学講師
佐藤　正寿　東北学院大学教授
桐山　由香　大阪青山大学准教授
向井　隆盛　行田市立南河原小学校校長
井上　寿美　摂南大学非常勤講師
八木利津子　桃山学院教育大学教授
竹繁　諒真　武庫川女子大学教務助手
齋藤　尚文　兵庫県立東灘高等学校教諭
吉水　裕也　兵庫教育大学理事・副学長・教授
余郷　裕次　鳴門教育大学特命教授
谷　　明子　双六読書会・小さな靴あと
犬童　昭久　九州ルーテル学院大学教授
宗實　直樹　関西学院初等部教諭
藤原　昌樹　桃山学院教育大学准教授
岡村　宏懇　尚美学園大学教授
中野　照雄　和文化教育学会会員
渡邉規矩郎　和文化教育学会顧問

# 文化創造としての和文化教育

―過去・現在・未来の絆を紡ぐ―

2024 年 11 月 30 日　初版第 1 刷発行

編著者　　中　村　　　哲

発行者　　風　間　敬　子

発行所　　株式会社　風　間　書　房

〒101-0051　東京都千代田区神田神保町 1-34
電話 03（3291）5729　FAX 03（3291）5757
振替 00110-5-1853

印刷　堀江制作・平河工業社　　製本　高地製本所